FRAGILE AMOUR

DU MÊME AUTEUR

Chez le même éditeur :

UNE VIE SECRÈTE, roman.
DE GRÉ OU DE FORCE, roman.
LE MYSTÈRE DERRIÈRE LA PORTE, roman.

NORAH LOFTS

FRAGILE AMOUR

roman

Traduit par Monique Thies

ÉDITIONS DE TRÉVISE
34 rue de Trévise - 75009 Paris

Cet ouvrage a été originellement édité en langue anglaise par THE BODLEY HEAD Ltd à Londres (Grande-Bretagne) sous le titre :

DAY OF THE BUTTERFLY

ISBN 2-7112-0490-1

PREMIÈRE PARTIE

CHAPITRE PREMIER

MME WESTCOTT FRONÇA LÉGÈREMENT LES SOURCILS EN ENTENDANT que l'on chantait dans la rue. Une pancarte, à l'entrée de l'impasse, en interdisait clairement l'accès aux mendiants et aux marchands ambulants. Park Drive se cramponnait, presque avec la force du désespoir, à sa réputation d'endroit bien, chic. M. Mayhew, qui habitait au numéro 10, avait, un jour, apostrophé un homme qui chantait, lui demandant s'il n'avait pas vu la pancarte.

L'homme, encouragé par la boisson, avait répliqué :

— Les pancartes ça veut rien dire pour moi. J' sais pas lire. D'abord j' demande rien. J' leur donne une petite chanson. Si ça leur plaît de me lancer une pièce ou deux, c'est leur affaire.

M. Mayhew, juriste, dut s'avouer que le raisonnement de l'homme se tenait. Mais il ne l'en menaça pas moins d'envoyer chercher le sergent de ville s'il ne cessait pas de chanter. L'homme s'éloigna d'un pas traînant et à l'entrée de la rue, à portée de main de la pancarte, reprit sa chanson. L'air en était resté le même, mais les paroles étaient devenues d'une inimaginable obscénité.

Ce matin, le chant était très différent, mélodieux et clair. Plusieurs voix y contribuaient, toutes jeunes. Il s'agissait d'une vieille chanson paysanne à la gloire du premier mai qui ramena Mme Westcott plusieurs années en arrière, à Talbot Ste Agnès où l'on célébrait encore la fête du Premier Mai. Evidemment, Félicité, Gérald et elle-même, enfants du recteur, n'étaient pas autorisés à se joindre aux chants et aux danses autour du « Mai » enrubanné planté à cet effet. Leur père réprouvait ces pratiques qu'il qualifiait de païennes, mais il ne pouvait empêcher sa famille d'entendre. Et, dix-huit ans plus tard, une femme totalement dépourvue de sentimentalité, conventionnelle à l'extrême, éprouva brusquement comme un vague regret. C'en fut assez pour qu'elle aille à sa fenêtre et regarde, curieuse de savoir qui d'autre, à Londres, se souvenait du « *Joli mois de Mai*« ...

A peine eut-elle atteint la fenêtre que l'horreur la figea sur place. Là, dans la rue, venant du petit jardin mi-privé, mi-public qui fermait le cul-de-sac, sa propre nurse avec James et Dorothy et le bébé dans sa voiture ! Non seulement ils chantaient à pleins poumons, mais ils gambadaient dans tous les sens. Les deux enfants tournaient autour du landau comme s'il avait été l'arbre de Mai et Daisy Holt, la bonne d'enfants, caracolait littéralement en cercle, entraînant la voiture dans sa course, changeant de main à chaque tour. Pour ajouter à cela, ils avaient échangé leurs chapeaux. James portait le bonnet à rubans de Daisy, Dorothy le chapeau de marin de son frère et perché sur l'abondante chevelure presque rousse de la nurse se trouvait le petit chapeau de paille orné de myosotis de Dorothy.

Bref, un spectacle réellement choquant, honteux.

Le premier mouvement de Mme Westcott fut d'ouvrir la fenêtre, de se pencher et de crier : « Arrêtez ! ». Mais, impossible. Du haut en bas de Park Drive, ce soir-là — et pendant longtemps — les gens auraient dit : « Et alors, Mme Westcott, à sa fenêtre, s'est mise à hurler ! ». Se contrôlant avec difficulté, elle traversa la pièce et tira sur la poignée de porcelaine blanche qui activait la sonnette, au pied de l'escalier du sous-sol. Emily parut, essoufflée car elle avait couru.

— Sortez et allez dire à Daisy de venir ici immédiatement. Passez par la porte de devant cela ira plus vite.

Elle regagna la fenêtre pour s'assurer que ses ordres étaient exécutés rapidement. Là, une nouvelle humiliation la frappa. Emily transmit visiblement le message et Daisy se mit à rire, attrapa Emily par la main et l'entraîna dans la danse. La jeune bonne, maladroite et sans grâce, fit le tour du landau, puis recouvrant ses esprits leva les yeux vers la fenêtre du salon et dit quelque chose qui mit un terme à cette conduite inqualifiable. La chanson s'arrêta, les chapeaux retrouvèrent leur propriétaire. La voiture d'enfant et ses satellites traversèrent la rue en direction de la porte de service du nº 6 et disparurent à la vue. Mme Westcott reprit l'époussetage du salon interrompu par le bruit. Il lui fallait faire très attention car cette scène l'avait à tel point bouleversée que ses mains en tremblaient. Elle était, naturellement, très fâchée contre Daisy, mais l'essentiel de sa rage visait sa sœur qui lui avait si chaudement recommandé la jeune fille...

On trouvait évidemment des nurses à Londres, mais celles auxquelles on pouvait se fier étaient rares et se passaient comme des pierres précieuses entre les membres d'une même famille. Sans ce genre de contact et, disons-le, sans beaucoup d'argent, on devait, bon gré, mal gré, se contenter de ce que l'on trouvait. Mme Westcott avait, hélas, une longue et pénible expérience en ce domaine. Son fils aîné, Julian, âgé à présent de quinze ans et à Harrow — ruineux — avait eu pour le garder successivement et à intervalles très rapprochés, une nurse qui buvait ; une fille légère qui s'était fait engrosser et une autre qui volait. Mme Westcott, plus jeune à l'époque et pas encore pénétrée de l'éthique de Park Drive, s'était occupée elle-même de lui, poussant d'un air de défi son propre landau, avant de promener l'enfant par la main jusqu'à ce qu'une seconde grossesse lui interdise décemment de se montrer à l'extérieur en plein jour. Alors, par l'intermédiaire d'un bureau de placement, elle avait trouvé Mary, une femme sûre qui était restée avec elle pendant trois grossesses. Les enfants issus de celles-ci étaient morts. Tous de la typhoïde.

Et puis James, et tout de suite après Dorothy, avaient eu besoin d'une nurse. Mary elle-même était morte et Mme Westcott s'était débattue, passant de l'espoir au désespoir jusqu'au jour où l'idée lui était venue de demander à sa sœur Félicité de l'aider.

Chacun s'accordait à dire qu'une fille de la campagne c'était l'idéal pour faire une bonne nurse : meilleure santé, meilleures manières, meilleure moralité.

Mme Westcott et sa sœur étaient séparées par deux gouffres, l'un de six ans, l'autre, beaucoup plus vaste, de milieu. Félicité avait fait un splendide mariage et, à présent Lady Langton, fort riche, habitait dans le confort et la sécurité le château de Talbot Ste Agnès. Mme Westcott, moins jolie, moins vive n'avait eu comme choix que celui de rester vieille fille et de servir de vicaire non payé jusqu'à la fin de ses jours à son père ou d'épouser quelqu'un d'un milieu inférieur au sien. Un commerçant. Et même pas, hélas, comme l'avenir devait le démontrer, un commerçant prospère. Il importait et vendait du thé de Chine. Or, de plus en plus nombreux, les gens se mettaient à boire du thé indien, beaucoup moins bon. Leurs revenus avaient beaucoup diminué depuis leur mariage et tous les prix avaient fortement augmenté. Aussi, Mme Westcott, en demandant l'aide de Félicité, avait dû, détail humiliant, préciser qu'elle ne pouvait se permettre d'offrir plus de dix livres par an. Félicité avait envoyé — venue tout droit de ses propres cuisines — Daisy Holt, une enfant de quinze ans, saine, vigoureuse et convenable, fille du charpentier du domaine.

La jeune fille était arrivée à Londres en mars. Visiblement en bonne santé, elle semblait pleine de bonne volonté. Elle avait un peu souffert du mal du pays au début, mais s'était rapidement adaptée. Les enfants l'aimaient. Mieux encore, elle s'entendait fort bien avec Mme Bell la cuisinière et avec Emily. Jusqu'à ce matin, tout le monde avait été aussi heureux qu'on peut l'être dans une maison peu confortable et où l'on comptait chaque sou.

Et puis cette conduite scandaleuse. Daisy méritait une réprimande.

CHAPITRE II

DAISY PRIT FORT MAL LA RÉPRIMANDE.

— Je vois pas ce que j'ai fait de mal.

— C'est ce que je m'efforce de vous expliquer. J'ai entendu ce vacarme dans la rue — sans doute n'ai-je pas été la seule. Imaginez mon effarement quand je vous ai vue avec Monsieur James et Mademoiselle Dorothy crier et gesticuler.

— On fêtait le premier mai. Je leur ai dit comment on faisait chez nous. Puis, je leur ai montré et je vois pas où est le mal.

— Alors je vais m'expliquer plus clairement. Nous devons apprendre aux enfants à ne pas se donner en spectacle...

— Pauvres petits loupiots.

— Que dites-vous ?

— Pauvres petits loupiots. Oui c'est ce qui sont. Pas faire de bruit à cause de la vieille carne à côté qui se plaint. Pas jouer à la balle là-bas — Daisy eut un mouvement de tête en direction du grand jardin au bout de la rue — à cause des plates-bandes et du vieux...

— Surveillez votre langage !

— ... jardinier, dit la jeune fille.

Et une lueur de moquerie, de dérision fit briller ses yeux. Mme Westcott remarqua pour la première fois que son œil gauche était marqué d'une tache brun-vert. Presque un défaut. Dans un visage moins joli cela aurait pu être gênant, proche du strabisme.

— Ce jardinier est responsable de la tenue d'un endroit destiné aux loisirs de plusieurs personnes, dit-elle d'un ton sec. Il ne peut pas plus autoriser la mauvaise conduite que je ne l'approuve dans la rue.

— Mais on se tenait pas mal.

— Auriez-vous l'audace de discuter ?

— Je discute pas.

— Pour ajouter à cela, vous avez persuadé Emily de se joindre à cette manifestation inconvenante.

— Oh, juste le tour du landau !

Deux fois seulement dans sa carrière de maîtresse de maison, Mme Westcott avait affronté une telle attitude de la part d'une domestique : une fois avec la nurse qui buvait, la seconde avec une cuisinière au caractère très emporté. Elle se sentit suffoquée par l'indignation.

— J'exige que vous me fassiez des excuses.

— Je vois pas pourquoi.

Insolente et butée ! Cependant, Mme Westcott n'aurait peut-être pas pris une décision dont elle serait la première victime si les cheveux de Daisy relâchés par l'échange de chapeaux et la danse n'avaient pas, brusquement, échappé à leurs épingles pour tomber en cascade. Ils étaient magnifiques. Dans la rue, au soleil, ils avaient paru trop roux. Ici, dans le salon, à la lumière atténuée par les rideaux, ils étaient couleur de châtaigne, brillants en vagues soyeuses descendant plus bas que la taille de la jeune fille.

La jalousie, l'une des émotions les plus cruelles, traversa le cœur de cette femme de quarant-et-un ans, et dont les cheveux abondants autrefois devenaient ternes et pauvres. Mme Westcott n'était pas jalouse sexuellement. Son mari, s'il ne la comblait pas de cadeaux, lui était fidèle et même extrêmement attaché. En deux mois il avait eu à peine un regard pour Daisy. Mais la vue de cette cascade de cheveux infligea à sa vanité féminine une blessure exigeant des représailles.

— A moins que vous ne me fassiez *immédiatement* des excuses, je vous mets à la porte.

— Je comprends toujours pas pourquoi, s'obstina Daisy.

— C'est bon. Vous partirez à la fin de la semaine — non, la punition pouvait être augmentée. Je dis mieux, tout de suite !

C'était monnaie courante que d'agir ainsi et, du moment que l'on versait une semaine de gages, on avait la conscience en paix. Cela se pratiquait chaque jour, dans chaque boutique, chaque fabrique, chaque maison. Mme Westcott ne s'attarda pas à se demander comment une gamine, à quatre-vingts kilomètres de chez elle et avec trois shillings huit pence en poche, pourrait se débrouiller... Elle avait d'autres soucis. En cédant à un accès de colère ridicule, elle s'était condamnée à devoir s'occuper de ses enfants jusqu'à ce que Daisy soit remplacée. James et Dorothy n'étaient plus des bébés, mais Sophie n'avait pas encore un an.

Cela impliquait le bureau de placement à nouveau, ou une annonce, ou encore l'éternelle enquête sans résultat auprès d'amies. Une chose était certaine, elle ne demanderait rien à Félicité. Celle-ci, visiblement, pensait que n'importe qui conviendrait à cette pauvre Sybil, cela avait toujours été la même théorie. Un jour, quand elle en aurait le temps, elle lui écrirait pour lui dire ce qui s'était passé. Ces gros mots, ces jurons, ces insolences, cette conduite inqualifiable dans un lieu public.

DAISY descendit au sous-sol d'un pas léger.

— On m'a flanquée à la porte.

Mme Bell interrompit son hachis qui rendait plus mangeable le collet de mouton.

— Non !

Emily laissa tomber une pomme de terre et demanda :

— Pourquoi ?

— J'ai dansé dans la rue.

Emily porta une main rouge et humide à sa bouche.

— Mon Dieu ! Moi aussi ! Est-ce qu'elle va me ficher dehors moi aussi ? fit-elle visiblement inquiète.

— Bien sûr que non. T'as été entraînée ! La petite tache verte dansa dans son œil. Et j'ai fait pire. J'ai dit un vilain mot. J'ai dit que les gosses c'était des pauvres petits loupiots. C'est vrai. Jamais y s'amusent.

— Peut-être, dit la cuisinière, mais les gros mots n'y changeront rien.

Elle hacha ce qui restait de viande, le versa dans une poêle, y ajouta de l'eau et le mit sur le fourneau.

— Maintenant, écoute-moi, mon petit. Tu te coiffes, tu montes immédiatement et tu fais des excuses. Tu te tires une larme ou deux si tu peux. Tu te mets à genoux. Tu demandes à Madame de te pardonner.

— De quoi ?

— Les gros mots et le reste.

Mme Bell était une femme sensée, endurcie par cinquante ans vécus dans un monde hostile. Qu'Emilie ou n'importe qui d'autre se soit trouvé à la place de Daisy elle aurait répondu : « Tu as eu ce que tu cherchais. » Mais, dès le premier instant, elle avait eu un faible pour Daisy. Elle était jolie, mais ce n'était pas cela, au contraire, elle se méfiait plutôt de la joliesse. Non, c'était sa vivacité, la bouffée de fraîcheur qu'elle avait apportée dans ce sous-sol étouffant. Mme Bell ignorait le sens du mot « charme ». Elle savait seulement que lorsque Daisy entrait dans une pièce, celle-ci semblait plus claire. Et elle avait un tel don de mime qu'on ne pouvait s'empêcher de rire. La maison ne serait plus la même sans elle.

— Et où crois-tu que tu coucheras ce soir ?

— Oh ! n'importe où. Ça ne me fera pas de mal de dormir dans un parc avec ce temps-là.

— Ne parle donc pas comme une idiote ! On n'est pas à la campagne ici, n'oublie pas. Tu peux être attaquée, violée, volée, tuée même.

La cuisinière s'étonnait elle-même du mal qu'elle se donnait. La petite savait sûrement. Ça ne faisait pas longtemps qu'elle était à Londres, mais elle savait lire. Il ne se passait pas une journée que les journaux ne rendent compte de crimes dont des femmes étaient les victimes et pas seulement dans les basses classes.

— Allons, mettez pas votre pauvre vieille tête à l'envers à cause de moi, répondit Daisy avec une telle chaleur et un sourire si doux que Mme Bell ne put s'offusquer de l'adjectif. Ça se passera très bien.

— C'est là que tu te trompes, ma fille. Tu sors d'ici, pas de travail, pas de maison, pas d'argent et avant que tu aies le temps de dire ouf, tu es à la rue.

Cette petite sotte comprenait-elle vraiment ce que cela voulait dire ? Elle semblait tellement innocente et ignorante. Elle avait l'impression de s'adresser à un chaton. Il fallait pourtant qu'elle comprenne.

Pour une femme correcte, respectable, bonne cuisinière quand il y avait quelque chose de convenable à faire cuire, Mme Bell était très au courant des aspects sordides de la vie. Elle poursuivit :

— Ensuite tu attrapes la vérole et tu te réveilles sans nez.

Emily qui ne s'était pas mêlée de la discussion se risqua à intervenir.

— Je vous demande pardon, mais elles finissent pas toutes comme ça. Ma cousine Lou, par exemple. Il y a un monsieur, un vrai rupin, elle lui a tellement plu qu'il l'a mariée.

Lou avait tracé une telle piste qu'Emily l'aurait suivie avec joie si elle n'avait pas été handicapée dès le départ. Née avec une épaule plus haute que l'autre et pas de menton, on l'appelait la Bossue ou « face de lapin ». Elle était toujours reléguée au dernier échelon de la domesticité, dans des maisons comme celle-ci, les seules où on l'acceptât. Elle regardait Daisy sans une ombre de jalousie. Elle l'aimait bien, sans raison particulière, si ce n'est qu'elle était gaie, vive et gentille avec ça. L'endroit ne serait plus le même sans elle.

— J'ai entendu parler de ta cousine. Il y en a une sur mille comme elle. Daisy, écoute-moi pour une fois. Tu refais ton chignon, tu montes et tu dis que tu regrettes.

— J' préférerais qu'on me pende !

Malgré la vigueur de la réponse elle n'y avait mis aucune malice. Elle n'en voulait pas à Mme Westcott. Elle avait, de fait, presque oublié comment la querelle avait commencé, mais elle se souciait tout aussi peu de son avenir. Seule la perspective de ne plus avoir de nez lui sembla comique. Elle toucha le sien et se mit à rire.

Ses bons conseils n'étant pas retenus, Mme Bell se désintéressa de la question.

— Parfait. Fais-en à ta tête. Espérons que tu ne le regretteras pas.

CHAPITRE III

DAISY N'AVAIT PRATIQUEMENT RIEN À EMPORTER. MME WESTCOTT LUI avait fourni son uniforme et sa propre garde-robe était maigre, faite des laissés pour compte de la famille Langton, des vêtements ternes convenant à une domestique, à une exception près. Cette exception consistait en une robe de mousseline blanche à dessins bleu lavande et une ceinture nouée de satin de même couleur. Elle ne l'avait pas encore portée à Londres, la température ayant été trop basse. Mais aujourd'hui, elle la mettrait pour fêter sa liberté.

Emily entra dans sa chambre, un peu essoufflée d'avoir monté tant de marches.

— Daisy, dors pas dehors. Ça peut être dangereux, même pour *moi*.

— Je trouverai quelque chose, t'en fais pas.

— J'ai réfléchi. Lou, elle était dans une maison qu'on appelait « chez Kitty ». Mme Hammond. C'est dans Sparhawk Lane, après Leicester Square.

Daisy aussi jolie et maintenant avec une belle robe aurait peut-être autant de chance que Lou.

— ... Et regarde, prends ça.

Il s'agissait d'un shilling, chaud et moite.

— T'es un cœur. Mais je peux pas. J'ai ce qu'il faut. Elle m'a payée. Mais merci quand même.

La pièce tomba sur le linoléum usé quand Daisy, passant son bras autour de la petite bossue, lui donna un baiser chaleureux. Ce serait un souvenir à conserver. Rares sont ceux qui embrassent une fille aux dents protubérantes.

Entamant sa merveilleuse et peut-être dangereuse liberté Daisy partit, ses quelques vêtements, sa brosse et son peigne noués dans le foulard de tête qu'elle portait à son arrivée à Londres. Elle n'avait plus possédé de chapeau depuis l'âge de cinq ans alors qu'elle accompagnait sa mère à l'église. Sa mère avait été une très bonne maîtresse de maison et un charpentier attaché à un domaine gagne davantage qu'un ouvrier ordinaire, aussi avait-elle eu un début dans la vie presque privilégié. Mais sa mère était morte. Son père s'était remarié très vite avec une femme non seulement mauvaise ménagère mais d'une fertilité redoutable : cinq enfants en cinq ans.

En attendant d'avoir dix ans et donc d'être d'âge à entrer en service, Daisy avait fait tous les travaux dont un enfant est capable et susceptibles de rapporter quelques sous. Elle avait ramassé des pierres, joué les épouvantails à moineaux armée d'une sorte de grelot. Tous travaux sans lendemains. Et bien qu'elle soit restée au château et soit passée de fille de cuisine à bonne à tout faire, sa vie était sans but. Elle aimait ce qui se mangeait et s'intéressait à la façon de le préparer. Mais, à supposer qu'elle eût caressé quelque ambition dans cette direction, il se serait écoulé des années avant qu'elle atteigne l'âge de devenir cuisinière. Bien longtemps avant que se produise quelque chose de merveilleux. Mais sa conception de cette chose merveilleuse qu'elle attendait restait très imprécise et n'avait rien à voir avec la beauté. Etre, tout le monde le disait, si jolie, lui paraissait plutôt un inconvénient. Une jolie fille devait se montrer extrêmement prudente pour ne pas s'attirer d'ennuis.

Elle avait pensé que c'était merveilleux que Lady Langton l'envoie à Londres, l'élevant brusquement au rang de bonne d'enfants. Elle avait été déçue de trouver la vie à Londres si ennuyeuse, de regretter la campagne et la compagnie des domestiques du château, en outre elle avait faim pratiquement tout le temps. Mme Westcott, pour faire illusion, devait se montrer d'une économie extrême.

Bon, tout ça c'était terminé. Elle était libre et c'était le premier mai. Bien que Londres lui fût pratiquement inconnu, elle partit gaiement répondant à l'appel de tout ce qui l'attendait, juste au coin, et qui ne pouvait être que merveilleux.

En sortant de l'impasse, elle ne tourna pas à gauche, quartier de petites rues semblables à Park Drive mais où se trouvait un petit restaurant où, ses soirs de liberté, elle avait, folle extravagance, fait bombance pour huit shillings. Elle prit la direction opposée et se trouva dans une rue bordée de boutiques. Des boutiques magnifiques, bondées de choses sensationnelles qu'elle admira, mais sans envie. Elle avait faim. Avec si peu d'argent dans sa bourse, sans doute ne pouvait-elle pas se permettre de dépenser beaucoup, rien que pour manger. Mais elle trouverait bien quelque chose, l'occasion ne saurait tarder.

Et l'occasion se présenta presque aussitôt sous la forme d'une cantine ambulante au coin de la rue. Des saucisses ! Elles cuisaient dans une poêle posée sur un brasier et sentaient délicieusement bon. De même que le café débordant d'un pot de cuivre. Daisy était la seule femme parmi les clients, mais cela ne la dérangea pas, beaucoup trop préoccupée qu'elle était par tout ce qu'il y avait à manger. Entre le brasier et la cafetière se trouvaient des petits pains déjà à demi fendus et une pyramide de pâtés en croûte.

C'était là un lieu de rendez-vous favori des cochers, l'angle de la rue offrant de quoi garer chevaux et véhicules. Daisy avait déjà appris à ne pas regarder les chevaux de fiacre. Ils étaient trop maigres, trop pitoyables. Pauvres vieux, avaient-ils jamais vu un pâturage vert ?

L'homme qui tenait la baraque piquait les saucisses grésillantes à l'aide d'une fourchette à long manche, les glissait dans les petits pains et tendait ceux-ci, tout cela avec dextérité et précision. Avant que ce fût le tour de Daisy d'être servie, on avait remarqué sa présence inspirant aux plus blasés un peu de curiosité et beaucoup d'admiration. Curiosité car elle était difficile à situer. Il était rare de voir une femme nue tête ; rare de voir une femme convenable à une cantine. L'admiration n'était qu'un tribut naturel à sa beauté éclatante, rehaussée par l'excitation d'être dehors, bien vivante, par une belle journée.

Devant le comptoir se trouvait une cuvette écaillée contenant de la moutarde et une autre du sucre brun. L'un des hommes, tentant sa chance proposa :

— De la moutarde, mademoiselle ?

Même à la campagne et pure comme Mme Bell semblait le croire, une jolie fille n'atteint pas quinze ans sans acquérir l'art de décourager les avances.

— Non, je vous remercie, répondit-elle, froide et distante.

Pour les hommes l'entourant — tous cockneys — sa voix aussi fut une surprise. Pas cockney, pas de première classe non plus. Mais sachant indiscutablement garder ses distances. En fait, Daisy songeait : « Et pourquoi diable est-ce que je m'en priverais ? J'aime la moutarde avec les saucisses ! » Elle tendit le bras et se servit. Et puis, d'apparence, sinon de fait, indifférente aux autres, elle mangea deux des petits pains et un pâté. Là-dessus elle but une tasse de café au goût beaucoup moins agréable que l'odeur.

Le calme était revenu, les clients venant par à-coups. Le propriétaire de la baraque, aussi curieux que ses pratiques, eut une illumination soudaine.

— Vous venez de la campagne ?

— Oui.

Inutile de se fatiguer à lui expliquer qu'il y avait deux mois de cela.

— Vous avez du travail ?

Elle pouvait, quand il le fallait, réfléchir très vite. Si elle lui répondait : « Non » lui proposerait-il de l'employer ou lui indiquerait-il quelqu'un à qui s'adresser ? Si elle répondait « oui », manquerait-elle sa chance ?

— Je ne sais pas encore. Je me renseigne.

Il n'y avait rien de paternel en lui et cependant il éprouva ce sentiment protecteur qu'avait ressenti Mme Bell.

— Faut faire attention, dit-il. Une jolie fille comme vous. Pas de chapeau. Et mangeant avec des cochers de fiacres dans un endroit comme celui-là.

— Il a rien de mal... sauf le café.

Pour adoucir sa remarque, elle sourit et ajouta :

— Le manger est très bon.

— En tout cas, dit-il d'un ton grave, acceptez pas de faire de la couture.

Il avait remarqué ses mains, si mignonnes. D'autres que lui les avaient remarquées, fines, délicates et, semblait-il, insensibles aux travaux grossiers.

— La couture, c'est la mort à petit feu. La mode c'est encore pire.

— Je sais pas très bien me servir d'une aiguille, répondit-elle, lui adressant un autre sourire.

D'autres clients arrivèrent par groupes et tous pressés comme d'habitude. Quand il releva la tête, la jeune fille avait disparu. Plus tard, il remarqua qu'elle avait oublié son pitoyable baluchon.

Pendant des années, de temps à autre, il pensa à elle. Jolie comme une fleur, un peu simplette et, il en était sûr, vouée à la catastrophe.

Daisy se souvint de lui exactement le temps qu'il lui fallut pour trouver un chapeau. « Pas de chapeau », avait-il dit d'une façon qui signifiait qu'aller nue tête était mal. A présent que son attention avait été attirée sur la question, elle se rendait compte que toutes les autres femmes portaient quelque chose sur leurs cheveux. Même une mendiante, maigre et blême, un enfant squelettique dans les bras, portait sur la tête une sorte de chiffon noué sous le menton. Daisy lui donna un penny avant de se mettre à la recherche d'un chapeau ne coûtant pas plus de huit shillings. Elle donna un autre penny à un aveugle et encore un à un ramoneur dont elle toucha l'épaule noircie pour avoir de la chance.

Qu'elle ne sache pas compter se comprenait. Jusqu'aux deux derniers mois, elle n'avait jamais eu d'argent et n'en avait pas eu besoin. Elle avait commencé à travailler pour sa nourriture, ses vêtements et deux livres comptant par an. Puis trois, quatre et cinq. Son père et sa nouvelle famille avaient eu besoin du tout et elle avait tout donné sans récriminer, le plus naturellement du monde. Expédiée à Londres — sans qu'on lui demande son avis — elle avait promis d'envoyer de l'argent à la maison, mais, elle avait honte d'y penser, elle ne l'avait pas fait. Elle s'en voulait. Mais il lui fallait manger un repas digne de ce nom de temps en temps. Elle avait, en outre, dû acheter des chaussures parce que celles fournies avec l'uniforme ne lui allaient pas, trop petites ou trop grandes. Quant à la paire avec laquelle elle était arrivée, elle n'avait pas résisté aux pavés et aux graviers des allées.

Elle fut intimidée non pas par la majesté des magasins mais par les prix. Imaginez un peu, quinze shillings ou une guinée pour un chapeau ! Elle songea, un instant, qu'elle aimerait être vendeuse. Etre entourée de belles choses, y toucher, devait être agréable. Et puis, elle entendit une grosse femme habillée de façon voyante parler avec hauteur à une jeune fille douce qui semblait faire de son mieux et elle se dit : « Non. Impossible. Je répliquerais ! » Quand son tour arriva, elle s'efforça de s'exprimer de la façon la plus aimable possible. Et bien que la vendeuse la jugea folle quand elle l'entendit demander un chapeau très simple pour un shilling environ, elle lui répondit :

— Pourquoi ne regardez-vous pas au marché ? Ils n'y sont pas chers du tout.

— Où y en a-t-il un ?

— Vous traversez et c'est la deuxième rue à votre gauche. Par là.

— Merci. Quelle belle journée, n'est-ce pas ?

— Pour ceux qui peuvent sortir et en profiter, répliqua la vendeuse, blasée, mais sans méchanceté.

Elle avait classé Daisy immédiatement. Son œil féminin avait enregistré la qualité et la coupe de la robe de mousseline qui avait été faite pour Mlle Langton, au château. Très jolie robe, accent campagnard, manières aimables et voulant un chapeau bon marché. Il ne pouvait s'agir que d'une fille en chambre, une sorte de prostituée envoyée à un rendez-vous dans des vêtements prêtés par la tenancière de la maison. Elle avait dû perdre son chapeau et n'osait pas rentrer avant de l'avoir remplacé. Eh bien, bonne chance, il lui en faudrait !

On entendait et l'on sentait le marché avant de le voir. Et, brusquement, la ruelle faisait un coude pour déboucher dans une rue beaucoup plus large bordée d'étalages de chaque côté et grouillante de gens. Rien que de pauvres hères faisant leurs courses en fin d'après-midi parce que les prix étaient plus bas. Plus tôt dans la journée, de respectables ménagères aimant en avoir pour leur argent, mais aussi de la marchandise fraîche, venaient y faire leurs provisions comparant tout avec soin. Inutile pour les amuseurs de se produire alors. Mais l'heure était venue pour eux. Ils criaient, frappaient des tambours, heurtaient des cymbales pour attirer l'attention de la foule. Daisy assista à son premier spectacle de guignol et vit son premier singe au regard tragique se livrant à des pitreries sur un orgue de barbarie. On lui avait appris à demander la charité et Daisy lui donna un penny.

Contrairement aux amuseurs qui, sciemment, évitaient d'être trop près les uns des autres, les étals proposant la même marchandise semblaient se chevaucher. Elle mit quelques minutes à repérer la section où l'on vendait les articles vestimentaires. Elle se fraya un chemin dans les diverses immondices, heureuse que sa robe fût un peu trop courte. Elle trouva enfin un étal spécialisé en accessoires de toilette féminine, bonnets, chapeaux, gants, bas, châles, même des mouchoirs.

Ce qui, plus tard, devait lui être accordé comme une qualité innée, le bon goût, lui avait fait se représenter un chapeau, cerclé d'un ruban ou piqué d'une fleur, de la même couleur que les dessins et la ceinture de sa robe. Mais il s'agissait d'une nuance extrêmement délicate. Elle ne se vit offrir que des couleurs criardes en coton teint. Rouge, bleu vif, vert pré et même un mélange de jaune et d'orange. Elle se rabattit donc sur le blanc.

En temps ordinaire, la grosse femme propriétaire de l'étal aurait perdu patience avec quelqu'un d'aussi difficile à satisfaire et se serait fâché en voyant sa cliente attraper le chapeau le plus bas de la pile en déclarant.

— Celui-là fera l'affaire. Excusez-moi, j'ai tout dérangé. Je vais les remettre à leur place.

Chose curieuse, elle fut contente que cette petite ait trouvé ce qu'elle voulait. De tout le fouillis qui l'entourait, ou des plis de la robe enveloppant sa vaste personne, elle produisit un petit miroir grand comme une carte à jouer.

— Tenez. Vous voulez vous voir ?

Daisy n'accorda pas beaucoup d'attention à son reflet, car la vue des bas, des mouchoirs et de quelques articles de toilette, à l'autre extrémité de l'étal, l'avait fait se raidir et s'apercevoir qu'elle avait perdu — ou qu'on lui avait volé — son baluchon. Dieu Tout-Puissant ! Maintenant, elle n'avait littéralement plus que ce qu'elle portait sur le dos. Quelle poisse ! Cependant son exubérance eut très vite raison de son effarement et elle se dit : « Ça n'avait pas beaucoup de valeur. J'aurai de plus belles affaires, un jour. »

Quand elle eut payé son chapeau, de la paille grossière avec un ruban de coton, il ne lui restait plus que quinze pence dans son réticule, petite bourse de toile faite à la maison. Un lit lui coûterait environ un shilling, elle pouvait donc juste se permettre de manger un peu car, en dépit de ce qu'elle avait déjà avalé, elle avait encore faim. Sur place, la variété et la quantité de produits comestibles étaient étourdissantes. Certains lui étaient familiers comme les saucisses, les pâtés et les sandwiches ; d'autres inconnus ; anguilles en gelée, fumées ou en pâté ; crevettes, bigorneaux, buccins. Talbot Ste Agnès était situé beaucoup trop à l'intérieur des terres pour ce genre de choses et à Park Drive on considérait cela comme strictement réservé à la classe ouvrière. Daisy allait, se régalant du spectacle et de plus en plus affamée. Elle décida d'essayer les buccins.

Absolument délicieux mais hélas beaucoup trop peu nourrissant. Elle aurait pu en manger une centaine. Mais son assiette lui avait coûté deux pence. Il lui restait un penny et le choix entre le dépenser pour une tranche de pain beurré qui lui calerait un peu l'estomac, ou pour un pot de thé pour éteindre la soif provoquée par les mollusques.

Elle ne risquait rien à demander, pas plus qu'à adresser un sourire enjôleur à l'homme à l'autre bout du comptoir.

— Y me reste un penny. Est-ce que je pourrais avoir un *demi* pot de thé et une *demie* tranche de pain beurré ?

Impossible pour un cockney de résister à une plaisanterie.

— Vous m'expliquez comment faut faire pour couper un pot en deux et vous l'avez, ma p'tite demoiselle.

On rit et Daisy s'empourpra non pas, de gêne comme le pensa l'autre, mais de colère. Elle détestait que l'on se moque d'elle. Elle aimait faire rire en racontant de petites plaisanteries, imitant les gens, même en faisant le clown, mais elle ne pouvait supporter que l'on rie d'elle. Tant pis, elle se préparait à tourner les talons d'un air digne quand l'homme baissa pavillon.

— Allez, tenez, dit-il en remplissant un pichet de thé à ras bord et en lui tendant une énorme tranche de pain beurré. La tranche épaisse, la pellicule de beurre très mince. Juste ce qu'elle voulait.

A présent le moment était venu d'aller Leicester Square chez Kitty Hammond. Une merveilleuse journée prenait fin.

CHAPITRE IV

LA PLACE ÉTAIT ENCORE INONDÉE DE SOLEIL, DÉSIREUSE SEMBLAIT-IL DE retenir la lumière du jour. Mais Sparhawk Lane, trop étroite pour permettre le passage des voitures et bordée de vieilles maisons chancelantes dont les derniers étages en saillie se touchaient presque d'un trottoir à l'autre, déjà plongée dans l'obscurité, ressemblait à un tunnel. Cela rappela Waywood à Daisy, là-bas, chez elle, quand à la recherche de fleurs, de noisettes ou de mûres, on passait d'une clairière ensoleillée à l'ombre dense de la vieille forêt.

A certaines époques de sa brève enfance, elle avait eu un peu peur de Waywood, surtout le soir. On racontait des histoires étranges à son sujet et elle était trop jeune et trop ignorante pour faire la part entre le folklore, la superstition et la réalité. Certaines personnes restaient persuadées que des loups hantaient encore les épais fourrés. On avait vu flotter à la surface d'une mare le corps d'une jeune fille qui s'y était jetée. Il y avait un autre fantôme encore, celui d'un petit garçon qui s'était perdu ou que l'on avait abandonné et que l'on entendait pleurer. Daisy avait cru tout ce que l'on racontait jusqu'au jour où, elle devait avoir à peu près huit ans, partie avec d'autres enfants cueillir des mûres elle s'était écartée du groupe, s'était égarée. Elle avait tout d'abord eu très peur. Seule dans Waywood à la nuit tombante ! Mais, elle le savait, il ne fallait surtout pas se mettre à courir, sans but. Elle s'était donc assise adossée à un arbre. Elle avait mangé toutes les mûres et s'était endormie. Ensuite, elle n'avait plus eu peur du bois, mais elle avait ajouté à sa sinistre réputation en affirmant avoir vu et entendu toutes les choses affreuses dont on parlait. Et davantage encore.

Elle s'engagea dans Sparhawk Lane sans précipitation. Elle n'avait qu'une idée, trouver la maison de Mme Hammond ou quelqu'un pouvant la lui indiquer. Mais il n'y avait personne alentour et les maisons de chaque côté semblaient désertes, portes et fenêtres closes par des volets. Quelle drôle de rue. Et en plein cœur de Londres, aussi silencieuse qu'un sentier sous les arbres de Waywood.

L'homme parut surgir de nulle part, énorme, menaçant dans l'obscurité.

— Où allez-vous ?

— Chez Mme Hammond.

Il était debout sur un pas de porte semblable à celles aux volets clos devant lesquelles elle venait de passer. Mais il étendit le bras, ouvrit le vantail derrière lui et la lumière les inonda. C'était bien l'homme, l'être humain, le plus horrible qu'elle ait jamais vu. Son visage semblait avoir été passé dans une calandre, tout en lui était trop grand, trop plat. Cependant, le premier choc passé, elle se rendit compte qu'il ne lui était pas hostile.

— Et pourquoi faire ?

Son premier mouvement fut de lui rétorquer que ce n'était pas son affaire. Mais elle avait intérêt à se montrer aimable, puisqu'il était le seul dans cette rue déserte à qui demander sa route.

— On m'a dit que chez Mme Hammond — Kitty Hammond — je pourrais trouver un lit pour la nuit.

A sa grande stupeur, il se mit à rire, son énorme visage plat enlaidi encore par les plis creusés.

— Pour ça vous en trouverez.

— Où c'est alors ?

— Ici, dit-il. Entrez.

Elle obéit à l'invitation et pénétra dans ce qui lui parut être un palais. Tel que se le représentait une enfant à peu près illettrée d'après ses souvenirs du conte de *la Belle au Bois dormant,* renforcés par une forte imagination et quelques aperçus du hall du château à Talbot Ste Agnès illuminé pour une réception. Le hall d'entrée avait trois voûtes, celle de la droite et celle faisant face donnant sur de spacieux appartements assez peu éclairés pour le moment, mais suffisamment pour permettre de voir le chatoiement de la soie et du satin. Sur la gauche commençait un escalier aux marches recouvertes d'un tapis rouge sombre. Le hall d'entrée lui-même, au sol de marbre, était brillamment éclairé par un lustre dont les pendants taillés distribuaient des petits arcs-en-ciel. Le lustre éclairait également la partie inférieure de l'escalier, un autre, situé sur le palier, éclairait le haut.

— Montez, dit l'homme. Vous trouverez Mme Hammond quelque part là-haut, dans la galerie, probable. Si vous rencontrez quelqu'un, dites que Sam est d'accord.

Elle avait le sens de l'orientation des gens de la campagne et, en gravissant l'escalier, elle avait l'impression de remonter la rue à l'intérieur de toutes ces maisons aux portes et aux fenêtres closes. Elle ne se trompait pas beaucoup. L'établissement de Kitty Hammond, le plus luxueux et le meilleur au monde selon des hommes ayant beaucoup voyagé, fonctionnait derrière une façade neutre.

Foulant du pied un tapis épais comme une éponge, doux comme du velours, Daisy songeait que ce n'était pas l'idée qu'elle se faisait d'un hôtel. Mais elle n'en avait jamais vu, Emily avait dit Kitty Hammond, c'était là, donc tout allait bien. Le portier la suivant du regard songeait, quant à lui : « Et elle sait marcher aussi. » La beauté du visage et la grâce ne vont pas toujours ensemble. Il en savait quelque chose. Cela faisait dix-huit ans qu'il montait la garde à la porte de Kitty et la spécialité de celle-ci étant les *femmes,* Sam était aussi expert dans ce domaine qu'un maquignon dans le sien.

La seule galerie dont Daisy ait jamais entendu parler était la grande galerie du château. Elle l'avait vue rarement étant fille de cuisine et n'ayant pratiquement rien à faire dans ce que l'on appelait le devant de la maison. C'était long, comme trois pièces mises bout à bout, et les murs étaient pleins de tableaux. Ici, c'était très différent : une sorte de corniche faisant le tour d'une grande pièce, pour s'élargir en une espèce de salon meublé de plusieurs petites chaises, quelques tables, des fleurs, des trucs verts dans des pots et un fauteuil occupé par la femme la plus grasse que Daisy ait jamais vue. La galerie et la pièce en saillie se trouvaient douze marches plus bas que le palier où se tenait la jeune fille et d'où d'autres marches menaient, sans doute, à l'une des pièces qu'elle avait aperçues sous l'une des voûtes.

Sans tourner la tête — on l'imaginait mal faisant un mouvement — la femme demanda d'une voix sourde, profonde, brusque :

— Qu'est-ce que c'est ?

— Daisy Holt.

— Et qui diable est-ce ?

— Sam est d'accord.

Daisy n'avait rien trouvé d'autre à répondre et c'était la seule chose à dire.

— Viens que je te regarde.

Daisy descendit les quelques marches et se soumit à l'inspection. Des centaines de filles étaient passées entre les mains de Kitty et elle connaissait aussi, de vue, nombre de beautés célèbres, car sa maison était également une maison de rendez-vous. Cependant, jamais encore malgré son expérience, Kitty n'avait encore vu une fille, de basse extraction ou de bonne naissance, comme celle-ci, aussi naturelle. Comme une fleur.

En fait Daisy était totalement abasourdie car Kitty Hammond ne sacrifiait au rite épuisant de la toilette qu'une fois par jour et quand elle s'habillait, c'était pour le soir. Son énorme masse drapée selon la saison dans du satin ou du velours, des bijoux partout, autour du cou, sur sa poitrine monstrueuse, à ses doigts, ses oreilles et même ses cheveux. Et tout cet éclat mis à part, l'aspect de Kitty était extraordinaire. Elle avait été jolie fille et son visage en témoignait, presque menu au-dessus de la cascade de ses trois mentons comme un... comme un masque ou plutôt comme une tête peinte sur un navet pour la Toussaint.

— Alors, tu es Daisy Holt. Quel est ton vrai nom ?

— C'est mon vrai nom.

Kitty avait posé cette question parce que tout désignait la jeune fille de bonne maison en fugue, fuyant peut-être une école. Elle avait deux filles qui avaient fréquenté un pensionnat pour jeunes filles de famille et la mousseline blanche lui rappelait quelque chose. Des filles de ce genre faisaient plus de mal que de bien. Tout d'abord, il pouvait y avoir enquête. Ensuite, elles se montraient difficiles.

— Comment as-tu entendu parler de moi ?

— Par Emily.

— J'en ai connu une douzaine. *Emily* qui ?

— Je sais pas. — Emilie c'était juste Emily. Comme elle ne savait pas lire, elle ne recevait jamais de lettre. — La vérité c'est qu'on m'a mise à la porte ce matin et Emily — elle travaillait avec moi — a dit qu'en venant ici j'aurais un lit. Je croyais que vous preniez des pensionnaires. Maintenant, je me demande s'il vous faut pas une bonne... j'ai été renvoyée mais pas pour avoir volé ou quelque chose comme ça.

— Pourquoi alors ?

— Pour avoir dansé dans la rue.

Ça, c'était pour le moins étrange.

— Alors, tu sais danser ?

— Pas comme les gens dans les salles de bals. Juste comme pour la fête de la moisson ou celle du Premier Mai.

— Montre-moi. Là, en bas, dit Kitty en indiquant la pièce en dessous, une vaste surface de parquet sombre et poli.

— Ça vous gêne si je chante ? Ça ira mieux.

Daisy avait pratiquement acquis la conviction que Mme Hammond était excentrique — un mot désignant les gens riches qui avaient de drôles d'idées. La vieille Lady Langton avait été très excentrique et il fallait lui passer ses fantaisies. Méchante avec ça. Tellement que l'on prêtait à Sir Alfred et à sa femme l'idée de la faire mettre dans un asile.

Cédant à l'excentricité, Daisy descendit les quelques degrés et au cœur de ce centre de dépravation dansa et chanta d'une façon qui aurait surpris Mme Bell persuadée que la campagne était pure et innocente. Le *Joli Mois de Mai* que Daisy avait chanté le matin même Park Drive n'était pas sans légers sous-entendus ; d'autres chansons étaient, elles, nettement plus crues « *Enfonce les cornes sur la tête de Billy* », par exemple, peut évoquer une chèvre, mais en fait traite aussi nettement du cocufiage que n'importe quelle comédie de la Restauration.

La vieille femme obèse dans la galerie y songeait tout en surveillant attentivement la jeune fille. Elle sortait nettement de l'ordinaire. Les danses campagnardes étaient une chose, la récréation d'une bande de lourdaux. Mais là, tout était grâce, chaque geste, chaque mouvement se suivaient avec une telle facilité, une telle séduction que même son esprit mercenaire, fatigué, fut touché par l'enchantement. Trop bien pour le commerce ordinaire, se dit-elle. Elle le savait, la plupart des hommes venaient chez elle chercher un corps aussi attrayant que possible et tarifié. Très cher. Un peu d'exotisme ajoute du sel et Kitty pouvait en fournir également. Elle s'arrangeait pour avoir toujours une ou deux métisses, une vraie noire, une Chinoise aux pieds minuscules. L'ennui c'est que l'hiver leur convenait mal.

Kitty ne voulait pas entendre parler de vicieux. Elle avait ses propres règles et n'employait jamais de fille de moins de douze ans. Non seulement elle méprisait les homosexuels des deux sexes, mais elle les craignait car ce genre d'individus n'a pas besoin d'entremetteurs et si le monde en était plein où serait-elle ?

Elle obéissait à certaines règles, et elle était ambitieuse. La plupart des tenancières se satisfont de diriger une maison en dépensant le moins possible et en gagnant le plus possible. Cela ne lui suffisait pas. Elle aimait se considérer comme un imprésario. Elle avait aidé six de ses pensionnaires à faire carrière au théâtre et trois d'entre elles ayant de belles voix étaient entrées à l'Opéra. Il lui plaisait d'arranger des mariages, d'encourager des liaisons. Mais surtout, elle aimait recevoir, s'enorgueillissant d'avoir non seulement la meilleure table de Londres, mais d'être au fait des dernières nouveautés. Elle avait des espions partout, lisait les journaux, écoutait les bavardages. Non seulement elle avait fait fortune, mais elle avait lancé des guérisseurs, des illusionnistes, des spécialistes en produits de beauté. Chez Kitty, disait-on, on ne savait jamais qui l'on allait voir, sauf les filles qui, elles-mêmes, étaient exceptionnelles, triées sur le volet.

Tout en regardant Daisy, elle projetait un spectacle nouveau. Quelque chose d'agréable à l'œil, d'excitant et présenté sous forme de loterie.

— Reste comme ça ! s'écria-t-elle. — Daisy garda la pose. — Ça va. Viens ici.

Daisy gravit les marches. Kitty remarqua qu'elle n'était pas essoufflée. Parfait, de la résistance ! Et, sans résistance, inutile d'insister, on n'allait pas loin.

— Ça vous a plu ?

C'était tout ce qui comptait pour le moment. En faisant quelque chose dans le but de plaire, Daisy perdait de vue tout autre considération. Quand elle dansait, chantait ou mimait, elle semblait devenir quelqu'un d'autre, n'ayant rien à voir avec Daisy Holt. Même dans la cuisine sinistre, au 6 de Park Drive, quand elle imitait Mme Westcott, il lui arrivait de se surpasser. Alors à présent, invitée à s'exprimer dans un endroit spacieux, dans un décor si beau, elle ne songeait même plus où elle coucherait, si elle serait engagée comme domestique ou d'où viendrait son prochain repas.

— Tu as un certain talent, déclara Kitty. Nous en parlerons plus tard. As-tu faim ?

C'était le cas, en général.

Oubliant le petit déjeuner dans la nursery — du porridge, du pain et du beurre — son orgie à la cantine et les coquillages, elle répondit aussitôt :

— Oh ! oui. Je pourrais manger une vieille femme et son cheval...

Le cliché précisait : « harnachement et tout ». Mais elle s'interrompit, consciente qu'elle n'aurait pas dû dire « vieille femme » à une vieille femme. Et les mots qui auraient pu lui rendre service, le matin même, lui vinrent d'eux-mêmes aux lèvres.

— Excusez-moi. On devient tous vieux si on vit assez longtemps, hein.

— C'est exact, répondit Mme Hammond aimable, nullement blessée. Je connais mon âge. Tu peux t'asseoir. J'ai quelque chose à faire.

De sur la table voisine de son siège qui ressemblait à un trône, elle saisit une sonnette en argent qu'elle agita.

Daisy, inconsciente de l'honneur qui lui était fait de s'asseoir à côté d'une femme qui prenait plaisir à laisser debout ducs et comtes, regarda des pages arriver en courant. Et la voix rauque distribua ses ordres : « Je veux ceci ; que l'on aille chercher cela ; occupez-vous de ça. » « Remuez-vous un peu. » Et Daisy, dans son fauteuil, ne dormait pas, mais comme toujours lorsqu'elle avait dansé et chanté, terriblement fatiguée un peu comme si l'autre, qui n'était pas tout à fait Daisy Holt, l'avait vidée de ses forces. Ce ne fut que lorsqu'une femme, ressemblant trait pour trait à la gouvernante du château, avec les clefs et tout, lui dit : « Si vous voulez me suivre... » qu'elle se secoua et réalisa que la journée avait été longue.

— Va avec Esther, dit Kitty. Elle veillera à ce que tu ne manques de rien.

Daisy obéit et ne manqua effectivement de rien. Elle n'avait même pas entendu mentionner le nom qui devait avoir une telle signification pour elle. Entre autres ordres, Kitty avait dit : « Que l'on m'amène Jack Skelton, saoul ou à jeun, je m'en fous. Qu'on le porte s'il le faut. »

CHAPITRE V

KITTY N'ÉTAIT PAS TRÈS PORTÉE À FAIRE LA CHARITÉ ET SON NOM NE figurait pas sur les listes des grandes dames habituées aux bonnes œuvres. Les personnes respectables connaissaient à peine son existence et son activité était suffisamment mal considérée pour que même son argent paraisse souillé et davantage susceptible de faire du mal que du bien, même à l'Assistance Publique. Quelques-uns de ses clients la savaient capable de se défaire de cinq livres si on réussissait à la convaincre que la cause en valait la peine. Jamais elle n'aurait donné un sou pour un cas touchant, si peu que ce soit, à la religion. Mais si l'on considérait l'importance de sa fortune, ses dons restaient maigres surtout qu'elle en voulait pour son argent, selon sa formule. Par à-coups et au hasard, elle adoptait des protégés. Elle jouait également un peu les Robin des Bois en faisant payer les riches pour les pauvres. Des jeunes gens sans fortune, en attendant un héritage, pour peu qu'ils fussent bien élevés et aimables, avaient à régler des additions de beaucoup inférieures à celles d'hommes connus pour leur fortune.

Jack Skelton était passé dans son orbite cinq ou six ans plus tôt, à l'époque où elle avait fait redécorer sa grande salle à manger. Elle désirait quelque chose d'étrange, de somptueux comme les fresques de Pompéi dont elle avait lu une description. Elle ne pourrait, elle ne l'ignorait pas, faire faire ce travail dans un établissement comme le sien par un artiste accrédité. Mais personne mieux qu'elle ne connaissait le nombre de talents méconnus grouillant un peu partout. Elle en parla, de ci, de là et Jack s'était présenté. Il avait l'air de crever de faim et c'était le cas.

— Vous connaissez l'endroit... Pompéi ?

— Non. J'ai entendu parler des fresques. J'ai vu quelques dessins. Je peux faire mieux.

— Vous avez une bonne opinion de vous, jeune homme.

— Oui. J'appartiens à une minorité. D'une unité.

— Qu'entendez-vous par là ?

— Eh bien, je suis meilleur portraitiste que Romney — ou même que Gainsborough. Mais je peins les gens tels qu'ils sont et non pas comme ils voudraient être. C'est une recette infaillible pour ne pas réussir.

Une sorte de sourire avait déplacé les traits de son visage maigre. Il n'était pas le seul candidat — les artistes pauvres ne manquaient pas — et Kitty lui avait suggéré, comme elle l'avait fait aux autres, de retourner chez lui, de préparer un modèle de ce qu'elle désirait et de le lui rapporter pour qu'elle puisse juger.

— Ça ne marchera pas.

— Pourquoi ?

— Une fresque est faite pour être vue sur un mur. Il faut l'essayer sur un mur.

— Pas ici ! Vous pouvez me faire une cochonnerie, ou je peux ne pas aimer votre travail. Tenez, suivez-moi.

Elle était déjà très grasse, mais elle se déplaçait encore avec une certaine facilité. Elle le guida vers un couloir, l'une de ses entrées, ou sorties, secrètes. Il n'avait rien du luxe qui caractérisait le reste de la maison.

— Essayez là-dessus, dit-elle en désignant un mur passé à la chaux, juste en dessous du soupirail grillé, seule source de lumière de l'endroit.

Contrairement aux autres, il avait apporté son matériel dans un panier de jonc comme en utilisaient les menuisiers pour leurs outils.

— Donnez-moi trois heures.

Son dernier travail commandé avait été la peinture d'enseignes. Un shilling et un repas pièce. Il fallait aller vite, à grands traits, et employer des couleurs violentes. Lorsque Kitty revint passer l'inspection, après le temps stipulé, elle ne put cacher son étonnement. Le couloir sinistre était totalement transformé. Tout un mur et la moitié de l'autre n'étaient plus que lumière et mouvement.

— Vous avez couvert de la surface.

— Oui. Je me suis laissé un peu entraîner. Ce n'est qu'une ébauche, évidemment.

— Parfaite en tout cas. Oui, ça me plaît.

Ce n'était qu'une femme inculte ayant pêché des informations de bric et de broc mais pour les retenir avec soin car on ne sait jamais, ça pouvait toujours servir. Elle savait cependant que, dans ce qu'elle appelait l'ancien monde, les gens n'avaient pas honte de leur corps et ne faisaient pas tant d'histoires avec le sexe. Il n'y avait qu'à voir les statues ! Et ce type avait mis juste le doigt dessus. Le puritain le plus rigide — en admettant qu'il en vienne un chez elle — en dégustant un bon dîner et en regardant des peintures comme celles-là ne pourrait pas faire autrement que d'avoir des idées.

— Je vous engage. Qu'est-ce que vous diriez d'un petit dîner, maintenant ?

Elle comprit à voir ses yeux briller que non seulement il avait l'air affamé, mais qu'il avait faim.

Depuis ce jour, il avait exécuté d'autres travaux pour elle et elle s'était efforcée de l'aider en lui obtenant des commandes pour des portraits. Mais ils n'avaient jamais plu et Kitty avait été obligée de parler net.

— C'est très joli quand on fait ça pour passer le temps de peindre les gens comme on croit qu'ils sont et pas comme y veulent qu'on les voit. Mais vous serez pas jeune éternellement et faut faire votre chemin. Vous allez voir Sir Charles. Vous lui dites que vous regrettez qu'il aime pas ce que vous avez fait de sa fille et vous lui en faites une autre. Il dit que vous lui avez fait un nez de dix centimètres de long.

— Ce n'est pas moi. C'est le Bon Dieu.

— Entendu. Elle est laide et je suis trop grosse. Mais à quoi ça sert d'insister dessus ? Vous devriez la plaindre la pauvre fille. Refaites-la, Jacky, avec un nez en trompette.

Elle comprit à son expression qu'il n'avait nulle intention d'accepter cette suggestion amicale.

— ... En plus, de quoi j'ai l'air moi là-dedans ? J'en ai que pour vous et de votre foutu talent et qu'est-ce que vous faites : vexer les gens. Je vous le dis tout net, si vous refaites pas Mlle Clifford, je ne vous recommande plus.

— M'est égal.

En plus de son refus de commettre ce qu'il appelait des mensonges sur la toile, un autre obstacle se dressait entre le succès et lui. Il buvait. Non pas modérément et régulièrement et ce qu'il pouvait s'offrir, mais par crises. Il restait sobre pendant un mois pour s'enivrer à mort pendant une semaine ou dix jours. Kitty le savait parce que, bien qu'elle ne l'eût plus recommandé comme portraitiste, elle lui avait fourni d'autres travaux. On avait beaucoup admiré les fresques de sa salle à manger, les plafonds ornés de chérubins et de nuages de ses deux plus belles chambres et plusieurs personnes souhaitaient décorer leurs maisons de la même façon. On aurait pu croire qu'il pourrait effectuer ce genre de travail sans le gâcher. Eh ! bien non. Il commençait et plaquait tout pour se saouler.

Kitty pensait que la coïncidence entre un bon travail bien payé et les beuveries étaient dues au fait qu'il avait de l'argent. Elle se trompait totalement. Il commençait à travailler et une vague d'amertume l'envahissait. Me voilà, moi le meilleur des peintres vivants, capable de peindre l'âme des gens aussi bien que leur visage et je barbouille des saloperies de chérubins sur des saloperies de plafonds ! La seule issue : boire.

Kitty elle-même n'aurait su dire pourquoi elle ne l'avait pas totalement laissé tomber. Quelque chose en lui l'attirait et s'il mettait trop longtemps à exercer le droit qui était devenu le sien de venir, de manger et de boire ce qu'il désirait sans bourse délier, elle envoyait quelqu'un le chercher dans son horrible grenier au-dessus de la boutique d'un marchand de légumes dans Soho.

A présent, grâce à une gamine si bien, ou si mal, nommée Daisy (1) elle pouvait lui proposer un travail que, par Dieu, il ne saboterait pas, car elle ne le quitterait pas des yeux. Et ça ne prendrait pas longtemps.

Jacky arriva immédiatement. Il était à jeun, mais l'œil averti de Kitty lui dit que sa dernière cuite n'était pas vieille. Il avait le regard un peu brouillé et ses mains tremblaient légèrement. Cependant, il

(1) Paquerette.

était propre et bien habillé. La tenue de dîner d'un monsieur, costume noir et chemise blanche. C'était un monsieur, Kitty le savait. Sa façon de s'exprimer ne pouvait la tromper, car il n'apportait pas toujours le même soin à sa toilette.

— Très chic, dit-elle. Vous vous êtes pas habillé pour venir me voir ! Vous auriez pas eu le temps.

— Non. Je m'apprêtais à aller dîner avec l'alderman Smithers et quelques-uns de ses confrères... Kit, il a fallu que je cède. Personne ne peut lutter éternellement contre le sort. Si je me sers correctement de mon couteau et de ma fourchette et dis « Sir » chaque fois que j'ouvre la bouche, j'aurai peut-être le privilège de peindre douze magistrats municipaux revêtus de leur robe. Pour une raison connue d'eux seuls, ils souhaitent rester immortels.

— Ah, enfin, vous êtes devenu raisonnable. Je suis contente. Ça m'embête un peu, remarquez. J'avais un petit travail que je voulais faire très vite. Quarante-huit heures en fait.

— Vous me connaissez, Kit. Je suis votre homme lige. Que les immortels attendent. De quoi s'agit-il ? D'un autre plafond ?

— Non. Une mystification. Un leurre. Je voulais que l'on peigne quelques statues de façon qu'elles aient l'air vivant. Et une fille qui aurait l'air d'une statue. Mais vous me connaissez, Jacky. Je serai la dernière à me mettre en travers si on vous offre un travail intéressant. Je trouverai quelqu'un.

— Landseer ?

— Blague à part, partez. Eddy Saunders est capable de mettre un peu de peinture sur mes statues.

— Pas comme moi. Ecoutez. Je vais à mon rendez-vous et je reviens. En fait, si on doit les voir à la lumière artificielle, autant les peindre de la même façon.

CHAPITRE VI

LA PREMIÈRE RENCONTRE ENTRE DAISY HOLT ET JACK SKELTON EUT lieu dans la chambre à coucher de Kitty qui servait aussi bien de salon de réception que de bureau. Tout le monde était persuadé que Kitty passait la plus grande partie de la journée dans son lit, mais ceux qu'elle employait savait que ce n'était pas totalement exact. Levée très tôt le matin, elle passait l'inspection, en robe de chambre et en pantoufles, de ce que ses employés avaient rapporté du marché, des boutiques et gare à celui qui rentrait avec de la marchandise de deuxième choix. Pendant des années, elle avait fait son marché elle-même, même après fortune faite. Mais l'obésité — due à la maladie et non pas à la gourmandise — l'avait empêchée de continuer. Cependant, elle savait encore faire la différence entre ce qui était de bonne qualité et ce qui ne l'était pas. Mais ce petit effort l'épuisait et elle se remettait au lit où elle buvait du thé au citron en discutant des menus avec ses cuisiniers. Ensuite, elle se reposait un peu avant de voir Esther, son bras droit en ce qui concernait l'activité principale de la maison : les filles. Elle n'accordait qu'une confiance limitée aux gens, sachant que ceux qu'elle employait avaient de bonnes raisons de se sentir ses obligés, craignaient de perdre leur place. Mais c'était tout. Par un terrible effort de volonté, elle soulevait son énorme masse et entreprenait une tournée d'inspection chaque jour mais jamais à la même heure. Tout le monde savait qu'elle pouvait être n'importe où, n'importe quand.

Elle était au lit, discutant avec Jack Skelton des détails de son projet quand il lui déclara :

— Si vous voulez que vos statues ressemblent à cette fille, il faudrait que je la voie. Mais Kitty j'ai réfléchi à votre truc en avalant un dîner invraisemblable et je ne crois pas que ça puisse marcher. Les yeux seuls nous trahiront.

— Achetez des yeux de verre. Comme ceux des poupées.

— Mais, dans ce cas, il faudrait creuser les orbites.

— Creusez.

— Kitty, je le ferais sans une seconde d'hésitation sur quatre des cinq statues que vous m'avez choisies. Ce sont des trucs pour monuments commémoratifs. Mais la Méduse est une œuvre d'art, je n'y toucherai pour rien au monde.

— Celle avec les serpents ? Je vois. C'est un cadeau qu'on m'a fait, il y a des années. Un compliment à rebours. Oubliez tout ça. Occupez-vous du travail à faire. Vous pouvez lui peindre ses yeux... Je vais faire chercher la fille pour que vous puissiez l'examiner. Tout ce que je peux vous dire c'est qu'elle est pas timide. Je sais pas exactement ce qu'elle est, mais elle est pas timide.

Elle était belle à couper le souffle. Sans aucun doute la plus jolie fille que Skelton ait jamais vue. Mais ce fut l'artiste, plus que l'homme qui réagit à cette alliance unique de formes et de couleurs. Il n'éprouva pas l'envie immédiate de sauter dans un lit avec elle — il voulait la peindre.

Et voilà qu'il était là, à discuter avec la vieille Kitty de la façon de la faire participer à une plaisanterie, un truc pour distraire des oisifs qui s'ennuyaient. Vraiment, la vie était une saloperie !

Daisy entra, pleine d'entrain et de confiance. Elle avait eu un somptueux dîner, une bonne nuit de sommeil, un merveilleux petit déjeuner et un *bain !* Elle n'avait vu personne, à l'exception d'Esther qui s'était montrée extrêmement gentille, quoique fort peu loquace. Lorsque étonnée par la splendeur de la chambre qu'on lui avait attribuée elle avait dit, naïve : « Je ne savais pas que les bonnes ou les pensionnaires avaient des chambres comme ça ! »

Esther lui avait adressé un drôle de coup d'œil, mais n'avait pas répondu. Le matin, elle lui avait servi le petit déjeuner — et quel petit déjeuner ! — au lit et, une fois encore Daisy, très surprise avait remarqué : « Je ne sais pas ce que je pourrai faire en échange de tout ça. »

— Madame a certainement projeté quelque chose pour vous, répondit Esther. Elle avait parlé d'un ton sec, décourageant, et elle ressemblait tout à fait à une gouvernante. Au château, tout le monde tremblait devant la gouvernante. Daisy ne posa aucune question. Ensuite ce fut le miracle du bain. Non pas un bain pris dans la chambre, dans une baignoire emplie avec des seaux. Daisy en avait transporté des centaines en son temps. Mais une baignoire fixe, installée dans une pièce spéciale et munie de robinets. Peu après, Esther était venue la chercher pour la conduire dans la chambre de Madame où il y avait un homme.

— Daisy, voici M. Skelton. Jack, Daisy Holt.

Il s'inclina légèrement et il la regarda fixement. Non pas de ce regard qu'elle avait l'habitude de recevoir des hommes. Beaucoup plus sérieux. Davantage comme si elle avait été un objet dans une vitrine et qu'il se demandait si elle valait le prix affiché. Puis, il déclara :

— Je vois ce que vous voulez dire, Kitty. Mélange unique du classique et du romantique. Vous me donnez un fichu travail, dites-moi. Au milieu de votre bric-à-brac elle aura l'air d'un oiseau de Paradis dans un vol de corneilles.

— Et vous n'avez pas tout vu. Daisy, tu te rappelles le geste que tu faisais hier, quand je t'ai dis de t'arrêter ?

— Comme ça ?

Elle mimait une danse au cours de laquelle, la main tenue haut dans celle du partenaire sous le bras duquel vous venez juste de passer, vous tendez l'autre main au suivant prête pour le tourbillon. Elle prit la pose avec aisance.

— C'est ça. Bouge pas. Maintenant, vous voyez ce que je veux dire ?

Skelton l'examina plus intensément encore et lui adressa la parole pour la première fois.

— Combien de temps pouvez-vous tenir cette pose, Daisy ?

— J' sais pas. J'ai jamais essayé. Pt' être une demi-heure.

— C'est peu vraisemblable. La plupart des gens ont du mal à poser plus de dix minutes.

— Je suis solide.

Daisy lui adressa l'un de ses sourires enchanteurs — elle ne risquait rien avec Kitty qui surveillait tout. Et elle disait la vérité. La vie qu'elle avait menée jusque-là lui avait fait les muscles. Longtemps avant d'entrer en service, elle avait travaillé, à la maison, dans les champs. Au château, au dernier rang de la domesticité on avait abusé d'elle honteusement. Même bonne d'enfant au n° 6 avait requis de la vigueur. Le landau rangé au sous-sol, il fallait le monter par l'escalier de service avant chaque sortie et le redescendre ensuite. Le bébé devait être transporté des combles au rez-de-chaussée.

Ce qui la frappa le plus fut que cet homme fût le premier, de sa jeune vie, à s'inquiéter de ce qu'elle était capable de faire. Dans l'ensemble, les gens s'étaient montrés gentils avec elle, mais il y avait des tâches à accomplir et les domestiques étaient là pour ça.

— Combien de temps pensez-vous que durera ce spectacle ? demanda Skelton :

— Aussi longtemps que les gens en voudront.

— Je veux dire qu'elle sera la durée d'une représentation.

— Dix minutes à une heure. Au fait, Jack, j'ai réfléchi à ce que vous m'avez dit hier soir pour les yeux. Ça s'applique aussi aux cheveux. Faut des perruques. Au moins deux, une blonde et une brune. Vous avez remarqué, ses cheveux à elle ils sont cuivrés. *Skakund ah song goot* (1) comme disent les Français. J'ai pensé à la respiration aussi. Elle peut pas retenir la sienne pendant dix minutes. Mais beaucoup de sequins, un bon courant d'air et des trucs légers ça fera illusion. Là, de mon lit, j'ai tout imaginé. J'avais d'abord pensé à du velours noir, mais ça ferait funèbre, alors on en mettra du rouge. Je parle du décor.

— J'avais compris. Et en parlant de sequins vous m'avez donné une idée. La Méduse, la seule qui vaille la peine, peut avoir une sorte de turban pour cacher ses serpents. Puisqu'il s'agit d'une duperie autant la faire jusqu'au bout.

— Ce qui me plaît avec vous, Jack, c'est que vous ne mâchez pas

(1) Chacun a son goût.

vos mots. Oui, c'est une duperie. Dites-moi un peu ce qui n'en est pas une. Tout l'est. Vous l'avez admis ici même pas plus tard qu'hier, seulement vous avez parlé de destin. Juste avant d'aller trouver vos bonshommes pour les rendre immortels. Comme ce Hollandais avec les veilleurs de nuit. Vous voyez ce que je veux dire ? On en arrive tous au même point. A la fin. On est tous refaits dès le départ. Le truc consiste à jouer le premier. C'est ce qu'on va faire là.

La conversation se poursuivit, incompréhensible en grande partie pour Daisy. Bientôt, elle cessa d'écouter, concentrant tous ses efforts à garder la pose, ce qui lui était de plus en plus pénible au fur et à mesure que s'écoulaient les minutes. Son bras levé s'engourdissait, commençait à trembler, menaçait de s'abaisser. Enfin, elle ne put retenir une espèce de gémissement.

— Je me suis vantée ! J'en peux plus.

Cela attira l'attention des deux autres et elle leur adressa un sourire, d'excuse cette fois-ci.

— Je m'en doutais, dit Skelton. Peu importe, on trouvera quelque chose de moins fatigant.

— J'ai suggéré cette pose à titre d'exemple. Elle a, comme qui dirait, un corps *fluide.* Je ne veux pas *qu'on la voie,* Jack. Ça peut tout fiche par terre. Et si on l'enferme, la journée lui paraîtra interminable. Prenez-la avec vous. Faites-la vous aider. Expliquez-lui de quoi il retourne.

— Si vous voulez que tout soit prêt pour demain soir, un peu d'aide ne sera pas de trop. Venez, Daisy.

— Si vous rencontrez quelqu'un, recommanda la vieille, fais semblant d'éternuer. N'importe quoi, mais cache ta figure.

Il n'y avait pas loin à aller. Une vaste pièce, dans le même bâtiment, vide à l'exception d'une table et de plusieurs statues grandeur nature. Au château, il y en avait eu deux et, avant d'être envoyée à Londres, Daisy avait eu pour mission de les laver à l'eau et au savon avec une brosse. Ainsi que l'avait fait remarquer la terrible gouvernante, c'était des nids à poussière et il fallait faire particulièrement attention aux doigts, aux orteils et aux oreilles. A présent on lui demandait d'en peindre une en noir !

Elle se vit encore confier d'autres travaux tout aussi fascinants. M. Skelton ne lui fournit pas beaucoup d'explications, mais elle crut comprendre qu'il s'agissait d'une sorte de plaisanterie centrée sur elle ; une espèce de comédie dans laquelle elle aurait le premier rôle. Elle n'était pas assez égocentrique pour saisir la valeur du compliment qu'on lui faisait, de manière indirecte. Elle ne saisit que l'essence de l'aventure et jamais elle n'avait été aussi heureuse.

De temps à autre, il l'interrompait dans son travail pour dire :

— Venez ici. Il faut que je vous voie — il parlait drôlement de son teint : « Du lait et des roses ? Des pêches et de la crème ? Fleur de pommiers, voilà ! »

C'était, elle s'en rendait compte, assez flatteur mais cela ne sonnait pas comme tel. Il semblait constater un fait, sans plus. En cela, il ressemblait à Kitty la traitant comme si elle n'était pas un être humain, ou n'était pas dans la pièce. Elle n'interpréta pas comme des compliments ses grognements ou ses manifestations de mécontentement au sujet de son travail qui consistait à rendre le visage de toutes les statues, sauf la noire, aussi semblable au sien que possible.

— Bon Dieu ! Qu'est-ce qui pourrait faire une chose pareille ? Cette vieille sorcière a trouvé ça pour me torturer.

Des trucs comme ça.

Il se montrait très attentionné et compréhensif quant aux besoins naturels.

— Il y a des cabinets juste au bout du couloir, dit-il au milieu de la matinée. Faites bien attention qu'on ne vous voie pas.

Quand elle eut fini de noircir la statue, il la chargea d'autres travaux et presque aussitôt on entendit des bruits de pas, de voix et de vaisselle.

— Accroupissez-vous derrière une de ces statues !

Il alla lui-même à la porte et revint avec deux plateaux. Des choses merveilleuses à manger encore une fois. Daisy s'y attaqua avec appétit et Skelton la regarda faire.

— Quel âge avez-vous ?

— J'ai eu quinze ans le jour de la Saint Barthélémy.

— C'est très jeune, remarqua-t-il comme si c'était triste, ou mal.

— C'est ce qu'a dit Mme Westcott quand Lady Langton m'a nommée nurse. Elle avait peut-être raison — elle se mit à rire — Si j'avais été un peu plus vieille je ne me serais pas fait saquer.

— Comment cela ?

Elle raconta ce qui s'était passé la veille et se mit à rire à nouveau.

— Mais alors je ne serais jamais venue dans une si belle maison, hein ?

Une si belle maison ! Ce qu'en lui la vie n'avait pas corrompu ni rendu cynique, se révolta. Il le savait, toutes les règles de la morale exigeaient qu'il lui dise exactement ce qu'était cet endroit qu'elle admirait ; de la convaincre de partir, d'aller n'importe où ; de faire n'importe quoi. Mais c'était ridicule. Comparée à la vie menée par la majorité des filles pauvres, l'existence chez Kitty Hammond c'était le paradis. Du moins, du point de vue matériel. Kitty se vantait de ne jamais garder une fille contre son gré, elles restaient libres de venir et de partir comme il leur plaisait. Elle n'éprouvait aucune difficulté à garder ses pensionnaires. Par contre, elle avait un certain mal à s'en défaire. Une partie du travail de Sam consistait à expulser les indésirables.

— Vous pouvez manger ça ? Moi, je ne peux pas. J'ai fait un dîner trop copieux, hier soir. Il parlait du pudding qui n'avait rien à voir avec ceux que connaissait Daisy. De la crème et de la confiture de fraise sur une pâte légère comme une plume.

— Je *peux*. Si je dois, c'est autre chose. J'ai pas envie d'être trop grosse.

— Je ne pense pas que vous ayez grand-chose à craindre, avant disons quinze ans.

— D'accord alors. Je prends le risque. Mais vous buvez le reste du vin. Je me saoule trop vite.

Cela parut l'amuser.

— Quand vous êtes-vous saoulée pour la dernière fois ?

— Chez Monsieur Rooke, à la fête de la moisson, en septembre. Je me rappelle pas très bien, mais ils ont dit que j'ai dansé, que j'ai chanté et que j'ai embrassé tout le monde. C'était honteux, hein ? Au matin, je me suis sentie si mal fichue que je me suis dit : « Daisy, la boisson c'est pas pour toi. Fais attention. » Et j'ai fait attention, même à Noël. Mais ce qu'il y a de plus drôle c'est que... c'était peut-être pas la faute du cidre seulement. C'était peut-être bien d'avoir dansé. Quelquefois, comme hier soir. Quand je chante et que je danse, que je me donne en spectacle vous direz, j'ai comme la même sensation. C'est comme si j'étais ivre au départ, si vous comprenez ce que je veux dire.

— Je comprends. Bon, reprenons notre travail.

Il glissa les plateaux de l'autre côté de la porte et ramena un paquet que l'on y avait laissé sur les instructions de Kitty. Plusieurs perruques — fort belles — des écharpes, des plumes et divers autres objets fascinants. L'atmosphère de secret et de jeu entourant tout cela enthousiasmait Daisy, dont l'enfance avait été très brève et presque totalement dépourvue de distractions. De la beauté elle ne connaissait que celle de la nature. Mais si cette journée resta spéciale et mémorable ce fut pour une autre raison. Quand elle s'acheva, elle était tombée amoureuse.

Elle n'était pas totalement ignorante en ce qui concernait les questions sexuelles. Aucun enfant élevé librement à la campagne et en possession de toutes ses facultés ne pouvait l'être. Et elle avait été instruite, en termes très précis, par sa belle-mère, à la prudence indispensable pour une fille — surtout si elle était jolie. A Talbot Ste Agnès, bien que ce ne fût qu'un petit village, les exemples ne manquaient pas de ce qui arrivait à celles qui laissaient les hommes prendre trop de liberté. Non pas que le résultat fût toujours celui contre lequel on mettait en garde : d'après le Recteur la moitié des jeunes mariées du village étaient enceintes avant la noce. Mais on se le répétait, pour prendre un tel risque, il fallait bigrement être sûre des intentions de l'autre. Daisy ne s'était jamais laissé ennuyer. Non parce qu'elle avait plus de sens moral que les autres ou qu'elle ait tenu compte des recommandations de sa belle-mère. Mais pour la simple raison qu'elle n'avait jamais rencontré quelqu'un lui plaisant suffisamment. Et, en dépit de son joli visage, elle avait la langue bien pendue et la réplique caustique. Une rebuffade suffisait à beaucoup de garçons trop entreprenants. Et c'était parce qu'elle n'était pas de celles qui se promenaient seules avec des garçons, ou flânaient derrière les granges, qu'on l'avait jugé pure et digne de devenir bonne d'enfants.

A présent, en l'espace d'une seule journée, tout avait changé. L'idée de familiarités, loin de lui déplaire ne représentait plus la même chose. Jack Skelton eût-il voulu l'embrasser qu'elle l'aurait laissé faire avec plaisir. Mieux, le fait que cette idée ne parût même pas l'effleurer le fit paraître encore plus séduisant à ses yeux. Cette nuit-là, elle rêva de lui. Premier rêve d'une longue série. Toute sa vie, par intermittence, il devait hanter ses rêves.

CHAPITRE VII

LE LENDEMAIN APRÈS-MIDI, LE DÉCOR ÉTAIT PRÊT. KITTY ELLE-MÊME supervisa l'installation de la scène dans ce que l'on appelait la salle de concert. La toile de fond, la scène, les six socles et les rideaux étaient d'un beau rouge. Trois piédestals blancs supportaient des chandeliers à sept branches. Des jardinières de fleurs blanches et de fougères vertes ornaient le devant du plateau.

Skelton, assisté du vieux Tom Le Scribe, apporta les statues, une par une, dans un petit chariot et les installa. On pouvait faire confiance à Tom car c'était l'une des épaves que s'était attachée Kitty et sans doute savait-il déjà quelque chose car il avait rédigé les cartons. Il était bon scribe, aussi à l'aise dans l'écriture gothique que l'anglaise ou la taille douce. Avant d'être atteint par l'âge, il avait enseigné son art à des élèves particuliers et dans des écoles. Mais la vieillesse lui avait fait perdre sa clientèle. Les jeunes filles apprenaient mieux avec des hommes jeunes auxquels elles voulaient plaire, qu'avec des vieux bonshommes peu soignés, sentant le tabac à priser. Lorsque Kitty l'avait découvert, il faisait des enveloppes, des circulaires et des annonces pour des boutiquiers pour un salaire de misère. A présent, il occupait un grenier et il était assuré de manger chaque fois qu'il descendait dans la cuisine. Au cours des huit dernières années, il avait produit pour la grosse femme d'innombrables petites œuvres d'art aussi éphémères que les occupations et distractions qu'elles concernaient.

Daisy, présente, aidait autant qu'elle le pouvait au transport et à la mise en place. Il lui déplaisait de voir son bien-aimé s'épuiser avec pour seule aide celle d'un faible vieillard. De plus, elle voulait prouver qu'elle était vigoureuse, comme elle l'avait proclamé. Les socles étaient numérotés en partant de la gauche. Celui sur lequel elle aurait à se tenir portait le numéro deux.

Finalement on renvoya Tom. Kitty s'assit dans un fauteuil pourtant vaste mais qui paraissait trop petit pour elle, de l'autre côté d'un cordon rouge destiné à empêcher que l'on approchât du plateau à moins de trois mètres cinquante. Elle était oppressée ; oppression due en partie à l'énervement. Ce serait peut-être sa dernière représentation spectaculaire car l'hydropisie restait une menace pour son cœur et, à présent, les ponctions lui apportaient beaucoup moins de soulagement qu'autrefois.

Trois des statues étaient faites pour attirer le regard et retenir l'attention. Un turban bleu et or dissimulait les serpents de la Méduse et elle portait une tunique bleue en forme de toge, attachée sur une épaule par une broche en diamants et saphirs, celle de Kitty. « Rien de tel que de vraies pierres pour accrocher la lumière » avait-elle dit. Les sequins sur les seins et le pubis de la nubienne accrochaient, eux aussi, la lumière et donnaient, comme elle l'avait prévu, l'illusion du mouvement, de la respiration. De même que les plumes de paon des coiffures et des éventails de la troisième statue, elles tremblaient sous l'effet du courant d'air créé par la chaleur des bougies. Les deux statues restantes étaient identiques, destinées à tenir des lampes, elles avaient été modifiées, pour offrir un panier de fruits pour l'une ; un flacon de vin pour l'autre. Daisy, imitant leur posture aurait, elle, à tendre une guirlande de fleurs. On lui avait maquillé le visage et blanchi le corps. Les deux statues, vêtues au minimum, ne portaient qu'une sorte de pagne minuscule. La jeune fille, quant à elle, était habillée de toile blanche si solidement amidonnée et soigneusement pliée qu'on aurait dit de la pierre. Kitty l'avait arrangée elle-même et avait ajouté une touche de maquillage ici et là à son visage pour lui donner l'air artificiel. Daisy songea soudain que c'était amusant de penser à tout le temps que Jack Skelton avait passé à faire en sorte que les statues lui ressemblent, pour qu'ensuite Kitty consacre une heure à la faire ressembler aux statues.

— Pour l'amour de Dieu, fais attention à tes yeux. Ils peuvent tout fiche par terre. Des statues ça a le regard fixe. Il faut que tu regardes quelque chose et que tu ne bouges plus. Compris ?

— Je clignerai.

— Y pense pas. Si tu y penses, ça te fera cligner davantage. Rappelle-toi qu'il y a autre chose à voir que toi. Personne ne peut regarder tout d'un seul coup. Et j' m'appelle plus Kitty Hammond si c'est pas la fille noire qui retiendra l'attention.

Tom présent, Daisy, aidant à arranger perruques et autres détails, avait porté une robe de chambre. Maintenant, il lui fallait l'enlever et elle se sentait gênée. Elle n'avait pas hésité devant la perspective d'exhiber son corps magnifique — à trois mètres de distance — devant plusieurs hommes inconnus. Soudain, une impression nouvelle l'envahit — Dans une seconde, elle serait les seins nus, devant *lui*.

Kitty remarqua son hésitation.

— Ne va pas me jouer les mijaurées à la dernière minute ! dit-elle avec une rage d'autant plus dangereuse qu'elle n'éleva pas le ton. J'ai misé cent livres sur ce spectacle. Que tu me joues un tour maintenant et Sam te réexpédie dans le ruisseau avec une figure que ta propre mère ne reconnaîtra pas. Monte sur ce plateau !

Pendant une seconde, elle fut à deux doigts de céder sans rien dire. Elle eut peur, vraiment peur, et puis son courage balaya le tout.

— Me parlez pas comme ça ! Je suis pas votre esclave ! Je me fous que vous dépensiez cent ou mille livres de votre sale argent !

Et alors, Skelton, sur le plateau, absorbé par les touches finales et éprouvant l'envie de plus en plus forte de boire, appela :

— Daisy, venez là !

Bon, s'il prenait ça aussi facilement, pourquoi pas elle ! Elle laissa tomber sa robe de chambre, grimpa sur son socle, saisit son bouquet et prit la pose. Kitty ne perdit rien de la signification de ce brusque changement d'attitude.

Skelton sauta à terre de l'autre côté du cordon et, debout à côté de la vieille femme, contempla son œuvre avec une certaine satisfaction et un profond dégoût.

Cela valait indiscutablement le coup d'œil. Sachant que le fond serait rouge, il avait banni cette couleur. On avait même retiré la pomme rouge de la corbeille de fruits de cire et les pavots de la guirlande de fleurs de Daisy. C'était beau et séduisant. On avait même conservé l'équilibre entre la nudité et une sorte de pudeur. La Méduse paraissait si digne et en même temps tellement provocante que chaque homme lutterait contre l'envie de lui arracher sa toge. La Nubienne, totalement nue à l'exception des sequins, placés avec l'art de l'érotisme, était une pure invitation à la luxure. Les trois autres nymphes, ni vêtues, ni nues marquaient le juste milieu. Elles se ressemblaient de façon frappante.

— Vous avez fait du bon travail, Jack. Je suis satisfaite.

— Cela augure bien pour mon nouveau départ dans la vie.

— Je me tue à vous le répéter... vous pourriez plaire si vous le vouliez. Je suis contente d'avoir changé d'avis pour les perruques. Elles se ressemblent davantage avec la même couleur de cheveux.

Elle avait abandonné son idée d'avoir une blonde et une brune pour mettre en valeur les cheveux d'or roux de Daisy et les deux nymphes de pierre avaient une chevelure aussi semblable à la sienne que possible.

— Alors, vous diriez laquelle si vous saviez pas ?

— Mais je sais, répondit-il irrité. Et j'ai envie d'un verre.

— C'est pas ce qui manque dans la maison. Tenez, Jack, vous allez le prendre votre verre — ou deux. Puis vous revenez jeter un coup d'œil. Disons d'ici un quart d'heure. Vous vous sentirez mieux alors.

Son corps n'était qu'une charge, mais elle gardait l'esprit vif et celui-ci venait de lui inspirer une autre mystification.

— Tu peux descendre de là, Daisy, appela-t-elle et tout en prenant le chemin de la porte il eut le temps de songer « Encore heureux qu'elle pense à cette gamine ».

A peine la porte refermée sur lui, Kitty se souleva de son siège, parvint à s'en extraire, fit le tour du cordon en se déhanchant et s'approcha du plateau.

— Aide-moi à grimper, toi qu'es si costaud ! Ecoute-moi maintenant, il faut qu'on fasse vite. M. Skelton veut quelques changements. Le numéro quatre à ta place, toi à la sienne, elle avec les fleurs, toi avec les fruits.

Ce n'était pas une tâche facile avec pour seule assistance celle d'une vieille femme qui grognait et s'essoufflait, mais si c'était ce qu'il voulait, Daisy était prête à remuer des montagnes.

— Aide-moi à descendre. Et ne bouge plus. Ça va être le véritable test.

Kitty rejoignit son siège, s'y laissa tomber. « Vieille folle ! pensa-t-elle. Te tuer pour une blague ! Mais quelle meilleure façon de mourir ! Tu as bien vécu et ton corps est un fardeau. »

— Regardez maintenant, dit-elle à Skelton quand celui-ci reparut. Y'a des trucs qu'on voit mieux à travers le fond d'un verre. Prenez un carton. Faites comme si.

Les cartons, bordés d'un filet d'or, portaient un message très bref, tracé d'une fort belle écriture. Kitty connaissait sa clientèle. On n'embête pas des messieurs avec des phrases. Le même raisonnement lui avait fait mettre des numéros sur les socles plutôt que des noms fantaisistes.

« Payez une guinée. Gagnez-en cinquante. Trouvez la fille. Ecrivez son numéro et votre nom. »

Skelton lança un coup d'œil à l'un des cartons et puis, avec le même sentiment de dégoût, regarda son œuvre qui paraissait telle qu'il l'avait laissée. Brusquement, il comprit et il éclata de rire.

— Vieille canaille ! Vous avez changé les nymphes de place ! Et je veux bien être pendu si... Attendez une minute. La plus jolie ! Numéro quatre.

Sous sa couche de cosmétique, Daisy rougit de plaisir. Il avait dit qu'elle était la plus jolie. Pourtant il ne faisait pas attention à elle.

— Combien pensez-vous gagner avec cette mascarade ?

— Ce soir ? Avec les dépenses et le montant du prix, je rentrerai tout juste dans mes frais. Mais attendez demain ! Attendez qu'on se passe le mot !

Ses yeux se mirent à briller entre ses paupières bouffies, non pas tant à cause de l'argent. Elle avait tout ce qu'elle voulait ou voudrait jamais. Mais à la pensée de cette fièvre, de cette excitation, des gens qui diraient : la vieille Kitty a encore réussi ! Elle donna un coup de coude à Skelton qui eut l'impression d'être heurté avec un coussin.

— Et c'est moi la canaille ? Vous vous demandez combien me réclamer pour être resté là deux jours ! Bon, disons vingt guinées en attendant de voir ce que ça donne. Vous aurez votre part. Et, Jack, un mot à l'oreille. Si vous avez envie de vous saouler, faites-le avant de vous attaquer à vos magistrats. Douze hommes qui font la grimace ça peut faire du tort.

— Le mieux c'est que je commence tout de suite, dit-il.

Puis il partit, sans un mot d'adieu, sans un regard.

— Pose ça là et monte dans ta chambre. Fais attention en route et gâche pas ta peinture. Esther t'apportera ton dîner. La première représentation sera à neuf heures et demie. Sois ici, au quart.

Kitty parlait d'une voix froide. Elle n'avait pas oublié le moment de défi. Cela ne lui avait pas déplu, mais indiqué qu'il était nécessaire de se montrer. Cette fille c'était une trouvaille. Peut-être un trésor. Mais le cheval le plus fougueux restait inutile tant qu'il n'était pas maté.

Prédire que ce serait une soirée remarquable avait été une sous-estimation. Tous ceux qui vinrent chez Kitty ce soir-là restèrent pour revoir le spectacle, deux ou trois fois même. Lord St Berners lui-même, qui était pratiquement aveugle, ne put résister au jeu et fit un pari, choisissant le numéro 5 qu'il considérait comme son chiffre porte-bonheur. A un moment, un employé se précipita chez Kitty pour lui demander si certain monsieur pouvait avoir plus d'une carte chaque fois.

— Vingt, tant qu'il paye.

Ce jeune homme entreprenant cocha ses cinq cartes de cinq façons différentes, certain que, de cette façon, il empocherait les cinq guinées. Il déchanta car, comme avaient pris soin de bien l'expliquer l'employé qui tendait cartons et crayon à une porte, et celui qui les ramassait, à une autre porte, c'était la *première* carte exacte sortie du sac où on les mettait toutes ensembles qui rapportait le prix.

Il y eut quatre spectacles, le premier à neuf heures trente, le dernier à minuit trente. A chaque vainqueur Kitty adressa le même discours : « Je compte sur vous pour ne pas révéler ce que vous savez. Parole d'honneur ? » Chacun donna sa parole et elle leur fit confiance. Sa maison comptait parmi les plus chères, les plus choisies et pour ses clients tout ce qui touchait au jeu était sacrosaint. Ils pouvaient devoir des sommes énormes à leurs fournisseurs, mais ils réglaient scrupuleusement leurs dettes de jeu. Elle jugea en outre plus prudent d'ajouter avec une bonne humeur éléphantine :

— Celui qui bavarde, je le mets sur ma liste noire.

Elle en tenait une, courte, mais inflexible. En tête de liste figurait un duc qui s'était montré, aimable euphémisme de la part de Kitty, trop brutal avec l'une des filles. Evidemment, personne ne pensait qu'une pensionnaire de maison de tolérance était faite de porcelaine de Dresde et, un peu excités, les hommes se livraient à certains excès. Cependant on ne pouvait tolérer un traitement rendant une fille incapable de travailler pendant quinze jours. C'était mauvais pour le rendement et, pire encore peut-être, pour le style de la maison. Sa Grâce était-elle sans doute un peu timbrée. Elle n'accepta pas son exclusion et se montra assez imprudente pour tenter d'entrer de force. Contre Sam ! Or celui-ci ne devait pas ses traits écrasés à une calandreuse mais à des coups de poing reçus dans des combats de boxe primés.

Exclus également quelques tricheurs et un membre du Parlement — un autre fou, très séduisant, habillé avec un goût exquis et frappé soudain par la révélation qu'il avait pour mission dans la vie de sauver les prostituées. Il avait trompé Kitty elle-même qui ne se laissait pas facilement duper. Il lui avait paru tellement inoffensif, entrant, sortant, soupant, participant à tout, montant avec la fille de son choix et, une fois en haut, prêchant la sédition. Le péché ne mène qu'à la mort pourquoi-ne-pas-se-repentir-et-prendre-une-occupation-convenable ? Evidemment ces pauvres gourdes n'avaient pas compris et pensé que cela voulait dire devenir sa maîtresse. L'une d'elles était réellement partie et elle avait retrouvé ses esprits en s'apercevant que l'occupation convenable consistait à s'occuper d'une vieille dame immobilisée par les rhumatismes, à Hampstead... Ça c'était comique !

En plus de la parole d'honneur et de la menace de la liste noire, Kitty avait d'autres moyens de protection. On pouvait intervertir l'ordre des nymphes. Un soir, il pourrait y avoir deux Méduses ou deux filles ornées de plumes.

Au terme d'une nuit fort lucrative, venant en extra sur le travail habituel de la maison — Kitty fit monter toutes les cartes dans sa chambre et se livra à un rapide examen de la situation. Elle fut satisfaite et amusée de constater que huit votes sur dix avaient été faits au bénéfice de la noire aux sequins. Exactement ainsi qu'elle l'avait prévu. Kitty connaissait les hommes.

CHAPITRE VIII

DAISY CETTE NUIT-LÀ FIT L'EXPÉRIENCE D'UN SENTIMENT NOUVEAU, UN ennui sans fin, mêlé d'intense excitation. De l'autre côté du rideau, elle attendit, en compagnie de cinq mannequins et de Tom Le Scribe auquel Kitty avait confié ce soin puisqu'il requérait de la discrétion et peu de forces, alors que de l'autre côté des plis rouges, le son des voix et des rires prenait de l'ampleur. Et puis, Tom annonça : « Prêt ? » et tira sur le cordon qui ouvrait les rideaux. Il y eut une rafale d'applaudissements en hommage au spectacle et le brouhaha reprit — Etait-il là, à regarder, lui aussi ? Sûrement. Il était revenu pour contempler le résultat de tant de travail. Il ne fallait pas qu'elle regarde. Elle n'avait pas le droit de bouger les yeux. Parmi tant d'objets frémissants ou scintillants, elle avait choisi de fixer la seule chose qui ne remuât pas, le pied noir de la statue qu'elle avait peinte et ne la quittait pas des yeux. Ne pas battre des paupières, ne pas y penser. Penser à autre chose. A lui, là, de l'autre côté qui voyait comme elle faisait bien ce qu'on lui avait demandé de faire.

Dix minutes — ce n'était pourtant rien en temps ordinaire — mais qui semblaient interminables. Au moins, *il* lui avait choisi une pose facile à garder. Et les rideaux se refermèrent. Elle se retrouva seule avec les mannequins et Tom.

— Monsieur Skelton était-il là ? demanda-t-elle au vieil homme qui, assis sur un tabouret, juste derrière les rideaux, avait dû voir quelque chose.

— Non, pas que je sache.

Dans une certaine mesure Tom éprouvait un sentiment de confraternité pour Skelton. Ils étaient artistes tous les deux. Nés à une mauvaise époque, on ne savait pas les apprécier. Il aurait été beaucoup plus heureux, il n'en doutait pas, dans le scriptorium d'un monastère avant l'invention de l'imprimerie, à une époque où l'on ne mesurait pas le temps, sauf par un tintement de cloche. Et Jack Skelton aurait lui aussi été beaucoup plus heureux, aurait beaucoup mieux réussi avant cette course à la joliesse. N'était-ce pas Cromwell qui avait demandé à l'artiste faisant son portrait d'y faire bien figurer ses verrues ?

Il n'avait jamais beaucoup aimé les femmes — parents et enseignants s'accordaient pour dire : « Enfin au moins on peut faire confiance à M. Burton » — mais les années passant il en était arrivé à les détester. De la vieille Kitty, rien à dire, quoiqu'elle exigeât toujours des miracles de lui. Il se savait parfaitement insensible au charme ou à la personnalité. Aussi quand, obéissant aux ordres de Kitty, il emmena Daisy dans une petite pièce, derrière la scène et qu'après avoir regardé autour d'elle elle lui demanda :

— Qu'est-ce que nous faisons maintenant ?

Il lui répondit :

— Pour vous, je n'en sais rien sauf que vous devez rester ici et ne vous montrer à personne. Pour moi, je vais prendre l'air.

Et elle se retrouva seule, dans une petite pièce dépourvue de fenêtre, à portée d'oreille de la vie alentours, mais coupée de tout. La pièce était confortablement meublée. — Les amuseurs, même de passage, devaient être bien traités — et il y avait un grand miroir sur l'un des murs. Daisy s'étudia avec attention et approbation. M. Skelton était un artiste. Les artistes aimaient les jolies choses... On avait posé des sandwiches et une cruche de limonade sur une table basse. Elle mangea et but, mais sans son appétit habituel, songeant aux repas partagés pendant la préparation des statues. Oh ! si seulement il était là, maintenant...

La loge disposait d'un w.c. particulier. Daisy en fit usage et une attente interminable recommença. Tom revint à l'heure prescrite.

— Comment c'est de l'autre côté ? demanda la jeune fille comme une prisonnière s'enquérant de ce qui se passait dans un monde dont elle se souvenait mal.

— Ça s'agite, répondit-il aussi peu communicatif qu'Esther.

Elle avait repris sa place et il s'apprêtait à tirer sur le cordon actionnant les rideaux quand elle dit, doucement :

— Tâchez de repérer M. Skelton.

Facile à voir où ça la tenait ! Tom n'éprouva cependant aucune commisération bien qu'à peu près certain qu'elle n'avait pas de chance. Toute la commisération qu'il était en mesure de ressentir, il se la réservait à lui qui faisait un si beau travail que personne ne savait apprécier.

Lorsque le rideau se referma pour la dernière fois et qu'elle reposa la même question, il abandonna, l'espace de quelques secondes, son air taciturne.

— Pourquoi est-ce qu'il serait venu ? Il en a déjà vu assez comme ça. D'ailleurs, faut qu'y s' saoule pour pouvoir s'appliquer les « *aldermen* ».

— Qui c'est ?

— Des gens qui le payent pour les peindre.

— Comme ceux-là ?

— Plus ou moins.

— DAISY Holt demande si elle peut sortir, annonça Esther.

— Non. Pas en ce moment. Elle parlerait à quelqu'un...

D'autre part, on ne peut pas... J'ai une idée. Qu'elle aille à la boutique. Tu l'y emmènes, Esther, et tu dis à Mme Bruce de lui donner quelque chose à faire, à condition que personne ne la voie. Et dis-lui de ne rien dire. Mais pas de travail, juste de quoi se distraire.

Cette boutique était l'une des succursales de Kitty. Prévue, au début, comme simple couverture pour la maison de rendez-vous, elle était devenue grâce au savoir-faire de Mme Bruce, une affaire très rentable. Cela avait commencé comme une échoppe où l'on vendait des produits de beauté de basse qualité et des babioles. Un endroit que l'on ne faisait que traverser. Un lieu où la femme la plus respectable pouvait passer une matinée désœuvrée, un après-midi sans obligations mondaines, où n'importe quel homme pouvait s'arrêter pour acheter un éventail, un flacon de parfum, ou une fleur artificielle.

Les femmes respectables — de grandes dames même — étaient très rarement libres le soir, prises qu'elles étaient par des dîners, des concerts, l'opéra, les bals et leur vie privée, si elle n'était pas délibérément supervisée, manquait absolument d'intimité et rendait très difficile une liaison amoureuse. La femme la plus digne pouvait ordonner à son cocher de la mener au Salon de Beauté. L'homme à la réputation irréprochable — en ce qui concernait les femmes de son milieu — pouvait s'y rendre et acheter quelque chose pour son épouse, sa sœur et même sa mère. Ensuite, en haut ! Et ni vu ni connu.

Autrefois l'affaire était gérée par une des pensionnaires à la retraite de Kitty. Car, il fallait voir les choses en face, il arrivait un moment où le terme de « fille » ne pouvait plus s'appliquer. Quoi faire, alors ? A part le trottoir ? Ceux-là même devenaient de plus en plus étroits et fréquentés par des hommes qui ne pouvaient pas se permettre d'être trop difficiles. Si ça ne marchait pas, alors des tâches subalternes auxquelles rien ne les avaient préparées ou l'usine.

Tout ça, c'était très pénible. Et Kitty Hammond, qui avait évité un sort semblable grâce à son intelligence, éprouvait un étrange sentiment de camaraderie pour celles qui n'avaient qu'un corps et un joli visage. Pour celles qui disposaient d'un minimum de bon sens, elle faisait ce qu'elle pouvait. Esther et nombre d'autres femmes occupant des postes à responsabilité avaient fait partie de ses pensionnaires. Mme Bruce venait de l'extérieur.

Esther, à l'aide d'une des clefs de son trousseau, ouvrit une porte et s'engagea avec Daisy dans un couloir débouchant dans une pièce meublée de façon très simple et qui, chose stupéfiante, sentait plus bon qu'une centaine de jardins en fleurs.

La femme assise derrière une table, écrivant dans un registre leva la tête et parut surprise :

— Oh ! c'est vous Esther.

Même avec Mme Bruce, visiblement importante pourtant, Esther se montra aussi peu loquace qu'à l'accoutumée.

— Oui, M'dame. Madame a dit qu'il faut trouver quelque chose à faire pour cette fille. Daisy Holt. Faut que personne la voie. Un travail facile. Et faut pas qu'elle cause.

— Je ferai de mon mieux.

Encore cette façon de parler d'elle comme d'un objet et que Daisy commençait à trouver insupportable. Mais cette impression s'effaça lorsqu'elle se rendit compte que Mme Bruce la regardait avec intérêt, admiration même. L'intérêt fut mutuel car Daisy n'avait jamais encore rencontré quelqu'un lui ressemblant. Petite, des formes inexistantes ; des cheveux de jais, si raides et si brillants qu'ils lui rappelèrent la peinture dont elle avait enduit la statue. Avant qu'elle soit sèche. Des yeux énormes, absolument noirs et rendus plus grands, à ce qu'il lui parut, par du fard appliqué sur les paupières. Mme Bruce était pâle, mais d'une pâleur plus ivoire que blanche. A dire vrai, Daisy voyait pour la première fois une femme ayant dans les veines davantage de sang indien qu'elle ne voulait l'admettre. Mme Bruce qui, vu ses traits, n'avait pas beaucoup de choix en la matière reconnaissait avoir eu une arrière-grand-mère indienne. Une princesse Rajput. Le lien, en fait, était beaucoup plus proche, mais qui pouvait le savoir ? Avec ce métissage elle avait hérité la détermination de l'exploiter au maximum.

— Vous êtes très belle, dit-elle à Daisy voyant en elle tout ce qui était enviable : la jeunesse, des yeux bleus, des cheveux roux dorés, un buste rond, mais sans excès.

— C'est ce qu'on dit, répondit Daisy. Mais vous êtes pas si mal vous-même. Vous êtes... *distinguée.*

Le noir, c'était peut-être distingué, mais avec ces yeux et ces cheveux n'importe quelle autre couleur aurait été plus seyante. Un demi-sourire étira les lèvres discrètement maquillées de Mme Bruce. Mais les yeux sombres gardèrent leur mélancolie.

— Et que faisiez-vous là-haut pour être envoyée ici ?

— Moi. Rien, sauf ce qu'on m'a dit de faire et bigrement bien encore.

— Et que vous disait-on de faire ?

Réchauffée par cette première manifestation d'amitié Daisy commença.

— Eh bien, faut que... Non, faites excuse, mais je peux pas le dire. C'est comme qui dirait un secret.

— Parfait, approuva Mme Bruce, vous avez appris votre première leçon. *Tout* ici est secret — elle se leva — Venez avec moi. Je vais vous trouver quelque chose d'agréable et de facile.

Elle la précéda vers l'endroit d'où venait la merveilleuse odeur. Cela tenait à la fois de la cuisine et de la boutique d'apothicaire. Des douzaines, des centaines de bouteilles et de pots sur des rayons. Devant une grande table blanche une femme, avec un tablier comme une cuisinière, remplissait de jolies petites fioles d'un produit qu'elle puisait dans un grand récipient.

— Vous pouvez laisser ça maintenant, Ella. Allez devant et faites l'inventaire.

Ella obéit avec joie et retira son tablier. La boutique était autrement plus intéressante que l'atelier.

Mme Bruce s'approcha du récipient, plongea un doigt dedans, le frotta sur le dessus de sa main, la sentit et parut mécontente.

— Heureusement que je suis arrivée à temps, dit-elle en prenant un grand flacon, posé sur une des étagères. — Elle versa une partie de son contenu dans le récipient et brassa vigoureusement le contenu.

— Les parfums sont rarement stables, remarqua-t-elle et Daisy ne comprit pas pourquoi elle employait ce mot (1).

— Emplissez les pots. Touillez le mélange de temps en temps. Lorsqu'ils seront tous pleins vous collerez les étiquettes.

Ces étiquettes attendaient à côté d'un pot de colle de pâte, juste derrière la rangée de récipients. Elles étaient très jolies, bleu et blanc. Le bleu, c'était un ciel beaucoup plus bleu que Daisy ne l'avait jamais vu et, juste devant, un bâtiment d'un blanc éclatant, d'une drôle de forme mais vraiment très beau.

— Ce que c'est joli, dit-elle.

— Oui. C'est un artiste, Jack Skelton, qui les a dessinées d'après des dessins que je lui avais donnés — C'est le Taj Mahal — En Inde.

— Vous le connaissez ? demanda Daisy, oubliant tout le reste.

— Nous avons travaillé ensemble.

— Il est *gentil* hein ?

— J'ai eu plaisir à travailler avec lui.

— J' m'en doutais. Et c'est lui qui a fait toutes ces étiquettes ? demanda Daisy toute prête, pour peu qu'il les ait seulement touchées, à les manipuler avec respect.

— Non. Il a pris les traits essentiels des dessins que je lui avais fournis et en a fait une gravure sur bois de façon qu'on puisse obtenir une reproduction simple et bon marché. Je dois partir maintenant. Il y a du monde dans le magasin à cette heure-ci.

Dans ce magasin, où elle avait pour mission de conseiller et de suggérer plus que de vendre, Mme Bruce gardait le souvenir d'une époque qui lui semblait très lointaine bien, qu'en fait, peu d'années l'en séparaient. Mais, selon que l'on était une toute jeune femme et une femme au bord de la maturité, le temps s'écoulait plus ou moins vite. Surtout si l'on y ajoutait quelques espoirs déçus. L'Angleterre lui avait toujours fait l'effet d'une sorte de terre promise. Quand elle y était arrivée, ayant fait le voyage à titre de dame de compagnie d'une veuve fortunée, elle réalisait l'une de ses ambitions. Agée de trente-et-un ans, mais paraissant beaucoup plus jeune grâce aux recettes de Tante Lali, elle avait cru, espéré, trouver un deuxième mari, *vraiment* anglais. Elle avait dû déchanter. Le système de caste était aussi rigide en Angleterre qu'aux Indes. Le genre d'homme qu'elle s'était représenté comme époux n'épousait pas une jeune femme sans famille et sans dot. Jeunes, ils auraient consenti à une liaison temporaire, vieux à s'offrir une maîtresse. Tant qu'elle avait conservé un certain espoir, elle avait refusé tout compromis et — elle s'en rendait compte à présent — avait laissé passer sa chance. Les lotions et les onguents de Tante Lali permettaient de mettre la jeunesse en valeur et de la prolonger un peu, mais ils ne pouvaient agir sur les os, la structure même du visage d'une quarteronne indienne.

(1) *stable* : en anglais, écurie, ou étable.

Elle était entrée, tout à fait par hasard, dans le Salon de Beauté de Kitty Hammond et y avait vu la chance d'une autre forme de succès.

L'entrevue, longtemps attendue, avec Kitty fut prometteuse. Mais celle-ci était toujours prête à tenter une aventure et les préparations de Tante Lali qui gardaient noirs les cheveux noirs et la peau remarquablement lisse valaient le risque.

Sous son nouveau nom, le Taj Mahal, la boutique connut un grand succès et, peu à peu, cessa de n'être que la couverture d'un lieu de rendez-vous pour devenir un endroit réellement spécialisé en produits de beauté. Mme Bruce estima être en droit de participer aux bénéfices. Kitty fut d'un autre avis.

— Je n'ai jamais eu d'associé de toute ma vie et ce n'est pas maintenant que je commencerai.

— Dans ce cas, je vous quitte et je porte mes secrets ailleurs.

— Faites-le et je vous souhaite bonne chance. Mais vous en aurez pas, je peux vous l'affirmer. J'ai de l'influence, d'un côté comme de l'autre. Avec les clients *et* avec les patrons. Vous dégotterez peut-être un coin dans Soho. Au milieu des Italiens qui se foutent de la gueule que peut avoir leurs femmes, vu qu'elles sont en cloque neuf mois sur douze. Et les rupins vont pas là-bas. Ça sent l'ail !

— Moi aussi, j'ai des relations, avait répliqué Mme Bruce. Avec les gens qui viennent au magasin... mais pas pour acheter.

— Vraiment. Je vous croyais plus fine que ça. Vous croyez qu'ils y viennent sous leur vrai nom ? Et, en admettant... Vous tentez le coup et ça s'appelle du chantage. Qu'est-ce qui paiera ? Vous.

Kitty avait gagné, évidemment, dans cette lutte où deux volontés s'affrontaient. Comme tout rebelle maté, Mme Bruce avait baissé pavillon.

DAISY emplit tous les petits pots. Il restait un peu du produit au fond de la grande jarre et elle l'essaya. Elle se frotta d'abord les mains, juste pour voir, puis le visage. L'étiquette, sous le dessin au nom bizarre, indiquait seulement « Crème de beauté ». Le seul produit vaguement comparable qu'elle ait jamais connu avait été de la graisse d'oie employée contre les lèvres gercées, l'hiver, et les engelures. Ça, c'était différent. Ça sentait très bon et ce n'était pas gras.

Ensuite, elle colla les étiquettes. Et, de nouveau, elle éprouva cette impression croissante, inconnue jusque-là, d'ennui, à attendre seulement que le temps passe, que quelque chose arrive. Comme la nuit précédente, dans la petite loge. Attendre. Rien qu'attendre.

Cependant, un espoir restait. Sûrement, après avoir fait un si beau décor, il aurait envie de revenir, de voir ce qu'en pensaient les gens, d'entendre les applaudissements et les félicitations. Mais ce soir-là passa, puis un autre et encore un autre. Tom en avait plus qu'assez de l'inévitable question et c'est presque avec hargne qu'il lui répondit :

— Ça va ! Si je le vois, je vous le dis.

Mais le quatrième jour, Daisy décida que cela ne pouvait plus continuer. Dans la journée la solitude et l'ennui de l'arrière-boutique, le soir la solitude et l'ennui derrière le rideau !

— J' veux voir Madame ! s'écria-t-elle quand Esther lui apporta son petit déjeuner.

— Madame désire vous voir. Vous connaissez le chemin. Allez-y dès que vous serez prête.

Si Kitty connaissait les hommes, elle connaissait également fort bien les femmes. Elle allait même jusqu'à admettre que si elles se ressemblaient par bien des points, elles se différenciaient par d'autres et qu'il fallait en tenir compte. Pour cela, une règle fort simple : après le bâton, la carotte.

Elle offrit celle-ci.

— J'ai quelque chose à te dire, commença-t-elle, aimable.

— Et *moi* j'ai quelque chose à *vous* dire. Je peux pas continuer comme ça. Bouclée comme si j'étais en prison. Personne avec qui causer aussi bien le jour que le soir. Je deviens dingue. Et je veux pas devenir dingue.

— Les gens qui deviennent dingues, Daisy, y sont les derniers à s'en rendre compte. Maintenant, si tu veux bien me permettre de dire un mot, je veux te parler de ton avenir. J'ai de grands projets pour toi. C'est vrai, faut reconnaître, c'est du gâchis que de faire croire que t'es une statue. T'es pas seulement jolie, t'as du talent — Kitty savait employer la flatterie quand celle-ci était nécessaire. On continue ce spectacle jusqu'à la fin de la semaine prochaine. D'ici-là, si tu es bien entraînée, tu auras la scène pour toi toute seule. Tu pourras danser et chanter, faire plus ou moins ce que tu voudras. Le spectacle ce sera *toi*. Qu'est-ce que t'en dis ?

— Ça me plairait. Mais pas si je dois continuer à vivre comme si j'avais fait quelque chose d'horrible et que la police soye après moi. Je peux pas supporter ça. Et je le supporterai pas, d'ailleurs.

La curieuse tache dans le bel œil bleu parut étinceler. S'appuyant à la masse de ses oreillers, Kitty demanda d'une voix terriblement douce :

— Et qu'est-ce que tu comptes faire pour que ça change ?

— Un truc cinglé. Sauter par terre un soir et dire à tous les messieurs : « C'est moi, celle qu'est vivante » et demander qu'on m'aide. Y se trouvera sûrement quelqu'un.

Intraitable, songea Kitty, et d'autant plus intéressante.

— Oui, ça se peut, dit-elle se représentant la scène : une demoiselle en détresse, un preux chevalier s'éveillant chez n'importe qui, par exemple le jeune Lord Chalfont ou le vieux juge Wilkinson. Mais ça ne te mènerait pas loin. Dehors, mais pas loin. Et tu priverais Jack Skelton d'un autre beau petit travail.

— Quel travail ?

— Oh ! je compte lui demander de se charger du décor, pour toi. De dessiner tes costumes. Comme il l'a fait pour le spectacle actuel. Et, bien sûr, quand tout sera prêt, il n'y aura aucune raison pour que tu te caches. Au contraire, plus on te verra, mieux ce sera. Tu pourras aller dans la salle de bal, la salle du souper, où tu voudras.

— D'accord alors, j'essaierai.

La proposition avait un aspect doublement séduisant. Elle pourrait être elle-même, se produire, mais aussi, et surtout, elle était certaine comme ça de revoir M. Skelton.

Puis une autre idée la frappa : son salaire. Depuis son arrivée à Londres, elle avait mal agi en n'envoyant pas d'argent chez elle. Ce serait agréable de faire une bonne surprise à son père. Elle n'éprouvait pas pour lui une affection démesurée ; sa belle-mère lui était indifférente. Mais elle se sentait responsable à l'égard des enfants. Elle avait conscience d'avoir eu un relativement bon départ dans la vie. Pendant cinq ans, elle était restée fille unique et elle avait toujours mangé à sa faim. Pour les pauvres petits, c'était autre chose.

— Et est-ce que je serai payée ?

— Bien sûr. Une guinée cette semaine et la prochaine. Après ça, on verra.

Les mains enflées de Kitty écartèrent le fouillis encombrant le dessus du grand lit. Elle pêcha une guinée, puis une autre.

— Tu peux avoir l'avance de la semaine prochaine, si tu veux.

La réaction enfantine de Daisy vint avant qu'elle ait eu le temps de réfléchir.

— Oh, oui !

Elle voyait d'ici la surprise de son père.

— Faut qu'on pense à te trouver un nom, aussi, annonça Kitty. Daisy Holt c'est bien. J'ai rien contre. Mais ça ferait pas l'affaire. C'est pas assez gracieux. On demandera à M. Skelton pour ça aussi. C'est un homme qu'a de l'éducation.

CHAPITRE IX

— VOUS ME DÉSESPÉREZ, JACK. VRAIMENT. UNE CHANCE COMME CELLE-là. Envoyer tout balader par mauvaise humeur.

— Ce n'est pas par mauvaise humeur. Seulement cette saloperie d'impossibilité de jamais rien pouvoir faire. Aucune collaboration. Ils voulaient que je les peigne en groupe ! Mais ils sont tous tellement occupés et importants qu'ils ne pouvaient se réunir qu'une fois tous les quinze jours. Mon temps à moi, ils s'en foutent. Et leurs conseils ! Bon Dieu ! Smithers a été jusqu'à me suggérer de travailler à la lumière du gaz ! Et... Oh, pourquoi continuer ? Ils m'ont poussé à boire !

Il ne plaisantait pas.

— Ça n'a pas dû leur demander beaucoup d'effort, commenta la grosse femme d'un ton caustique.

Elle le regarda et songea qu'il avait une fichue mine. Il avait dû s'imbiber comme une éponge et ne rien manger de convenable. Elle se garda de lui dire que, s'il n'était pas venu, elle avait eu l'intention de l'envoyer chercher et de lui demander de prendre un peu sur le temps qu'il consacrait à ses magistrats s'il ne les avait pas terminés. Mais elle avait pour règle de laisser le rôle de quémandeur à l'autre, quand c'était possible.

— A voir votre tête, un dîner ne serait pas de trop. Sonnez. Commandez ce que vous voulez. Moi, je prends une sole.

Elle dînait toujours tôt, avant la cohue.

— Ils vous ont payé ?

— On s'était entendu pour cinquante guinées. Un travail de forçat, avec ça. Comme un idiot, j'ai accepté une avance de dix et ils ont cru avoir le droit de m'en faire baver. Si j'avais pu me permettre de faire la fine bouche pour mille et de pouvoir attendre jusqu'au jugement dernier pour les toucher, ils n'auraient pas agi comme ils l'ont fait.

— On refera pas le monde, Jacky. Et vous y êtes depuis assez longtemps pour le savoir.

— Allez-y, insistez !

— Bon. Puisque vous êtes ici et au bout du rouleau autant dire, j'ai peut-être un autre petit travail pour vous. Le genre que vous méprisez.

— Je méprise toutes les formes de *travail*. De quoi s'agit-il ?

Elle le lui dit, brièvement, mais nettement.

— C'est drôle. J'avais des projets pour elle aussi. Je voulais vous demander si je pouvais vous l'emprunter.

— Oh ?

— Comme modèle. Je peux la peindre, absolument naturelle. Et c'est le genre de tableaux que Pitt et Wade aiment exposer. Y voyez-vous une objection ?

— Pourquoi ? Elle est pas à moi. Elle me l'a dit elle-même. « Je suis pas votre esclave », elle a dit. Ça m'a fait rire. En dedans, bien sûr.

— Elle se trompait. Tôt ou tard, vous plantez vos crocs dans n'importe qui à un kilomètre à la ronde... Bref, puis-je l'avoir pendant une heure ou deux, dans la journée ? Cela ne nuira pas au spectacle. Je veux dire que je ne la peindrai pas en nymphe.

— Cela ne ferait rien. J'arrête à la fin de la semaine.

— Pourquoi ? Ça ne marche pas ?

— Ça marche pas, ça court. On n'a jamais vu autant de monde. Mais le truc, c'est de faire qu'ils en réclament. Je le reprendrai à l'automne. En attendant on prépare l'autre truc. Si vous voulez le travail évidemment. D'ailleurs, mon garçon, on peut faire coup double. Vous lui faites son portrait et on l'expose dans l'entrée. Ça fera de l'effet. Oh, et puis il lui faut un autre nom. Je lui ai dit, Daisy Holt, ça colle pas. Daisy humble petite fleur des champs et une plaie pour les pelouses. Et Holt, ça ressemble à Colt (1). Faites un peu marcher votre imagination.

Il réfléchit, mangea sa sole et commença à se sentir mieux. C'était absurde, il le savait, de passer son temps à tenter ceci ou cela, de se nourrir d'espoir, de se montrer habile par saccades, de toujours courir après ce feu follet qui, allez savoir pourquoi, lui échappait toujours.

Il passa, mentalement, plusieurs noms en revue.

— Je pensais la peindre en Hébé, déesse servant à boire aux Dieux. L'idée m'en est venue je crois pendant que nous préparions les nymphes. J'ai pensé qu'elle aurait dû être celle offrant le vin... Oui, Hébé.

— Facile de s'en rappeler, dit Kitty. Mais c'est pas un nom chrétien.

— Ni Diane, ni Daphné, ni Catherine d'où est dérivé votre nom. En grec cela signifie pure !

— Très bien, répondit Kitty sans préciser quoi. Bon, ça c'est arrangé. Mais il lui faut un nom de famille. Hébé quoi ?

— Quelque chose de fleuri. Puisqu'on abandonne Daisy. Attendez une minute... A un moment, alors qu'elle bavardait, elle m'a parlé d'un bois, à côté de son village. Je crois que c'était Waywood. Qu'est-ce que cela donnerait ? Hébé Waywood.

Kitty le prononça à plusieurs reprises.

(1) Poulain.

— Pas mal. Est-ce que vous l'avez vu danser ? C'est pas très spécial. Un truc de paysans, mais vraiment joli quand elle s'y met.

— Oui. Je crois que tout ce qu'elle fait est joli.

Ce n'était, de sa part, qu'une appréciation, sans intérêt réel.

— Ça, c'est vous qui le dites, fit Kitty songeuse. Quand elle n'est pas contente, elle est beaucoup moins bien.

— Alors, il faut faire en sorte de lui plaire, n'est-ce pas ?

Il était facile de faire plaisir à Daisy qui n'avait qu'une envie : *lui* plaire. Tout semblait trop beau pour être vrai. Il était revenu ! Et elle était là, redevenue elle-même, travaillant à nouveau avec lui et, cette fois-ci, l'objet de toute son attention.

— Hébé, lorsque vous dansiez avec les autres filles autour du « Mai », dans votre village, portiez-vous des costumes particuliers ?

Talbot Ste Agnès lui semblait à présent à l'autre bout du monde, mais elle réfléchit.

— Quelques-unes. Moi, jamais. Jusqu'à mes cinq ans, j'étais trop petite et ensuite on était trop pauvres.

— Pouvez-vous décrire ces vêtements ?

— Mieux que ça. Je peux les dessiner.

Avec un remarquable talent instinctif, elle fit une esquisse dans laquelle il reconnut le costume paysan porté dans les grandes occasions et les jours de fête, mais que l'on ne voyait plus que dans les coins reculés. Une jupe ample, assez courte : une blouse aux manches ballon, courtes elles aussi, un décolleté profond froncé par un cordon ; une sorte de gilet.

— Les plus belles, elles étaient en velours, expliqua Hébé gribouillant pour bien montrer que le gilet devait être noir, mais le satin ça pouvait marcher aussi, lacé devant. Vous voyez ? Les lacets y devaient avoir la même couleur que les jupes. Quoi ? Oh ! n'importe laquelle, sauf du jaune. A la campagne on n'aime pas le jaune, je sais pas pourquoi. Peut-être parce qu'il y en a trop partout, des crocus, des jonquilles, des pissenlits, de la moutarde sauvage. Moi, j'aime ça.

Quant au « Mai » en soi, elle ne pouvait en avoir un conforme aux habitudes. Il aurait fallu au moins six personnes. On le lui remplaça par un poteau orné de roses. Sa danse terminée, elle prendrait six ou sept de ces roses et les lancerait aux spectateurs.

— A *aucun* d'eux en particulier, ordonna Kitty. Pas de favoritisme. Sauf avec les très vieux. Repère un vieux type qui a déjà un pied dans la tombe et arrange-toi pour qu'il en reçoive une. Vu ?

Encourager des clients qui ne pouvaient plus participer à l'activité principale de la maison était de bonne politique. Les hommes, en prenant de l'âge, disposaient souvent de plus d'argent et se sentaient plus seuls. Kitty et une ou deux de ses filles avaient été les heureuses bénéficiaires d'héritages coquets laissés par des messieurs qui avaient trouvé chez elle l'endroit où les années leur avaient paru reculer pendant quelques heures.

Le programme devait comporter la Danse du Mai ainsi qu'une figure, avec des voiles de diverses couleurs. De la sorte Daisy, presque nue, donnait l'impression de tourbillonner dans un arc-en-ciel. Dans un autre tableau, elle serait une nymphe prenant un bain sous une fontaine. Ensuite, elle apparaîtrait entièrement vêtue, de façon presque sévère et ôterait tous ses vêtements, les uns après les autres. Kitty voulait qu'elle se déshabille entièrement afin que Daisy apparaisse aussi nue que la Nubienne. Mais la jeune fille refusa et Skelton ajouta :

— Je pense qu'elle a raison. Il faut conserver un peu de mystère.

Alors, Kitty improvisa de nouveau.

— Sais-tu faire un saut périlleux ?

— Je savais. Attendez.

Elle en exécuta plusieurs à la suite.

— Avec une jupe courte à volants et une petite culotte couleur chair, commenta Kitty. Très excitant.

Sans cesse, Kitty trouvait le moyen de donner des instructions à la jeune fille quant à sa façon de se tenir en dehors de la scène. Elle pouvait se rendre dans la salle de bal, ou la salle à manger, mais pas trop souvent et sans s'y attarder.

— Faut pas te démonétiser, tu comprends. Dans la salle où on soupe, si on t'invite, et c'est sûr qu'on le fera, tu peux t'installer à une table. Mais fais gaffe au vin, t'as pas l'habitude. Et rien que du champagne, mets-toi ça dans le crâne. Surtout, va pas te mettre à bouffer comme un porc, on dirait que je te nourris pas.

Interdiction de s'asseoir sur les genoux des clients et toujours la même recommandation : ne pas autoriser les familiarités. Dans la salle de bal, elle pouvait danser un peu, mais jamais deux fois avec le même cavalier.

— Si tu fais ce que je te dis, je te ferai donner des leçons de chant. Ta voix est pas mal, mais on peut l'arranger.

Lorsque Kitty disait des choses de ce genre, Daisy en arrivait presque à la trouver sympathique. Mais à d'autres moments...

Kitty n'oubliait pas à quel point la Nubienne attirait les regards. Chaque soir, la grande majorité votait pour elle. C'était idiot quand on y pensait, car ils avaient tous l'habitude de voir des statues nues. Mais elle avait réussi. Ils *voulaient* croire que la fille nue était vivante. Et Kitty voulait que Daisy soit nue à un moment donné du programme. Elle n'avait pas eu le dernier mot pour la danse au cours de laquelle elle se déshabillait. Mais pour le bain de la nymphe elle disposait d'un bon argument.

— Même une nymphe, ça se baigne pas tout habillée.

— Les femmes portent des costumes de bains, dit Skelton.

— Et elles ont l'air fin, répliqua Kitty qui en avait vu quelques-unes à Brighton. Et Hébé, c'est pas une femme qui se plonge dans la grande tasse. C'est une nymphe. Je veux qu'elle soit à poil.

Skelton avait déjà apporté son appui à Daisy et tout laissait prévoir qu'il continuerait. Daisy lui adressa un regard éloquent et, comme il ne réagissait pas immédiatement, elle déclara :

— Monsieur Skelton décidera. C'est lui l'artiste.

Kitty ne manifesta aucun signe de mécontentement.

— Ce sera tout pour aujourd'hui, dit-elle. Vous vous occupez de ces palmiers, Jack, et de l'installation de la fontaine.

Dans la salle de concert, les statues occupaient toujours la scène, le spectacle devant encore durer deux soirées. Aussi les répétitions avaient-elles lieu dans la chambre de Kitty.

— Prévenez le plombier qu'il aura à travailler dimanche. Daisy, ou plutôt Hébé, j'ai un mot à te dire.

Elle avait parlé aimablement et la jeune fille fut stupéfaite quand, à peine Skelton parti, elle changea de ton pour lui déclarer :

— Recommence et je te laisse tomber.

— Pourquoi ? Qu'est-ce que j'ai fait ?

— *M'sieur* Skelton par-ci ? *M'sieur* Skelton par-là ! cracha Kitty. C'est lui l'artiste ! Et toi qui le regardes avec des yeux de veau. C'est un *artiste,* d'accord. Un de ceux qui sont pas capables de vendre un tableau ou de plaire aux gens pour pas crever de faim. Trop heureux de ramasser les petits boulots idiots que je lui balance. Il est *employé,* comme toi et tout le monde dans cette maison. La seule qui ait le droit de causer ici, c'est moi, ma fille. Enfonce-toi ça dans le crâne. Je sais ce que les gens ils veulent et je leur en donne. Je sais ce que je veux et je l'ai ! Et personne n'a le droit de discuter, ni toi, ni ton M. Skelton.

Elle s'interrompit pour reprendre haleine. La colère et la volubilité aggravaient toujours son état. Elle respira avant de reprendre :

— Je sais ce que t'as dans ta foutue caboche. Tu veux t' garder pour lui tout seul. Foutaises !

Elle avait visé juste. Daisy s'empourpra. Kitty, à sa façon, aimait bien Jack Skelton, mais cela ne l'aveuglait pas sur ses défauts ni ne l'empêchait de le critiquer.

— ... Même s'il s'imbibait pas comme une éponge, il vaudrait rien, ni pour toi, ni pour une autre fille. L'a pas de cœur — sauf pour lui et son génie que le monde il est trop bête pour apprécier. C'est ce qu'il dit ! Il a peut-être eu raison, dans les débuts. Je l'ai pas connu dans sa jeunesse. Il avait déjà tourné au vinaigre quand je l'ai rencontré et c'est de pire en pire. Il est rongé par dedans. Et toi qui es là, tout attendrie, pauvre cloche ! Tu sais pas ce qui t'attend.

Elle se reprit vivement, consciente de s'être embarquée sur une fausse piste.

— ... Et si tu cherches à me la refaire, ça ira mal. T'es peut-être trop bête pour t'en rendre compte, mais je te donne une chance comme on en a pas. Il y a des centaines de filles, qui donneraient une main pour être à ta place. Et te voilà à chialer et à faire des manières parce qu'on pourrait te voir le cul. Et tout ça à cause de ce raté.

L'agitation était déconseillée pour un cœur fatigué et Kitty, si prudente d'habitude, se demandait pourquoi elle s'était emportée pour une si petite chose. Tout simplement parce qu'une mutinerie ça devait s'étouffer dans l'œuf. En dépit de sa remarque concernant les centaines de filles disponibles, elle savait parfaitement qu'il n'y en avait pas une seule, dans tout Londres, capable de damer le pion à celle qu'elle avait devant elle. Elle n'était pas encore matée. Cela se voyait à ses yeux.

— Maintenant, ça suffit comme ça. Je te dis ce que tu mettras ou mettras pas et si ça colle pas, tu te tailles. Pour la semaine prochaine je préparerai autre chose pour faire la liaison en attendant que je trouve une fille plus docile.

Au cours des ans, Kitty s'était fait un vocabulaire assez riche. Cela lui était nécessaire pour traiter avec des gens du monde. Elle n'avait jamais cherché à corriger sa prononciation ni sa grammaire car elle était assez maligne pour savoir que les gens de tous les milieux auxquels elle avait à faire aimaient l'entendre parler comme elle le faisait.

Daisy commençait, quant à elle, à acquérir l'art de comprendre le sens de mots qu'elle n'employait jamais elle-même et elle devina ce que voulait dire docile. Faire juste ce qu'on vous disait de faire. Docile ! Elle était tout sauf docile. Elle aurait aimé pouvoir répliquer, dire à l'autre : « Allez au diable ! » Même pire. Elle aurait voulu pouvoir gifler le visage gras de Kitty et partir. Mais pour aller où !

Qu'est-ce qui m'est arrivé ? se demanda-t-elle. J'ai tenu tête à Mme Westcott et je suis partie sans penser une seconde à l'avenir. Je ne savais même pas si je trouverais un lit. J'ai changé. C'est ce que ça fait que d'être amoureuse ! Et de mener une vie confortable ! L'autre fois, j'ai dit que je dormirais dans un parc. Je ne le dirais plus, maintenant.

— Entendu, alors, répondit-elle.

« Elle renâcle encore un peu, songea Kitty, mais elle s'y fera, elle s'y fera... »

— Alors c'est réglé. Maintenant, causons de la peinture. On n'a pas beaucoup de temps. Tu ferais bien d'aller chez lui. Il aura tout son matériel sur place et la lumière qui lui plaît.

CHAPITRE X

DAISY EUT LA CONFIRMATION QUE LA VIE QU'ELLE MENAIT L'AVAIT amollie, quand elle vit où et comment *il* vivait. L'endroit avait un joli nom, Springfield Lane, mais c'était horrible, plus puant et plus encombré d'ordures que le marché où elle avait terminé sa journée de liberté. Les marchands, dans leur propre intérêt, nettoyaient de temps en temps. Personne ne le faisait à Springfield Lane.

Elle n'était pas extrêmement sensible aux odeurs. A la campagne, il y avait des tas de fumiers, des fosses d'aisance débordantes et des vases de nuit. Même à Park Drive, le bébé n'avait pas toujours senti la rose. Mais là, la puanteur était effrayante. Stagnante entre les deux rangées de maisons et émanant d'elles. Comment pouvait-on vivre là ? Surtout lui.

Elle n'avait jamais évoqué l'endroit où il habitait. Elle savait reconnaître un monsieur quand elle en voyait un et c'en était un, quoi que dise Kitty sur son ivrognerie et son incapacité à se faire connaître. De toute façon, elle n'aurait pu imaginer Springfield Lane parce qu'elle ignorait tout des taudis londoniens.

Les maisons étaient hautes et si solidement bâties qu'elles avaient résisté à plus d'un siècle de négligence et de mauvais traitements. Occupées autrefois par des familles aisées, chaque pièce, à présent, abritait une famille, deux parfois. Certaines servaient en plus d'échoppes. Ces maisons avaient été construites avant que le manque de place rende les sous-sols nécessaires, comme Park Drive. Mais elles avaient des caves, occupées à présent. Dans la maison où vivait Skelton, la plus grande des caves servait d'asile de nuit ; la plus petite de réserve à crottes de chiens, matériau que l'on employait pour le tannage de certains cuirs. De petits garçons récoltaient les souvenirs laissés par les chiens ; un demi-penny pour un seau. Quand il y en avait assez pour justifier la location d'une charrette à âne on enlevait le tout. De temps à autre l'homme qui s'occupait de l'asile de nuit se plaignait de l'odeur et l'acheteur de crottes de chiens avait une réponse toute prête : sa marchandise ne sentait pas plus mauvais que les clients de l'asile de nuit et elle avait l'avantage de ne pas faire de bruit.

Au rez-de-chaussée se trouvait un « restaurant » exsudant un mélange d'odeur d'huile rance et d'oignons frits. De l'autre côté du couloir, un marchand de légumes. Skelton précéda Daisy dans l'escalier, au-dessus de l'étage où, d'un côté un homme et deux apprentis au teint blême piquaient des pantalons et, de l'autre, une femme et trois enfants au teint blême fabriquaient des fleurs artificielles de toute beauté. L'une des chambres de cet étage était occupée par une prostituée et son souteneur; une autre par un homme qui gagnait sa vie en volant des chiens qu'il ramenait à leurs propriétaires s'ils offraient une récompense. Si le propriétaire se désintéressait de l'animal, un coup sur le crâne et dans la Tamise. Encore des marches et en haut de celles-ci une porte. Skelton l'ouvrit.

— Soyez la bienvenue! dit-il d'une voix railleuse.

Au moins, là-haut, l'air était pur. Mais que c'était misérable! Pour Daisy elle-même c'était pauvre, nu et absolument indigne de lui. Sa propre maison avait possédé quelques bons meubles solides, hérités de génération en génération. L'étage des domestiques, au château, avait été meublé de façon presque luxueuse, chaque nouvelle maîtresse voulant un nouveau mobilier à la mode et reléguant l'ancien au grenier. Même sa chambre, Park Drive, si triste qu'elle ait été, avait eu un morceau de tapis, par terre, une courtepointe sur le lit et des rideaux à la fenêtre. Ici, rien de tout cela. La lumière — nue et froide bien que la journée fût chaude — traversait une haute fenêtre et révélait un lit étroit recouvert d'une couverture grise, une longue table sur des tréteaux, avec quelques ustensiles de cuisine à un bout, des ustensiles de peinture à l'autre et une chaise bancale. M. Skelton ne possédait même pas d'armoire. Ses vêtements pendaient à une patère, à côté de la porte. Cependant, en dépit de cette nudité, l'endroit donnait une impression de propreté. Pas de tache, ni de désordre. Rien que l'indispensable pour vivre et peindre.

— A présent, dit-il, nous n'avons pas de temps à perdre. Nous sommes samedi et Kitty veut exposer ce tableau lundi soir. Mettez votre costume.

Elle devait porter, par-dessus la petite culotte rose avec laquelle elle ferait ses sauts périlleux, une robe d'étoffe extrêmement légère retenue, haut sous les seins, par un ruban bleu. La jupe n'en était pas exactement une, puisqu'elle était fendue sur le côté, et les manches ressemblaient davantage à de petites ailes souples tombant de ses épaules. Ses cheveux, dégagés de son front par un ruban bleu, cascadaient, libres.

Il était pressé par le temps. Si le tableau, comme il l'avait d'abord pensé, avait été destiné à la galerie de Pitt et Wade il aurait pu s'y consacrer davantage. Mais Kitty l'avait convaincu que, là-bas, il ne serait qu'un parmi d'autres, dans le foyer de sa maison il serait seul et si le numéro de Daisy était aussi bon qu'il promettait de l'être, le tableau le rappelant atteindrait un prix fabuleux et lui apporterait enfin un peu de la gloire dont il rêvait.

Il prit beaucoup de temps et apporta beaucoup de soin à arranger les plis de sa tunique et ses cheveux.

Puis, il lui donna une coupe en argent munie de deux anses. D'où tenait-il ça ?

— Maintenant, tendez-la-moi comme si vous m'offriez à boire. Ayez l'air tentante... Bien ! C'est merveilleux ! Pouvez-vous rester comme ça ?

— Facile.

Après tout, elle ne lui offrait rien moins que son cœur.

Parfois, il la scrutait, d'autres fois, lui jetait un seul coup d'œil. Elle le regarda de plus près, plus avidement qu'elle ne l'avait encore fait. Pendant qu'ils préparaient les statues, il leur fallait travailler et leurs autres rencontres s'étaient faites en la présence de Kitty. Même à présent où elle pouvait bien le voir, elle n'aurait su dire s'il était beau ou non. Son visage était marqué de plis profonds, du nez aux angles de la bouche ; le front plissé, et creusé par un froncement de sourcils perpétuel. Il n'avait pas le visage de quelqu'un d'heureux. Cependant, elle avait vu ses yeux briller et sa bouche ébaucher un demi-sourire sans chaleur. Ses yeux gris clair paraissaient plutôt froids dans un visage dont il était difficile de définir le teint un peu hâlé, mais pas de ce hâle qu'ont les gens de la campagne. Elle s'attarda à contempler sa bouche, grande et aux lèvres minces. Elle avait l'air dur. Souvent déjà, au cours de jeux ou de danses, entourée de beaucoup de gens et ne courant donc pas le risque qu'ils aillent trop loin, elle avait été embrassée et s'était étonnée de la douceur que pouvaient avoir les lèvres de garçons à l'air plutôt frustre. Un baiser de M. Skelton n'aurait rien de doux. A cette seule pensée un frisson tel la parcourut jusqu'au bout des doigts que la coupe trembla.

— Fatiguée ? Reposez-vous, si c'est ça.

— Non, ça va.

Elle reporta son regard vers la fenêtre. Elle était suffisamment haute pour ne rien révéler de l'incroyable misère de Springfield Lane. Elle n'aperçut que le sommet de quelques arbres et un clocher.

Il continua de lui manifester ce même intérêt détaché et qui l'avait rendu cher à ses yeux. Par deux fois, il lui demanda si elle était fatiguée et, à la troisième réponse négative, décréta :

— Vous devez l'être. Reposez-vous un peu.

Il se détendit lui-même, fit quelques pas de long en large.

— Sans doute devrais-je vous offrir une tasse de thé. Mais il faudrait descendre la théière chez le cordonnier.

— Je n'ai pas soif.

Tant mieux, pensa-t-il, car le thé avait la funeste propention de traverser les gens et il n'y avait pas de w.c. sur le palier, mais seulement les cabinets publics répugnants, dans la cour.

— Peut-être aurais-je mieux fait d'emporter mon matériel et de vous peindre chez Kitty.

— C'est pas mon avis, déclara Daisy avec une assurance qui cadrait mal avec son aspect éthéré. Elle serait venue fourrer son nez et donner son avis. Comme elle l'a fait, pour les statues. Vous vous rappelez ?

— Oui, répondit-il, mais il pensait à autre chose. Au temps. Comme toujours, Kitty avait été intraitable. Elle voulait que le portrait soit exposé le lundi ; mais Daisy, qui se couchait tard, ne devait pas être réveillée trop tôt. On l'avait autorisé à venir la prendre à onze heures. Elle devait être revenue à quatre, pour ses répétitions et se reposer avant son dernier spectacle en compagnie des statues.

— On reprend maintenant, si vous êtes prête.

Daisy ne se fit pas prier. Il réarrangea ses draperies et ses cheveux. Oh, si seulement le mouvement de ses mains était des caresses, au lieu d'être aussi machinal !

Ils travaillèrent jusqu'à une heure et il déclara :

— J'ai faim... et telle que je vous connais, vous aussi.

Ce seul commentaire, preuve qu'il voyait en elle un être humain, la fit tressaillir à nouveau.

— Oh ! oui. Je pourrais manger une vieille femme et son cheval avec le harnais. Vous savez, je lui ai dit ça à *elle*, la première fois que je l'ai vue. Je me suis arrêtée juste à harnais. Vous vous rendez compte ?

Son visage s'éclaira sous l'influence de ce qui lui servait de sourire et se rembrunit aussitôt lorsque Daisy, désireuse de se rendre utile, se dirigea vers l'extrémité de la table où se trouvaient quelques ustensiles. Parmi ceux-ci, un plateau à fromage en poterie bon marché et son couvercle. Sous celui-ci, un petit morceau de fromage qui avait réussi à durcir et à moisir. Dans un torchon un demi-pain totalement rassis. Elle contempla le tout sans dégoût. Il lui était arrivé de manger pire que cela.

— Je suis désolé, dit-il. Je n'ai pas pensé. Et quand même l'aurais-je fait... Je serai sans le sou tant que Kitty ne m'aura pas payé.

Elle lui avait, en fait, donné cinq livres supplémentaires pour son travail sur les statues, outre le premier paiement. Il avait également touché dix livres des magistrats de la ville et le tout en relativement peu de temps. Mais il lui avait fallu rembourser des prêts, régler son loyer en retard et, bien que personne ne paraisse y songer, la toile et la peinture coûtaient cher.

— J'ai deux shillings, répondit vivement Daisy. — Elle regrettait à présent d'avoir envoyé deux livres chez elle, tout en se réjouissant à l'idée du plaisir et de la surprise de son père : — Je cours nous chercher quelque chose.

Elle saisit son misérable petit réticule posé sur le dossier de la chaise avec ses vêtements.

— ... Qu'est-ce qui vous plairait ?

— Oh ! n'importe quoi. Mais rien de la boutique en dessous.

Tout le monde, Springfield Lane, était persuadé que certains des chiens que leurs propriétaires n'avaient pas réclamés finissaient dans les ragoûts et les pâtés de la gargote.

— ... Hé, vous ne pouvez pas sortir comme ça !

Elle se précipitait, telle qu'elle était.

— Un peu plus ça y était, dit-elle avec un sourire radieux.

Elle décrocha l'une de ses vestes de la patère derrière la porte et l'enfila. Les épaules lui arrivaient presqu'aux coudes et l'on ne voyait plus ses mains. Brusquement, il se la représenta dans un autre déguisement n'ayant rien à voir avec des nymphes aux draperies classiques. Une pauvre gamine, vêtue de haillons, offrant non pas du vin aux Dieux de l'Olympe, mais des allumettes, ou des fleurs fanées aux passants. S'offrant elle-même en fait... Cela ferait un tableau sensationnel !

Daisy sortit en courant, pieds nus. L'expérience n'était pas nouvelle pour elle. Jusqu'à cinq ans, fille unique d'une mère aimante et d'un père à l'emploi stable, elle avait été beaucoup plus gâtée que bien des enfants du village. Ensuite, les temps avaient changé et quand sa dernière paire de chaussures lui avait fait trop mal, elle avait été pieds nus, jusqu'à son entrée au château où les chaussures, comme tout le reste, étaient fournies et prévues très grandes. Résultat, elle avait de jolis pieds cambrés, aux orteils bien droits.

Skelton songea pendant quelques minutes à quel point elle était naturelle. Puis, il se remit à la tâche, peignant la coupe en argent qu'il n'était pas nécessaire qu'elle tint. Mais son esprit travaillait et, déjà, songeait au nouveau portrait qu'il pourrait faire d'elle, se souvenant de la facilité avec laquelle cette fille si peu ordinaire pouvait adopter n'importe quelle pose, n'importe quelle attitude, faire tout ce qu'on lui demandait.

Elle revint, un peu essoufflée, un peu rouge. Elle tenait une pile de sandwiches d'où s'échappaient de minuscules nuages de vapeur.

— Regardez ce que j'ai trouvé ! Des sandwiches au bœuf salé *chauds !* J'ai couru comme une dératée pour arriver avant qu'ils soient refroidis.

— Je vous rembourserai. Demain, je tirerai de l'argent de cette vieille pingre.

— Vous tracassez pas. Ça me fait plaisir. Et vous en faites tant pour moi. Mangez pendant que c'est chaud.

Le pain était frais et moelleux, le bœuf juste à point. Mais pour Skelton, ils avaient goût de paille. Le pain de l'humiliation. Il était là — le meilleur peintre de son époque — qui tout simplement parce qu'il ne pouvait pas peindre sur commande en était réduit à manger de la nourriture achetée avec de l'argent sorti d'un réticule fait d'un carré d'étoffe transformé en bourse par un morceau de ruban passé dans des boutonnières grossières. Eh bien, le fils prodigue de la Bible avait mangé la nourriture destinée aux cochons !

L'après-midi s'écoula encore plus vite que la matinée. Skelton semblait de plus en plus mécontent et jurait entre ses dents. Finalement, il tira sa montre et s'exclama :

— Sacrebleu ! Il faut que nous partions.

Elle regarda la montre avec surprise. Elle ne l'avait encore jamais vue. Mais elle savait qu'elle avait de la valeur. Le portrait craché de celle de Sir Alfred. Elle faisait un drôle d'effet dans cette pièce nue, aux mains d'un homme qui, sans elle, aurait déjeuné de pain rassis et de fromage moisi. Non qu'il ne fût pas quelqu'un d'aussi bien que Sir Alfred et qu'il ne mérite pas d'avoir ce qu'il y avait de mieux. Pour la première fois de sa vie, elle souhaita devenir riche pour le couvrir d'objets précieux.

— C'est beau, dit-elle. C'est neuf ?

— Non. Vieux. Je m'y accroche parce que c'est facile à mettre au clou.

Elle le regarda sans comprendre.

— Qu'est-ce que c'est ?

Les prêteurs sur gages n'existaient pas dans les villages et bien que l'un des habitants de Park Drive possédât une boutique de prêts, très rentable, à Greenwick, on n'en parlait jamais.

— Vous ne connaissez pas votre bonheur, mon enfant ! Espérons que vous en ignorerez le sens le plus longtemps possible ! Habillez-vous à présent.

Comme le matin, il passa derrière son chevalet pendant qu'elle se changeait.

— Je peux rentrer toute seule. Pas la peine que vous veniez, dit-elle par gentillesse pure car chaque instant de sa présence lui était précieux.

— Kitty ne me pardonnerait jamais. J'ai promis de venir vous chercher et de vous reconduire.

Il s'arrêta le temps de fermer sa porte. Puis ils descendirent l'escalier vers les puanteurs et le bruit. Dans la rue, elle se rebiffa, brusquement, avec véhémence.

— J'aime pas ça. On me traite comme si j'étais une *chose*. Je lui appartiens pas. Elle a pas à me prêter. Je suis entrée chez elle, parce que je croyais qu'elle avait des lits... Et, depuis, je sais même plus ce que je suis. Fais ci, fais pas ça. Même mon nom qu'on a changé. Et si vous voulez savoir. Waywood ça me plaît pas. C'est un nom qui porte malheur.

— C'est moi qui l'ai choisi. Vous m'avez dit que vous y récoltiez des mûres ou des jacinthes...

— Bon, si c'est vous, c'est autre chose ! Quand même Waywood est pas un endroit où il faut aller... surtout quand il fait nuit.

— Pourquoi cela ?

Trottant à côté de lui, elle rapporta en l'enjolivant le mélange de faits et de folklore sur lequel on avait construit l'histoire de Waywood. Comme la plupart des bois, il avait eu ses enfants perdus ou abandonnés dont les fantômes erraient, se lamentant. Son étang dans lequel une jeune fille s'était noyée et dont le corps revenait flotter à la surface à chaque pleine lune. Il abritait encore des loups. Daisy connaissait un homme qui en avait vu un. Elle-même avait de ses yeux vu la petite maison où avait vécu une vieille femme qui pouvait se transformer en loup.

— Vous voyez, hein, dit-elle comme ils pénétraient Leicester Square, pourquoi je trouve que c'est un nom qui porte malheur.

— J'ai peur qu'il soit trop tard pour en changer, maintenant. Tom a certainement commencé ses affiches annonçant la grande attraction nouvelle : Hébé Waywood.

A la porte, gardée par Sam, elle demanda :

— Vous entrez ?

— Non. Il faut que je retourne. Je veux travailler au décor.

— Alors, prenez ça.

Elle lui pressa quelque chose dans la main et s'éclipsa avant qu'il ait eu le temps de protester.

Il resta deux secondes à fixer le shilling encore chaud. Elle l'avait sorti de sa bourse pendant qu'il fermait sa porte. Elle voulait le tenir prêt pour le cas où il ne pourrait pas entrer chez Kitty où il aurait été assuré de dîner.

Ce geste le toucha et fit naître une multitude d'émotions : honte que cela ait été nécessaire ; gratitude et détermination de le lui rendre, pas seulement en argent ; désir de la protéger. Toutes émotions sincères, réelles, mais sans comparaison avec l'adoration de Daisy. De cela, il était incapable.

CHAPITRE XI

LE TABLEAU, TRÈS ADMIRÉ, TRÔNA DANS LE FOYER DE CHEZ KITTY. DANS la salle de concert, l'on admirait encore davantage, Hébé Waywood, en chair et en os, pendant son spectacle. Celui-ci eut encore plus de succès que le précédent, avec les statues, et amena de nouveaux clients, des hommes qui, d'habitude, ne fréquentaient pas des maisons de ce genre. Ils venaient admirer le tableau dont toute la ville parlait et, une fois entrés, se sentaient obligés de voir la jeune fille danser. Et puis, ayant profité d'un spectacle gratuit, il leur paraissait inconvenant de partir sans dépenser une belle somme en mets et en vins.

Parmi ces nouveaux clients, certains désapprouvaient le genre de spectacle. Les détails lascifs exigés par Kitty cadraient mal avec l'aspect particulièrement éthéré, virginal du portrait. Le Duc de Seedbury exprima son sentiment et celui d'autres avec lui en déclarant :

— Dieu me damne, mais c'est sacrilège! C'est comme si l'on forçait la vierge Marie à se conduire en putain et en garçon manqué.

Hébé, elle-même, déçut ceux qui restaient insensibles à la qualité de la peinture mais appréciaient sa performance.

— Bégueule, ma parole, dit Lord Kendall.

Daisy, qui aimait le contact des gens et raffolait de leurs applaudissements, profitait de l'autorisation de Kitty pour se mêler aux clients. Mais elle agissait avec la plus grande prudence, non pas tant parce qu'on le lui avait recommandé que parce qu'elle était à tel point absorbée, envahie par son amour pour Jack Skelton qu'il lui aurait été impossible de seulement flirter avec d'autres hommes. Quant à s'asseoir sur leurs genoux, de les autoriser à la plus petite privauté, l'idée seule l'écœurait. Entre ses numéros, elle se rendait dans la salle de bal, accordait une danse ou deux. Dans la salle du souper, elle passait d'une table à une autre, prenant une petite bouchée ici, une gorgée de champagne là. Pour certains hommes, cette attitude avait un pouvoir réfrigérant, pour d'autres c'était l'excitant suprême.

Toujours, tout le temps, on la complimentait sur sa beauté, sur son talent. Chaque fois, elle s'arrangeait pour mentionner le nom du bien-aimé avec une subtilité qui ne valait ni le tableau, ni la représentation.

— Vous trouvez vraiment que je suis aussi jolie que mon portrait ? C'est M. Skelton qui l'a fait, vous savez.

Ou, avec une modestie qui n'était pas entièrement fausse, elle remarquait :

— Je trouve que M. Skelton m'a flattée. Pas vous ?

A force d'entendre répéter ce nom, on le retint. Comme on avait retenu Hébé. Au bout de quelques jours, certaines personnes s'estimant connaisseurs s'interrogeaient sur Jack Skelton. Qui était-il ? Pourquoi n'en avaient-ils pas encore entendu parler ? Quelques-uns, Sir Charles Clifford notamment, en avaient entendu parler ! Hélas !

— Je le sais, Charlotte n'a pas une beauté éclatante, dit-il parlant de sa fille. Mais la vieille Kitty m'ayant persuadé de le charger de faire son portrait, il n'a rien trouvé de mieux que de lui peindre un nez de quinze centimètres ! Vingt-cinq guinées de fichues. Nous avons dû prendre Hobson. Il a demandé le double, mais il l'a fait ressembler à un être humain.

Mettre en valeur les qualités physiques de Mlle Clifford et atténuer ses défauts était indispensable car le portrait devait servir d'appât. Sir Charles avait des parents installés aux Indes et s'ils recevaient le portrait d'une jeune fille agréable à regarder, les hommes ne manqueraient pas qui, ayant admiré l'image, souhaiteraient voir l'original. Les Clifford installés aux Indes pouvaient difficilement inviter Charlotte et la réexpédier chez elle célibataire. Là-bas on lui trouverait quelqu'un, sans doute ni jeune, ni beau, mais quelqu'un. Les chances qu'avait la pauvre Charlotte de se marier en Europe étaient fort minces.

Le duc de Sudbury, veuf depuis trente ans, venait de se remarier avec une jeune fille deux fois plus jeune que lui et assez jolie. Il souhaitait voir son portrait accroché dans la galerie des portraits de famille. Jugeant qu'elle avait son mot à dire quant au choix de l'artiste, il pensa que le mieux serait qu'elle vît l'*Hébé* de Skelton. Mais, évidemment, il était inimaginable qu'elle franchisse le seuil de Kitty Hammond ou qu'elle sache qu'il l'avait fait, lui-même. Imaginatif et précis, il s'arrangea pour emprunter le tableau l'espace d'une heure ou deux dans la journée. Il l'envoya chercher en voiture. Sa jeune Duchesse se montra enchantée. Jack Skelton était l'artiste qu'il lui fallait. Cependant, curieuse, elle voulut savoir où ce cher Horace avait vu ce tableau. Le Duc s'était déjà tiré de situations plus embarrassantes.

— Chez une vieille amie. En deuil en ce moment. Elle ne peut supporter l'idée d'être séparée de ce portrait plus d'une heure ou deux.

La jeune Duchesse qui cultivait le romantisme morbide à la mode en conclut immédiatement que la pauvre amie d'Horace pleurait une fille ravissante et entreprit aussitôt de composer un poème à ce sujet : Beauté éteinte à peine éclose ; oh, sort cruel... Le Duc nota d'avoir à prévenir ce Jack Skelton, qui qu'il soit, de se taire.

— Vous tenez le succès, Jack, dit Kitty. Il est tellement riche. Vous pouvez lui demander ce que vous voulez. Et, d'après ce que j'ai entendu dire, sa femme est pas vilaine à regarder. Vous aurez pas, avec elle, le mal que vous avez eu avec la pauvre Mlle Clifford.

Skelton réfléchit un moment, tiraillé entre l'ambition et autre chose.

— Bon, entendu. J'accepte. Mais pas avant la semaine prochaine. Vous servirez d'intermédiaire, Kit. Dites à Sa Grâce que je serai à Portman Square à leur disposition, lundi prochain.

— Ils aiment pas qu'on les fasse attendre, répondit Kitty, parlant d'expérience. Pourquoi vous commencez pas demain ? Qu'est-ce que vous avez comme travail à part le portrait de Daisy — oh, il faut que je m'habitue à l'appeler Hébé — en mendiante. Je trouve ça horrible... et, en plus, vous vous foutez le doigt dans l'œil. Avec une petite gueule comme la sienne, elle resterait pas plus de cinq minutes dans la rue à vendre des fleurs fanées. Vous le savez aussi bien que moi. Elle serait retirée de la circulation en un rien de temps. Vous avez quelquefois vu une fille vraiment belle mendier ?

— J'avoue que non. Mais comme d'habitude je n'ai rien à donner, je regarde ailleurs.

— C'est ce que je veux dire. Une peinture comme ça, c'est du temps perdu. Ça se passe pas comme ça dans la vie. Il y aura personne pour l'acheter. Les guenilles c'est pas beau à voir et les gens, ils aiment pas qu'on leur rappelle qu'il y a des pauvres. Faudrait que vous vous pointiez Portman Square, demain matin. Aux environs d'onze heures.

Mais, rien qu'à le regarder, elle comprit qu'il n'avait nulle intention de le faire. Tout en se demandant pourquoi elle se décarcassait pour un type aussi empoté et ingrat, elle décida d'avoir une petite entrevue avec Daisy qui pouvait être godiche mais qui n'était certainement pas ingrate.

Elle commença par quelques compliments mesurés. Pas assez pour qu'elle se gobe, ça servait jamais à rien.

— Jusque-là, ça marche bien pour toi. Continue comme ça et j'aurai pas à me plaindre. Mais... Jack Skelton tu l'aimes bien, hein ? — Daisy s'empourpra — Eh bien ! il y a quelque chose que tu peux faire pour lui — Elle s'expliqua — Tu vois c'est très important. Alors, tu lui dis que tu peux pas aller chez lui pendant deux ou trois jours. Dis que tu es fatiguée, quelque chose comme ça. Ça lui donnera le temps de commencer, de s'installer dans son nouveau travail. Tu vois ce que je veux dire ?

Daisy sentit son cœur se serrer. Elle avait été tellement heureuse, ces derniers jours. Pour ce tableau, il n'était pas pressé par le temps. Ils avaient pu parler dans une atmosphère presque joyeuse. Kitty l'avait payé pour son « Hébé » et son aide pour le décor et les costumes. Il s'était montré assez prudent pour régler deux mois de loyer d'avance et il lui restait bien assez pour les repas et un peu de vin. Ils déjeunaient sans hâte et elle pouvait lui parler, bavarder, se raconter, imiter les gens qu'elle avait vus la veille et Kitty, elle-même.

— Vous avez beaucoup de talent, lui avait-il dit. Quand vous imitez Kitty, vous avez l'air d'être *réellement* grasse.

Et il fallait renoncer à tout ça. Il s'occuperait de cette grande dame, il lui arrangerait peut-être même sa robe et ses cheveux. Une idée insoutenable !

— Entendu ! dit-elle à contrecœur. Si c'est pour son bien, je voudrais pas lui faire du tort.

— Justement. Tu sais écrire ?

— Un peu. Y' avait une cuisinière à ma première place qui m'a appris... un peu.

— Alors, tu te mets là et tu écris un mot. Je lui ferai envoyer à la première heure, demain matin.

En déclarant savoir écrire « un peu », elle n'avait pas agi par excès de modestie. La cuisinière, convaincue que tout le monde devait savoir lire et écrire, avait changé de place avant que les leçons aient pu progresser beaucoup. L'orthographe, pour Daisy, était surtout phonétique et sa ponctuation pratiquement inexistante.

« Cher Monsieur Skelton je peus pas venir pendan quelque jour je suis trot fatigué j'espaire bien vous revoire bientot. »

Quelle formule employer pour conclure ? Elle réfléchit et décidant, comme d'autres avant elle, qu'il était plus facile d'écrire certaines choses que de les dire elle ajouta : « *Je vous ambrasse daisy.* »

Le sens profond de cette pitoyable missive échappa à Skelton qui ne comprit qu'une chose : Kitty l'avait eu au poteau, encore une fois. Que le diable emporte cette vieille garce ! Parce qu'elle dirige un bordel à succès elle pense pouvoir commander n'importe quoi à n'importe qui ! Il s'en fallut de peu qu'il ne se rende pas au rendez-vous. Puis, il réfléchit. Il calculerait son prix en fonction du temps qu'on lui faisait perdre...

LA Duchesse se montra un modèle aussi déplaisant que Daisy était facile. Tout d'abord, elle ne pouvait lui consacrer qu'une heure par jour et elle était incapable de rester immobile ou de se taire pendant plus de cinq minutes d'affilée. En outre, elle manquait totalement de naturel. Elle était duchesse de trop fraîche date pour porter son titre avec simplicité. Quand elle ne s'agitait ou ne jacassait pas, elle prenait une expression de dignité si excessive qu'elle en devenait inexpressive. A l'issue de chacune de ces séances accablantes, elle tenait à examiner le résultat et son mécontentement croissait, chaque fois. Après tout, elle était assez jolie pour avoir fait un mariage remarquable et elle était là, destinée à la postérité, par un portrait infiniment moins beau que celui qu'elle avait admiré.

Elle ne dit jamais à Skelton qu'elle était mécontente. Quelque chose en lui l'en empêcha. Mais elle se plaignait à Horace qui se vit contraint de lui donner raison. Cependant, il l'avait vue ressembler exactement au portrait qu'on faisait d'elle. Son surnom — chaton — lui convenait fort mal alors.

— *Et,* je n'aime pas sa façon d'être, déclara la Duchesse, à la fin d'une nouvelle série de récriminations.

— N'allez pas me dire qu'il ose se montrer familier !

— Oh ! non. Mais bourru et mal élevé. Parfois, il ne prend même pas la peine de répondre à une remarque. Il se contente de grommeler.

— Il a assez mal pris que je lui dise que je ne vous trouvais pas ressemblante. Pensez-vous qu'il faille que nous le renvoyons et prenions quelqu'un d'autre ?

Skelton accepta son congé et ses cent cinquante guinées et repartit d'un pas allègre terminer sa marchande de fleurs. Il avait eu le dernier mot avec Sa Grâce en lui recommandant d'accrocher le portrait, malgré qu'il lui déplût et ne soit pas terminé.

— Dans cinquante ans, il aura plus de valeur que vingt Hobson.

Sa Grâce ne pouvait espérer vivre assez longtemps pour s'en assurer, mais, à bien regarder ce portrait, elle ne put s'empêcher de penser que ce garçon prétentieux n'avait peut-être pas tort. Il n'avait pas fait ressortir ce qu'il y avait de mieux dans Chaton. Mais il y avait quelque chose de révélateur dans ce visage figé, fermé. Que Chaton vive encore cinquante ans, ce qui n'avait rien d'impossible, et ce serait là peut-être son expression habituelle.

SKELTON s'arrêta chez Kitty pour lui annoncer qu'il en avait terminé Portman Square.

— Et ça a duré assez longtemps, déclara Kitty.

C'était exact car, à ne travailler qu'une heure par jour avec un modèle agité, son travail lui avait demandé plus que les quelques jours qu'il avait eu l'intention d'y consacrer.

— ... Le travail s'est accumulé pour vous, ici.

— Quel travail ?

— Des copies ! Vous passez votre temps à râler parce qu'on sait pas vous apprécier, mais quand vous vous y mettez et que vous sortez quelque chose de plaisant à regarder, on sait l'apprécier. J'aurais pu vendre cent fois cette *Hébé,* si j'y tenais pas. Lord Chalfont m'en a offert cinq cents livres, que vous me croyez ou pas. J'ai dit que, pour le moment, elle était pas à vendre, mais qu'il y en aurait des copies dès que vous les auriez faites.

— Il fera chaud avant que j'en fasse !

— Parfait. Ce sera quelqu'un d'autre alors.

— Vous ne pouvez pas me faire ça. Ce tableau est à moi.

— Ça c'est nouveau ! Vous l'avez *fait,* d'accord. Pour aller avec le spectacle. Mais je vous l'ai payé, Jack Skelton, l'oubliez pas. C'est *mon* tableau et si j'en veux cent copies, je les aurai.

— Vous me dégoûtez !

Sa bonne humeur, due à l'argent dans sa poche et la liberté de faire ce qu'il voulait, disparut. Il était désarmé, il le savait. N'importe quel pitre pouvait faire une copie de n'importe quel tableau et le vendre. C'était parfaitement légal tant qu'il ne cherchait pas à le faire passer pour l'original.

— Zavez un tempérament bilieux, dit Kitty, placide. Y' a pas de mal dans une copie, si on sait que c'en est une. Vous devriez être content. Réfléchissez à la réclame que ça va vous faire. Pensez au plaisir que ça va donner aux autres.

Il ne pouvait s'offrir le luxe de se quereller avec elle. Elle pourrait se venger en interdisant à Daisy d'aller chez lui. Et, déjà, il avait un autre projet quand la *Marchande de fleurs* serait terminée.

— Faites ce que vous voulez. Vous en avez l'habitude. Comment va Daisy ?

— Hébé ! On se l'arrache.

Kitty sombra dans ses réflexions avant d'ajouter, indignée.

— ... Les gens sont faux jetons, c'est à ne pas croire ! Avant-hier soir, un type est venu. Connaissais pas ; mais habillé comme un rupin et pas sur ma liste. Alors, il était le bienvenu. L'est resté pendant deux spectacles, l'a invitée à boire avec lui et là, je vous le donne en mille ? Il lui a offert de venir travailler à Paris ! Un mangeur de grenouilles ! Il se prétendait imprésario ! Et c'était pas de la petite bière ! L'équivalent de trois cents livres par semaine d'après Freddie Chalfont. C'est lui qu'est venu me prévenir. « Kit, y m'a dit, quelqu'un essaye de vous souffler Hébé. » Ce qui a de mieux, c'est que, d'ici, je vois presque tout ce qui se passe, mais, naturellement, je peux pas entendre. Freddy a dit. « Qu'est-ce que vous allez faire ? » Vous savez ce que j'ai dit ? « Si ça vous gêne pas de vous salir les mains, mon cher, flanquez-le à la porte. Demandez à Lord Kendall de vous donner un coup de main. Ça lui montrera qu'on se tient les coudes. C'est mieux que d'envoyer chercher Sam. » Ils s'y sont mis à plusieurs et il était beaucoup moins rupin quand il est sorti que quand il est entré. On peut pas empêcher les garçons de se conduire en garçons, même quand ils sont de la haute.

— Comment Dai... Hébé a-t-elle réagi ?

— Comme il fallait, heureusement ! Elle veut pas aller à Paris. Et, comme je lui ai expliqué, elle est mieux ici. Regardez ce que j'ai déjà fait pour elle. Et c'est pas fini. Elle commence à prendre des leçons de chant, demain. Avec cet Italien, Luigi Mazoni. Il l'a écoutée hier. Il dit qu'elle a une voix épatante, mais pas d'oreille. Il peut arranger ça en moins de deux, à ce qui paraît. Je lui ai bien fait comprendre qu'il y avait pas de temps à perdre. S'il faut en juger d'après le nombre de types qui viennent pour *la* voir, il faudra prolonger son numéro d'une quinzaine. Après, on sera en plein été. La morte saison, quoi. Quand on reprendra, elle pourra aussi bien chanter que danser ou faire des cabrioles...

— A quelle heure est sa leçon, demain ?

Kitty grimaça un sourire au souvenir de l'entêtement manifesté par Hébé concernant son horaire. Elle ne voulait pas prendre de leçons à l'heure où M. Skelton la faisait poser. Il aurait besoin d'elle un jour ou l'autre à présent.

— Six heures.

— Bon. Si elle peut m'accompagner maintenant, nous aurons eu une demi-journée de travail...

Daisy se comporta exactement comme un jeune chien retrouvant un maître bien-aimé. Trottinant à son côté, elle lui avoua :

— Mon Dieu, ce que le temps m'a paru long. Je commençais à croire que vous m'aviez oubliée.

Ç'eut été merveilleux s'il avait répondu qu'à lui aussi le temps avait paru long et qu'il n'aurait pu l'oublier. Mais il n'était pas du genre à dire cela et elle ne lui en voulut pas. Elle lui rendit compte de l'offre du Français.

— Et puis, je comprenais que la moitié de ce qu'il me racontait. Son anglais était horrible. Il passait son temps à me parler de « franks ». Je croyais que c'était des garçons, mais c'était de l'argent. Lord Chalfont l'a entendu. Et après, ça a fait un de ces boucans ! Il lui est tombé dessus avec Lord Kendall et M. Seyman et ils l'ont flanqué à la porte.

Elle lança un coup d'œil en biais à Skelton avant d'ajouter :

— ... On dirait qu'ils ont pas envie de me perdre, hein ?

— Pour une fois ils ont eu raison. Vous faites un bon numéro. Mais ça ne vaut pas trois cents livres par semaine. Cet homme cherchait à vous acheter.

— Quoi ? Comme une esclave ? Ils en ont en France ?

Vraiment son innocence, ou sa stupidité, dépassait les bornes !

— Nous allons passer par le marché pour faire quelques provisions. Qu'est-ce qui vous plairait ?

— Oh, des buccins ! s'écria-t-elle, sautant de joie. Quelle journée merveilleuse ! Vous êtes revenu. Et des buccins !

Le marché était celui-là même où elle avait acheté son chapeau. L'atmosphère en était plus calme. On ne s'activait qu'autour des étals de denrées alimentaires.

— Vous en mangerez aussi des buccins ?

— Je ne pense pas.

— Vous savez pas ce que vous manquez.

L'homme qui vendait les mollusques et ceux qui les mangeaient se mirent à rire. Skelton, se sentant devenu le point de mire, s'en irrita. Là-dessus s'ajouta une discussion. Les clients mangeaient sur place ou apportaient quelque chose pour emporter leur achat.

— Peux pas me permettre de donner des sacs en papier au prix où je vous vends ma marchandise.

Skelton songea à offrir son chapeau ou son mouchoir, mais la vue des mollusques l'écœura.

— Attendez une minute, dit-il.

A un autre étal, il dépensa trois pence pour un panier.

— ... Voilà !

Elle comprit qu'il était de mauvaise humeur. Mais pourquoi ? Pas contre elle ? Ce n'était pas possible, elle n'avait rien fait, ni rien dit. Mais elle se sentait punie et, contrairement à l'attente de Skelton, elle ne demanda pas une double portion.

— Qu'est-ce que vous prendrez ? s'enquit-elle tout doucement.

— Un sandwich, répondit-il et puis, il aperçut un autre étal et oublia tout pour un moment. Une pancarte à l'inscription grossière proclamait : « Garantis indiens ».

Il s'agissait de châles, d'une texture si fine qu'on aurait pu les glisser dans une bague. Le marchand le prouva en montrant l'un d'eux passé dans un anneau de cuivre. Certains des coloris étaient criards, rouge vif, orange, vert pomme, mais le bleu... Quel bleu ! Doux sans être délavé, le bleu d'azur de la Vierge.

— Combien ?

Le prix se faisait à la tête du client.

— Pour vous, monsieur, deux guinées, répondit l'homme comme s'il faisait une grande faveur. Et c'est pour rien. Ça ira tout juste avec la couleur des yeux de la petite dame.

— Oui, c'est ce que je pense, répondit Skelton qui lui tendit l'argent sans marchander. L'autre regretta de ne pas avoir demandé davantage.

— Vous voulez dire que c'est pour moi ? demanda Daisy stupéfaite, non pas tant du prix que du fait qu'il lui ait acheté quelque chose.

— C'est pour vous. Venez, nous perdons du temps.

La puanteur et le bruit laissés en bas, ils se retrouvèrent dans le calme de la pièce presque nue, sous les toits.

— Oh, je sais pas comment vous dire ce que ça me fait plaisir d'être ici. Et rien qui a changé !

Elle fit un geste comme pour prendre dans ses bras toute la pièce, mieux encore, le monde dans son entier. Et, brusquement, changea pour devenir l'image même du remords.

— Mon Dieu ! Vous avez pas eu votre sandwich ! Je fais un saut ?

— Non. Il y a quelque chose ici, si j'en ai besoin. J'ai d'ailleurs beaucoup trop mangé ces temps derniers. Les miettes qui tombent de la table des riches sont réellement très abondantes. Mettez vos haillons... Pouvez-vous vous souvenir de votre posture et de votre expression ?

— J'ai une bonne mémoire... On a oublié encore autre chose, c'est les fleurs... Faut-il que j' voye ?

— Non. Je pourrai les peindre quand vous ne serez pas là. Et une partie des vêtements... C'est votre expression que...

— Vous avez raison. J'y suis. J'ai des fleurs à vendre. Elles sont fanées mais si vous les achetez pas, même seulement pour les jeter, mes pauvres petits enfants mourront de faim. C'est ça ?

Même après l'interruption qui leur avait parue si longue à tous les deux, son corps souple et son visage si mobile redevinrent exactement ce qu'ils étaient. Il émit quelques-uns de ses grognements qui avaient tant déplu à la Duchesse, jura une ou deux fois. Puis, il s'exclama, triomphant :

— Voilà, ça y est !

Il lui fallut environ dix minutes pour obtenir le résultat souhaité : une âme à vendre, gravée pour toujours. Puis il jeta ses pinceaux.

— Quelle brute égoïste je suis. Vous n'avez pas mangé vos coquillages.

— Ils seront aussi bons froids. Et vous alors ?

— Je pourrais manger une vieille femme et son cheval, harnais et tout.

Elle éclata de rire.

— Vous vous rappelez de ça ?

Ils prirent place comme de bons amis, elle avec ses coquillages, lui avec un morceau de pain rassis et un bout de fromage avancé, identiques à ceux du premier jour.

Puis, soudain, il lui demanda :

— Daisy, avez-vous des sentiments religieux ?

— Vous voulez parler de Dieu et de tout ça ? Je sais pas. C'est tellement compliqué. Ma mère, la vraie, elle était très portée là-dessus. L'Eglise tous les dimanches et moi avec elle. Dès que j'ai su parler, j'ai dit mes prières. Et puis, j'avais dans les cinq ans, elle est tombée malade et j'ai prié, mon père aussi. Elle avait mal que c'en était horrible. Le docteur est venu et il a dit qu'elle allait mourir. Un cancer, il a dit. Alors, mon père, il a plus prié comme avant. Il disait « laissez-la mourir ! » Mais ça a pas marché non plus. J'aime plus beaucoup prier maintenant. Mais allez pas croire que, pour les commandements... Je vole pas ou quelque chose comme ça. Pourquoi ?

— Je me demandais si cela vous ennuirait de faire semblant de prier. Comme cela...

Il plia le châle bleu en deux, en forme de triangle et le lui posa sur la tête. Instantanément, elle ferma les yeux et joignit ses belles mains, les doigts pointés vers le haut.

— Non. Je veux que vous gardiez les yeux ouverts et levés. C'est cela ! Magnifique !

Il était merveilleux de constater l'aisance avec laquelle elle était passée de la fille aux fleurs priant qu'on lui donne quelque bien matériel, à une jeune fille priant pour une consolation spirituelle. Merveilleux également que ses cheveux dissimulés ne diminuent pas sa beauté. Au contraire, cela mettait plutôt en valeur son profil de camée. Il commencerait *La prière* dès qu'il aurait terminé la *Marchande de fleurs*.

Par association d'idées cela le ramena à cette affaire scandaleuse des copies de *Hébé*. Une solution lui vint à l'esprit.

— Daisy, vous pourriez faire quelque chose pour moi. Il ne s'agirait pas d'un vol, mais d'une espèce de détournement.

— Je ferai n'importe quoi pour vous. Pour vous, je...

Elle s'interrompit et passa, en une seconde, de l'extrême gravité à l'éclat de rire :

— Vous savez ce que j'allais dire ? Que, pour vous, je danserais toute nue dans la rue. Mais je danse nue tous les soirs, hein ? De quoi il s'agit ?

Il le lui dit.

SEULS les femmes de ménage et les employés subalternes se levaient de bonne heure dans la maison de Kitty. Ce fut la femme qui avait pour tâche de laver les dalles de marbre noir et blanc de l'entrée qui fut la première à constater que le cadre doré posé sur le chevalet doré était vide. Le tableau lui manqua parce qu'il lui plaisait. Paysanne échouée dans un quartier très semblable à Springfield Lane, tout en appréciant la fille dont on avait fait le portrait, ce n'était pas celle-ci qui avait réveillé sa nostalgie moribonde. C'étaient les pâquerettes dans l'herbe sous les pieds de la fille et la simple branche de fleurs de pommier au-dessus de sa tête. Skelton avait ajouté ces détails parce qu'il y avait un rapport direct entre le teint de Daisy et le rose si pâle des fleurs de pommier et un peu parce qu'il fallait une touche claire sur son ciel. Il avait évité le bleu, il y en avait déjà beaucoup, et choisi un ciel pourpre presque d'orage. Décor splendide pour Hébé, mais un peu sombre. La branche fleurie éclairait le tout. Quant aux pâquerettes, elles étaient venues naturellement. C'est dans l'herbe qu'on les trouve.

Le tableau manqua à Emma Hawkes, mais son absence ne la regardait pas. Pas plus que les autres. Chacun trouvant une explication. Seule Kitty, avec sa perspicacité habituelle, comprit. Jack Skelton n'avait pas voulu qu'on le copie, il l'avait volé. Elle donna l'ordre qu'on le fasse monter lorsqu'il arriva, juste avant onze heures, pour prendre Mlle Waywood.

— Alors ! dit-elle en faisant effort pour se redresser. Vous pensiez que vous pourriez m'avoir ! C'est pas ce qui manque des hommes ou des femmes qui ont cru pouvoir le faire ! Ils se sont foutu le doigt dans l'œil. Vous me ramenez ma peinture et que ça saute !

— Quelle peinture ? Pas « *Hébé* » ?

Il avait vraiment l'air stupéfait, outragé et innocent. Mais elle était payée pour savoir à quel point les gens sont trompeurs.

— Et de quelle autre peinture je pourrais m'occuper ? Vous vouliez pas qu'on la copie, vous l'avez fauchée. Vous me la ramenez ou c'est fini entre nous.

— Kitty, je vous affirme que depuis que je vous ai apporté ce tableau je n'y ai pas touché.

— Où vous étiez la nuit dernière et ce matin ? Elle était *là*, Sam l'a vue à deux heures du matin. Mais elle y était plus à sept. Où vous étiez pendant ce temps-là ?

— Je ne pense pas avoir de comptes à vous rendre, Kit. Mais, puisque vous tenez à le savoir, je vais vous le dire. J'ai ramené Daisy. Ensuite de quoi j'ai été chez Jessop pour y louer un cheval afin de me rendre à Wickfield — c'est dans le Surrey. J'y ai un cousin, le seul membre de ma famille avec lequel j'entretienne encore des relations. Il y a quelque temps, il m'a prêté vingt livres. J'ai été les lui rendre. J'ai passé la nuit chez lui. Nous avons un peu bu ensemble... J'ai ramené le cheval — en meilleur état qu'à l'aller car il s'était reposé et avait eu une mangeoire pleine. J'étais chez Jessop vers neuf heures trente ce matin.

— C'est un bon alibi, admit Kitty de mauvaise grâce. Comment on l'appelle votre cousin ?

— Puisque vous y tenez : Charles Overton. Sir Charles. Quand il était plus jeune, il était membre du Parlement. Il est encore Juge de Paix. Envoyez quelqu'un lui demander confirmation, si vous le désirez.

Kitty s'était toujours douté qu'il était de bonne famille bien que, jusqu'alors, il n'y ait jamais fait allusion.

— D'accord. J'admets que vous étiez pas en ville. Avez-vous loué les services de quelqu'un pour voler mon tableau ?

— Kitty, vous m'insultez. Je pensais que vous me connaissiez assez bien à présent pour savoir que si j'avais eu l'intention de le voler, je m'en serais chargé moi-même... après notre discussion au sujet des copies. Et qui aurais-je pu engager entre-temps ? Je suis venu ici, j'ai emmené Daisy. Nous avons été directement chez moi et j'ai peint tout l'après-midi. Je l'ai ramenée et, comme je vous l'ai dit, j'ai été chez Jessop. Et quel voleur, à supposer que j'aie eu le temps d'en trouver un, aurait pu passer devant Sam ? Et comment, avec un tableau de cette dimension.

— Bon, si c'est pas vous...

Elle ne semblait absolument pas convaincue.

— ... J'ai pas mal réfléchi. C'est pas les offres qui m'ont manquées pour ce tableau. Ça peut être n'importe lequel de ceux auxquels j'ai refusé de le vendre, mais qui le voulaient quand même. Vraisemblablement un de ceux qui ont passé la nuit, en haut. Sam l'a encore vu quand il a cessé son travail, à deux heures. Après, il y a plus que Joseph pour reconduire les derniers partants. Et c'est pas l'intelligence qui l'étouffe. N'importe qui peut lui être passé sous le nez. Quelqu'un qui voulait le tableau et qu'est resté une partie de la nuit...

— Cela me paraît logique. A présent, si je peux avoir Daisy, j'ai du travail.

Kitty fit quelque chose d'exceptionnel pour elle. Elle s'excusa.

— Excusez-moi, si je vous ai fait tort, Jacky. Mais, comme dit la rousse, vous étiez le principal suspect.

— Il m'intéresserait de savoir ce que vous découvrirez. Je persiste à le considérer comme *mon* tableau.

Elle l'avait froissé, elle s'en rendait compte. Ils s'étaient querellés déjà et s'étaient traités de tous les noms, mais toujours avec un certain fond de bienveillance. Jamais avec cette froideur distante. Pendant quelques minutes, elle se sentit déprimée. Puis, elle entreprit de savoir qui était monté la nuit précédente et si, parmi ces clients, se trouvaient ceux qui avaient offert de lui acheter son tableau... Chalfont, Kendall, Seyman, Wilkinson, Lee, Turnberry.

CHAPITRE XII

DAISY ATTENDAIT DANS L'ENTRÉE, SON CHÂLE BLEU SUR LE BRAS. ELLE lui dédia un regard éloquent, disant tout : « Ça va ! J'ai réussi ! » Mais ils attendirent d'être éloignés de la maison, dans le bruit de la circulation, pour parler du tableau.

— Bravo, petite ! Où est-il ?

— Là où elle ne pensera jamais à aller le chercher ! répondit Daisy, radieuse. Dans la boutique. Vous savez, le Taj Mahal. Il y a déjà un tas de peintures, là. Mme Bruce prend tout ce qui est un peu indien. Elle me l'a dit. De temps en temps, elle en met une dans la boutique. Mais les autres elles font surtout qu'attendre... Alors, j'ai pensé. Je veux dire que j'aurais pu la mettre sous mon lit. Mais *elle* aurait été regardée. Il y a tellement de toiles d'araignées que ça doit bien faire des années que les peintures indiennes on les a pas bougées de place. J'ai mis la nôtre, tout au fond, par-derrière.

— Très astucieux.

Elle était ravie de sa satisfaction, mais également très contente d'elle. Car elle n'avait pas seulement fait preuve d'astuce, mais, à ses yeux, d'énormément de courage. En effet, elle éprouvait une peur — irraisonnée elle était la première à l'admettre — du vide, de la solitude, la nuit tombée. Et pour faire ce qu'*il* voulait, si simple à première vue, sortir le tableau de son cadre et le cacher quelque part où il pourrait rester jusqu'à ce que l'on ne songe plus à en demander des copies, elle avait dû se forcer à vaincre une terreur bien réelle, même idiote. Attendre dans l'escalier, au-dessus de l'entrée, puits sombre à peine éclairé par une bougie ; attendre que Joseph pique du nez, cédant au sommeil ; retirer la toile ; remonter en courant dans sa chambre. Sous le lit ? « Réfléchis, non, allons, Daisy Holt, tu peux faire mieux que ça ! » Trouver la cachette idéale et puis transporter la toile, une bougie à la main pendant ce qui lui avait paru des kilomètres de couloirs déserts. Dans la maison, il y avait des tas de gens. Ils dormaient presque tous. Mais la boutique et les pièces au-dessus étaient silencieuses et vides.

— C'est marrant, dit-elle à Skelton, c' qu'une maison qu'est pleine de gens d'habitude peut être plus vide qu'un cimetière quand ils sont partis. Qu'est-ce que j'ai eu peur ! Surtout dans la boutique.

— Vous avez été très courageuse. Je veux vous faire un cadeau.
— Mais j'en ai eu un hier, — elle caressa le châle bleu avec amour.
— C'était surtout pour figurer sur le tableau. Je pense à quelque chose de personnel. Pour vous. Qu'est-ce qui vous plairait ?

Abstraction faite des robes laissées pour compte, elle n'avait reçu qu'un seul présent de toute sa vie et elle se sentit embarrassée.
— Oh ! n'importe quoi, répondit-elle d'un ton qui pouvait passer pour de l'indifférence, mais qui, en fait, signifiait que, quoi qu'il lui donne, elle le chérirait toujours.
— Alors, que diriez-vous d'un nouveau réticule ?

Cette suggestion lui était dictée par un sentiment d'égoïsme, car la vue de son misérable porte-monnaie lui rappelait toujours cruellement le jour où il n'avait plus eu un sou.
— Je sais pas... La cuisinière — celle que je vous ai causée — celle qui m'a appris à lire et à écrire, c'est elle qui a fait ça pour moi. Pour un Noël. Mais, j'ai une idée, si vous m'en donnez un plus grand, je pourrai garder celui-là dedans, hein ? Ce serait pas comme si je le jetais.
— Je vous en rapporterai un lorsque j'irai porter la *Marchande de fleurs* chez Pitt et Wade. Les boutiques du quartier sont très élégantes.

M. WADE — M. Pitt était mort depuis un certain temps — regarda le tableau d'un œil approbateur. Il ne partageait pas l'opinion de Kitty selon laquelle la vue de la pauvreté mettait les riches mal à l'aise.
— Ah ça, Skelton, c'est ce que j'appelle de la peinture. Oui, vraiment. Ces couleurs, ces contrastes, ce message. J'ai toujours su que vous sauriez vous distinguer dès que vous auriez un peu de *métier*. Là, vous avez réussi. Mes félicitations !

M. Wade n'était pas homme à s'enthousiasmer facilement. Il s'adonnait plutôt au pessimisme et au découragement. Skelton sentit une brève bouffée de plaisir, mais il ne fut pas surpris. Il n'avait jamais sous-estimé son talent et lorsque, auparavant, Wade avait refusé d'acheter ou même d'exposer ses œuvres, il avait attribué cela à son ignorance crasse et à son mauvais goût. En cela, il avait en partie raison car, bien que Wade s'occupât d'art depuis des années, ses connaissances en la matière étaient fort réduites sauf en ce qu'il convenait de vendre et même alors il lui arrivait de se tromper car le goût du public était dangereusement influencé par la mode, aussi déplorablement que dans la couture.

Il menait son affaire sur trois plans bien distincts. Il vendait des portraits indiscutablement anciens, œuvres d'artistes à peu près inconnus, venus sur le marché par malchance, la vente d'un héritage, la fin d'une vieille famille. Beaucoup de ces portraits retrouvaient une place dans la maison de nouveaux riches en quête d'ancêtres. Plus le portrait était anonyme, moins l'artiste était connu, mieux c'était. Mais le sujet devait avoir l'air noble, une dame minaudant, avec une rose à la main ou un petit chien sur les genoux, ou un cavalier; un gentilhomme Tudor le col ceint d'une fraise. A quelques reprises, M. Wade était tombé sur d'authentiques chefs-d'œuvre, des tableaux de peintres destinés à la gloire mais qui, à l'époque, avaient été bien heureux de travailler moyennant quelques livres, le gîte et le couvert.

Puis venait la partie moderne. Sans un tableau ou deux on considérait que sa maison n'était pas entièrement meublée. Lorsque l'on offrait à M. Wade un tableau assuré de plaire à ceux qui achetaient des peintures comme ils le faisaient de tables ou de chaises, il le prenait immédiatement, l'exposait et le vendait généralement, parfois avec un bénéfice de huit cents pour cent. Il n'y voyait rien d'inconvenant. Il avait des frais, un loyer, des assurances à couvrir et des employés à payer.

Et puis, parce qu'il ne se fiait pas totalement à son jugement personnel et qu'il était parfaitement conscient de la rapidité avec laquelle le goût du public changeait, il disposait d'un troisième rayon où il exposait des œuvres qu'il n'entendait pas acheter mais qui restaient susceptibles de plaire à quelqu'un. Elles étaient accrochées, bien en vue, dans la vaste entrée par laquelle tous les clients devaient passer. Il limitait la durée de cette exposition à un mois. Si un tableau n'avait pas attiré l'attention entre-temps, l'auteur n'avait qu'à le reprendre. S'il était vendu, M. Wade n'ayant rien investi, se contentait de cinquante pour cent.

Rien de ce qu'avait produit Skelton jusqu'ici n'avait été jugé digne d'être exposé, même dans l'entrée, détail qu'il gardait présent à l'esprit alors même que Wade se répandait en louanges et lui offrait cinquante livres.

— Et une place en vitrine. Cela représente de l'argent. Cela permet de se faire un nom. Le vôtre.

C'était exact.

— J'avais pensé soixante-dix.

— C'est le propre de l'artiste de se surestimer et croire que les tableaux accostent les clients pour dire : « Achetez-moi ! » Croyez-moi, ce n'est pas le cas. Mais...

Wade contempla l'œuvre à nouveau et s'adoucit. Elle exerçait un attrait extraordinaire. Pour les femmes, les haillons et les fleurs fanées; pour les hommes, autre chose... C'était bien là un tableau susceptible d'accoster quelqu'un et de lui dire : « Achète-moi »!

— Coupons la poire en deux. Disons soixante.

— Entendu.

— Venez dans mon bureau. Il se trouve que j'ai à vous parler d'autre chose. J'ai entendu parler de vous à propos d'une affaire curieuse... Puis-je vous offrir du Xérès ?

Ce n'était pas la première fois que Skelton pensait que Wade n'était peut-être pas aussi anglais que son nom.

— Quelle affaire ?

— Le vol d'un tableau. On m'a souvent proposé des tableaux volés. J'en ai même acheté un ou deux — sans le savoir bien sûr. Ce genre de commerce est très risqué. Le monsieur, qui est venu me demander si j'avais vu ou entendu parler de l'*Hébé* de Jack Skelton, m'a dit être très désireux de l'acheter. Il en aurait offert à Mme

Hammond, chez qui l'œuvre a été volée, un très bon prix. Et si c'était aussi réussi que votre fille aux fleurs fanées, c'est facile à comprendre.

— Merci, répondit Skelton d'un ton qui n'impliquait aucune gratitude.

— Vous avez pris la même fille ?

— Le même modèle, oui.

— Je pensais, continua Wade en venant enfin au fait, que si *Hébé* intéresse tellement, quelque chose de similaire se vendrait bien. La *Marchande de fleurs* peut intéresser, mais les hommes ont un penchant pour le classique.

— La nudité ?

— Plus ou moins. Ce ne sont pas les sujets qui manquent. Aphrodite sortant de la mer...

— Daphné se changeant en laurier ? Leda et le cygne ?

— Exactement. Pour ce genre de tableau je paierai, non pas soixante, mais cent livres. La moitié d'avance si vous le souhaitez.

— Pour le moment, je la peins totalement habillée et un châle sur la tête. Et ce sera une plus belle réussite que les deux autres. Après cela... qui sait ? L'inspiration viendra... Nous verrons. Je ne peux rien promettre.

Non, songea M. Wade avec une pointe de regret. Aucun artiste digne de ce nom ne le pouvait. Dieu, en leur attribuant un don particulier, semblait leur en avoir refusé d'autres qui leur auraient assuré le succès. Ils prenaient rendez-vous et arrivaient trop tard ou ne se montraient pas. Ils n'avaient aucune idée de la valeur réelle de l'argent, surestimaient celle de leur propre travail et, une fois les poches pleines, dilapidaient leurs gains comme des marins en goguette. Des êtres désespérants et, en fin de compte, moins intéressants que les bons artisans pour lesquels le mot *commission* avait davantage de sens que celui *d'inspiration.*

— Bon. N'oubliez pas, quand vous aurez terminé, je serai intéressé.

— Merci... pour le Xérès, répondit Skelton qui s'en fut acheter un réticule pour Daisy.

ELLE défit le paquet et poussa une exclamation où se mêlaient respect et admiration.

— Oh ! Vous avez quelquefois vu quelque chose de plus beau ?

— C'est joli, concéda-t-il en songeant : « C'est stupéfiant de l'entendre dire cela, elle qui chaque fois qu'elle se regarde dans une glace y voit le reflet de la beauté parfaite, d'un agréable, mais simple arrangement de perles bleues et blanches. C'était la grande vogue, capes et corselets se devaient d'en être incrustés au point d'en être raides comme des armures.

— Je le garderai toujours ! Et je penserai à vous chaque fois que je le verrai. Merci. Merci un million de fois.

Elle avait envie de lui sauter au cou et de l'embrasser. Mais quelque chose l'en empêcha. Elle était parfaitement consciente qu'il n'éprouvait pas pour elle les sentiments qu'elle éprouvait pour lui. Et, de plus, elle ne voulait pas lui donner l'impression d'être une fille facile.

— Je suis content que cela vous plaise, dit-il en gagnant son chevalet. Prête ?

Le tableau n'exigeait aucun préparatif, elle n'avait qu'à mettre le châle sur ses cheveux et joindre les mains.

— Des nouvelles de la grande chasse au tableau ? demanda-t-il.

Elle gloussa.

— Encore heureux que je l'ai pas mis sous mon lit ! Kitty était comme folle. D'abord, elle a voulu être sûre que personne l'avait emporté. Sam a juré qu'il était à sa place quand il est monté se coucher et Joseph a juré qu'il s'est pas endormi. C'est pas vrai, mais je pouvais difficilement dire le contraire, hein ? Du reste, seul un de ceux qui voulaient absolument l'acheter a passé la nuit à la maison. Et vous savez pas ? Il en est sorti pour tomber dans les bras d'un huissier. On l'a arrêté pour dettes. Son nom, c'est Turnberry. Mais ce que je comprends pas c'est qu'un homme qui doit des centaines de livres y veuille acheter un tableau. Vous comprenez, vous ?

— C'est facile. Admettons que Kitty ait accepté de vendre. Il lui aurait demandé d'attendre un ou deux jours pour la payer. De son côté, il l'aurait vendu à quelqu'un qui tenait vraiment à ce tableau, en prenant son bénéfice. De quoi faire patienter ses créditeurs une semaine ou deux.

— Je vois. J'y aurais jamais pensé. Bon, en tout cas, elle, elle s'est dit qu'il devait être *dans* la maison et elle a fait fouiller partout. Même dans les cuisines ! Même dans la boutique ! Heureusement que je l'ai mis au milieu des autres sans trop défaire les toiles d'araignées.

— Heureusement. Excellente idée.

— Je sais bien ce qui fait le plus enrager Kitty. Pour une fois dans sa vie quelqu'un a été plus malin qu'elle. Ça lui arrive pas souvent. Et il a fallu que ce soit *moi !* — oh là, ça semblait prétentieux ! Elle se hâta d'ajouter : — Mais c'est *vous* qui y avez pensé.

Il accepta ce tribut avec une sorte de grommellement et prit ce que Daisy appelait « sa tête de peintre ». Elle dut attendre qu'ils soient attablés devant un festin — du poulet rôti froid et le vin doux qu'elle préférait — pour demander :

— Qu'est-ce qu'elle va devenir maintenant ? *Hébé,* je veux dire.

— Je n'y ai pas songé. Ce tableau appartient à Kitty. Je m'opposais seulement à ce qu'elle en fasse faire des copies. Cette idée m'était intolérable et si j'exécute un autre portrait pour elle nous nous mettrons d'accord de façon précise. Elle pourra l'exposer ou le brûler, en faire ce qu'elle veut, sauf des copies.

— Elle en veut, un autre portrait. Elle l'a dit. Au Signor Mazoni. Vous saviez qu'on ne pouvait pas dire Monsieur à un Italien ? Moi pas, jusqu'à ce qu'il me l'apprenne. Y va pas y avoir de spectacle comme celui que je fais, en août ni au début de septembre. Après, je chanterai en plus que j'ai entendu Kitty parler d'une fille qu'était devenue un rossignol. Vous savez qui c'est ? Une Philo quelque chose ?

— Philomèle.

— C'est ça. Qu'est-ce que vous êtes pas instruit !

Skelton, l'espace de quelques secondes, songea à l'impossibilité de peindre une jeune fille en train de chanter. Daisy elle-même, la bouche ouverte, serait sans charme. Mais, captivée par le spectacle d'un oiseau chantant sur une branche fleurie... Immobile, attentive, un peu envieuse, prête à être transformée. Elle saurait exprimer cela et il pourrait la peindre.

CHAPITRE XIII

Le mois d'août fut exceptionnellement chaud et sec. Temps merveilleux à la campagne pour les moissons, mais mauvais à Londres où la saleté et la promiscuité engendraient des épidémies dont la plus terrible le choléra et, immédiatement après, la diphtérie. Kitty qui avait traversé de nombreuses épidémies — des fléaux comme elle disait — attachait une importance presque morbide à la santé de ses pensionnaires et des plus jeunes de ses domestiques. A ses yeux, quelqu'un ayant dépassé trente ans était un vétéran comme elle et appelé à survivre. Après avoir mûrement réfléchi elle expédia toutes ses « filles » au bord de la mer. Non pas à Brighton, mais dans un petit village de pêcheurs tranquille ressemblant à ce qu'avait été Brighton avant de devenir à la mode. On ferma la maison. Les domestiques les plus âgés se chargèrent des emplettes nécessaires, les plus jeunes badigeonnèrent tout au lait de chaux auquel Kitty attribuait toutes les vertus antiseptiques

Daisy aurait pu aller au bord de la mer, comme les pensionnaires, mais non pas avec elles. La jeune fille s'était fait une place très spéciale, Kitty elle-même l'admettait, dans cette maison. Elle n'était pas encore une prostituée, elle n'était pas une domestique. Au début, pendant la durée du spectacle avec les statues, elle avait mené une vie à part, et, du moins Kitty le croyait-elle, dans l'ignorance de ce qui se passait autour d'elle. Et puis, vedette principale du second spectacle, elle s'était mêlée aux clients de Kitty et aux autres filles. Kitty s'était attendue à quelques surprises désagréables, ses pensionnaires se jalousaient facilement et elle s'était préparée à réagir avec fermeté. Mais rien ne s'était passé. La petite avait le don de s'entendre avec les gens et les jeunes personnes dont le talent s'exerçait dans une chambre à coucher, semblaient toutes disposées à accepter et à admirer celle qui avait d'autres talents, une beauté peu ordinaire et qui ne s'en croyait pas pour autant. Toutes les pensionnaires de Kitty étaient choisies pour leur beauté, elles étaient toutes plus ou moins vaniteuses. Mais une beauté comme celle d'Hébé — elles ne lui connaissaient pas d'autre nom — ne se rencontrait qu'une fois par génération. En l'acceptant, les plus jolies lui rendaient une sorte de tribut. Il fallait ajouter à cela qu'elle n'entrait pas en compétition avec elles. Jamais elle ne faisait monter quelqu'un. Au contraire, son numéro sur scène choisi délibérément pour éveiller le désir et son comportement pendant les entractes, assez habile pour entretenir ce désir sans le satisfaire, faisaient marcher les affaires, à l'étage.

Ni Kitty, ni personne d'autre ne s'était donné la peine d'expliquer la spécialité de la maison à Daisy. La vérité lui était apparue peu à peu et, une fois acquise, avait modifié sa façon d'être avec les pensionnaires. Elle ne les avait pas méprisées, mais en avait eu pitié. Si choyées et gâtées qu'elles soient, elles appartenaient à la classe de ces malheureuses décrites si sombrement par Mme Bell. Elles étaient encore jeunes et employées dans la meilleure des boîtes de nuit connues en Angleterre, mais qu'adviendrait-il d'elles, *après ?* A les voir le soir, vêtues de soie et de brocart, parées de bijoux faux ou vrais — certains clients savaient se montrer généreux — il était difficile de se les imaginer vieilles et le nez rongé. Mais la menace était là. Raison de plus pour se montrer gentille avec elles.

Quant à son propre avenir, au delà du lendemain, Daisy n'y songeait même pas. Prévoir était chez elle une incapacité congénitale. Elle avait toujours eu l'impression qu'il lui arriverait quelque chose de merveilleux et elle était incapable de penser au futur, ou à cette chose merveilleuse qui l'attendait, sans y faire figurer Skelton. Et dès qu'elle pensait à lui, tout s'arrêtait au lendemain... Mais cela ne se limitait pas à ce grenier triste et bien rangé qu'il appelait son atelier. Le lendemain s'appuyait sur un décor de beauté et de confort, pas nécessairement luxueux. Simplement agréable, propre et joli avec lui et elle, ensemble.

On lui proposa d'accompagner les filles au bord de la mer. Elle refusa bien qu'elle ne l'ait jamais vue et qu'elle en aurait eu envie. Kitty alors lui asséna le coup de grâce.

— Comme tu voudras. Mais si tu crois que tu feras l'allée et venue entre Springfield Lane et ici, tu te mets le doigt dans l'œil. Même en temps ordinaire il y a de quoi y attraper la crève. Si Jack Skelton veut te peindre, la qu'à venir ici.

Cela ne serait pas du tout la même chose. Cependant, le défi pur et simple était hors de question.

— Alors, j'aurais pas le droit de sortir du tout ?

— J'ai pas dit ça. Tu restes ici pendant le plus gros de la chaleur et pis, tu peux faire une gentille petite balade à Hyde Park le soir, à la fraîche. Quand on reste à Londres avec ce temps-là, c'est la seule chose à faire.

Skelton avait déjà décidé de déménager. A contrecœur. Son grenier et sa façon de vivre lui plaisaient dans une certaine mesure. Le quartier et les environs immédiats étaient écœurants. Mais, une fois fermée la porte au pied des dernières marches, la puanteur et le bruit n'existaient plus. Et cinq shillings par semaine ce n'était pas cher pour tant de place si bien éclairée. Jusqu'à un certain point, l'argent le laissait indifférent ce qui le poussait à refuser d'en gagner d'une façon qui lui déplaisait. Mais cette indifférence même l'empêchait de s'engager d'une façon susceptible de nuire à son indépendance. Eût-il disposé d'un foyer normal qu'il se serait senti lié.

Cependant, il pouvait à présent s'offrir quelque chose de plus décent. Il y songeait lorsque le voleur de chiens mourut du choléra. Les trois chiens qu'il avait chez lui moururent de faim et une puanteur de cadavres en décomposition s'ajouta à la puanteur habituelle.

Wade avait vendu la *Jeune fille aux fleurs*. Daisy, en prière, avait la place d'honneur de la vitrine où, chaque jour, on la prenait pour la Vierge Marie. L'étoile de Skelton montait et il pouvait se permettre un appartement convenable. Cependant, tout en étant fermement convaincu de son génie, il ne croyait plus à sa chance. Aussi, quand on lui offrit exactement ce qu'il voulait, une occasion trop belle pour être refusée, il ne donna pas son congé pour le grenier de Springfield Lane.

— Ce sera toujours là en cas de besoin, dit-il à Daisy.

Le grenier faisait vibrer en elle une corde sentimentale.

— On a été heureux ici, hein ?

Mais le nouvel appartement, dans l'une des maisons du Clos au Puits, l'enchanta. Situé dans la partie nord du Strand, on y accédait en passant sous une voûte d'aspect assez triste.

— Vous vous rendez compte ! On pourrait passer devant cent fois sans jamais se rendre compte que c'est là, hein ? Oh, ce que c'est joli ! On dirait la campagne !

Les vieilles maisons se groupaient autour d'une pelouse de forme irrégulière à l'herbe verte, même sous la chaleur torride, parce qu'autrefois l'on avait converti le puits en fontaine. Il y avait deux sorbiers aux fruits commençant à rougir et chacune des huit maisons disposait de jardinières pleines de géraniums éclatants.

La moitié de la maison louée par Skelton comprenait une cuisine avec un atelier au rez-de-chaussée ; une grande pièce et trois plus petites au-dessus. Elle était entièrement meublée.

— Jusqu'aux petites cuillers ! s'exclama Daisy. Oh la la, partir comme ça en laissant tout !

— M. Christopher Foley a toujours eu le sens du commerce, répondit Skelton avec la hargne qu'il réservait souvent à ses confrères. Dès que Landseer a mis les animaux à la mode, Foley a peint des chiens ou des chats — avec ou sans leurs propriétaires... Landseer, il faut lui rendre cette justice, sait *dessiner*. Ce n'est pas le cas de Foley, mais il sait *peindre*. Un gamin avec un chien loup, une fillette avec un petit chat... Ce genre de truc. Et pas un os à sa place. Il a quand même trouvé le filon. Il peut se permettre de laisser tomber tout ça, comme on le ferait d'un vieux pardessus et de s'acheter un palais aux environs de Florence.

— Eh bien, tant mieux pour nous. Kitty me laissera venir ici. Vous pourrez finir la peinture où je fais de la dentelle... Vous savez, chaque fois que j'y pense je peux pas m'empêcher de rire. Moi, avec toutes ces aiguilles ! Dans mon village, il y avait une vieille femme qui faisait de la dentelle. J'aimais bien la regarder. On aurait dit quelque chose de magique. Et, maintenant moi qui fais comme si ! Personne le croira. Oh, et j'ai oublié. Kitty m'a dit de vous rappeler pour la fille au rossignol. Elle la veut dans moins de quinze jours. Et personne la lui volera celle-là. Elle veut la clouer au mur.

— Et comment vont les leçons de chant ?

— Pas très bien. C'est pas que j'essaye pas. Mais ce que je fais, ça a pas l'air de plaire au Signor Mazoni. Je veux dire, je chante et il tape avec son petit bâton noir et il m'arrête. J'ai fait une fausse note ou quelque chose comme ça. Je peux pas chanter comme ça. Je sais chanter, mais pas comme ça. Vous comprenez ce que je veux dire ?

— Trop bien !

Il comprenait fort bien. Wade lui avait pratiquement commandé un portrait de Daisy sur un thème mythologique classique. Au lieu de cela, il était passé de la jeune fille en prière, à la jeune fille faisant de la dentelle. Processus logique car ses mains jointes étaient si belles qu'un nouveau tableau axé sur elles semblait la seule chose à faire. Peut-être qu'ensuite, après la fille au rossignol, donnerait-il satisfaction à Wade.

La nouvelle maison permit à Daisy de montrer un autre talent. Avec une pièce à cet usage, elle put faire de la cuisine. Un jour, elle avait eu la modeste ambition de devenir cuisinière et, au château, elle avait observé et écouté avec soin. Souvent, elle avait été autorisée à aider à la préparation de plats simples.

— On n'a plus besoin d'aller acheter des trucs à manger, dit-elle, heureuse. Je peux nous faire la cuisine.

— Nous n'en avons pas le temps.

— Mais oui, on l'a. Comme je travaille pas le soir, j'ai pas besoin de rester au lit le matin. Je peux venir de bonne heure, faire un peu de marché en venant. Ça nous fait commencer plus tôt et ça me donne le temps de cuisiner après.

A présent que Daisy pouvait gagner l'atelier de Skelton sans traverser des quartiers lépreux, Kitty n'exigeait plus qu'elle soit accompagnée à l'aller et au retour. Elle aurait de beaucoup préféré que Daisy s'en tînt au programme établi au début de la période d'épidémie — les jeunes êtres élevés à la campagne étaient beaucoup plus fragiles — mais elle voulait sa fille au rossignol prête pour la réouverture et Skelton, intraitable à son habitude, refusait de quitter son atelier. Elle n'avait donc pas le choix.

Un matin du début de septembre que les fruits des sorbiers étaient aussi rouges que les géraniums et que l'air prenait une imperceptible odeur nouvelle, Daisy arriva, venant tout droit du marché de Covent Garden, portant une branche chargée de grappes de raisins noirs, si fraîchement coupée, si peu manipulée, qu'elle en avait gardé son velouté.

— Est-ce que c'est pas beau ?

Elle lui tendit la grappe pour la lui faire admirer et, au-delà du fruit, il vit autre chose. Pour une fois, il pourrait faire quelque chose qui lui plairait et qui satisferait Wade et son public. Une bacchante !

Chaque fois qu'il la regardait, c'était pour se l'imaginer sous une forme picturale. Il se rendait compte qu'elle lui vouait une dévotion de jeune chien, parfois amusante, parfois pathétique, toujours utile. Il ne disait ni ne faisait jamais rien pour l'encourager et y songeait rarement, sauf pour se répéter que cela passerait, s'éteindrait faute de combustible. Il consacrait pratiquement toutes ses capacités émotives à son travail.

Cet après-midi là, comme elle se préparait à partir à l'issue d'une journée charmante et satisfaisante, elle s'écria :

— Au diable Signor Mazoni ! Sans lui je pourrais rester une heure de plus. Pourquoi est-ce qu'il prend pas de vacances ? Ou qu'il ne s'occupe plus de moi. Il dit que je l'exaspère quelquefois. Cet après-midi, je vais être si mauvaise et si stupide, faudra bien qu'il renonce ! Ou bien il aura une attaque. Alors je pourrai chanter comme je veux.

Mais cet après-midi-là, Mazoni ne vint pas. L'une des nombreuses parentes pour lesquelles il travaillait tant apporta un message. Luigi ne se sentait pas bien. Il irait mieux demain.

— Vous vous rendez compte, dit Daisy le lendemain matin à Skelton. Juste au moment où je disais que je voudrais avoir une heure de plus l'après-midi. En tout cas, aujourd'hui, j'ai pas besoin de me presser pour rentrer. Il m'a fait attendre hier. Je le ferai attendre aujourd'hui. C'est juste, hein ?

Elle fit la cuisine, comme elle en avait pris l'habitude à présent. Skelton, l'esprit occupé par la fille au rossignol, ensuite la bacchante et après qui sait ? ne remarqua pas qu'elle mangea à peine. Mais ils venaient tout juste de commencer le travail de l'après-midi qu'elle lui dit :

— Excusez-moi. Je me sens mal. Il faut que je m'asseye une minute.

Immédiatement, il la combla d'attentions. Il fallait qu'elle s'allonge. L'atelier comportait un canapé et plusieurs fauteuils confortables.

— C'est la chaleur, l'assura-t-il.

Après une matinée ensoleillée, le ciel s'était couvert. Il passa dans la cuisine pour faire du thé. Elle se redressa pour le boire, se sentit étourdie, et eut peur se demandant si c'était ce que l'on éprouvait avant de s'évanouir. Le pire des maux dont elle eut jamais souffert avait été un gros rhume et elle ne s'était jamais sentie comme ça. Tout ce qu'elle savait des évanouissements était le spectacle offert par ceux qui en étaient victimes.

— Ça va mieux ?

Elle le savait, il voulait l'entendre dire oui et la voir se lever pour reprendre la pose. Désireuse comme toujours de lui faire plaisir, elle fit effort pour se lever. L'atelier tout entier se mit à tourner et elle retomba en arrière.

— Je crois... que... je... vais... m'évanouir.

— De l'eau-de-vie !

Il se précipita au premier étage, dans le salon. Elle n'avait jamais bu d'eau-de-vie et elle n'aima pas cela. Mais elle se força à l'avaler, se sentit encore plus mal et subit la terrible humiliation de se mettre à vomir. Là, juste sous ses yeux : juste sur le parquet bien ciré. A l'eau que la violence du spasme avait fait monter à ses yeux s'ajoutèrent des larmes de honte. D'une voix basse et humble, elle murmura :

— Je vous demande pardon ! Pardon. Je vais nettoyer... dans une minute.

— Ne pensez pas à ça !

Elle resta allongée un peu, ressassant cette horreur. Même dans le vieil atelier, il avait toujours été si propre, si soigneux si... maniaque aurait-elle voulu dire si elle avait connu le mot. Et, maintenant, là où tout était si beau, elle venait de rendre, de faire des saletés.

— Je crois que je ferais mieux de rentrer me mettre au lit.

— C'est peut-être ce qu'il y a de mieux, en effet. Je vais chercher une voiture.

Cela prit un certain temps. En début d'après-midi, après la bousculade de l'heure du déjeuner, les cochers mangeaient et faisaient manger leurs cheveaux. Skelton dut faire un bon bout de chemin avant d'en trouver une. Il sauta dedans.

— Le Clos du Puits, dit-il.

Daisy avait changé depuis son départ. La rougeur qui lui avait fait attribuer son malaise à la chaleur avait fait place à une pâleur de craie et ses yeux étaient vitreux. Vides d'expression. Pouvait-on regretter ce que l'on n'avait jamais su apprécier : un regard heureux, accueillant ?

— Trop de marches, dit-elle et sa voix elle-même avait changé. Elle était devenue plus plate, plus rauque.

— Il n'y a pas de marches, Daisy. Venez, je vais vous aider.

— Oui, c'est ce qu'on dit. Faut pas croire tout ce qu'on entend.

Elle délirait. Elle devait avoir la fièvre. Le choléra et la diphtérie faisaient rage, il le savait, et se déclaraient sous les formes les plus variées. Il ne craignait absolument pas la contagion. Comme tant d'autres choses, il n'en tenait pas compte. Cela ne le concernait pas ! Le principal était de mettre Daisy au lit et d'espérer que dans les quarante-huit heures, au plus tard, elle serait mieux. Il la soutint, répondant par des bêtises aux paroles sans suite qu'elle prononça durant le bref trajet.

Il y avait une chance sur cent pour que Kitty soit au rez-de-chaussée et encore moins dans l'entrée à cette heure. Mais elle s'y trouvait. Elle faisait confiance à quelques personnes, mais aimait s'occuper de certains détails personnellement. La nouvelle décoration de l'entrée était de celles-là. Le foyer n'avait pas été passé au lait de chaux, mais peint en rose. Les messieurs aiment le rose. Et, avant que l'on remette le tapis rouge elle tenait à s'assurer que les deux couleurs ne juraient pas entre elles. C'était là quelque chose qu'un lieutenant ne pouvait décider. Elle était déjà de fort mauvaise humeur. Il faisait extrêmement chaud et bien que, depuis l'arrivée de Daisy Holt et de tout ce qui avait suivi, elle se fût sentie beaucoup mieux — même le vol du tableau avait été un stimulant — son corps restait une charge énorme à déplacer. Et les couleurs se heurtaient ! ce qui impliquait soit une nouvelle couche de peinture, soit un nouveau tapis à l'endroit où s'arrêtaient les dalles de marbre noir et blanc. Une lettre d'Esther, arrivée le matin, avait suffi à l'irriter. De toutes les créatures ingrates et difficiles de ce monde, les filles étaient les pires. Esther écrivait qu'à son avis, les filles devaient revenir. Elles s'ennuyaient à Seaforth où il n'y avait rien à faire que de dormir, manger, se baigner, faire de la chaise longue... et se quereller. Les querelles en étaient arrivées à tel point qu'elle avait dû employer la manière forte.

Et voilà que, pour couronner le tout, Skelton descendait d'une voiture en soutenant celle que l'on avait baptisée Hébé. Plus blanche qu'un linge, l'œil fixe et, d'une voix de marionnette de ventriloque, débitant des paroles sans suite.

Elle avait été en pleine forme le matin. Kitty obéissait à un principe très simple : plus vite se déclarait la maladie, plus vite la mort intervenait. Les médecins eux-mêmes partageaient ce point de vue. En cas d'épidémie, les malades se plaignant de douleurs et semblant atteints légèrement guérissaient la plupart du temps. Ceux que la maladie frappait brutalement étaient condamnés à mort et, morte, la victime de n'importe quelle épidémie était encore plus contagieuse que vivante. Du moins, nombreux étaient ceux à le croire, y compris Kitty.

La réouverture de sa maison prévue pour dans quinze jours et les filles revenant le lendemain, Kitty choisit ce qui lui parut la seule solution intelligente.

— Restez où vous êtes, dit-elle à Skelton qui avait réussi à atteindre le seuil avec Daisy qu'il portait presque. Je la veux pas ici.

— Mais vous le devez ! Où donc pourrais-je l'emmener ?

— C'est votre affaire. Et j'ai pas d'ordre à recevoir de vous, Jack Skelton ! Essayez chez les sœurs de Bermondsey.

— C'est trop loin. Elle devrait déjà être au lit. Il lui faut un médecin.

— Sam, ferme la porte.

Le cocher qui avait suivi et écouté la scène avec grand intérêt apporta sa contribution en voyant Skelton revenir vers sa voiture.

— Il y a plus un seul lit à Bermondsey, ni ailleurs, m'sieur.

— Alors, retournons au Clos du Puits, ordonna Skelton en portant Daisy dans la voiture.

Le cocher, heureux de la brièveté de la course, du fouet encouragea son cheval à retrouver les jambes de sa jeunesse. Il ne voulait pas voir la fille mourir dans sa voiture.

KITTY entreprit de gravir l'escalier, énorme tâche pour elle et, arrivée dans sa chambre, se consacra à la préparation d'un spectacle qui devrait remplacer celui de Daisy. Elle n'espérait pas la voir guérir et n'éprouvait aucune pitié pour elle. A bien y penser, cette petite salope abrutie n'avait que ce qu'elle méritait. Se balader en ville, en pleine épidémie. Si elle avait refusé d'aller chez Skelton, il aurait été obligé de venir et tout ça aurait très bien pu ne jamais se passer. Maintenant, il faudrait qu'elle expédie ses espions faire la tournée des agences et des boîtes pour lui trouver quelqu'un. Elle s'était indignée que le Français tente de lui soulever Hébé, mais elle n'hésitait pas une seconde à en faire autant. Au fond, Daisy n'était pas seule de son espèce... Cependant, elle doutait de pouvoir jamais retrouver sa pareille.

LA porte de Skelton — autrefois porte de service d'une demeure plus vaste — se trouvait sur le côté de la maison et la voiture ne put se garer devant. Daisy avait perdu connaissance et Skelton fut obligé de la porter. Si mince qu'elle fût, elle lui parut peser lourd et il renonça à la monter tout de suite à l'étage. Il l'étendit sur le divan de l'atelier, ressortit et paya le cocher. Ce faisant, il se souvint avec soulagement qu'un médecin habitait l'une des maisons. Il s'y rendit, manœuvra vigoureusement le heurtoir luisant. Heureusement, le docteur Burgess était chez lui, convaincu des bienfaits d'une sieste après le déjeuner, surtout par temps chaud.

— La jeune fille dont je faisais le portrait a perdu connaissance, il y a quelques instants, expliqua Skelton se gardant bien de parler de ses craintes, les médecins eux-mêmes étant réputés pour leur peur de la contagion.

Contrairement à Springfield Lane, où chacun s'occupait de ses affaires à un tel degré que l'on aurait — que l'on avait — pu commettre un meurtre sur le pas de votre porte sans éveiller l'intérêt, le Clos du Puits était habité par des gens s'occupant de leurs voisins avec lesquels, dans l'ensemble, ils aimaient être en bons termes. Les huit maisons avaient été transformées en appartements abritant onze familles, toutes exerçant des professions libérales. On avait regardé Christopher Foley légèrement de travers quand il s'était installé dans ce qui était le résultat le plus humble des diverses divisions des anciens hôtels particuliers, juste une cuisine et quelques pièces qui, autrefois, avaient servi de chambres de bonnes. Mais il y avait fait ajouter un atelier luxueux prouvant qu'il n'était pas un artiste pauvre, pique-assiette en puissance. Puis il avait atteint très vite à la notoriété, à la gloire même. Un véritable atout pour la petite communauté repliée sur elle-même. Il s'était toujours comporté de façon irréprochable et un homme seul était commode à inviter en cas de réception. Tout le monde déplora sa décision de partir sur le continent. Mais tout le monde se prépara à accueillir cet autre artiste auquel il avait loué sa maison.

Skelton était très différent. Bien que certainement de meilleure famille, — au Clos du Puits on faisait grand cas du milieu — Skelton, dès le premier jour, avait démontré qu'il ne remplacerait pas Foley. Il refusa net les invitations. Trop de travail, prétendit-il. Et puis, presque tout de suite, il y avait eu Cette Fille qui allait et venait. Très jolie, indiscutablement, mais dépourvue totalement de classe. Elle arrivait, chaque matin, chargée de viande, de poisson, de fruits et de légumes. Le fait qu'elle parte très tôt — chacun de ses mouvements était observé avec soin — ne balaya pas les soupçons. La respectabilité la plus intense s'accompagnait d'un puissant courant de lascivité... Nul n'ignorait que l'on pouvait se livrer à la fornication en plein jour.

Le docteur Burgess, qui représentait si intensément l'éthique du Clos du Puits qu'il aurait pu y avoir vu le jour alors qu'il n'y était arrivé que dans sa quarantième année, contempla Daisy dont les attitudes avaient toujours été dictées par l'instinct. A présent, totalement inconsciente, pâle comme une morte, les yeux fermés, aux cils un peu plus sombres que ses cheveux formant comme des petits croissants, elle était très belle et semblait morte. Sculptée dans l'albâtre. Le divan sur lequel elle était étendue était bas et un bras mince et fuselé pendait de telle sorte que sa main à la paume étroite et à peine rose, aux doigts blancs légèrement serrés, touchait le sol. Le médecin lui prit le poignet, chercha son pouls, le trouva, faible, mais relativement stable. Etonnant. Pas de température. Symptômes ne cadrant pas avec les deux épidémies, le choléra et la diphtérie.

Le docteur Burgess fut surpris. Mais aucun médecin à la réputation établie n'aurait voulu admettre ne pas comprendre ce qui se passait. Il prit donc une expression savante et critique pour demander :

— Dites-moi ce qui s'est passé exactement.

Skelton raconta l'étourdissement soudain, le mal au cœur, le bref délire. Il ne jugea pas nécessaire de mentionner le bref trajet en voiture et la réaction de Kitty. Cependant on avait vu et remarqué la voiture. C'était une rareté au Clos où rares étaient ceux qui dépendaient de moyens de transport de location.

— A-t-elle été chez le dentiste ?

— Le dentiste ? Non. Pourquoi cette question ?

— Je me demandais si elle ne souffrait pas des séquelles d'un choc. Résultat d'une extraction dentaire ou...

— D'une visite discrète à une faiseuse d'anges ?

Malgré sa voix et sa façon de se tenir cet homme n'était évidemment pas un monsieur !

— J'y ai songé.

— C'est vile ! Absolument dégoûtant !

Mais le docteur Burgess le savait, ce pouvait être du bluff, réaction typique de ce milieu. Les gentilshommes pensaient être en droit de faire n'importe quoi. On l'avait fait appeler un jour pour soigner une dame de la noblesse souffrant d'une fièvre puerpérale et qui niait avoir eu un enfant. Quant aux hommes, ils étaient pareils. Des gens atteints de syphilis attribuaient presque invariablement leurs malaises à une rougeole mal soignée.

— Il faudrait que je la soumette à un examen complet.

— Si c'est ce que vous pouvez faire de mieux, faites-le.

— J'aimerais la présence d'une sage-femme digne de ce nom.

— Je vous en prie, répondit Skelton.

Il avait fait tout ce qu'il pouvait : tenté de ramener la pauvre fille chez elle, été vaincu par Kitty. Il l'avait ramenée, été aller chercher le médecin. Que pouvait-il faire de plus ?

Exécuter quelques esquisses rapides de Daisy, étendue là et qui semblait morte. Songer avec regret que la mode n'était plus aux monuments funéraires de marbre ou d'albâtre grandeur nature ; voir à la place du canapé gris, une mer grise ramenant à terre une jeune noyée *Belle dans la mort,* ou quelque chose d'approchant. Et soudain la vérité le frappa. Qu'elle meure et ce serait la fin de leur heureuse collaboration. Jamais il ne pourrait peindre tous les tableaux qu'il avait projetés, avec elle comme sujet principal. Une sensation de perte irréparable s'abattit sur lui et un autre sentiment aussi. Elle avait été une merveilleuse compagne en même temps que le meilleur des modèles. Docile, amusante, dévouée, si facile à satisfaire. Pauvre petite fille ! Il était à cent lieues de lui rendre l'affection qu'elle éprouvait pour lui, mais, à cet instant, une minuscule brèche entama son monstrueux égoïsme.

Le docteur Burgess ne resta pas longtemps absent. La femme dont il avait parlé habitait au-dessus des écuries, derrière le Clos et il n'eut qu'à traverser son propre jardin. Elle était sage-femme et infirmière. Elle avait fait peu d'études mais possédait une vaste expérience. Elle se montrait plaisamment dictatoriale avec la plupart des gens, sauf avec le docteur Burgess qu'elle couvrait d'éloges. C'est lui qui lui fournissait, directement, ou en la recommandant, la plus grande partie de ses clientes.

— J'ai besoin d'un peu d'aide, Mme Paske. Cela ne prendra pas dix minutes.

— Alors ça va et j'accepte avec plaisir. Il faut que je retourne chez Mme Lawson à trois heures trente.

— Comment vont-ils ?

— Bien tous les deux.

— Il faut que je trouve le temps d'aller les voir un de ces jours.

Il prétendait toujours être surchargé de travail. Sa famille et Mme Paske l'encourageaient dans cette innocente manie et la brave femme dit exactement ce que l'on attendait d'elle :

— Je me demande comment vous faites, docteur, avec tout le travail que vous avez.

En retraversant le jardin il lui fit part de ses soupçons et ce qu'il attendait d'elle.

— Oh ça, c'est une excellente idée, docteur. Avec toutes ces maladies qui traînent, il y a beaucoup de docteurs qui n'auraient pas pensé à *ça !*

Il ne fallut pas dix minutes pour prouver que les soupçons du docteur Burgess n'étaient pas fondés. En fait, si Mme Paske y connaissait quelque chose — à son avis, elle avait peu à apprendre — la jeune fille couchée sur le divan était vierge. Stupéfiant ! Et plus stupéfiant encore fut l'attirance de la sage-femme vers Daisy et — à un degré moindre — vers Skelton. Daisy, même dans le triste état où elle se trouvait, était extrêmement jolie et Mme Paske était de ces femmes laides capables d'admirer la beauté des autres. Quant à Skelton, malgré sa mauvaise humeur et sa façon de parler, elle le trouva également séduisant. Il avait de bonnes raisons d'être irrité. Ce pauvre vieux docteur Burgess s'était encore fichu dedans ! Mais elle n'allait pas l'enfoncer. Oh non ! Au contraire, elle allait l'aider à s'en sortir.

— Je comprends ce qui a éveillé vos soupçons, Docteur. Ces fièvres lentes d'été ressemblent aux séquelles d'un choc ou d'une hémorragie.

— J'ai jugé plus prudent de m'en assurer. Merci beaucoup, Mme Paske.

— Si on le désire, je peux aider pour les soins. L'infirmière engagée par Mme Lawson me paraît très capable.

Mme Paske n'acceptait pas d'engagement au mois pour plusieurs raisons. Cela ne requérait aucune habileté particulière et cela impliquait qu'elle s'absente plus longtemps qu'elle ne le voulait du logement qu'elle partageait avec son frère Jim et sa femme Effie, désespérément incapable. La seule chose qu'Effie sût faire — et elle le faisait fort bien — était de laisser couler les heures sans faire quoi que ce soit. Elle ne savait, ou ne voulait pas, faire la cuisine, le ménage, ou coudre. Envoyée faire des courses, elle oubliait d'acheter ce dont on avait besoin, ou rapportait n'importe quoi et, invariablement, se faisait voler quand on lui rendait la monnaie. C'était, pour tout dire, une aimable demeurée et depuis que Mme Paske était restée veuve, sans enfant, elle s'était occupée de tout. Elle aimait son frère et acceptait, non sans dédain, sa belle-sœur à laquelle, chose étonnante, Jim était très attaché, la traitant un peu comme l'enfant qu'il n'avait pas. Mais pour être en mesure de tenir l'appartement en ordre, qu'il y ait de quoi manger sur la table, que le sol et les vêtements soient lavés si nécessaire, Mme Paske ne pouvait accepter que des engagements de courte durée : accouchements, soins indispensables, et même faire la toilette d'un mort travail bien nécessaire, sinon agréable.

Trouver du travail sur place, presque à sa porte, lui convenait parfaitement et Skelton, déterminé à faire tout ce qu'il pouvait pour Daisy, mais d'une ignorance totale en la matière, ne fut que trop heureux de l'employer.

Les symptômes déroutants et négatifs du début cédèrent la place à un cas classique de diphtérie. Très forte fièvre, délire intense et cette terrible membrane dans la gorge. Le docteur Burgess savait comment agir dans ce cas et, au bout de six semaines, Daisy était de nouveau accrochée à la vie. Mais elle avait changé — squelettique — une bonne alimentation et il n'y paraîtrait plus — mais sa voix s'était altérée de façon irrévocable. Le soprano, presque enfantin qui rendait presque acceptables ses fautes de grammaire et son accent, avait disparu pour faire place à une voix beaucoup plus grave, presque rauque et infiniment plus séduisante. Son ampleur vocale n'était plus. Elle pouvait encore chanter, mais sa voix n'avait plus de portée. Plaisante dans une pièce de dimensions normales, sans emploi sur scène. Sa beauté subissait une éclipse, des creux remplaçaient les courbes et une sorte de raideur la merveilleuse souplesse qui avait été l'un de ses principaux dons. Fût-elle retournée chez Kitty Hammond que celle-ci n'aurait pas eu d'emploi pour elle. Non qu'elle le souhaitât, pas plus que Skelton. Le comportement de Kitty au cours de cet après-midi torride l'avait écœuré et il était homme à garder rancune à quelqu'un.

DEUXIÈME PARTIE

CHAPITRE PREMIER

Le mode de vie de Skelton : travailler, gagner un peu d'argent, se saouler, se remettre à travailler, s'était totalement modifié au cours de l'automne. Selon Mme Paske beaucoup d'hommes mariés auraient pu s'inspirer de lui. Certes il lui facilitait évidemment beaucoup le travail puisqu'il ne sortait jamais sauf pour faire des courses — qu'il faisait fort mal jusqu'à ce qu'elle le prenne en main — aussi était-elle libre d'aller jeter un coup d'œil aux écuries une demi-douzaine de fois par jour. Certes, il fit montre d'une réelle anxiété durant la période critique dangereuse et fut même bouleversé en apprenant que la diphtérie pouvait provoquer ce que le docteur Burgess appelait des pustules défigurant ses victimes aussi bien que la variole. « Seigneur ! Non ! Il vaudrait mieux qu'elle soit morte ! » s'était-il écrié. Mme Paske, ignorant la cause réelle de cette réaction, ne l'avait pas mal prise. En fait, elle partageait sa crainte de voir détruire tant de beauté.

Mme Paske ne s'étonnait pas de ne jamais entendre Skelton employer de mots tendres. Son travail la mettait en contact direct avec nombre de gens mariés et elle savait d'expérience que les termes : *chérie, aimée, amour* pouvaient être facilement prononcés par des hommes qui, ensuite, se sentaient libres de se rendre à leur bureau, de traiter des affaires ou même d'assister à des parties fines. Pour elle, Skelton n'était pas un homme démonstratif. Et elle fut particulièrement impressionnée quand, Daisy se rétablissant et éprouvant ces fringales subites de la convalescence, il sortit pour lui acheter des buccins. Assez pour nourrir une demi-douzaine de cochers...

L'été de la Saint-Martin coïncida avec la pleine guérison de Daisy. Skelton loua une voiture ouverte et l'emmena pour des promenades sous un chaud soleil tout à fait hors de saison en novembre. Ils firent, au bras l'un de l'autre, le tour de la pelouse du Clos du Puits. De petits pas chancelants au début. Et sa splendide constitution prit le dessus.

Mme Paske n'avait pas été la seule à être trompée par le comportement de Skelton. Daisy, jusque-là humblement consciente d'être celle qui aimait et lui satisfait d'être aimé, pensait à présent que les choses avaient changé.

Elle avait connu l'enfer. Elle avait traversé ce que le fameux psaume appelle la veillée de la mort. Elle se souvenait avoir vomi sur le parquet de l'atelier et, ensuite, plus rien, sauf l'impression d'être horriblement malade et d'avoir fait des rêves terribles. Le bébé des Westcott pesait une tonne et l'escalier du sous-sol à la nurserie était aussi haut que celui de Saint-Paul. Elle était perdue dans les bois à Waywood et assaillie par des loups. Elle était chez Kitty, sur scène, entièrement nue et l'on attendait d'elle quelque chose, mais quoi ? Elle l'ignorait et restait là, provoquant le viol et deux cents hommes se précipitaient pour la violer. Elle mourait de faim et il y avait des mets délicieux qu'elle ne pouvait avaler parce que quelque chose s'était planté en travers de sa gorge, un os acéré. Un moment, sa mère était venue à son secours. Impossible de s'y tromper : un visage plat, sans grâce, un tablier blanc. Elle avait dit : « Maman ! Oh merci. Merci. On m'avait dit que tu étais morte. » Cela avait touché la fibre maternelle de Mme Paske et l'avait amenée à l'inévitable conclusion : cette petite avait évidemment eu une bonne mère. Mais, imbriqué dans ce délire, la demi-conscience et enfin le retour complet à la norme, restait Skelton aussi insaisissable qu'un feu follet sur les marais de Wardship et cependant aussi présent que chaque jour de la semaine.

Elle se débattit, finit par savoir où elle était et qui elle était — bien que son premier coup d'œil dans un miroir lui renvoya le reflet d'une inconnue. Ses cheveux eux-mêmes étaient devenus ternes et pauvres. Son visage était celui d'une vieille femme. Daisy connaissait tous les contes de fées. L'un d'eux disait l'histoire d'une princesse qui se piquait le doigt et qui s'endormait pour cent ans dans un château entouré de buissons d'épines. Mais, dans ce conte, la princesse restait jeune et belle et un prince s'étant frayé un chemin à travers les ronces avait éveillé la jeune fille d'un baiser.

Ce n'était qu'un conte de fées. Elle, elle s'éveillait à la vie. A une belle vie puisque M. Skelton si aimable et attentionné lui prouvait chaque jour qu'au fond il la considérait comme un être humain, pas seulement comme un modèle utile. Il débordait d'attentions alors qu'elle était si affreuse. Il avait même pensé à ses vêtements. Elle était tombée malade un jour de grande chaleur et l'hiver était arrivé pendant qu'elle était couchée. Elle ne possédait qu'une robe d'été et le châle bleu qui ne la quittait jamais. Quand il faisait chaud, elle l'emportait plié dans un panier. Lorsqu'elle se rétablit, malgré la douceur exceptionnelle de la température pour cette époque de l'année, il lui fallut autre chose.

Il commença par lui demander si elle avait laissé des vêtements chez Kitty. Quand elle lui répondit : une autre robe d'été, quelques sous-vêtements et une paire de chaussures, il déclara que ce n'était pas la peine de s'en préoccuper. Puis il sortit et dépensa vraisemblablement beaucoup d'argent pour lui acheter tout ce dont pouvait avoir besoin une jeune fille. Pour Mme Paske c'était un véritable trousseau. Ce qui alla le mieux à Daisy, à présent que ses cheveux avaient si pauvre allure, fut une cape munie d'un capuchon bordé de fourrure brun doré. Là-dedans, elle redevint jolie, ses joues creuses rosies par le plaisir. Dans très peu de temps, maintenant, il pourrait de nouveau la peindre.

Mme Paske, qui avait toujours jugé indigne d'elle de faire tout travail ménager dans une maison où elle entrait à titre de sage-femme ou d'infirmière, abandonna pour une fois ses principes et continua de venir pour faire la cuisine et le ménage, insistant pour que Daisy ne se fatigue pas trop, ni trop tôt. La faible distance séparant les écuries de l'atelier facilitait les choses. Parfois, Mme Paske préparait de quoi manger pour cinq dans la cuisine d'Effie et se précipitait avec un repas pour Daisy et Skelton dans un plat couvert. Parfois, c'était l'inverse. Son cynisme n'allait pas sans un certain faible pour le romanesque et ce couple peu ordinaire mettait ce romanesque à l'épreuve. Elle espérait — s'attendait à apprendre — qu'ils allaient se marier. Trompée dans cette attente, elle inventait des raisons. M. Skelton était peut-être déjà marié, avec une femme folle ou si désagréable qu'il lui était impossible de vivre avec. Cela expliquerait son expression mélancolique et ses manières un peu brusques. Mais pourquoi ne couchait-il pas avec la petite à laquelle il semblait si attaché à en juger d'après ses actes, sinon ses propos ? Etait-ce dû à quelque lien de parenté ? Demi-frère et sœur ? Le nom de la jeune fille était à lui seul un mystère. Elle avait dit s'appeler Daisy Holt. Pourtant les cartons contenant ses vêtements avaient été adressés à Mademoiselle Hébé Waywood. Tout cela présentait un grand intérêt pour une femme dont la vie avait été si terne. Le drame était souvent présent au chevet d'une accouchée ou d'un moribond : des jumeaux, là où l'on n'attendait qu'un bébé ; un enfant se présentant par le siège, un testament de dernière minute ; des parents se sautant à la gorge, mais, à la longue, cela en devenait banal. La vie de l'atelier gardait son mystère, elle.

Un jour qu'elle était occupée à préparer un repas dans la cuisine, Mme Paske surprit un lambeau de conversation intéressante. Noël n'était pas loin et Daisy était en mesure de poser pour Skelton qui mettait la dernière touche à « *La Dentelière* ».

— ... il restait si peu à faire. Vous n'auriez pas pu finir sans moi ?

— J'ai essayé. Impossible. J'ai toujours pensé que Romney était un imbécile de peindre trente fois Emma Hamilton alors qu'il pouvait exiger Dieu sait quel prix pour un portrait. Je comprends mieux à présent. Je vous peindrai cinquante fois... Regardez donc cette satanée dentelle.

— On n'a plus besoin de faire le rossignol, maintenant ?

Elle ne se souvenait pas être retournée chez Kitty et en avoir été chassée. Elle était, alors, trop malade, pour remarquer quoi que ce soit. Mais Skelton lui avait décrit ce qui s'était passé, absolument furieux par le comportement abominable de Kitty : « Je m'étais fait des illusions croyant que, quelque part, dans cette masse de saindoux il y avait un cœur de la taille d'un petit pois. Je me suis fichu le doigt dans l'œil. Jamais je ne remettrai les pieds chez elle. Et vous non plus ! »

— Mais oui nous le ferons. Mais pas pour la vieille Kit. D'ailleurs, ce tableau-ci ne me plaît pas beaucoup. Baissés, vos yeux ne sont pas à leur avantage. Dans le truc avec le rossignol vous les lèverez... Mais cela peut attendre. Je veux vous peindre avec ce capuchon bordé de fourrure... Ce ne sera peut-être pas du goût de Wade, mais du mien en tout cas. Après ça, qui sait ?

Plusieurs choses cependant vinrent modifier une situation que Skelton trouvait très satisfaisante. Certaines réflexions faites à Daisy par Mme Paske ; le retour à la santé, mais non pas à l'équilibre nerveux de la jeune fille ; une invitation faite à Skelton d'aller passer Noël à Wichfield ; l'alcool.

Ils dînaient sur la table installée devant la cheminée et Daisy, dont le palais ne savait pas encore faire la différence entre les vins, buvait consciencieusement son bordeaux. Le docteur Burgess nourrissait encore des principes démodés quant aux bienfaits du vin et de la viande rouge. Elle se sentait mieux, beaucoup mieux, mais plus nerveuse qu'elle ne l'avait jamais été. Il lui arrivait de pleurer sans raison particulière. Jusqu'ici, elle avait réussi à ne le faire que toute seule et, appartenant à ce genre de femmes favorisées par le sort qui peuvent pleurer sans avoir le nez gonflé ou les yeux rouges, personne ne le savait.

Skelton, avec son indifférence habituelle, annonça soudain :

— Mon cousin veut que je passe Noël avec lui. Je pense que je vais y aller.

— Alors je serai toute seule. Pour Noël !

— Mme Paske viendra. Elle dormira même ici si vous le lui demandez. Je suis même sûr qu'elle le ferait avec plaisir. N'a-t-elle pas dit que ce qu'elle appelle sa famille va lui tomber dessus comme un vol de vautours et qu'ils seront forcés de coucher par terre ?

En effet, Mme Paske l'avait dit et Daisy avait failli lui proposer le lit d'appoint. Tout cela, c'était très logique, très simple, très aimable même...

— Je ne pourrai pas. Non, je ne pourrai pas. Je pense souvent que j'aurais mieux fait de mourir. J'ai essayé... de toutes mes forces. Je vous aime depuis le premier jour. J'ai toujours fait ce que vous vouliez. Je ne vous ai jamais embêté. Et vous me traitez comme si j'étais pas un être humain. Comme si je ne ressentais rien, alors que je vous aime à en mourir. Oh ! Jack, juste une seule fois, juste une seule nuit, aimez-moi.

C'était exactement le genre de situation qu'il avait toujours cherché à éviter. Troisième fils — non désiré — d'un mariage de convenance, il n'avait pas eu la chance, comme beaucoup d'enfants mal aimés par leurs parents, d'avoir une nourrice ou un tuteur affectueux ou même un ami, à Eton. Il avait avancé dans la vie animé de deux défauts fatals aux relations humaines, la vanité et la conviction d'être un génie, quelqu'un d'un peu différent des autres. Il avait connu ses premières amours traditionnelles avec une femme plus âgée que lui, épouse de l'un de ses officiers au cours de deux ans passés dans l'armée, tout en faisant vaguement la cour à la jolie fille d'un voisin munie d'une dot respectable. Mais lorsqu'il avait décidé qu'il n'était pas fait pour la vie militaire, elle avait été aussi scandalisée que sa famille et lui avait donné son congé sans fioritures. Depuis lors il était resté sans femmes pendant de longues périodes bien qu'elles le trouvassent séduisant. Quand l'envie l'en prenait, il y avait toujours des maisons comme celle de Kitty. Jamais il n'avait mêlé le travail à l'activité sexuelle et, même maintenant, il hésitait à le faire. Mais il éprouvait un certain sentiment pour Daisy. La rancune qu'il cultivait envers Kitty le prouvait, ainsi que l'envie de protéger Daisy, de lui plaire, l'inquiétude qu'il manifestait pour sa santé. Mais tout cela ne suffisait pas à créer une passion dévorante, un amour secret tels que l'imaginait Mme Paske. Cela suffisait à Daisy si innocente et brûlante d'ardeur pour douze... quand elle se laissa aller.

Mme Paske, évidemment, sentit le changement dès qu'elle eut mis le pied dans la maison le lendemain et s'en attribua tout le mérite. C'était elle qui l'avait persuadée que M. Skelton devait être amoureux d'elle pour se conduire avec elle comme il le faisait, beaucoup mieux que bien des maris et que, quelquefois, c'était à la jeune fille de faire les premiers pas, surtout avec un monsieur si réservé. La réaction de Daisy, à table, avait été parfaitement sincère mais elle n'aurait pas osé faire preuve d'une telle audace si, une lueur d'espoir, semée par Mme Paske, n'avait pas germée dans son esprit. L'espoir de le voir nier ce qu'elle lui reprochait. C'est ce qu'il fit.

CHAPITRE II

SIR CHARLES OVERTON FUT DÉÇU ET UN PEU CONTRARIÉ QUE SKELTON le prie de l'excuser pour Noël. Il aimait la compagnie de Jack. Malgré leur différence d'âge, plus de vingt ans, ils s'entendaient très bien, avaient le même sens de l'humour, le même cynisme et, dans une certaine mesure, le même tempérament artistique. Sir Charles était le seul membre de la famille ayant manifesté son approbation pour le choix de la carrière de Skelton. Alors que les autres s'étaient livrés au lavage de mains symbolique « Eh bien, fais comme tu l'entends. Crève dans un ruisseau, mais ne compte pas sur nous ! » Charles Overton s'était imaginé lui avancer de l'argent, parler de son talent, se montrer aimable, compréhensif et disponible : un mécène à l'ancienne mode. La situation ne s'était jamais présentée du fait que Skelton ne voulait pas qu'on le protège et manquait totalement de respect pour ce que le cousin Charles avait en abondance : l'argent. Au cours de toutes ces années de pauvreté il n'avait fait qu'un emprunt de seulement vingt livres, les avait très vite remboursées et n'avait jamais manifesté le moindre intérêt quant à savoir de quelle façon Charles entendait disposer de sa fortune considérable. Ce dernier trouvait cette attitude à la fois admirable et déplorable. Mais cela le changeait. Sir Charles avait d'autres cousins, neveux et nièces qui lui faisaient des grâces, l'invitaient à des mariages, des baptêmes ou à de simples visites. Il avait oublié le nombre de bébés que l'on avait amenés à Wichfield les forçant à déployer leurs charmes infantiles. Dans ce cas, il se montrait généreux, mais sans extravagance.

Il s'était marié deux fois et le vieil adage selon lequel la foudre ne tombe jamais deux fois au même endroit avait été démenti. Ses femmes étaient mortes toutes deux en couches. Décès dus à la grosse tête des Overton qu'il n'avait pas héritée lui-même — il ressemblait à Skelton — mais qu'apparemment il avait transmise. Sa première femme, créature frêle, aux os délicats, était morte et son enfant avec elle à l'issue d'un accouchement très long et affreux. Sa seconde femme, choisie délibérément pour sa robustesse — du bon sang paysan quelque part — avait souffert de la même façon et elle était morte de fièvre puerpérale à la suite d'une délivrance aux forceps qui avaient écrasé le crâne du bébé. Alors, il avait renoncé. Beaucoup plus chaleureux de caractère que Skelton, il n'avait nullement l'intention d'éprouver le même chagrin et de subir la même perte une troisième fois. Il s'était contenté de maîtresses ayant passé l'âge de procréer.

Il attribua le refus de Jack à son changement de mode de vie. Son changement d'adresse était significatif, de même que les bavardages d'un proche voisin, M. Salcombe, propriétaire de *The Morning Observer,* journal se disant de tendance Tory mais avec une nuance. Les conservateurs l'achetaient pour ses nouvelles précises et ses articles de tête ; les Libéraux en aimaient les rubriques littéraires et musicales et les gens sachant tout juste lire l'achetaient pour la dernière page réservée à un roman-feuilleton. Les « nègres », qui travaillaient pour M. Salcombe, connaissaient la recette par cœur. Le feuilleton journalier mettait en scène un individu du nom de Sam Souffleur — le Monsieur Tout le Monde de chacun — auquel il devait arriver une aventure chaque jour ; faire face à un danger quelconque dont il se tirait dans les dernières lignes. Où que se trouve Sam Souffleur, dans une mine d'or en Californie, abandonné sur une île déserte, explorant l'Afrique la plus noire, son histoire devait être racontée en mots de deux syllabes, pas davantage. La formule était bonne, puisque cela marchait. Les mauvaises langues pouvaient l'appeler *Souffleur Matin,* c'était le seul journal à pénétrer dans les foyers humbles et l'infatigable Sam Souffleur distrayait bien des existences pénibles.

M. Salcombe, qui avait rencontré Skelton à Wichfield et qui se rendait à son bureau du journal, Fleet Street, au moins une fois par semaine, en allant à son club où il entendait tout, avait lancé la nouvelle quant au succès de ce nouveau genre de peinture inspirée par le même modèle, une fille d'une beauté exceptionnelle. Sir Charles avait conclu qu'elle était la maîtresse de Skelton — conclusion un peu prématurée alors. Peu après Noël, il écrivit une lettre dont les reproches n'étaient pas tous feints. « Les hommes mariés eux-mêmes, écrivit-il, trouvent le moyen de consacrer un peu de temps à leurs pauvres vieux parents solitaires. Et si vous ne pouvez réellement pas vous passer de votre bien-aimée, amenez-la avec vous pour célébrer mon anniversaire. Je vais avoir soixante-cinq ans. Sérieusement, Jack, j'ai besoin que l'on m'aide un peu avec Plenrerith et ma goutte me torture, cette année ».

Cette invitation, doublée d'une supplique, fut-elle parvenue à Skelton avant sa liaison avec Daisy — résultat direct de l'invitation de Noël où il n'était pas question d'elle — il l'eût acceptée comme celui auquel on propose d'amener son chien ou son perroquet favori. Mais les choses avaient changé et il était aussi amoureux de Daisy que sa nature le lui permettait. Assez superficiellement, mais suffisamment pour le rendre sensible à ce que sa position avait de délicat et à son absence totale d'éducation.

Elle était devenue sa maîtresse et, au Clos du Puits, cela se passait relativement bien. L'on avait su, dès le début, qu'ils vivaient dans le péché. Les femmes qu'il croisait et saluait, répondaient à Skelton par un simple mouvement froid, du chef. Les hommes échangeaient quelques commentaires sur le temps avec lui. Quant à Daisy, on l'ignorait et elle semblait ne pas s'en préoccuper. Seule comptait Mme Paske et elle se montrait toujours aussi aimable et serviable. A Wichfield cependant, il en irait autrement et ce serait beaucoup plus compliqué car Sir Charles était loin d'être le pauvre homme solitaire qu'il se dépeignait. Il était, en fait, la clef de voûte d'une petite communauté très unie. Le gros bonnet de l'endroit et sa goutte l'empêchant de se déplacer beaucoup, il recevait énormément. Il était toujours entouré de femmes qui prenaient plaisir à jouer les marieuses pour lui. Dans une maison comme celle-là, une maîtresse se devait d'observer certaines règles et de se tenir à une place bien définie. Skelton doutait que Daisy en soit capable. D'autre part, il répugnait à le lui expliquer. Cependant, il fit un effort et commença par lui dire pourquoi il se sentait obligé d'aller à Wichfield.

Non pas que mon cousin soit à plaindre, mais je lui dois beaucoup. Il s'est toujours montré charmant avec moi. J'ai passé des vacances merveilleuses à Wichfield quand j'étais enfant et, plus tard, il a été le seul à comprendre les raisons qui me faisaient quitter l'armée. Il ne s'est pas comporté comme si j'avais violé les dix commandements en l'espace d'une demi-heure...

Daisy, le menton posé sur ses doigts joints, aurait pu poser pour un portrait intitulé : « *Je t'écoute* ». Skelton s'interrompit, cherchant pour la millième fois à définir ce qui donnait une telle valeur à chacun de ses gestes, chacune de ses expressions. Puis il parla de Plenrerith.

— ... Plenrerith est une propriété, en Cornouailles, qui ne lui donne que des soucis depuis qu'il l'a héritée. L'oncle qui la lui a léguée avait eu l'idée grandiose de transformer un tranquille village de pêcheurs en station balnéaire. Quelque chose comme Brighton, mais en plus pittoresque et avec un climat plus chaud. A sa mort, il y avait déjà dépensé une petite fortune et ce n'était qu'à moitié terminé. Charles a pensé que le mieux était de continuer. Mais, même lorsqu'il était plus actif qu'à présent, il ne pouvait y consacrer beaucoup de temps. Il y a installé des régisseurs, tous malhonnêtes ou incapables.

— Je suppose qu'il aimerait que tu t'en occupes.

— Il me l'a suggéré. Je me voyais mal... Je pense qu'à présent il veut discuter de la question. Il est assez vaniteux. Il ne voudra jamais admettre devant quelqu'un d'autre qu'on s'est payé sa tête. D'autre part, je suis certain qu'il souhaite faire ta connaissance. Mais...

Ce qui, en lui, n'avait jamais accepté d'être lié, de se sentir responsable de quelqu'un d'autre que de lui-même, ou d'autre chose que de son œuvre, se rebella. Il avait éprouvé de la pitié pour une fille qui lui avait rendu de tels services et de la fureur contre Kitty qui l'avait contraint de s'en occuper pendant sa maladie. Il avait ajouté à son erreur en cédant à une flambée de désir et en en faisant sa maîtresse. De deux choses l'une, ou il devait la persuader de le laisser partir seul pour au moins deux jours, ou lui expliquer la position d'une maîtresse là où d'autres femmes — que le diable les emporte — étaient présentes. Et il y en aurait certainement, car Sir Charles aimait fêter ses anniversaires avec éclat.

La gêne qu'il éprouvait à devoir dire tout cela et de la situation dans laquelle il se trouvait, le ridicule des conventions qui voulaient qu'une femme décemment mariée ou une jeune fille espérant convoler soient irrévocablement compromises en s'asseyant à la même table qu'une personne à la situation mal définie, le firent paraître presque brutal quand il déclara :

— Voilà. Tu peux rester ici en compagnie de Mme Paske ou m'accompagner en pensant à ce que je viens de te dire.

— J'ai compris. Je serai pas embêtante. J'aime mieux venir plutôt que de rester toute seule. Janvier c'est le mois où il neige. Tu pourrais aller là-bas, pas revenir et je me rongerais les sangs. Je ferai comme si que j'étais pas là... sauf si on me cause.

Sa compréhension immédiate, sa docilité n'adoucirent pas Skelton. Elles ne firent que souligner un détail qu'il ne pouvait supporter et c'est avec irritation qu'il lui dit :

— Pourquoi cette manie de dire « comme si que » !

— Quoi ? fit-elle très surprise.

— Tout d'abord cela ne se dit pas et ensuite on croirait entendre parler Kitty Hammond.

C'était la première fois qu'on la critiquait sur sa façon de parler. Mme Westcott, tout en le déplorant, l'avait acceptée exigeant seulement qu'elle ne prononça aucun gros mot devant les enfants. Corriger ses fautes de grammaire et son accent aurait été une tâche trop rude et l'on pouvait les excuser chez une bonne d'enfants venue tout droit de son village.

— Oh, je voudrais surtout pas ça ! répondit Daisy sans aucune rancune. Tiens, chaque fois que je dis quelque chose qui faut pas, tu me le dis ! J'apprends vite. Tu verras.

Seigneur ! Quelle corvée, quelle tâche ennuyeuse requérant une patience dont il était totalement dépourvu sauf en ce qui concernait son œuvre. Et qu'importait ? A ceci près que si elle avait su s'exprimer correctement, le problème ne se serait pas posé. On aurait pu la faire passer pour une jeune parente, l'une des nombreuses filleules de Charles.

SIR Charles n'avait rien à apprendre du rang réservé à une maîtresse, dans une maison. Il en avait eu trois, aucune d'entre elles n'avait été très jeune et, quoique agréable à regarder, sans grande beauté. Elles avaient toutes les trois joui et profité du rôle de gouvernante. L'une d'elles avait épousé son garde-chasse avec sa bénédiction et reçu cent livres en cadeau de mariage. La seconde était morte, très proprement et fort vite en faisant des emplettes à Barsham un jour de grosse chaleur. Elle avait, naturellement, un cabriolet à sa disposition et tout ce qu'elle avait à faire consistait à dire au cocher de heurter de son fouet la vitrine de l'épicier. Quelqu'un se précipitait pour prendre sa commande. Mais quelque chose ne l'ayant pas satisfaite dans une livraison, en brave femme consciencieuse, elle avait tenu à descendre de voiture pour régler la question avec le propriétaire. Elle l'abreuvait d'insultes lorsqu'elle s'était interrrompue brusquement, s'était étreint la poitrine et s'était écroulée, morte. La troisième était toujours en place. Elle exerçait une énorme autorité, détenait les clefs étant passée de l'état de gouvernante-maîtresse, à celui de gouvernante-infirmière. En écrivant à Jack Skelton que sa goutte le torturait, Sir Charles n'avait pas exagéré.

La maîtresse du cousin Jack, qui était également son modèle, devait être jeune, jolie et de basse classe. Aussi pour ne gêner personne, Sir Charles décida, prenant prétexte de sa goutte et de la mauvaise humeur qu'elle engendrait, de n'inviter que des hommes pour fêter son anniversaire. A sa gouvernante, obligeante et tolérante, Mme Warren, il expliqua que son cousin amenait avec lui une jeune dame de ses amies. Une pause imperceptible, juste avant « de ses amies », apprit à Mme Warren tout ce qu'elle avait besoin de savoir et elle donna des ordres pour que l'on préparât la suite du Parc. Deux chambres séparées, ou reliées, par un petit cabinet de toilette.

DAISY avait craint, après la leçon de Skelton touchant à la discrétion que les maîtresses se devaient d'observer qu'ils seraient condamnés à coucher séparément. Cet arrangement lui fut donc une heureuse surprise et elle put s'extasier sur la beauté et le luxe de sa chambre, sans réserve. Cette chambre avait été meublée par le père de Sir Charles pour servir à l'usage qui en était fait ce soir-là. Toute femme étant toujours au mieux de sa beauté en rose, elle se trouvait là comme au cœur d'une fleur.

Daisy avait été installée confortablement chez Kitty et elle aimait sa petite chambre au-dessus de l'atelier. Elle avait vu les appartements du château à Talbot Ste Agnès, mais jamais, jamais elle n'avait vu quelque chose de semblable. Cependant, curieusement, debout au milieu de tant de beauté et de richesse, elle eut l'impression d'avoir toujours su que quelque chose de merveilleux l'attendait, aux détails confus, mais indiscutables. Cette certitude l'avait rassurée dans les moments pénibles, avait contribué à cette gaieté et cette bonne humeur qui l'avaient rendue sympathique aux autres domestiques et que l'on avait attribuées à son ingénuité. Maintenant cette chose merveilleuse s'était produite. Elle était là ! Le dernier vestige de la langueur laissée par sa maladie s'envola. Elle se sentit débordante d'énergie. Elle aurait voulu embrasser les objets de sa jolie chambre. Plus tard, Sir Charles devait déclarer qu'en prenant sa main pour la première fois, il reçut une décharge électrique qui eut un effet magique sur son pied malade. De fait, le jour de l'arrivée de Daisy, il pouvait à peine marcher. Il n'avait pu accueillir ses invités à la porte selon son aimable habitude et avait dû rester assis dans la bibliothèque son pied douloureux posé sur un tabouret, chaussé de pantoufles de velours, la gauche découpée pour plus de confort. Le lendemain, jour de son anniversaire, la douleur et l'enflure avaient disparu. Il était debout et habillé normalement.

En dépit de tout ce que Skelton avait dit à Daisy concernant la discrétion qu'elle aurait à observer, il avait envisagé l'éventualité de la voir participer au moins à l'un des dîners et lui avait acheté une robe du soir. Elle était bleue — tout ce qu'il lui avait acheté était bleu — et de velours. Le décolleté profond était entouré de dentelle crème, de la dentelle encore au bord des manches courtes, mais énormes. C'était sa première robe du soir car, si chez Kitty toutes les pensionnaires étaient pourvues de toilettes provocantes, noires ou rouges, Daisy, même quand elle se mêlait à la foule, n'avait rien porté de ce genre. Pour elle, Kitty avait décidé que l'atout majeur restait la simplicité. Le contraste pouvait être payant. En disant à Skelton qu'elle n'avait laissé chez Kitty qu'une robe d'été, un peu de linge et une paire de chaussures, elle n'avait pas menti. Toutes les autres robes de mousseline blanche ceinturées de bleu ou de rose n'étaient que des costumes de scène. La seule toilette de rechange abandonnée d'un cœur si léger appartenait à la jeune fille qui l'avait achetée avec l'argent qu'elle avait gagné, ce qui lui restait quand elle avait expédié le plus gros de son salaire à son père. De temps à autre, elle se tracassait à l'idée de ne plus avoir d'argent à elle. Mais elle avait écrit pour expliquer qu'elle avait été malade, qu'elle avait perdu son travail, qu'elle allait mieux, mais qu'elle ne gagnait encore rien. Son père ne s'inquiéterait donc pas. Elle-même n'y songeait que par périodes et aux moments les plus inattendus. Comme pour sa première soirée à Wichfield, dans une chambre rose, aidée, ou gênée, par une femme de chambre silencieuse et sévère : « Mon Dieu, me voilà avec une robe qui a dû coûter au moins dix livres et ça fait des mois que j'ai pas envoyé un sou à la maison ! » Mais ce ne fut qu'une pensée rapide comme un battement d'ailes. Elle avait d'autres problèmes plus sérieux pour l'instant, comme de prendre garde à sa façon de parler. Il ne fallait surtout pas faire honte à son amant devant son cousin si riche, si noble. « Daisy Holt, se dit-elle, tu te tais. Tu réponds oui ou non si on te pose une question et tu souris, tu souris, tu souris. »

Sourire à Sir Charles n'était pas difficile. Il ressemblait tellement à Jack. En plus vieux, bien sûr — il avait les cheveux gris et il était plus gros. Il rappelait certains des clients de Kitty, prêts à être satisfaits et soucieux de plaire. Mais de façon plus aimable, plus digne. Ce premier soir, ils ne furent que trois à table. Elle était à la droite de Sir Charles, invitée d'honneur. Comme elle parlait peu de crainte de commettre des erreurs, il l'a crue timide et s'employa à la mettre à l'aise. Avec la disparition soudaine de la douleur infligée par son pied, son humeur s'était de beaucoup améliorée et il en arrivait à considérer son soixante-cinquième anniversaire davantage comme un triomphe qu'une affliction. Il eut tôt fait de rompre la barrière de ce qu'il prenait pour de la timidité — caractéristique assez inattendue chez une jeune personne d'une beauté aussi exceptionnelle.

Avant le dîner, Skelton l'avait priée de se retirer sans attendre, dès le repas terminé.

— Il veut discuter avec moi et j'aimerais régler la question.

Il était à peu près certain que Charles lui renouvellerait sa demande d'aller à Plenrerith et de s'occuper de ce qui se passait là-bas. Il n'avait nullement l'intention d'accepter et si son refus devait provoquer un certain refroidissement dans leurs relations, autant que ce fût ce soir que le jour de son anniversaire.

Sir Charles ne manifesta aucune hâte à parler affaires.

— Mes félicitations, mon cher. Quel être charmant. Où l'avez-vous trouvée ?

— Chez Kitty Hammond. Non pas, je m'empresse de vous rassurer, parmi ses pensionnaires. Elle y distrayait les clients.

— De quelle façon ?

— En chantant, dansant, prenant des poses.

— Alors, elle a également du talent ? Pensez-vous qu'elle accepterait de se produire pour mes invités, demain soir ?

— Elle serait ravie. Sa voix cependant n'est plus ce qu'elle était.

Il expliqua pourquoi et comment Daisy avait échoué sous son toit.

— J'ai un certain mal à vous imaginer jouant les « Bon Samaritain ». Mais sans doute un mauvais Samaritain aurait-il agi comme vous.

— Vous me croyez sans cœur parce que je ne vous fais pas ma cour, Charles, vous flattant, vous adulant en pensant aux bénéfices à venir.

— Ah ! — L'expression et la voix de Sir Charles changèrent. — Peut-être est-ce pour cela que je vous respecte et que je fais appel à vous pour résoudre un dilemme — une grimace de douleur lui tordit soudain les traits — Bon Dieu ! C'est revenu ! Une nouvelle crise ! Mc Gibbon, qui est mon ami aussi bien que mon médecin, m'a donné des conseils très déplaisants concernant un régime à suivre. Je lui ai fait remarquer que les *pauvres* aussi souffraient de la goutte. Alors, pourquoi accuser la viande et le vin rouge ? C'est Plenrerith qui me donne ces crises.

— Oui ? Alors, que se passe-t-il à Plenrerith ?

— Comme vous le savez, les régisseurs ne travaillaient pas, ou seulement dans leur intérêt. J'ai donc essayé avec des cousins Overton. Ce n'était que justice, ce sale endroit me vient du côté Overton. Je me suis montré honnête avec les deux, Max et Algie. Les avez-vous jamais rencontrés ? Non ? Vous n'avez rien perdu ! Je leur ai dit : « Essayez de mettre le truc en route, terminez-le et vous ne le regretterez pas... » J'avais l'intention de le leur léguer quand cela aurait pris de la valeur, que ce ne serait plus le poids mort tellement dispendieux que cela n'a cessé d'être depuis que je l'ai hérité. Je vous l'accorde, les Cornouaillais depuis Trelawney sont plutôt bizarres. Ils s'estiment « à part ». Chose curieuse, quand je pouvais me déplacer, au cours de mes deux visites là-bas je ne me suis pas mal entendu avec eux. Max n'a récolté que des querelles et Algie a provoqué une émeute — un spasme de douleur, morale ou physique, passa sur le visage de Sir Charles —. L'hôtel, qui était pratiquement achevé, a été gravement endommagé de même que plusieurs maisons. Algie a souffert de blessures légères, ajouta-t-il avec une certaine satisfaction. Un pauvre type mal avisé a tenté de l'assommer avec une pelle.

Skelton émit une onomatopée de commisération.

— ... Maintenant la question est : quoi faire ? Arrêter les frais en ce qui me concerne et laisser l'endroit revenir aux fermes grandes comme un mouchoir de poche et à la pêche au homard ? Ou persister ?

Il répondit en partie à sa propre question en ajoutant :

— Quel gâchis après les milliers, oui les milliers, de livres que j'ai consacrées à ce satané bled. Qu'en pensez-vous ?

— Cela dépend certainement en grande partie des dommages subis.

— Exactement. Et comment d'ici puis-je me faire une opinion ?

Skelton ne réagissant pas, il ajouta :

— ... Je le sais, vous avez refusé d'aller là-bas et de vous occuper de ça quand il s'est avéré que le dernier régisseur n'était qu'un escroc. Tout ce que je vous demande à présent, Jack, est d'aller sur place évaluer les dégâts, voir ce que l'on peut faire et me faire un rapport.

— Je ne suis pas qualifié pour juger, Charles, pas plus que je ne le suis pour surveiller la bonne marche d'une construction et donner des ordres à des ouvriers. Je vous l'ai déjà dit.

— Je m'en souviens. Trop grande responsabilité, d'après vous. Ce refus d'accepter de prendre des responsabilités est une marque de faiblesse, savez-vous.

— Peut-être. Je me sens responsable de mon travail. Jusqu'ici, cela m'a suffi.

— Jusqu'ici. En ce moment, d'après ce que l'on m'a dit, vous avez un certain succès. Je vous souhaite que cela dure. Mais avez-vous jamais songé à l'avenir ? Les goûts, les modes changent.

— Je le sais. Je m'y suis préparé. Je continue même — cela vous surprendra — à louer mon grenier. J'ai échoué dans le passé, je peux encore échouer à l'avenir. Alors, je retournerai à Springfield Lane !

L'une des qualités qu'avait toujours admirées Sir Charles en Jack était son honnêteté, même vis-à-vis de lui.

— Ecoutez, dit-il, voulez-vous, à titre de faveur à un vieil homme malade et inquiet, aller à Plenrerith pour quelques jours seulement, pas plus d'une semaine, et *regarder*. Je ne vous demande pas de juger, mais de regarder. Ne prenez aucune responsabilité. Je ferai une liste des détails qui me sont nécessaires et vous vous contenterez de me donner votre rapport.

— Entendu, répondit Skelton après une brève hésitation. Je le ferai. De votre côté vous vous occuperez d'Hébé à ma place. Elle serait toute seule à Londres. Elle n'a jamais été seule et elle n'aurait qu'une femme de ménage pour lui tenir compagnie.

— Ce sera avec plaisir.

Jack avait réellement changé. Il allait jusqu'à manifester quelque considération à sa jeune maîtresse. La solitude était le sort des femmes entretenues officiellement. Il s'était, quant à lui, mieux débrouillé avec ses maîtresses qui, bien que partageant son lit en secret, avaient toujours été maintenues à leur place initiale.

Daisy n'était pas la première femme à coucher entre les draps de satin rose, sous le baldaquin capitonné de rose et à dire : « Je t'aime ! Je t'aime ! Oh, je serais heureuse de mourir maintenant ! » Lorsque le père de Sir Charles avait fait décorer cette suite, un duc de sang royal, ostensiblement fidèle à une maîtresse reconnue et acceptée, avait eu le coup de foudre pour une femme mariée à la réputation sans tache au moment même où le moindre scandale aurait pu entraîner les plus funestes répercussions politiques. Cela n'avait été qu'une toquade vite satisfaite. Depuis, cette maison, relativement sans importance et retenant peu l'attention publique inopportune, avait servi de cadre à d'autres idylles du même genre.

Skelton ne tint pas à gâcher cette nuit d'amour en apprenant à Daisy que le surlendemain il devait partir pour Plenrerith et la laisser à Wichfield pendant une semaine. Il préféra attendre jusqu'au lendemain quand elle aurait chanté, dansé, charmé tout le monde et déborderait d'enthousiasme. Il gardait, présente à la mémoire, la réaction provoquée par son projet de la laisser deux jours à peine, l'éruption émotionnelle qui l'avait engloutie. Il n'avait pas agi entièrement contre son gré, il ne le regrettait pas absolument. Mais, dès son réveil, ou presque, le lendemain matin, il avait eu conscience d'avoir eu une réaction incompatible avec son caractère, d'avoir agi de façon impulsive et de s'être mis dans une position fausse. Il n'était pas fait pour jouer son rôle dans une liaison amoureuse permanente. Daisy était la plus adorable, la plus ardente compagne de lit qu'il ait jamais connue et il souhaitait qu'elle soit heureuse. Mais... Eh bien ! il s'était senti obligé de l'amener à Wichfield et il redoutait le moment où il serait obligé de lui apprendre qu'il la laissait pour une semaine. Déjà s'ébauchait, en lui, l'impression d'être entravé.

— Que veux-tu que je fasse ? demanda Daisy lorsqu'il lui fit part du désir de Sir Charles de distraire ses invités.

— Danse un peu ; chante un peu. N'importe quoi. Ils seront faciles à satisfaire. La plupart seront heureux de seulement te regarder. N'importe quel homme ayant encore une goutte de sang dans les veines l'aurait été.

— Je n'ai que mon châle bleu.

Elle s'y accrochait et à son réticule orné de perles, comme un enfant à ses premiers jouets.

— Tu as charmé la vieille Kitty sans rien, lui rappela-t-il.

— Oui. Mais il y a longtemps de ça. Je savais pas... Je *ne* savais pas encore, ce que je sais maintenant. Et j'avais une robe courte... bien au-dessus des chevilles. Ma nouvelle, *la belle,* est longue. Suppose que je me prenne les pieds dedans !

— Ils adoreraient cela ! Ce sont tous de vieux hommes dépourvus de... — Il allait dire « sophistication » et se reprit : — très simples, qui assistent à une soirée sans leurs femmes. Tout leur plaira.

— C'est à toi que je veux plaire, mon aimé.

Skelton sentit le poids de l'obligation, inséparable du rôle de bien-aimé, augmenter et, pour la première fois, pensa à son voyage en Cornouailles avec un sentiment voisin du plaisir, étouffé aussitôt par une poussée de remords.

— Quoi que tu fasses, cela me plaira. Mais pas les cabrioles, par contre.

— Oh, non ! C'est la vieille Kitty qu'en av... qui en avait eu l'idée. Je danserai et je chanterai quelque chose de convenable. Dans le Joli Mois de Mai, l'ya qu'un couplet qu'est un peu osé. Je le chanterai pas. Pareil avec la fille qui suit les bohémiens. C'est marrant. J'aurais pu le chanter cent fois sans savoir ce que la fille, elle abandonnait. Maintenant, je sais et je sens exactement comme elle. Je te suivrais pieds nus !

C'était là un genre de déclaration que d'autres hommes auraient trouvée flatteuse. Il la trouva gênante parce que ce sont les plus soumis qui, à la fin, deviennent les plus possessifs. Ce sont les humbles qui recevront la terre en partage !

La soirée d'anniversaire fut un triomphe pour Daisy. Sauf pour s'exercer la voix et éprouver sa souplesse, de temps à autre, elle n'avait ni chanté, ni dansé depuis sa maladie et avoir un public la stimula. Elle avait retrouvé l'aisance de ses mouvements et ce que sa voix avait perdu en ampleur, elle l'avait gagné en chaleur. Avec l'aide de la femme de chambre au sourire pincé et qui se révéla être excellente couturière, elle avait résolu le problème de son costume en taillant, dans un drap de toile fine, une sorte de tunique sans manches, drapée sur le buste et mettant ses seins en valeur. La jupe arrêtée aux genoux était fendue d'un côté jusqu'à mi-cuisse. La portant sous sa robe de dîner elle ne perdit pas de temps pour se changer. Sir Charles avait fourni une multitude d'écharpes et de voiles car, dans la journée, Daisy avait fait remarquer : « Malheureusement, je n'ai qu'un châle pour jouer. » Un mot à Annie, la femme de chambre, et Daisy avait eu à sa disposition des choses merveilleuses. Des voiles ou des châles que les deux Lady Overton avaient portés sur leurs cheveux ou leurs épaules pour sortir le soir, ou mettaient par-dessus leurs chapeaux lorsqu'elles se déplaçaient en cabriolet. Certains étaient tissés de fils d'or ou d'argent, d'autres ornés de sequins. Comme beaucoup d'autres reliques, ces objets avaient été gardés d'abord par affection et puis oubliés.

Avant le dîner, Sir Charles annonça :

— Je ne veux pas me montrer égoïste, ma chère enfant. J'ai déjà eu et j'aurai encore le plaisir de votre compagnie, aussi vous placerez-vous à l'une des extrémités de la table encadrée par deux invités d'honneur.

Elle ne se montra nullement timide et, ce soir-là, comme il put le constater, on rit beaucoup à l'autre bout de la table. Brusquement, il lui vint à l'idée que l'animation dont Hébé faisait preuve était peut-être due à la distance la séparant de Jack. Pauvre petite, peut-être lui avait-il dit de surveiller sa tenue. Il aimait et respectait son cousin et admirait même son mépris du conventionnel — ce qu'il aurait aimé pouvoir faire lui-même — mais il l'avait toujours trouvé froid. Le peu de temps dont il avait disposé lui avait suffi pour se persuader qu'Hébé était éperdument amoureuse, mais pas lui. Un homme épris aurait manifesté le désir d'emmener sa bien-aimée en Cornouailles avec lui. Il y avait d'autres petits signes également... Oh ! en fait cela ne le concernait pas, à ceci près qu'il voulait que ce petit être ravissant soit heureux pendant la semaine où Jack s'absenterait.

D'habitude, quand il n'invitait que des hommes, Sir Charles préférait les recevoir dans la bibliothèque plutôt que dans le salon, beaucoup plus noble et vaste, mais beaucoup moins confortable. Ni les canapés, ni les fauteuils n'induisaient à la nonchalance. La première Lady Overton avait eu pour principe qu'il fallait s'asseoir très droit en laissant un espace libre entre sa colonne vertébrale et le dos de son siège. Les autres femmes partageaient cet avis. Mais il fallait de la place à Hébé pour sa démonstration et la bibliothèque, malgré ses dimensions respectables, était très meublée par un grand bureau, de multiples étagères fixes et mobiles, une mappemonde sur une table et plusieurs fauteuils. Sir Charles choisit un compromis. Il fit ôter une partie des chaises fragiles laquées ou dorées du salon pour les remplacer par quelques fauteuils confortables qui, ajoutés à l'un des canapés, offriraient de quoi s'asseoir à neuf personnes. Le salon était pourvu de deux cheminées. L'une chauffait la partie où se tiendraient les spectateurs, l'autre celle où se produirait Hébé, le tapis avait été enlevé pour révéler le beau parquet poli.

Skelton avait décrit ces hommes comme des êtres simples, heureux de passer une soirée loin de leurs femmes et prêts à se satisfaire de n'importe quoi. Il les avait sous-estimés. A l'exception du docteur Mc Gibbon et de M. Salcombe, propriétaire d'un journal, c'étaient tous des gentilshommes campagnards dignes de ce nom, préoccupés de fermages, du prix du blé, de la bonne tenue de leurs propriétés. Le docteur Mc Gibbon, à cinquante et un ans, était le plus jeune ; Lord Fenstanton frôlant les quatre-vingts, le plus âgé. Mais ils avaient tous été jeunes et fringants et il y avait quelque chose dans le jeu de Daisy, si naturel et si séduisant et en même temps capable de raviver des feux même éteints. Le docteur Mc Gibbon, un peu puritain de nature, s'en rendit compte lui-même et dut se faire violence pour se souvenir qu'il avait une épouse irréprochable, d'excellente famille et disposant d'une propriété rapportant quatre cents livres par an. Qu'elle fût laide et l'eût toujours été, n'était pas de sa faute. Lord Fenstanton, très noceur autrefois, se rappela soudain certaine petite Créole qui avait fait ses délices, à Paris, soixante ans plus tôt. Seigneur, avant la Révolution ! Il aurait pu pleurer sa jeunesse et sa virilité perdues, mais il craignait surtout d'apparaître sénile. Il avait remarqué dernièrement certains signes inquiétants, des pertes de mémoire, une tendance à s'endormir n'importe quand et n'importe où. Un autre membre de l'assistance, M. Ackroyd, lorsque Daisy posa le châle bleu sur ses cheveux et adopta exactement l'attitude d'une jeune fille disant ses prières, se souvint qu'il était né et avait été élevé dans la religion catholique romaine, mais il ne pratiquait plus. Grâce à Dieu, il n'était jamais trop tard pour se mettre en règle avec Lui — « Sainte-Marie, mère de Dieu, priez pour nous pauvres pécheurs... »

Skelton regardait et écoutait, conscient que chacun des hommes présents l'enviait. Conscient également qu'il aurait dû être fier ou jaloux. Il n'en était rien. Il était satisfait de la voir jouer si bien et avec une telle discrétion, ayant parfaitement jugé son auditoire. Mais il était beaucoup moins fier d'elle qu'il ne l'était de pouvoir si bien interpréter sa beauté, la transmettre sur la toile. Il n'en était pas jaloux car il la savait lui appartenir totalement. Si totalement qu'il aurait droit à une autre scène, des larmes, des protestations lorsqu'il lui apprendrait qu'il partait sans elle. Le même genre de scène que celle qui l'avait mené à sa perte, avant Noël. Il ne se trompait pas.

— Pourquoi est-ce que je peux pas venir avec toi ?

— Parce que ce sera un voyage fatigant. Après Salisbury les auberges sont dépourvues de tout confort. Et j'ignore ce que je trouverai à Plenrerith. D'après ce que j'en ai entendu, cela doit être extrêmement rustique.

— Ça m'est égal, ce qui compte c'est que je suis avec toi... tu sais, en regardant tous ces pauvres vieux types... Jack, j'ai compris que la plus petite minute elle était précieuse. Faut pas perdre toute une semaine. Chéri, tu sais que je suis forte. Je peux coucher n'importe où. Si on est ensemble. Oh ! s'il te plaît, emmène-moi.

Pourquoi ne pas accepter et en finir avec cela ? Il en fut tenté. Mais ce qui l'avait gardé de dépendre de qui que ce soit et, jusqu'ici, de permettre à quelqu'un de dépendre de lui, eut raison de tout et le fait d'avoir failli céder à la faiblesse le rendit d'autant plus cassant.

— Tu seras beaucoup mieux ici. Charles t'est sympathique, n'est-ce pas ? Il est ravi à l'idée que tu lui tiennes compagnie.

— Il s'est bien passé de moi jusqu'ici !

C'était là un autre aspect déconcertant de son caractère, cette lueur soudaine de perspicacité, cette nuance acerbe.

— Daisy, il n'y a pas à discuter. Tout est arrangé.

Se rendant compte de la rudesse de son ton, il offrit une parcelle d'explication.

— ... D'autre part, il est très vraisemblable que je sois obligé de terminer le trajet à cheval et tu ne sais pas monter.

— Non, c'est vrai.

Alors elle décida d'apprendre, sans perdre une minute, pendant cette semaine à Wichfield. Pourvu qu'il continue à faire beau. Comme ça, à l'avenir, si Jack devait retourner à Plenrerith — ou n'importe où ailleurs où il fallait monter à cheval — elle pourrait l'accompagner.

CHAPITRE III

SIR CHARLES, LIBÉRÉ DE SA GOUTTE, ENCHANTÉ PAR SA COMPAGNE, SE sentit positivement rajeuni et fut ravi qu'elle lui demande si elle pouvait faire du cheval.

— Rien de plus facile, ma chère enfant. Mais il vous faut une tenue d'équitation.

Une fois encore, on fit une razzia dans la garde-robe de sa première femme et Daisy eut le choix entre trois amazones vert foncé, grise et rouille. Elles lui allaient assez bien et Daisy les aurait portées telles qu'elles étaient. Mais Annie, perfectionniste, insista pour faire quelques retouches. L'amazone rouille, choisie par Daisy parce qu'elle allait le mieux avec la couleur de ses cheveux, datait d'une époque où la mode copiait tout ce qui était militaire. Elle était ornée de brandebourgs et de nombreux boutons dorés. Un petit chapeau ressemblant à un shako surmonté d'un toupet de plumes rousses l'accompagnait, ainsi qu'une paire de gants à crispins et des bottes souples lesquelles, comme la plupart des chaussures qu'on lui avait données, étaient trop grandes pour elle. Mais puisqu'elle n'aurait pas à marcher, peu importait.

Avec ses cheveux relevés et en partie dissimulés par le chapeau Daisy était extrêmement séduisante et de façon nouvelle. « On dirait un ravissant petit garçon » pensa Sir Charles qui, tout haut, ajouta :

— Jack devrait faire votre portrait dans cette tenue.

— Il voudra peut-être. Il m'a dit, un jour, qu'il me peindrait cinquante fois.

Les débutants faisaient leurs premières armes sur un animal paisible conduit à la longe par un palefrenier, à pied, pour ensuite monter un autre cheval paisible. Sir Charles, en selle pour la première fois depuis trois mois sur son puissant cheval pommelé, Héron le Chasseur, surveillait les opérations. Il fut surpris et satisfait de constater que Hébé, ou Daisy — Skelton lui donnait ces deux noms, mais lui-même préférait Hébé — s'en tirait à merveille. Equilibre remarquable ; une bonne main et détail plus subtil, une bonne entente avec sa monture.

— Et vous n'êtes réellement jamais montée auparavant ?

— Oh, seulement des chevaux de traits, par-ci, par-là. Quand j'étais jeune. Ça faisait plaisir, mais c'était pas agréable. Ils sont si larges et plats — quand ils ont assez à manger — mais même, ils ont le dos trop dur.

— Vous venez de la campagne ?

— Oui. D'un endroit qu'on appelle Talbot Ste Agnès. Là-haut dans le Suffolk.

— Ce nom me rappelle quelque chose. Langham ?

— La famille c'est les Langton. Mon père est leur charpentier.

— Excellent, j'en suis sûr.

— Y peut presque tout faire. Ce qu'y préfère, c'est réparer des meubles. Un jour, il y avait une chaise. Les vers s'y étaient mis et elle avait perdu un pied. Mon père, il en a refait un et Sir Alfred même il a dit que personne y pouvait savoir lequel c'était.

Elle n'avait jamais beaucoup évoqué son passé. Elle avait mentionné Waywood à Skelton, lui avait parlé de la piété et de la mort de sa mère, ainsi que de la cuisinière qui lui avait appris à lire. A présent, elle trouvait facile de se confier à Sir Charles. Il s'intéressait à tout et, une chose en entraînant une autre, elle lui raconta comment elle était arrivée à Londres, son renvoi, son arrivée chez Kitty ce qu'elle y avait fait et le rôle joué par Skelton pour la mise en scène et les costumes.

— Mais j' suis contente que ce soit fini. Ça lui faisait perdre son temps. Il est si habile... Combien ça prend à une lettre pour arriver en Cornouailles ?

— Deux jours, si le temps se maintient.

— Alors faut que j'écrive tout d' suite.

— Faites-le, mon petit, et nous l'enverrons pour qu'elle atteigne la malle-poste à Barsham cet après-midi.

Chacun, à Wichfield savait que le maître s'octroyait une petite sieste, l'après-midi. Mais cette concession faite à l'âge mûr restait inavouée. Il se retirait dans la bibliothèque, officiellement pour y lire ou vérifier ses comptes et, garanti contre tout dérangement, s'assoupissait dans un fauteuil jusqu'à l'heure du thé.

Daisy écrivit à Skelton :

« *Mon amour aimé t'es parti depuis seulement quelques heures et je peu pas te dire ce que je me sen seule. La nuit derniaire on s'es aimé et cette nuit il fau que je dorme seule. Tu me manque toute les minute. J'ai si envi de toi que c'es comme si je mourai ce matin j'ai fai du cheval et c'été facile et Sir Charles il a dis que j'étais une vrai cavaliaire. Comme ca m'aurai fais plaisir si t'avait été là cete semaine sera plu longue que toute celle de ma vie. Je savai pas qu'on pouvé aimé comme je t'aime mon Jack chéri quelquefois je panse a tout les gen ici et à Londres et si on c'était manqué c'é comme si on aurait pas été né je crois pas que j'étai vivante avant qu'on se rencontre. Et même pas avant que tu m'enbrase. Je t'envoit 1 000 baisé avec ça et tout l'amour qui es dans mon cœur. Je t'aime je t'aime je t'aime. Ta Daisy qui t'aimera toujours.* »

C'était là le plus long travail d'écriture qu'elle ait jamais fourni et, en le relisant, elle n'y trouva qu'un défaut : elle n'exprimait pas toute la force de son amour. Cependant, le sourcil froncé, elle se demandait quoi ajouter. Elle avait tout dit et ce n'était pas assez. A l'amour, il fallait davantage que de l'encre sur du papier.

Le soir venu elle avait songé à autre chose qu'elle pourrait apprendre pendant l'absence de Jack. Pendant le dîner, la conversation s'était bien passée. Sir Charles mentionna ses deux noms et lui demanda pourquoi Skelton la désignait soit sous l'un, soit sous l'autre.

— Eh bien, je m'appelle Daisy Holt. Le nom de mon père c'est Benjamin Holt. Quand je suis née, les pâquerettes étaient toutes fleuries. Il y en a qui appellent ça des marguerites. Ça plaisait pas à Kitty Hammond. Ça faisait rien tant que j'étais une statue... comment on dit ? Anonyme ? Plus tard, quand j'ai fait un peu ce que j'ai fait hier soir, toute seule, il fallait que j'aie un nom et John a trouvé Hébé et Waywood. Pourquoi Hébé, je sais pas au juste, mais Waywood parce que c'est un endroit que je lui avais causé une fois. Pourtant c'est un endroit qui porte pas bonheur.

— Et comment préférez-vous que l'on vous appelle ?

— Oh, maintenant je suis habituée à Hébé, Jack oublie de temps en temps et m'appelle Daisy. Mais Hébé ça me plaît parce que dans un sens c'est grâce à elle que j'ai pu lui rendre service. C'est plutôt long à raconter. Un secret. Si je vous le dis, vous le répéterez à personne, hein ?

Ses yeux brillèrent, ses lèvres s'arrondirent.

— Bien sûr que non.

L'histoire de ce tableau dont tant de personnes voulaient une copie et la façon dont elle l'avait volé pour le cacher ne perdait rien à ce qu'elle la raconte. Non seulement elle était écuyère-née, mais remarquable actrice. Lorsqu'elle dit : « Oh, j'avais peur ! » elle eut l'air terrifiée. Quand elle décrivit la façon dont elle avait glissé le tableau parmi d'autres en prenant soin de ne pas déranger les toiles d'araignées, elle accompagna son récit de mouvements de ses si belles mains... Réellement captivante !

— Vous m'avez passionné. Que puis-je faire pour vous distraire ? Savez-vous jouer aux cartes ?

— Vous voulez dire comme le whist ? Non. Je sais jouer à la bataille, mais on peut pas y jouer à deux.

— Il existe des jeux de cartes qui se jouent à deux. Je serais ravi de vous les apprendre.

— Vous pourriez faire encore mieux que ça, si seulement vous vouliez. Voilà. Je sais que je parle paysan et Jack aime pas ça. Il me dit que je cause comme Kitty Hammond, vous vous rendez compte ! Mais quand je lui ai dit de m'apprendre, il a eu l'air... comme qui dirait démonté et j'ai jamais osé lui en recauser. Mais si vous pouviez et vouliez... je pourrais apprendre. Je sais, Signor Mazoni disait que j'avais pas d'oreille... mais c'était pour la musique à *sa* façon. Avec des mots, je ferais mieux. Je suis sûre.

Se transformer en maître d'école à soixante-cinq ans ! songea Sir Charles imaginant les corrections constantes d'apparence utile poussant la plupart des enfants à détester leurs professeurs. Il les avait tous haï à l'exception d'un seul qui avait failli ruiner son existence en lui inspirant le désir non pas de devenir gentilhomme campagnard, Membre du Parlement, Juge de Paix et toutes autres fonctions orthodoxes, mais archéologue sans attaches, libre d'aller procéder à des fouilles en Grèce, en Crète ou à Rhodes. Eût-il pu choisir qu'il aurait opté pour ce genre d'existence. Et c'était là l'une des raisons de sa sympathie pour son cousin Jack qui avait fait fi de la tradition, avait failli crever de faim, mais avait réussi. Temporairement du moins. Car, si une hirondelle ne fait pas le printemps, le succès passager de quelques tableaux ne garantit pas des revenus fixes pour le reste de l'existence.

Entraîné par ses pensées, il n'avait pas encore répondu à Daisy.

— Je vois, dit celle-ci. C'est non. C'est trop demander. Vous en faites pas. P't être qu'un jour je pourrai payer quelqu'un pour m'apprendre, comme Signor Mazoni avec la musique.

— Mais c'est très volontiers que je le ferai, ma chère enfant. A la condition que cela ne vous gêne pas que je vous reprenne souvent.

— Oh, vous êtes gentil ! Ça me fait rien qu'on me dise que je me trompe.

Elle le regardait avec une telle expression de gratitude que Sir Charles, eût-il ignoré la force de son amour pour Jack, eût pu se méprendre.

— ... On commence-t-y maintenant ?

— Commençons-nous maintenant ? corrigea Sir Charles adoptant son nouveau rôle avec enthousiasme.

— IL y a quand même quelque chose de bien étrange là-dedans, M. Bridges, déclara Mme Warren en remuant son grog au whisky. Lorsque Sir Charles a donné l'ordre de préparer la suite du Parc pour M. Skelton et une dame de ses amies, j'ai pris ça pour ce que cela voulait dire, quoique je ne m'attendais pas à une vulgaire petite actrice. Je suppose qu'Annie vous a décrit les excentricités qu'elle a faites avant-hier soir.

— Oui, Mme Warren, oui, en effet. Mais j'ai prévenu Annie de ne pas en *rajouter*. Je n'encourage jamais les bavardages.

Assis devant un beau feu dans le salon confortable de la gouvernante, ils sacrifiaient à un rite variant selon les saisons. Par temps chaud, ils s'asseyaient devant la fenêtre et buvaient leur whisky glacé. Chacun d'eux, dans sa sphère, se montrait discret. Leur entente même restait tacite. Mme Warren à quarante-cinq ans et le maître d'hôtel à quarante-trois avaient le ferme espoir et l'intention de survivre à Sir Charles. Ils pouvaient compter sur des legs qui, mis en commun et ajoutés à leurs économies, leur assureraient l'indépendance. Un immeuble à Londres dont les appartements seraient loués à de jeunes célibataires lesquels disposeraient de leurs propres domestiques. L'amour n'avait aucune place dans ces calculs, seules une confiance et une estime mutuelle.

— Je suppose qu'il y a eu de bonnes raisons pour que Mlle Waywood soit restée ici. J'ai cru comprendre que M. Skelton est parti en Cornouailles. C'est un voyage dur, en hiver.

— Ce qui ne me plaît pas, fit Mme Warren s'arrêtant à un détail, c'est que l'on se serve des effets de cette pauvre madame.

Elle n'avait jamais connus la première Lady Overton et avait même souvent voué au diable les vêtements inutiles et exigeant une surveillance constante pour les protéger des mites.

— ... D'abord les écharpes, ensuite les amazones, les bottes et le reste. La prochaine fois ce sera les fourrures.

Ces fourrures touchaient en elle un point sensible. Au cours d'un hiver rigoureux, il y avait quelques années de cela, au plus beau de son intimité avec Sir Charles elle y avait fait quelques allusions et avait, contrairement à ses espoirs, reçu l'autorisation non pas de porter la souple zibeline ou l'astrakan bouclé mais une jaquette flambant neuf... de lapin. Chaude, bien sûr, mais de peu de valeur.

— Enfin, le pire des fous c'est encore un vieux fou à ce qui paraît. Mais ne nous désespérons pas. Je ne pense pas que M. Skelton se la laisserait prendre facilement. Elle est très jolie.

— L'argent ça a beaucoup de charme, M. Bridges.

— On ne peut pas dire le contraire. Ce qui m'ennuie, c'est le vin rouge. Le docteur Mc Gibbon a interdit le bordeaux et le bourgogne. Sir Charles me l'a dit lui-même.

— Et de la viande rouge une fois par semaine seulement.

— L'anniversaire était une exception. Maintenant, c'est à chaque repas. Et le porto c'est ce qu'il y a de pire. A ce qui paraît, Mlle Waywood a un faible pour le porto. Plus c'est doux, meilleur c'est.

— Et pas un seul élancement ! dit Mme Warren avec dépit. Evidemment quand elle partira, *si* elle part, il en paiera les conséquences. Il s'effondrera comme un ballon crevé et c'est moi qui serais la première à en souffrir. Monter et descendre toute la nuit. Des cataplasmes chauds, des compresses froides, et des grognements en guise de remerciement.

Elle était parvenue à paraître dégoûtée par une perspective dont, au fond, elle se faisait une joie.

LA semaine que Daisy avait prévu aussi longue qu'une année s'éternisa. Le temps, quoique s'étant refroidi, resta beau, aussi put-elle faire du cheval tous les matins. Chaque après-midi, elle écrivit à Skelton, lui répétant toujours la même chose : qu'elle l'aimait, qu'il lui manquait ; qu'elle l'attendait avec impatience. Chaque soirée, sauf une, fut consacrée à la conversation avec Sir Charles qui se révéla excellent précepteur, prêt à corriger une erreur, mais aussi à féliciter ou à rire. Le tout exigeait moins de patience qu'il ne l'avait craint. Elle apprenait vite effectivement, parvenant même à éviter le piège de la double négation.

— Réfléchissez, Daisy. Si vous dites je ne sais pas rien, cela a l'air de dire que vous savez quelque chose. Ou vous savez quelque chose, ou vous ne savez pas. Vous me comprenez ?

— 'Tendez. Je veux dire, attendez. Supposons : vous m'offrez plus de vin. Si je dis je n'en veux plus, le verre reste vide ! Si je dis j'en veux plus, j'en ai.

— Voilà. Et je vais remplir votre verre, ma chère enfant.

La soirée exceptionnelle fut le résultat direct de la curiosité de Lady Fenstanton et le désir de Lord Fenstanton de faire plaisir à une femme de trente ans sa cadette. Elle n'avait pas été sans remarquer le désir de Sir Charles de n'inviter que des hommes pour fêter son anniversaire et, le lendemain matin, elle avait demandé, aimablement railleuse, ce que cette bande de voyous avait bien pu faire.

— Le cousin d'Overton séjournait à Wichfield et il avait amené avec lui une danseuse qui nous a donné une représentation.

— Parfaitement indécente, j'imagine.

— Au contraire. Très correct et plutôt touchant.

— Si touchant que l'on n'avait pas invité de simples femmes de crainte de les choquer ?

Il aimait beaucoup la tournure d'esprit de son épouse.

— Le spectacle en soi était très innocent, mais... Eh bien, cette fille était à table avec nous.

— Et elle occupe la Suite du Parc ? Je vois. Les gens sont extraordinaires ! Y aurait-il un théâtre à Barsham où elle se serait produit, les femmes les plus collet monté auraient pu aller la voir sans rien perdre de leur vertu. Mais rompre le pain avec elle !

— Je n'édicte pas les règles, et peu de femmes ont votre tolérance.

Lady Fenstanton, fille et épouse de comte, irréprochable quant à sa tenue et étant parvenue à remettre un vieux noceur dans le droit chemin, pouvait, de temps à autre, se permettre un geste peu orthodoxe.

— Je suis si tolérante que je me propose de les inviter tous à dîner et de demander à cette fille — comme une faveur personnelle — de danser pour moi.

— Je crois que Skelton est en voyage — Où cela, je n'ai pas compris, à moins que j'aie oublié.

— Alors nous serons quatre. Ce sera très agréable. Je vais envoyer un mot immédiatement.

— Pas pour ce soir, Veronica. Deux soirées de ce genre à la suite... c'est trop. J'ai l'intention de me reposer aujourd'hui et de me coucher de bonne heure. Et... peut-être faudrait-il indiquer que vous comptez... que vous espérez une représentation. Elle aura le temps de... se préparer.

— Avec des éventails ? Des plumes de paon ? Un jour que Papa avait un rendez-vous aussi ennuyeux qu'important à Paris, Stella et moi nous sommes sorties seules en cachette pour aller dans un cabaret, *Le Paradis*. Nous étions voilées évidemment. Les filles, sur scène, avaient des éventails et des plumes de paon. J'ai trouvé alors, et je n'ai pas changé d'avis, que ces demi-mesures sont plus suggestives que la nudité intégrale.

— Il n'y a rien à attendre de cela de Mlle Waywood. Elle portait une sorte de tunique, des écharpes, un châle bleu.

— Comme vous avez dû être déçus.

SIR Charles crut déceler un peu de hauteur dans l'invitation. Mais, comme tout le monde aux environs, il avait l'habitude de céder aux caprices de Lady Fenstanton. Et cela sortirait un peu Hébé. Ce fut avec tact qu'il lui transmit la requête.

— Lord Fenstanton, vous vous en souvenez, le plus âgé de mes invités de l'autre soir, a été tellement séduit par le spectacle que vous nous avez offert et a parlé de vous en termes si flatteurs à sa femme qu'elle désire vous voir. Nous sommes invités à dîner au château et elle se demande si vous accepteriez de danser et chanter pour elle, après le dîner.

— Bien sûr.

— La comtesse mène une vie un peu morne. Elle est beaucoup plus jeune que son époux et, autrefois, à Paris et à Vienne, elle s'est beaucoup amusée. Puis, elle a eu trois enfants dont deux sont morts en bas âge. Le pauvre vieux Fenstanton n'a pas rajeuni depuis et ils mènent une existence très calme. Ce sera un plaisir pour elle de vous voir. Et le château de Wichmore vaut le déplacement. Il est réellement magnifique.

— Plus magnifique qu'ici ?

— Il n'y a pas de comparaison. Je n'ai qu'une modeste maison de campagne, que j'espère confortable. Wichmore est imposant.

— Eh bien ce sera un plaisir pour moi de faire plaisir à quelqu'un d'autre. On m'en a fait tellement ces derniers temps.

Quelle attitude admirable et si inhabituelle à l'égard d'une invitation que lui-même, quoique la trouvant un peu arrogante, considérait comme un honneur. Il n'était pas plus snob qu'un autre, mais il avait parfaitement conscience des différences sociales, si nuancées fussent-elles. Et il songea aux huit kilomètres de trajet et au froid de plus en plus vif.

— QU'EST-CE que je vous disais, M. Bridges ?

— A quel sujet, Mme Warren ?

— Les fourrures ! Je ne vous avais pas dit que la prochaine fois ce serait le tour des fourrures de cette pauvre madame ? C'est fait ! Annie, ce matin, a reçu l'ordre de sortir la cape de zibeline et de bien l'aérer.

— Rien de surprenant à cela, Mme Warren. Sir Charles et Mlle Waywood dînent au château, demain. Si l'on peut se fier au jugement d'Annie en ce qui concerne les effets de Mlle Waywood, quoique jolis et convenables ils sont bon marché.

— Comme elle !

— Exactement. Et Sir Charles a toujours cherché à sauver les apparences.

Par son ton, l'expression de son regard, Bridges laissait sous-entendre : « *Nous sommes les premiers à le savoir !* »

— Et supposons qu'il se mette en tête *de l'épouser*.

— C'est là quelque chose que j'estime parfaitement improbable et à laquelle je préfère ne pas penser, *déjà*.

En donnant l'ordre de tirer de son obscurité parfumée à la lavande et au romarin où elle était restée suspendue de si nombreuses années la cape de zibeline doublée de satin moletonné, faite à une époque où on ne les concevait pas sans capuchon volumineux, Sir Charles n'avait pas songé une seconde à sauvegarder les apparences. Il n'avait pas ce genre de snobisme. Il avait seulement pensé au confort d'Hébé. Il ferait froid à l'aller à Wichmore et certainement plus froid encore au retour. Son manteau bleu avec sa bordure de fourrure était fort seyant, mais ce n'était qu'un vêtement d'étoffe légère, sans doute de laine mêlée de coton. Il en allait de même pour sa robe du soir. Il y avait beaucoup de sortes de velours, encore davantage de dentelles. La sienne était jolie mais de velours bon marché orné de dentelle mécanique.

Son geste aimable le fut en pure perte.

— Oh, que c'est beau ! s'écria Daisy avec tant d'admiration que ne sachant jusqu'ici s'il allait faire un prêt ou un don, il se décida pour le don. Mais elle ajouta :

— ... Si ça vous fait rien, j'aime mettre celui que Jack m'a fait cadeau... m'a donné. Vous voyez... c'est lui qui l'a choisi pour moi et ça me fait penser à lui.

— Je n'ai pas l'impression qu'il vous faille de souvenirs tangibles, fit remarquer Sir Charles, railleur.

— Non. C'est vrai. Je pense à lui tout le temps. Je croyais bien que j'aurais une lettre...

Un élan de pitié étreignit le cœur de Sir Charles. Jack aurait pu griffonner une ligne ou deux dans n'importe quelle auberge et s'assurer que sa missive prenne la première malle-poste. La façon dont cette pauvre enfant attendait le courrier était vraiment pathétique.

— Nous aurons bientôt des nouvelles, dit-il quoique sans illusion cependant.

Jack passerait l'inspection des dommages, estimerait les possibilités offertes par Plenrerith et reviendrait directement pour faire un rapport oral.

La visite à Wichmore, un succès à tous les points de vue, donna à Daisy un autre sujet de lettre qu'elle écrivit le soir même.

« *Mon chéri chéri chéri maintenan j'ai quelque chose a te dire a part que je t'aime et que tu me manque et que je voudré que tu soi là. Ce soir on a moi et Sir Charles...*

Elle leva sa plume se souvenant que l'une de ses leçons avait porté sur les mystères du « nous » et du « on ». Elle ratura sa phrase pour écrire : « *Nous avons, Sir Charles et moi été au château de Wichmore pour le diné c'était splendide et après j'ai dansé et chanté et tout le monde il été content de moi. A tu déjà été la c'est très beau Lord Fenstanton a dormit un peu mais lady Fenstanton a dis que j'été merveilleuse et il y a des choses qu'elle a demandé deux fois que je fasse et a la fin elle a prit une bague a elle pour me la donné et elle a dis qu'on été ami pour la vie Sir Charles dis que cé un safire cé bleu et sa vaut très cher. Au retour il fésé très froid et ca glissai pour les chevau et ca a pri longtemps mais je suis dans mon joli lit et je voudré tant te sentire avec moi. Chéri aimé s'il te plé reste pas labas ou si tu doit acause du tem tu dis seulement viens et je viens malgré la neige et le froid comme la fille dans la chanson pied nu. Chéri je crois pas que tu sais comment je t'aime juste de pansé ton nom ça me fé un frison. S'il te plé attent pas et revient vers ta daisy qui t'aime avec un milier de baiser. »*

Skelton ne s'attarda pas, non pas parce que Daisy lui manquait, mais parce qu'il avait hâte de se remettre au travail et que rien, ni personne ne pouvait faire quelque chose pour Plenrerith. Il avait promis à Charles de lui consacrer une semaine et il n'était pas attendu avant le mercredi, mais le mardi, juste au moment où Sir Charles et Daisy rentraient de leur chevauchée matinale, ils le trouvèrent dans le hall, un laquais l'aidant à se défaire de son manteau.

La jeune fille avait souvent entendu dire que l'on s'évanouissait de joie ou de tristesse, mais cela n'avait pas grande signification à ses yeux.

— Chéri ! dit-elle d'une voix incrédule et elle s'effondra.

Lorsqu'elle revint à elle, elle était allongée sur le canapé, dans la bibliothèque.

— C'était la surprise. Tout est devenu noir, dit-elle d'un ton d'excuse.

Sir Charles s'affairait, apportant de l'eau-de-vie, un autre coussin sous sa tête, une couverture légère sur ses jambes.

La violence de cette émotion l'impressionnait, le rendait même mal à l'aise. Il avait aimé, on l'avait aimé, mais pas avec cette passion. Evidemment certaines femmes s'évanouissaient — ou feignaient de s'évanouir — au moindre prétexte. Mais chez Hébé ce n'avait pas été de la comédie et cela cadrait très mal avec son aspect sain, sa vitalité. Il avait peur pour elle.

Skelton semblait plutôt inquiet, embarrassé par cette agitation. Il consulta sa montre.

— Je pense que si je peux vous raconter ce que j'ai vu avant le déjeuner, nous pourrons partir immédiatement après et être à Londres avant la nuit.

— Hébé ne sera peut-être pas en état de voyager.

— Mais oui.

— Très bien. Je suis toutes ouïes. Qu'avez-vous trouvé ?

— Le chaos. Et, si vous voulez mon avis, Algie a eu de la chance de ne pas y laisser sa peau. Deux ouvriers n'étant pas du coin, des étrangers comme ils les appellent, n'ont pas eu cette chance. J'aurais pu en apprendre davantage n'était un certain M. Tresize. J'y viendrai dans une minute. L'atmosphère est tellement tendue que je n'ai pas pu trouver de lit à Plenrerith même. Il m'a fallu loger à Penston, à plus de quatre kilomètres. L'hôtel est endommagé, mais pas de façon irréparable, de même que la plupart des maisons neuves.

— Et le port ? Mon oncle a dépensé une fortune pour le transformer en port de plaisance. En fait on ne peut accéder facilement à Plenrerith que par la mer.

— Des fanatiques y ont jeté des rochers et détruit en partie la jetée. Mais à cela aussi on peut remédier. Le problème, Charles, c'est que ni vous, ni personne d'autre n'étant pas du coin ne parviendra à faire faire le travail. Cela me ramène à M. Tresize. Il a travaillé dans les mines d'étain à Penston, mais il a tenté sa chance en Californie où il a fait fortune. Il est réellement fort riche. Il est revenu maintenant et il a des intérêts partout. Il a fait une offre pour Plenrerith dans l'état actuel. Trois mille livres.

— Cela paraît beaucoup, mais c'est une bagatelle à côté de ce qu'on y a déjà dépensé. D'abord par mon oncle qui en a eu l'idée, ensuite par moi, pauvre idiot que j'étais ! Jack que feriez-vous à ma place ?

— Vous l'aviez dit vous-même. Arrêter les frais et vous libérer enfin de ce poids mort.

Sir Charles parut peiné à cette idée et Daisy, se souvenant de sa gentillesse, pensa : « Pauvre vieux tout seul avec rien d'autre à aimer que ce qu'il possède. »

— Soyez pas triste, dit-elle, l'argent, il y a pas que ça.

— Je sais, ma chère enfant. Ce n'est pas tellement à l'argent que je songeais, qu'au gâchis. Un projet si bien intentionné ne menant à rien...

Mais tout en parlant, il pensait à autre chose. Cela faisait bien longtemps que quelqu'un s'était senti suffisamment en accord avec lui pour remarquer une expression passagère. Il comprit brusquement qu'il l'aimait et que n'eût été son attachement à Jack — absolument indigne d'elle — elle aurait pu l'aimer — Pensée dangereuse lorsque l'on a soixante-cinq ans.

CHAPITRE IV

PLUS TARD, EN Y REPENSANT, DAISY COMPARA LES ANNÉES A DES PERLES dont certaines étaient ternes, d'autres brillantes. La plus brillante de toutes fut celle commencée à Wichfield avec le retour de Jack pour se terminer si mal...

Au cours de cette année, Skelton peignit assidûment et bien. Non pas les cinquante portraits dont il avait parlé, un jour, mais vingt : Daisy figurait sur chacun dans différents déguisements, diverses poses, classiques pour la plupart et tous commercialisables. La vie domestique se passa sans heurts grâce surtout à Mme Paske qui continua à faire presque tout le ménage et la cuisine sans cesser de se demander quelles raisons empêchaient M. Skelton d'épouser Mlle Waywood. Ce n'était sûrement pas parce que sa famille s'y opposait car non seulement Sir Charles les avait invités chez lui mais, au début de mars, quand la température s'était radoucie, il était venu et avait couché deux nuits chez eux. Et trouver un monsieur plus aimable aurait été difficile.

Ce fut au cours de cette visite que Daisy demanda l'aide de Sir Charles à un sujet qui, sans la tourmenter réellement, provoquait chez elle des troubles de conscience intermittents : l'argent.

— Je voudrais pas avoir l'air intéressé, expliqua-t-elle. Jack est tellement généreux avec moi. Tout ce que je veux pour faire les courses et cinq shillings par semaine pour Mme Paske, pour que je m'abîme pas les mains avec le ménage. Et deux robes neuves depuis Noël... J'ai essayé de mettre de côté un peu de l'argent des commissions, mais j'ai pas réussi. Tout est de plus en plus cher et chaque fois que je vois quelque chose de bien, je me dis : ça plaira à Jack ! Faut dire que j'aime manger aussi. Mais j'ai vraiment besoin d'un peu d'argent pour envoyer à mon père. Je l'ai toujours fait quand j'en gagnais. Et vrai, j'en gagne en ce moment... Oh, mon Dieu ! Ça a l'air horrible ! Je voulais pas dire ça comme ça. Ça me fait plaisir d'être avec lui pendant qu'il peint. Ce n'est pas du travail pour moi. Ce que je voudrais c'est que Mme Paske vienne moins souvent, qu'elle ait seulement trois shillings. Je ferais davantage de cuisine et j'aurais deux shillings. Si seulement vous pouviez dire ça à Jack. Et plus de robes avant que j'en demande.

— Mais vous pourriez le lui dire vous-même, ma chère enfant. Cela serait beaucoup mieux venant de vous. Je crains que Jack pense que je me mêle de ce qui ne me regarde pas.

Sa réaction la déçut et, comme toujours avec elle, son visage refléta son émotion, l'exagérant. Elle parut désespérée.

— Justement, je ne *peux* pas. J'ai bien essayé. J'ai jamais eu le courage de le faire. Jack est pas comme tout le monde quand il s'agit d'argent. Il n'y pense pas tellement lui-même et il pense que les autres sont comme lui.

C'était bien observé. Mais Sir Charles qui avait toujours respecté l'attitude de son cousin à l'égard de l'argent, son désintéressement vis-à-vis d'un parent fortuné, modifia soudain son jugement et pensa que tout artiste qu'il était il manquait d'imagination.

— Je vais voir si je peux lui en glisser un mot, promit-il et Daisy lui adressa un tel regard de gratitude qu'il rêva, une fois encore, de la voir se détacher de Jack...

Pour le moment cela paraissait peu vraisemblable, mais on ne savait jamais. A vivre un peu avec eux, Sir Charles avait remarqué plusieurs choses, de peu d'importance en soi, mais qui, réunies, prenaient un sens nouveau et confirmaient son impression que, dans cette liaison, l'amour n'était qu'à sens unique. Par exemple, Jack avait suggéré que, pour sa première soirée en ville, Charles emmenât Hébé à l'opéra. « Vous êtes musiciens tous les deux » dit-il. Cela aurait pu être interprété comme une aimable attention pour eux deux, n'eût été la façon dont il avait parlé, avec juste une nuance de dédain pour un goût qu'il ne partageait pas.

— Mais alors, tu vas rester tout seul, chéri, dit Hébé.

— Je n'en mourrai pas ! — et, là encore, sa voix le trahit, laissant entendre qu'être seul c'était un luxe dont il profitait rarement. Et quoiqu'ils aient passé une soirée très agréable à l'opéra, vivant momentanément dans un monde chimérique, Hébé dit soudain :

— Je me demande ce que Jack fait. J'espère qu'il n'a pas trop bu, ajouta-t-elle. Je ne l'ai laissé qu'une seule fois. Mme Paske m'avait invitée à une petite fête qu'elle avait préparée pour l'anniversaire de son frère. Jack était complètement ivre quand je suis revenue.

Il l'était également à la fin de cette soirée. Fin soûl et endormi sur le canapé de l'atelier. Hébé le couvrit chaudement.

— Mon Dieu. Il aura mal à la tête et les mains tremblantes demain. Je n'aurais pas dû le laisser.

— Vous n'avez rien à vous reprocher. Il buvait déjà comme un trou quand vous étiez au berceau.

Skelton avait recherché le réconfort de l'alcool dès la rupture avec les traditions familiales, pendant les années de faillite. L'oubli dans un verre ! Il n'avait plus à oublier ses échecs à présent, mais l'habitude était prise et cadrait mal avec le mode de vie bourgeoise dans laquelle il avait culbuté. Il n'aimait pas Daisy passionnément, mais il éprouvait assez d'affection pour elle pour ne pas souhaiter la bouleverser. Sir Charles lui-même, observateur jaloux, n'aurait pu le penser.

Le lendemain fut une journée active pour un homme d'âge mûr et venu de la campagne pour la première fois depuis un an. Un peu irritante aussi, dans l'ensemble. Personne n'alla jusqu'à dire : « Overton ! Grand Dieu, je vous croyais mort ! » On lui dit : « Oh, Overton ! Ravi de vous voir. Et cette goutte ? » Surpris de le voir, satisfait de se souvenir de la nature de son mal. La vie avait suivi son train. Une année, c'était long et, quoique Wichfield fût relativement peu éloigné de Londres, c'était un peu à l'écart des chemins fréquentés. Ni le lieu, ni son propriétaire n'étaient assez importants pour mériter la visite spéciale d'hommes affairés. Depuis son départ du Parlement, trois ans plus tôt, il avait été virtuellement oublié, même dans les deux clubs auxquels il appartenait encore. Quelqu'un de bien intentionné lui déclara : « Vous n'avez pas vieilli d'un jour ! » Et il se sentit soudain vieux car c'était là le genre de remarque réservée à ceux marqués par l'âge.

Dans l'après-midi il avait eu rendez-vous avec un notaire — raison officielle de sa visite. Il en avait un très convenable à Barsham, mais le transfert de ce maudit Plenrerith exigeait davantage que ce que pouvait donner Me Copeland. Ainsi, à trois heures, Sir Charles s'était-il trouvé face à un jeune inconnu souple et sérieux qui lui dit aussitôt :

— Sir Charles, il était parfaitement inutile que vous fassiez ce trajet ! Je serais venu vous voir avec plaisir.

C'était très poli, mais pour le moins déplacé !

Se sentant vieux et ayant besoin de réconfort il passa chez son tailleur pour y commander plusieurs costumes. Là, il fut heureux de s'entendre dire que ses mesures n'avaient pas varié d'un centimètre — mais cela, il le savait déjà. Il savait également que les tailleurs ne reculaient pas devant certains mensonges innocents.

Il éprouva donc une réelle satisfaction à retourner au Clos du Puits, à cette moitié de maison ne disposant que d'une entrée, celle de la porte de la cuisine, et d'y trouver Hébé, dans sa plus belle robe ceinte d'un ridicule petit tablier, préparant un couple de canards.

— Je veux vous faire un bon petit dîner, toute seule, dit-elle.

Mêlé à la chaude odeur des canards rôtis, venait l'arôme des oranges coupées. Exactement comme si, à travers son visible désir de plaire, montait son appel à l'aide. Il se souvint alors lui avoir promis de parler pour elle. Il n'en avait pas encore eu l'occasion.

Lorsque cette occasion se présenta, ce ne fut pas facile. Après un dîner parfait en tous points, exception faite du vin qui laissait à désirer, Hébé déclara :

— Vous devez avoir des tas de choses à vous dire. Et je suis fatiguée. Aussi, si vous voulez m'excuser...

Les dés sont jetés. Comment vais-je dire à ce lourdaud que sa maîtresse veut deux shillings par semaine afin de les envoyer à ses parents et qu'elle a peur de les lui demander ?

Il réfléchit à la question avant de se décider :

— La curiosité est un vilain défaut, je le sais, mais est-ce que vous lui versez une pension ?

— Non. Pourquoi ?

— Je me demandais seulement ce que pouvaient valoir un modèle idéal *et* une bonne cuisinière.

— L'idée ne m'est jamais venue de la payer. Elle est bien

entretenue. Je lui achète ses vêtements. Et je mets de l'argent de côté à son intention — chose qu'elle ne ferait jamais elle-même. Pour une fille de son milieu elle n'a aucun sens de la valeur de l'argent.

— Ah, comment cela ?

— Extravagante. Ridicule. Et généreuse. Elle ne peut passer devant un mendiant sans lui donner quelque chose. Je ne suis peut-être pas très doué pour les affaires moi-même, mais j'ai toujours cherché à vivre selon mes moyens. Au jour le jour, emprunter, même mettre au clou dans les mauvaises périodes. Hébé n'a aucun sens de l'économie.

Il lui était difficile de dire à son invité qui venait de faire un dîner remarquable qu'Hébé, invariablement, achetait la nourriture la plus chère. A la campagne, un canard c'était peut-être bon marché, à Londres c'était du luxe. De même que les oranges à cette époque de l'année et la crème.

— Ainsi, vous faites des économies pour *elle ?*

Cela ressemblait peu à Jack, toujours si indifférent à l'argent, mais il avait déjà vu des exemples de ce genre. Des gens affectant de le mépriser tant qu'ils en étaient dépourvus et devenant économes et même avares dès qu'ils en avaient un peu.

— Je me sens responsable d'elle. Sans moi, elle serait morte ou encore chez Kitty. Si elle avait obéi à la vieille, c'est à elle qu'elle aurait eu des comptes à rendre... Et elle est jeune, elle aurait pu durer encore sept ans et... hop, en haut. On peut dire que j'ai fait sa ruine à cette pauvre gosse. Et sans le vouloir. C'était bien la *dernière* chose que je voulais.

— Je n'ai jamais très bien su ce que vous vouliez.

Sir Charles se contraignit à parler avec sa cordialité habituelle. Mais ce fut difficile. Il aimait beaucoup moins son cousin qu'autrefois.

— C'est simple, pourtant. Réussir dans ma voie, à ma façon.

— C'est ce que vous faites.

— J'en doute. Le piège était bien caché, mais c'en était un et j'ai foncé droit dessus, les yeux grands ouverts.

— Que voulez-vous dire ?

— Oh, Seigneur, ai-je besoin de m'expliquer ? Ne pouvez-vous comprendre ? Je voulais faire des portraits de gens normaux, laids s'ils l'étaient, même affreux. Je n'ai pas réussi. Et je suis tombé sur ce que vous appelez le modèle idéal. Elle l'est... Au moins deux fois par jour, quand je la peins dans une pose, je me l'imagine dans une autre... Un autre beau tableau que Wade pourra vendre. Ce n'est pas ce que je voulais faire ! J'ai peut-être été sa perte, mais elle est la mienne... A moins que je coupe tout et foute le camp. J'y arriverai à la fin. J'ai été... ensorcellé.

— Et où partirez-vous ?

— Nous rêvons tous. L'Egypte — Java — Tahiti. Beaucoup plus vraisemblablement ce sera Springfield Lane. Si absurde que cela puisse paraître, c'est davantage mon milieu que ça.

Il regarda autour de lui, presque méprisant, la pièce confortable meublée au goût de Foley, appartenant à Foley, l'homme qui avait réussi. Skelton, à présent, connaissait lui aussi le succès. Mais ce n'était pas celui qu'il voulait et il ne lui trouvait plus le même goût.

— ... Mais d'abord, il me faut mettre un peu d'argent de côté pour Hébé.

— Avant de l'abandonner.

— Ce terme est mal approprié, Charles. Assurée d'une certaine somme plus importante que la dot que les filles de son milieu peuvent espérer — elle pourra épouser un garçon convenable.

Sir Charles aurait voulu répondre : « Quand vous déciderez de vous débarrasser d'elle, je serai heureux de lui offrir un foyer. » Mais le moment aurait été mal choisi. Plus la situation durerait, plus Hébé aurait l'occasion de se rendre compte de ce qu'était exactement Jack : un type totalement égocentrique et dépourvu de cœur.

— En effet. En attendant, permettez-moi une suggestion. Laissez-la apprendre à se débrouiller avec l'argent en lui en donnant à elle, si peu que ce soit. C'est la seule façon.

Ça y était ! Il avait réussi et, selon lui, avec tact.

SIR Charles retourna à Wichfield pour attendre. Sans trop d'impatience. Sa goutte avait disparu et, contrairement à ses craintes, n'était pas revenue avec la chaleur. Il se sentait rajeuni. Mais il avait soixante-cinq ans et ses besoins sexuels, jamais assez puissants pour en être gênants, étaient presque éteints. Il était amoureux d'Hébé à sa façon, faite d'un mélange de besoin de possession, de parternalisme et du plaisir des yeux. Il avait toujours aimé ce qui était beau et se plaisait à collectionner.

— L'ARGENT des courses ; les gages de Mme Paske, dit Skelton en posant les pièces sur la table. Et cela, c'est pour toi, Hébé, pour faire exactement ce que tu veux.

— Cinq shillings. Oh ! j'en espérais pas plus de deux.

Espérais ! Skelton se souvint alors que son cousin avait commencé la conversation en lui demandant s'il lui versait une pension — ce qui ne cadrait pas du tout avec lui.

— As-tu parlé d'argent à Charles ?

— Ben... dans un sens.

— Et qu'est-ce que cela veut dire ?

Il avait l'air mauvais et ce qui restait de l'ancienne Daisy se réveilla, prête à une réplique cinglante. Mais l'amour l'avait désarmée, affaiblie.

— J'ai seulement dit que depuis quelque temps j'avais rien envoyé à la maison et que ça m'ennuyait.

— Pourquoi ne pas me le demander à *moi ?*

— Je ne sais pas. J'ai pas osé, c'est tout. S'il te plaît, chéri, sois pas fâché. Je me plaignais pas, je t'assure. J'ai simplement dit...

Son mécontentement grandissant, pour lui, comme pour son œuvre, trouva dans ce prétexte futile le moyen de s'extérioriser.

— Tu as agi derrière mon dos, sachant parfaitement qu'il te suffisait de demander.

— C'est pas ce que j'ai voulu.

Elle se mit à pleurer. Et, bien sûr, elle pleurait comme elle faisait presque tout, de façon merveilleuse. Les larmes montèrent, restèrent dans ses yeux, les faisant paraître plus grands, accusant leur couleur, puis se répandirent, s'accrochant à ses cils comme des diamants, humidifiant ses joues comme de la rosée. La plupart des hommes se seraient précipités pour la prendre dans leurs bras, sécher ses pleurs de leurs baisers, demandant pardon pour un instant d'irritation, assurant que cela n'avait pas d'importance. Skelton était d'une espèce différente. Quel sujet de tableau ! songea-t-il. Il se demanda comment peindre des larmes et si l'on croirait qu'une femme puisse pleurer sans s'enlaidir.

De fait, il rendit merveilleusement ses larmes et, beaucoup plus tard, *La pénitente*, fut considérée comme son œuvre la plus belle. Sa réputation se fit sur les quelques portraits de Daisy dans des rôles non classiques, un ou deux portraits qui n'avaient plu à personne à l'époque et celui, inachevé, de la duchesse de Sudbury. La série de tableaux que Wade avait achetée avec empressement et vendue fort avantageusement, fut considérée comme mineure par une génération qui ne voyait aucune beauté dans la semi-nudité.

CHAPITRE V

Les jours passèrent uniformes et, pour Daisy, heureux. Elle n'envoyait qu'une livre par mois à ses parents, mais au moins le faisait-elle régulièrement. Jack s'enivrait de temps en temps, mais elle ne réagissait pas, inconsciente du fait que son visage la trahissait, transformant un léger effroi en détresse et que la sollicitude, si bien intentionnée soit-elle, pouvait être ennuyeuse. Et ce fut à nouveau le premier Mai.

— Tu te rends compte ! dit-elle. Cela fait un an que Mme Westcott m'a renvoyée — Et quelle année !

Et juin arriva. Un matin, Jack annonça :

— Nous sommes invités à Wichfield. Ça te plairait d'y retourner ?

— Oh, oui ! répondit-elle en joignant les mains, retrouvant presque l'attitude de la jeune fille en prière. — La différence était très subtile mais elle n'échappa pas à l'œil du peintre — Les prés pleins de marguerites et les aubépines en fleurs. Oh j'adorerais ça... mais pas si... si tu ne veux pas. Si ça te gêne pour ton travail.

Bon Dieu c'est *toi* qui me gêne ! Tout le temps. Chaque geste que tu fais est un tableau en soi. Je me répète autant que Foley ! Je vais finir par être incapable de rien peindre d'autre.

— Des vacances me feront du bien, dit-il.

Une fois de plus, Sir Charles s'employa à charmer et, cette fois-ci, dans un but délibéré, mais avec un espoir déclinant. Si l'affection déjà très relative de Jack à l'égard de Hébé avait encore perdu de son ardeur, elle était, quant à elle, plus éprise que jamais. Le moindre détail le prouvait.

Si Sir Charles demandait :

— Alors qu'aimeriez-vous faire aujourd'hui ?

Invariablement, Hébé regardait Jack, attendant qu'il suggère quelque chose, une promenade à cheval, en voiture, à pied. Et, presque invariablement, il répondait :

— Le but des vacances est de ne rien faire.

— Alors nous ne ferons rien.

Cependant, malgré ce choix de ne rien faire, sauf lire ou rester dans une chaise-longue, dans le jardin, il semblait s'ennuyer, mécontent, ou légèrement mal à l'aise. A une ou deux reprises, seul avec Sir Charles, il parut sur le point de dire quelque chose de plus important que leur bavardage habituel. Mais rien ne fut dit jusqu'à la fin de la première semaine des quinze jours prévus.

C'était un vendredi, premier jour du petit concours agricole annuel se tenant sur les terres du château de Wichmore durant deux jours. Sir Charles le savait, Hébé s'en faisait une joie. Elle fit des vœux pour que le beau temps dure, pensa à la toilette qu'elle mettrait. Chaque année au mois de juin, dit-elle, il y avait un concours semblable à côté de Talbot Ste Agnès, mais elle n'était jamais parvenue à voir tout ce qu'elle aurait voulu. Skelton n'avait jamais parlé de son intention de ne pas venir jusqu'au jour même de l'ouverture — une légère brume, le matin, promettait une belle journée chaude.

— Ne comptez pas sur moi, dit-il soudain.

Le visage d'Hébé refléta aussitôt sa détresse.

— Oh, pourquoi ? Tu te sens mal, chéri ?

— Non. Est-il nécessaire que je sois malade pour éviter une foule puante et bruyante ?

Sir Charles avait une fois, une seule fois, été le voir à Springfield Lane et piqué par le ton de mépris de son cousin autant que par son manque d'amabilité réagit avec sécheresse.

— Votre odorat est devenu bien sensible, soudain ! Pour votre gouverne, sachez que ceux qui assistent à la première journée sont surtout les organisateurs qui souscrivent trois guinées par an, ou des gens qui peuvent dépenser cinq shilling pour un ticket. Même ceux qui viennent le samedi sont lavés et vêtus de leurs plus beaux habits.

Sir Charles défendait l'un des aspects de la vie qu'il avait adoptée un peu à contrecœur et dont il pensait à présent le plus grand bien. Il avait été converti aux mérites de la propriété terrienne et parlait avec ferveur. Il faisait partie des organisateurs et des membres du jury. L'année précédente, torturé par la goutte, il avait quand même réussi à boitiller jusqu'à sa place et à faire son devoir. Par comparaison, cette année, il était frais comme un gardon.

— Il n'empêche, je préfère ne pas venir, répondit Skelton. Cela ne peut déranger personne.

— Moi, ça me dérange beaucoup. Je serai très occupé toute la journée. Il faut que je juge le bétail, que je déjeune avec les autres membres du jury, prenne le thé avec les vainqueurs. Il m'est impossible de faire tout cela et d'escorter Hébé en même temps.

— Oh, je vous en prie, dit Daisy, ne vous tracassez pas pour moi. Si Jack ne veut pas venir, je resterai ici avec lui.

— Mais vous attendiez cette journée avec impatience, protesta Sir Charles.

— Hébé peut parfaitement se promener seule, remarqua Skelton.

C'était exact, elle allait faire des courses seule à Londres, endroit beaucoup plus dangereux qu'un pré, à Wichmore, fréquenté par les propriétaires de la région et des gens ayant déboursé un confortable droit d'entrée.

— Là n'est pas la question ! répliqua Sir Charles extrêmement irrité.

Il avait pris des tickets pour eux leur donnant droit à l'entrée et au déjeuner. Il avait même calculé la date de son invitation pour y faire figurer cet événement. Il regarda son cousin d'un air très mécontent, et puis scrutateur, comme pour comprendre la raison de ce comportement stupéfiant. Skelton s'agita, mal à l'aise.

— Quel remue-ménage pour rien ! J'ai à réfléchir à certaines questions et je voulais profiter d'une ou deux heures seul pour le faire. Est-ce tellement extraordinaire ? Mais, évidemment, si Hébé ne peut se déplacer seule, en plein jour, au sein d'une compagnie aussi respectable, je viendrai.

Daisy, au bord des larmes, intervint.

— Mais non. Je resterai ici et je ne te dérangerai pas.

— Tu as dit que tu tenais beaucoup à y aller.

— Oui. Et vous irez ! déclara Sir Charles, prenant une décision soudaine.

Il renoncerait au déjeuner avec les autres membres du jury et au thé avec les vainqueurs. Il tiendrait son rôle de juge mais debout, avec la foule, une femme non accompagnée se ferait moins remarquer, tous les regards seraient pour les animaux.

— ... Mettez votre chapeau, ma chère. Il est temps de partir.

— Maintenant, je ne sais pas quoi faire !

Daisy regardait les deux hommes, tour à tour.

— Vas-y et amuse-toi, dit Skelton.

— Venez, Hébé. Je veillerai à ce que vous vous amusiez, en effet.

COMPTANT sur deux passagers, Sir Charles avait commandé le dog-cart assez grand pour que l'on y soit à quatre et pouvant également transporter des chiens. Mais il prendrait son cabriolet, qu'au fond il préférait.

— Jack doit avoir un projet de tableau en tête, remarqua Daisy, comme ils roulaient. Il est souvent bizarre comme ça avant de peindre.

Sir Charles se retint de lui répondre que c'était un sale égoïste et se contenta de dire :

— Sans doute doit-on tenir compte du tempérament artistique.

— C'est exactement ça ! Et c'est ce que je fais. C'est pour ça qu'on s'entend si bien. Je serais incapable, même si ma vie en dépendait, de peindre un tableau. Je peux dessiner, gribouiller, vous savez quand les mots manquent. Mais je comprends et s'il veut parler, j'écoute et je le laisse parler. Je me contente de dire un mot par-ci, par-là. Mais quand ça lui prend et qu'il n'ouvre pas la bouche, je me tais moi aussi. Comme aujourd'hui. Si j'étais restée et qu'il n'ait pas voulu parler, ça aurait servi à quoi ?

— Parfaitement. Nous allons voir si nous pouvons nous passer de sa présence, pour une journée.

Il avait parlé d'un ton léger et, prenant exemple sur lui, Daisy répondit :

— On peut toujours essayer.

Ils passèrent une journée très agréable. Sir Charles n'eut à sacrifier ni son déjeuner, ni son thé car, à peine étaient-ils entrés sur le terrain que Lady Fenstanton se précipita sur eux et accueillit Daisy comme l'envoyée du ciel.

— Le docteur Mc Gibbon a absolument interdit à mon mari de faire le moindre effort par une chaleur pareille, déclinant toute responsabilité s'il ne l'écoutait pas. Comme si quelqu'un le lui demandait ! Cependant... Pauvre homme, ça le rend plutôt morbide. Le seul fait de vous voir lui fera un bien fou, ma chère. Aussi, si Sir Charles peut se passer de vous...

Elle entraîna Daisy vers le château, en direction d'une sorte de terrasse faisant partie d'un ancien rempart abritée par un auvent de toile rayée sous lequel se trouvait Lord Fenstanton, dans une chaise-longue. De là, la vue était magnifique et lorsque le comte émergerait de sa somnolence et reconnaîtrait Hébé, il comprendrait qu'il n'avait pas d'effort à faire pour elle. Lady Fenstanton devant, pour la première fois, tenir son rôle et celui de son mari et se trouver partout à la fois, rien ne pouvait l'arranger davantage.

— C'est moi qui ai eu la plus belle vue ! dit Daisy comme ils revenaient à Wichfield. Et j'ai été contente que votre vache soit primée. J'ai applaudi aussi fort que j'ai pu. Vous n'avez probablement pas pu entendre, mais c'est vrai.

Sir Charles avait fait concourir une vache et son veau, dans une catégorie où il ne faisait pas office de juge. Il avait gagné une guinée et la cocarde rouge si convoitée.

Puis, ils parlèrent de leurs repas respectifs.

— Avez-vous fait un déjeuner agréable ? Qu'est-ce que c'était ?

— Ça ne varie jamais. Du rôti de bœuf froid, du gâteau fourré à la confiture et de la bière.

— J'ai été plus gâtée. De la salade de homard, des fraises à la crème et du champagne. Lord Fenstanton s'est endormi au milieu du déjeuner. Il a beaucoup baissé depuis six mois.

— Oui. A la fin de la vie et au début, six mois ça compte énormément.

« Je cours sur mes soixante-six ans. Je vais beaucoup mieux, mais je suis vulnérable et je n'ai pas de temps à perdre. Je n'ai rien fait pour obtenir ce que je veux. Et que puis-je faire, sinon attendre qu'elle ait enfin compris ? »

— J'espère que Jack ne s'est pas ennuyé et n'a pas trop bu, dit Daisy.

CHAPITRE VI

LORSQUE SIR CHARLES TROUVA ET LUT LE BILLET QUI L'ATTENDAIT POSÉ contre la glace de sa table de toilette, il pâlit sous le hâle qu'avait accentué le soleil de la journée. Il songea à ce vieux proverbe mettant en garde contre ce que l'on demandait aux dieux, car on pouvait le recevoir et ne pas l'aimer. Il n'aimait pas cela du tout ! Certes, il avait voulu Hébé pour lui-même. Mais il avait espéré que son désir serait exaucé de façon naturelle, un transfert indolore de son affection pour Jack, qui la méritait si peu, vers lui. Il en allait autrement. Il s'agissait là d'une amputation. Et c'était bien de Jack Skelton d'agir de façon aussi brutale. Il lit à nouveau le billet.

« *Cher Charles. Je ne veux pas de scène, aussi je saisis cette occasion pour m'éclipser. Hébé, je le sais, sera en sécurité avec vous et je sais aussi que vous comprendrez pourquoi je dois échapper à une situation plus intolérable chaque jour. Hébé a toutes les qualités, toutes les grâces, mais la routine et la vie domestique m'étouffent en tant qu'homme et en tant qu'artiste. Il faut que je parte. Je ne peux pas vous dire où, parce que je l'ignore. Ce ne sera pas Londres. Vous lui annoncerez cela avec douceur, je le sais, et je vous souhaite d'être heureux, à tous les deux. J.* »

Très lentement et par à-coups, Sir Charles entreprit de faire sa toilette et de se changer pour le dîner dont on avait délibérément retardé l'heure parce que l'on ne pouvait attendre d'un homme ayant mangé des sandwiches, des saucisses, du cake et bu de la bière ou du thé sucré très fort avec les heureux gagnants, qu'il ait de l'appétit avant neuf heures. Il n'aurait certainement pas faim, maintenant ! Qu'allait-il donc pouvoir dire à cette pauvre enfant ? Comment lui annoncer la nouvelle avec douceur ? Pourquoi était-ce lui qui devait avoir droit à une scène ?

Il fut tenté de reculer le moment décisif ; de se coucher en prétendant être fatigué ; se rendre chez Ackroyd, dire être venu boire un verre et attendre que, le temps passant, Hébé se doute de quelque chose. L'une ou l'autre formule serait lâche et impliquerait la laisser seule face à ses soupçons, puis à la certitude. S'était-elle déjà rendue compte du silence de la chambre adjacente ? Oh, mon Dieu ! L'espace d'une minute, il souhaita ne l'avoir jamais vue. Mais ce souhait ne venait que de la surface de son esprit troublé, pas de son cœur.

Il désapprouvait l'habitude de boire de l'alcool avant les repas, mais il lui fallait davantage que le coup de fouet d'un verre de xérès ou de madère. Sans attendre le gong, il descendit et se versa une forte rasade d'eau-de-vie qu'il avala comme un médicament. Encore une ? Avant qu'il ait pu se servir, le gong résonna. Et puis, il remarqua le couvert mis pour trois et, en hâte, ordonna qu'on ôte le troisième couvert. Hébé, un peu en retard, entra vivement, eut un regard rapide autour d'elle.

— Oh ! dit-elle. J'espérais... Je ne peux pas trouver Jack. J'ai cherché partout, demandé à tout le monde. J'ai pensé que le gong...

Puis elle vit les deux couverts.

— ... Vous saviez ?

Cela parut la rassurer un peu.

— Je savais que nous serions seuls pour dîner. Il est tard.

— Evidemment. Je n'avais pas pensé à ça. Je craignais... Vous savez... ce que j'ai dit en revenant.

Elle parlait, consciente de la présence du maître d'hôtel et du valet de pied.

— Rien de la sorte, répondit Sir Charles, laissant entendre que Jack n'était pas écroulé ivre-mort quelque part. Tout va bien. Je vous expliquerai plus tard. Il va très bien.

Oui, il va très bien que le Diable l'emporte !

Ni l'un, ni l'autre n'apprécia ce qui aurait dû être un repas délectable, léger et frais — le consommé lui-même était glacé — Daisy attendait le moment où les domestiques se retireraient permettant à Sir Charles de parler franchement. Sir Charles attendant, redoutant le moment où il lui faudrait assener le coup fatal.

— Maintenant, dit-elle quand ils furent seuls, racontez-moi. Ou préférez-vous que je le fasse ? Il est retourné à Londres. J'ai senti que ça se préparait. La campagne ne représente pas pour lui ce qu'elle représente pour moi. Il est seulement venu pour me faire plaisir. Je m'en suis rendu compte. J'ai été égoïste en m'extasiant sur les églantines et les marguerites. Pauvre Jack qui s'ennuyait à mourir par ma faute. Vous voyez, il n'a même pas voulu me le dire, parce qu'il a cru que j'interromprais mes vacances s'il me le demandait. Et je l'aurais fait. Et il est parti comme ça et il n'y a même pas un bout de pain à la maison et Mme Paske qui pense qu'on ne reviendra pas avant samedi. Vraiment, il est réellement idiot parfois. Enfin, je serai là-bas demain.

Le cœur à vif et le billet dans sa poche lui brûlant les côtes, Sir Charles emplit le verre de Daisy du porto qu'elle aimait. Et elle, pensant « pas de raison de ne pas en profiter », le vida.

Peut-être cela lui donnerait-il du courage songea Sir Charles. L'eau-de-vie, qui avait paru si inutile, commençait à faire son effet. En cas d'amputation, il faut agir vite. Et totalement. Qu'elle sache tout. Que la question soit réglée.

— Hébé, ma chère enfant, Jack n'est pas retourné à Londres. Il est tout simplement parti.

— Parti ? Où cela ? Qu'est-ce que ça veut dire, parti ?

— Hébé, il vous a quittée.

— Je ne le crois pas. Nous étions comme ça — elle noua ses doigts, les tendit — il n'a jamais regardé une autre femme. Je n'ai jamais regardé un autre homme. Jamais nous ne nous sommes disputés. Je ne peux pas croire qu'il soit parti et m'ait laissée. Je ne peux pas.

Mais, Sir Charles s'en rendit compte, elle le croyait. Ses lèvres mêmes étaient devenues livides. Il se prépara à faire face à un autre évanouissement. Mais elle mit ses mains jointes, symbole de l'unité, sur la table et se penchant y appuya le front.

— Mon Dieu ! Mon Dieu, je ne peux pas le supporter. Il est toute ma vie. Je ne peux pas vivre sans lui.

Et elle se mit à pleurer, non pas de la façon hystérique que craignait Sir Charles, mais à gros sanglots déchirants. Sans rien dire, il attendit, regardant le mince corps secoué par les sanglots. Un chagrin d'une telle violence ne pouvait durer longtemps, ce devait être trop épuisant, se dit-il. Mais il n'en put supporter davantage et il tendit la main pour la mettre sur son épaule.

— Arrêtez, je vous en prie. Vous allez vous faire mal... Et cela me cause une peine atroce.

Le hasard lui avait fait trouver le point sensible. Il se rendit compte qu'elle avalait ses larmes, luttant pour se maîtriser. Lorsqu'elle leva la tête, elle offrit un visage décomposé par la douleur, celui de quelqu'un venant de recevoir un coup mortel.

— Je sais. Ce n'est pas très gentil pour vous non plus. Comment a-t-il pu nous faire ça ? Comment a-t-il pu ?

Le choc avait dilaté ses pupilles à tel point que ses yeux n'étaient plus bleus, mais des abîmes noirs de détresse.

Sir Charles aurait voulu accabler son cousin, dire qu'il ne méritait pas une seule larme, qu'il n'était qu'une brute égoïste et sans cœur. Mais il se surprit à dire exactement l'inverse.

— Il a fait preuve d'un certaine considération en choisissant cette date, Hébé. Il savait que vous seriez en sécurité avec moi. Je prendrai soin de vous. Je m'emploierai de toutes mes forces à vous rendre heureuse. Le choc est terrible pour le moment, mais vous êtes jeune...

— Jeune. Heureuse. Je ne le serai plus jamais. C'est terminé pour moi.

— Ne dites pas cela. Le temps guérit tout vous savez. Et vous avez toute la vie devant vous.

Ce n'était que des banalités, il le savait, mais que dire d'autre ?

Après avoir lutté pour retrouver son équilibre, Daisy s'y maintint. Elle resta pensive un moment, puis demanda de sa voix habituelle :

— Vous a-t-il dit où il allait, ou laissé un billet ?

— Un billet.

— Et il n'a pas dit où ?

— Simplement que ce n'était pas à Londres.

— Puis-je le voir. Je pourrai peut-être lire quelque chose entre les lignes.

Il l'avait pris avec lui pour le cas où elle aurait refusé de le croire. Alors il le lui aurait montré, malgré les phrases blessantes. Mais elle l'avait cru.

— Je suis désolé. Sur le moment, j'ai été si bouleversé que je l'ai déchiré et j'en ai jeté les morceaux dans ma corbeille à papiers. On a dû la vider depuis. Du reste, il n'expliquait rien, sauf qu'il partait, mais pas pour Londres, et me demandait de vous le dire.

— Peut-être en Egypte, dit-elle. Il a rencontré quelqu'un chez Wade. Un... vous connaissez le mot... ceux qui creusent pour trouver de vieux objets.

— Archéologue.

— Oui. Il voulait un peintre dans son équipe. J'aurais dû me méfier. Le fait que Jack y ait pensé... Ce n'était pas son genre de travail. Mais il... ce qu'il faisait ces derniers temps non plus. Je veux dire, à me peindre sans arrêt. Je me rendais bien compte qu'il s'énervait. Mais il aurait pu peindre quelqu'un d'autre. Je n'y voyais pas d'inconvénient. Je lui ai dit, une fois.

C'était extraordinairement touchant. Tant de beauté et tant d'humilité. Toutes les qualités, toutes les grâces. Aussi belle de caractère que de traits. Et jetée comme un vieux gant ! « Je vais réparer tout cela ! Je... je vais l'épouser ! »

Il n'en avait jusque-là pas eu l'intention. Il la voulait comme maîtresse, comme petit animal que l'on gâte. Dès le début, il s'était rendu compte quelle était la nature de ses relations avec Jack, avait imaginé la rupture d'une liaison où l'amour n'était pas partagé et Hébé passant d'un propriétaire à un autre, comme on le faisait de chiens ou de chevaux. A présent, chose curieuse, il se sentait honteux d'avoir pensé à elle avec une telle désinvolture. Il souhaita lui donner tout ce qu'il possédait et cela incluait un titre. Il le portait avec aisance, estimant sa dignité ancienne de baronnet supérieure à une pairie récente et considérant que, d'une certaine façon, il avait payé ce qu'il avait hérité du sacrifice de ses ambitions personnelles. Pour les femmes, il le savait, un titre, quel qu'il fût, avait une grande valeur, les multiples tentatives faites pour le pousser au mariage le prouvaient. Et il était en son pouvoir de conférer un titre à cette délicieuse enfant, quand sa blessure se serait refermée. On ne manquerait pas de bavarder évidemment, mais avec Lady Fenstanton déjà tellement du côté d'Hébé, l'issue était assurée. Là où Lady Fenstanton déciderait d'aller, tout le monde suivrait.

— Je pense, ma chère enfant, que vous devriez aller vous coucher à présent. Une bonne nuit de sommeil sert d'amortisseur. Tout semblera différent, demain. J'ai des pilules que m'a prescrites le docteur Mc Gibbon quand ma goutte m'empêche de dormir. Elles sont efficaces et inoffensives. Le mieux est de les prendre avec un verre de lait chaud. Je vais prévenir Mme Warren.

MME Warren et M. Bridges s'étaient déjà mis d'accord pour trouver qu'il se passait quelque chose de bizarre. Il était inhabituel qu'un invité disparaisse tout simplement comme l'avait fait M. Skelton. Sir Charles était un maître juste et quand il annonçait qu'ils seraient trois pour le dîner, cela voulait dire trois. De toute évidence, il ignorait le départ de son cousin.

— Il n'était pas tout à fait lui-même, avant le dîner, dit le maître d'hôtel. Il a bu de l'eau-de-vie et il avait l'air un peu ennuyé. Si je n'avais pas connu les résultats, j'aurais pensé que Wichfield Witch n'avait pas gagné le prix. Mais elle l'a eu. Et, pendant tout le dîner, il y a eu, comme qui dirait, une drôle d'atmosphère. Il se retenait, vous comprenez.

— Il avait eu le temps de lire sa lettre. James a vu qu'il la lisait en apportant l'eau chaude.

— Et il a ordonné qu'on enlève le troisième couvert d'un ton assez sec. Ce que je voudrais bien savoir c'est comment M. Skelton est parti. J'ai fait une enquête discrète. Il a dû partir à pied. Le cabriolet mis à part, ni une voiture, ni un cheval n'ont bougé de la journée.

— Et le premier arrêt de la diligence est à près de quatre kilomètres. Pour autant que *nous* sachions, pas de disputes.

— S'il y en a eu, ça c'est passé au petit déjeuner. Sir Charles avait commandé le dog-cart et il l'a fait changer pour le cabriolet ! Pourtant, il comptait voir M. Skelton au dîner. C'est tout de même bizarre. Oh ! votre sonnette.

La sonnette destinée à la gouvernante tintait chez elle, tintement de soprano léger, impossible à confondre avec la basse réclamant M. Bridges, ou le carillon du reste de la domesticité. M. Bridges nota avec satisfaction que Marion était encore preste et de pied léger. Elle sortit en hâte et resta absente assez longtemps. A son retour, elle s'assit à côté de la fenêtre ouverte et but une gorgée de son whisky glacé avant de parler.

— Autre chose, du lait chaud et des pilules contre la goutte pour Mlle Waywood.

— Par une soirée aussi chaude !

— C'est ce qu'il voulait. J'ai fait chauffer le lait moi-même et il y a mis les pilules en disant qu'elles l'aideraient à dormir. Elle avait l'air d'avoir reçu un coup de massue sur la tête. Assommée quoi.

— Bon, on verra ce qu'on verra.

— Oh ! c'est tout vu. Je ne peux pas prétendre avoir le don de double vue — bien que ma grand-mère l'ait eu et il paraît que ça saute une génération — mais dès le début, immédiatement après Noël quand elle est venue ici et qu'elle a fait ses simagrées, j'ai compris qu'il avait perdu la boule. Et elle pourrait être sa petite-fille !

LES pilules, destinées à calmer la douleur et à amener le sommeil, agirent un certain temps. Mais lorsque Daisy se réveilla, elle pleurait et elle avait visiblement pleuré en dormant, son oreiller était trempé. Elle continua de pleurer éveillée, ses larmes emportant un peu de sa jeunesse, de sa résistance et du défi qu'elle avait lancé à la vie. A l'aube d'un jour nouveau, elle fit face à la vérité. Jack Skelton ne l'avait jamais aimée comme elle l'aimait. Il l'aimait bien, elle lui avait fait pitié ; il la trouvait utile comme modèle et prenait plaisir à être son amant, mais un peu seulement. Il n'était pas de ceux qui s'attachent. Il s'était fatigué d'elle, comme maîtresse et comme modèle, et il était tout simplement parti. Il en avait le droit. Il ne lui avait jamais rien promis, jamais il n'avait joué la comédie et, comme l'avait dit Sir Charles, il avait calculé sa fuite avec une certaine considération. Il ne l'avait pas abandonnée seule pour se débrouiller. Il l'avait laissée ici... Et cela aurait pu être très bien, si... Elle se représentait assez bien les sentiments de Sir Charles à son égard. Très gentil... — probablement une certaine forme de désir — Un homme de son âge se satisfaisait d'une caresse, d'un baiser, d'un sourire, peut-être de temps à autre une tentative maladroite d'intimité — et puisqu'elle-même se sentait plus vieille qu'Eve, guérie de l'amour et heureuse qu'on lui témoigne de la tendresse, tout aurait concordé pour qu'ils s'entendent, si...

SIR Charles fut soulagé de constater qu'une nuit de repos lui avait rendu son calme sinon ses couleurs, et ravi quand elle lui demanda s'ils pouvaient faire du cheval. Il pensa que c'était un petit être très courageux et songea avec plaisir que Barsham, d'habitude si morne, offrait ce jour-là une forme de diversion.

— Nous irons à Barsham et boirons du café dans le jardin du Prieuré.

Comme toutes les manifestations publiques — même une pendaison — le concours agricole attirait beaucoup de gens, marchands ambulants ou amuseurs. Mais Lord Fenstanton prenait le concours très au sérieux et se refusait à admettre dans l'enceinte du château quoi que ce soit n'étant pas en rapport direct avec l'agriculture. Les outils agraires, même les paniers, les oignons et les semences étaient autorisés. Mais ce que le comte appelait de la camelote de marchands ambulants et les chiens dressés étaient interdits. Le propriétaire de l'auberge « les Anges » à Barsham avait très vite fait de tirer profit de cet interdit. Derrière l'auberge qui, autrefois, avait servi de réfectoire aux moines, s'étendait un terrain d'environ un hectare et demi impossible à cultiver, parce que hérissé de ruines de l'ancien monastère. Pour ce terrain plutôt désolé, l'aubergiste versait un droit de fermage de six pence par an et le relouait chaque fois que l'occasion s'en présentait. Tous les gens qui, sans les principes de Lord Fenstanton se seraient trouvés aux environs du château, plantaient leurs tentes dans les pierres du Prieuré. L'aubergiste ne se contenta pas de cette innovation. Comprenant que beaucoup de gens, tout en voulant se distraire, ne souhaitaient pas se mêler à la foule, il soigna son jardin assez négligé jusque-là et qui surplombait le terrain et y servit des rafraîchissements, des sandwiches, des pâtisseries et de la crème glacée.

Daisy mangea sa glace de façon si lente et si languissante qu'elle fondit dans sa coupe. De temps en temps, des gens approchaient de la barrière basse séparant le jardin du champ de foire. Une femme offrit des rubans de couleur vive et de la dentelle qu'elle déclara faite à la main. Sir Charles eut un regard interrogateur vers Daisy qui secoua la tête. « C'est ce dont elle vit », dit-il et il acheta de tout avec largesse pour ses domestiques. Un Italien, accompagné d'un petit singe déguisé en matelot, chanta *Rule Britannia* et reçut six pence. Un autre homme s'approcha avec un chien dressé.

— Renvoyez-le, dit Daisy. Je n'aime pas les animaux qui font des tours.

En fait, le chien ne connaissait qu'un tour et cela consistait à lever la patte droite, comme pour saluer. Personnellement, Sir Charles vit peu de différence entre cela et un chien dressé pour rapporter un faisan, ou marcher au pied de son maître. Cependant, d'un geste, il fit signe à l'homme de s'éloigner. Pauvre Hébé, pensa-t-il, elle a le cafard.

— Que diriez-vous d'un verre de vin ?

— Pas maintenant, merci. Peut-être après... J'ai quelque chose à vous dire.

Elle le regarda bien en face et il constata que, si ses yeux étaient redevenus bleus, l'étincelle qui les faisait briller avait disparu.

— Parlez, dit-il avec douceur.

— Jack a paru penser — et vous en avez parlé — que j'allais rester avec vous.

— C'était son intention j'en suis sûr. Et c'est mon espoir le plus fervent.

— Je vais avoir un bébé.

— Oh ! — il parut et il fut atterré — Jack le savait-il ?

— Non. Dès que j'en ai été sûre, j'ai voulu le lui dire, mais c'était comme pour l'argent, je n'en ai pas eu le courage... Il n'aimait pas les enfants. Il n'a jamais pu en peindre un seul.

Elle était tellement certaine que cet enfant serait mal accueilli qu'elle avait tenté de s'en défaire. Elle avait fait jurer le secret à Mme Paske et lui avait demandé de l'aider. Celle-ci lui avait répondu :

— Dites-le-lui, mon petit. Les hommes ne réagissent pas de la même façon quand c'est à eux. Et maintenant il sera bien forcé de vous épouser. Je l'ai dit depuis le début.

Et puis, comprenant que ce genre de raisonnement ne menait à rien elle avait offert des conseils plus pratiques — mais sans danger — Elle y insista beaucoup. Elle aimait énormément Daisy et elle obéissait à des règles très strictes. Trop de soi-disant sages-femmes s'activaient dans d'autres domaines. Elles donnaient une mauvaise réputation à la profession. Une pinte de bière chaude assaisonnée d'une noix de muscade râpée ; autant de gin qu'elle pouvait en avaler d'un seul trait, une simple dose de pouliot — Tout cela ne pouvait détruire ce que Dieu ne voulait pas voir détruit. Quant à aller plus loin, c'était aller au désastre.

— Vous faites un truc sans me le dire, mademoiselle, et je le préviens, je le traite d'assassin et ce sera la vérité.

Rien ne s'était passé et en voyant Daisy partir pour Wichfield, Mme Paske avait donné un dernier avis, très judicieux.

— Dites-le-lui pendant que vous serez là-bas. Sir Charles est un gentilhomme. Il prendra votre parti et vous reviendrez mariés.

Maintenant, Sir Charles savait. Il avait verdi et semblait extrêmement troublé. Se tournant, il fit signe à un serveur, commanda du porto pour elle, de l'eau-de-vie pour lui-même. Les idées se bousculaient dans sa tête. Mais, tout d'abord, il lui fallait savoir :

— Quand ?

— Mme Paske pense que ce sera pour la fin de Décembre.

Six mois ! Trop peu de temps pour mener à bien le premier projet qu'il lui était venu à l'esprit : l'épouser immédiatement et faire passer l'enfant pour le sien, né un peu prématurément. Même cela aurait été difficile. Dès qu'un homme avait atteint soixante ans, les gens n'étaient que trop disposés à se poser des questions quant au père véritable de l'enfant. Les plaisanteries étaient intarissables à ce sujet, mais eût-il disposé de huit ou même sept mois qu'il aurait pu risquer le coup.

— Vous l'avez dit à Mme Paske ? Et à qui d'autre ?

— Absolument personne. Et elle a juré. J'ai confiance en elle. Quoique maintenant ça n'ait plus d'importance.

— Bien sûr que cela en a.

Il avait parlé d'un ton un peu sec, car une réaction inattendue venait de faire surface : le dégoût de la grossesse et de tout ce que cela impliquait. Cette réaction, il la devait à sa triste expérience : deux mariages heureux terminés par deux accouchements malheureux. Il ne s'était pas rendu compte jusque-là de la force de ce dégoût, à quel point il évitait toute femme enceinte. Qu'un fermier lui annonce, joyeux ou résigné : « La patronne, elle attend famille pour le printemps — ou toute autre saison », Sir Charles ne s'approchait plus de la maison jusqu'à la naissance de l'enfant. Là, il était le premier à apporter ses félicitations, son cadeau de baptême et se montrait tout prêt à devenir parrain du nouveau-né.

Et il était là, face à Hébé, enceinte de trois mois et aussi virginale d'aspect qu'un flocon de neige.

Elle sentit son recul.

— Ne vous tracassez pas. Je vais retourner à Londres et trouver un travail quelconque, dit-elle. — Bien droite sur sa petite chaise d'osier peinte en blanc, elle posa ses jolies mains sur sa taille encore très fine —. Cela ne se verra pas avant plusieurs mois. Alors, je trouverai peut-être un rôle d'obèse dans une pantomime.

— Ne dites pas de bêtises. Non. Non. Nous trouverons une meilleure solution.

Toute autre question mise à part, cet enfant serait un Skelton. Les Skelton et les Overton ne s'étaient pas toujours très bien entendus, mais Sir Charles avait aimé sa mère, une demoiselle Skelton et, si mal que Jack ait agi, il se sentait chargé d'une responsabilité familiale. Cependant, il ressentait toute l'injustice du sort accablant un homme qui n'avait rien à se reprocher et qui se voyait chargé de résoudre un problème n'étant pas de son fait et dont il ne pouvait discuter avec personne.

— Je pense que nous devrions partir, maintenant, dit-il.

Dans la cour, comme il aidait Daisy à se mettre en selle, quelque chose lui revint à l'esprit et, quand ils furent sur la route, il lui fit remarquer :

— Je crois qu'il est déconseillé de faire du cheval aux dames... dans votre condition.

L'embarras le faisait paraître raide et emprunté. Daisy lui jeta un coup d'œil et lui trouva l'air mécontent.

— Ce n'est pas une condition que j'ai choisie, dit-elle. Loin de là. Mais comme le disait ma belle-mère : les enfants n'attendent pas qu'on les invite. Je savais que Jack serait fâché, mais je ne vois pas pourquoi vous l'êtes. Comme je vous l'ai dit, je vais partir. Vous pouvez oublier tout ça.

— Ce serait impossible. Et je ne suis pas fâché. Je cherche à trouver quelle serait la meilleure solution.

Cependant, son regard affectueux s'était effacé et il ne dit ni « *Hébé* », ni « *ma chère enfant* » selon son habitude. Et son courage reprenant le dessus l'espace d'une minute elle protesta, faisant inconsciemment un grand effet sur Sir Charles.

— Ce que je ne *veux* pas, c'est que vous me traitiez comme si j'étais une voleuse. Tout ce que j'ai fait, c'est de tomber amoureuse. D'accord, j'ai pas attendu d'avoir la bague au doigt — je l'aurais jamais eue et je le savais. Maintenant, je suis toute seule à payer les pots cassés et je préfère le faire à ma façon que... eh bien d'être traitée comme si j'étais coupable et qu'on accepte de me pardonner à moitié.

Le courage était une qualité qu'il avait toujours admirée. Le fait que, dans sa situation, abandonnée, enceinte, sans le sou, elle pût en trouver assez pour se rebeller le fit changer d'humeur, oublier ce que la grossesse avait de déplaisant.

— Personne ne vous traitera de la sorte ! Faites-moi confiance. Tout se passera très bien, si nous sommes très prudents. Très prudents, ma chère enfant.

Sa voix avait retrouvé son ton affectueux, son regard sa douceur.

Mais sa décision de l'épouser ne revint pas aussi rapidement. Parfois, il se disait que cette idée n'avait été qu'un feu de paille, le résultat d'une émotion. Peut-être reviendrait-elle. Peut-être ne reviendrait-elle pas. En tout cas, il était inutile d'y songer pour le moment. L'attention immédiate devait se concentrer sur les six mois à venir. Qu'à la fin de cette période Hébé devînt sa femme ou sa maîtresse, il importait surtout que l'on ignore qu'elle allait être mère. Il passerait pour un imbécile, un vieillard sénile, en prenant, ou en épousant la maîtresse enceinte abandonnée de son cousin. Le secret était essentiel.

Une personne partageait déjà ce secret, Mme Paske. Il s'efforça de se souvenir de ce qu'il avait remarqué la concernant pendant sa visite à la maison du Clos du Puits. Fort peu de chose. Il se souvenait vaguement d'une femme assez corpulente, d'âge moyen, avec ce qu'il qualifiait les bonnes manières des classes laborieuses.

Il envisagea l'idée de renvoyer Hébé à la maison du Clos du Puits sous la garde de Mme Paske, mais une enquête, menée par son homme d'affaires à Londres, lui apprit que Jack Skelton quoique ayant quitté l'endroit avec la même hâte qu'il avait mise à abandonner Hébé avait écrit — de Douvres — pour résilier son bail. L'atelier était déjà reloué.

Le temps que cette information lui parvienne, Sir Charles avait déjà changé d'avis et décidé qu'il ne souhaitait pas se priver de la compagnie d'Hébé plus longtemps que nécessaire. Elle restait un régal pour les yeux et compagne agréable. Elle avait perdu quelque chose, une sorte de bouillonnement, d'effervescence mais, aux yeux de Sir Charles, cela la mettait davantage à sa portée. Quant à sa grossesse, elle était si discrète qu'il se demandait parfois si elle ne s'était pas trompée. Aucun des symptômes haïssables, présages de désastre à ses yeux, ne la frappaient. Pas de malaises matinaux, aucun désir particulier ou saugrenu quant à la nourriture, pas de cernes autour des yeux, pas de chevilles enflées ni de ventre ballonné. On aurait dit que rien ne s'était passé. Mais, hélas, il savait qu'il lui fallait agir et plus il y songeait, plus il pensait à Mme Paske, seule personne pour laquelle ce secret n'en était pas un.

— Je ne pense pas qu'elle viendra, répondit Daisy lorsqu'il lui en parla. Elle est trop attachée à son frère qui a une femme absolument incapable. Martha estime que la famille ne tient que grâce à elle — et elle a raison.

— Si vous lui écriviez pour l'inviter — juste pour quelques jours de vacances — nous verrons bien comment les choses tourneront.

LORSQUE la lettre de Daisy atteignit Mme Paske, celle-ci venait de subir un choc. Elle avait promis de jeter un coup d'œil à l'atelier dont elle avait une clef. Elle s'y rendit à deux reprises au cours de la première semaine et le vendredi suivant elle y alla de bonne heure afin que tout soit rutilant pour le retour de Daisy. Elle faisait briller le sol de l'atelier lorsqu'elle entendit la porte de la cuisine s'ouvrir et se refermer. Ils étaient revenus un jour plus tôt que prévu ! Elle se précipita pour les accueillir, heureuse de revoir Daisy qui lui avait manqué. Son admiration pour Skelton avait beaucoup diminué, mais son affection pour Daisy avait augmenté. Dans la cuisine, elle trouva deux inconnus qui posaient des paquets sur la table fraîchement lavée et dans la rue il y avait une voiture de place chargée de bagages. Les maisons du Clos étant à tel point divisées et partagées que Mme Paske pensa tout d'abord que les deux inconnus s'étaient trompés d'adresse. Tous deux d'aspect respectable, ils eurent l'air un peu surpris de la voir, sans plus.

— C'est l'atelier ; la maison de M. Skelton.

— *C'était,* répondit le plus âgé, aimablement. C'est le nôtre, à présent. Voici M. Pryce. Je m'appelle Forbes. Vous travailliez pour M. Skelton ?

Son premier mouvement avait été de lui suggérer de travailler pour eux, mais il hésita. Elle semblait un peu simple d'esprit.

— Mais alors où est M. Skelton ? Où est Mademoiselle Hébé ?

— D'après ce que m'a dit l'agent de location, M. Skelton serait parti sur le continent. Je ne sais rien de la dame dont vous parlez.

— Je n'y comprends rien. Non, je ne comprends pas. Ils devaient revenir demain et je préparais la maison.

Le cocher entra, une lourde valise à chaque main.

— En haut, s'il vous plaît, indiqua M. Forbes.

— Mais vous ne pouvez pas. Tous leurs vêtements y sont. Ils ne sont partis que pour quinze jours. Il doit y avoir une erreur. Ici c'est l'atelier de la Maison du Clos du Puits.

— Nous le savons parfaitement. Il appartient à M. Foley qui l'a loué à M. Skelton lequel a résilié son bail et rendu les clefs.

— Quand ?

— Comment pourrais-je le savoir, ma brave femme ? L'agent de location savait que c'était exactement ce que nous cherchions. Nous sommes venus y jeter un coup d'œil mardi. A présent nous emménageons.

— Je ne peux pas le croire.

Mme Paske réalisait lentement que son univers s'écroulait. Depuis cette journée torride de l'été précédent toute son attention, tout son intérêt, toute son affection s'étaient centrés sur cet endroit. Elle avait renoncé à d'autres activités, n'acceptant que des travaux assurés d'être de courte durée et ne la tenant pas éloignée. Elle avait déçu si souvent le docteur Burgess qu'il avait cessé de faire appel à elle.

L'attitude aimable de M. Forbes changea. Il s'impatienta et son ton se fit cassant.

— Que vous le croyiez ou non, c'est ainsi.

— Et ça par-dessus le marché, dit Mme Paske sans raison apparente.

Elle songeait à la monstrueuse ingratitude d'Effie et la réaction encore moins pardonnable de Jim. Elle avait partagé leur logement pendant des années, contribué aux revenus, fait marcher le ménage, prévoyant tout avant d'aller travailler, revenant pour laver, repriser et mettre de l'ordre. Et puis la sœur d'Effie venant de perdre son mari et son toit avait manifesté le désir de venir. Effie, bien sûr, avait voulu Flora. Et Jim, *Jim* l'avait approuvée faisant remarquer à Martha qu'elle pouvait toujours trouver une place où elle serait logée et nourrie. Mme Paske avait eu l'intention, dès le retour de Mlle Hébé, de demander si elle pourrait coucher sur place. Et maintenant, ça ! Non pas que ce fût catastrophique. Ce que Jim avait dit était exact. Elle pourrait toujours trouver à s'occuper d'un malade âgé. Justement le genre de travail qu'elle avait toujours refusé parce qu'elle devait veiller sur Jim. Canaille ingrate !

— Savez-vous faire la cuisine ? La question venait de M. Pryce.

Brian Forbes et lui partageaient appartements et ateliers depuis des années et quand ils ne trouvaient pas à se faire aider, le ménage et la cuisine retombaient sur lui.

— Je ne suis pas cuisinière. Je mettais seulement la maison en état pour Mademoiselle Hébé. Et maintenant...

Mademoiselle Hébé était partie. Peut-être ne la reverrait-elle jamais ? Eût-elle eu la larme facile que Mme Paske se serait mise à pleurer. Une grimace lui tordit le visage et elle battit des paupières. Elle dénoua son tablier, posa la clef sur la table et sortit.

— J'allais suggérer... dit M. Pryce.

— Mon cher, je sais. Moi aussi, avant de comprendre que cette femme est une simple d'esprit.

— Tout est très propre, remarqua Pryce déçu.

Les notions que pouvait avoir Mme Paske quant au continent étaient fort vagues. Cela pouvait vouloir dire n'importe où à l'étranger, et l'étranger c'était l'inconnu, le risque. Et Mlle Hébé qui attendait un enfant. Qui allait s'occuper d'elle ? Peu de chances qu'elle soit restée en Angleterre. Où allait M. Skelton elle irait à quatre pattes au besoin. Elle en était plus cinglée que jamais malgré son comportement plutôt bizarre. Mme Paske ne lui reprochait pas de n'avoir pas épousé Hébé. Elle continuait à penser qu'il devait y avoir une explication à cela. Mais c'était plutôt sa façon d'être en général et le fait que Mlle Hébé n'ose pas lui dire, au sujet du bébé.

Pendant trois jours Mme Paske fut tellement préoccupée par la pensée de cette pauvre petite courant tous les dangers et soignée seulement par quelques créatures à la peau noire et des anneaux dans le nez qu'elle n'eut pas le cœur de chercher une place malgré la venue imminente de Flora.

Et la lettre arriva et toutes les cloches du Paradis se mirent à sonner. Elle la lut à deux reprises pour s'assurer qu'elle ne rêvait pas, puis elle déclara d'un ton coupant :

— Inutile de chercher à savoir qui couchera par terre. Sir Charles Overton m'invite chez lui à la campagne. Pour des vacances.

Comme beaucoup d'autres déclarations apparemment invraisemblables, ce n'était que la stricte vérité.

Daisy avait écrit :

« *Vené aussito que vous le pouvé je peus pas atendre pour vous voire* » et un coup d'œil à la montre de gousset qu'elle portait dans son corsage apprit à Mme Paske qu'elle avait le temps de faire sa valise, de gagner l'arrêt de la diligence juste le long du Strand et qu'elle serait dans le Surrey à l'heure du déjeuner.

Son arrivée, son aspect, tout ajouta à la surprise régnant déjà à l'office et chez la gouvernante. James, le valet de pied, qui copiait avec assiduité le ton et les manières de M. Bridges, fut le premier à la voir. Il fit son rapport.

— Elle est arrivée par la porte de *devant* et quand j'ai ouvert elle m'a dit : « Mademoiselle Waywood m'attend. » Comme je n'avais reçu aucune instruction, je l'ai fait entrer dans l'antichambre et j'ai été chercher Mademoiselle Waywood qui était dans le jardin. Oh ! je lui avais demandé son nom, bien sûr. C'est Paske... Mme Paske. Mlle Waywood a paru surprise, mais très contente, et quand elles se sont vues c'est tout juste si elles ne se sont pas mises à pleurer. Mme Paske a dit. « Ma chérie, vous ne croirez pas tous les soucis que je me suis faits ! » et Mlle Waywood a répondu. « Oh Martha, comme c'est gentil d'être venue tout de suite ! » Je n'ai entendu que ça et j'avais à demi traversé le hall quand Mlle Waywood m'a appelé pour me dire qu'il y aurait deux personnes à déjeuner et que l'on installe Mme Paske dans la chambre à côté d'elle dans la Suite du Parc.

— Sir Charles ne m'a pas mentionné d'invité en me prévenant

qu'il ne serait pas là pour déjeuner, dit Mme Warren. Mais il a été un peu distrait ces temps derniers.

Elle trouvait son compte à laisser entendre que Sir Charles devenait sénile. Il avait cessé de s'intéresser à elle en tant que partenaire au lit et si quelqu'un s'était montré défaillant c'était lui, pas elle. On aurait pu penser qu'elle avait été supplantée par cette fille, mais tout prouvait le contraire. Mlle Waywood restait seule, très seule depuis le départ de M. Skelton, dans la Suite du Parc et Sir Charles ne quittait pas ses propres appartements à l'autre extrémité de la maison. Personne, pas même Mme Warren, aux yeux et aux oreilles de lynx, et qui occupait une chambre voisine, n'avait entendu un son la nuit. Aucune allée et venue. Aucun de ces autres signes non plus dont Mme Warren avait, en son temps, été extrêmement consciente. Que Sir Charles eût un faible pour cette jolie fille, c'était évident, mais à la manière un peu bête des hommes vieillissants avec leurs propres filles.

CHAPITRE VII

MME PASKE S'ADAPTA FACILEMENT. ELLE SE CONSIDÉRAIT COMME UNE spécialiste. Elle avait, de fait, pris quelques cours d'obstétrique ; elle avait été la confidente et l'assistante du docteur Burgess et d'autres médecins ; elle avait pratiqué des soins ne relevant pas de sa spécialité. Elle avait toujours eu une place à part. Ce n'était pas une domestique, ni un membre de la famille, même quand elle prenait ses repas avec. Pour Jim qu'elle aimait, elle avait accepté de faire la cuisine, le ménage et le ravaudage. Pour Daisy qu'elle aimait, elle avait accepté également de faire la cuisine et le ménage. Mais là, invitée à Wichfield, elle s'installa à une place à part, qui semblait n'attendre qu'elle. A l'égard de Daisy, elle se montrait affectueuse mais jamais — après l'embrassade à l'arrivée — familière. Vis-à-vis de Sir Charles, elle était respectueuse, mais non servile et elle avait l'attitude qui convenait avec les domestiques avec lesquels elle était en contact, aimable, impersonnelle, un peu distante. En trois temps, trois mouvements elle s'était sentie chez elle.

Sir Charles trouvait reposant d'avoir avec lui quelqu'un au courant de la situation et avec qui il pouvait parler de l'avenir, à tout le moins en ce qui concernait la période de la grossesse. Au-delà, il ne savait pas très bien lui-même. Parfois, il se disait que si tout allait bien — c'est-à-dire si l'on pouvait garder cette naissance secrète, il pourrait épouser Hébé. Parfois, il en revenait à son intention première d'en faire sa maîtresse. A supposer que, lorsque tout ce tracas serait terminé, il éprouvât le besoin d'en avoir une.

Il lui arrivait parfois, rarement, mais il ne fallait rien négliger, de souhaiter n'avoir jamais vu cette fille et, alors, il se faisait l'effet d'être une victime involontairement mêlée à une histoire d'autant plus désagréable qu'il n'y était pour rien. Ce lui était alors un grand réconfort de pouvoir parler librement de ce qu'il pensait de son cousin à Mme Paske. Laquelle faisait plus que chorus avec lui. Un interrogatoire habile lui avait appris que rien n'aurait empêché Skelton de régulariser sa situation avec Hébé et elle en avait été profondément choquée.

— Quand elle a été si malade, l'été dernier, il m'avait impressionnée par sa façon d'agir et son inquiétude. Je me suis bien trompée. J'ai compris maintenant qu'il n'avait qu'une idée en tête, la peindre. Il avait peur de perdre un bon modèle — et pas cher ! Et elle qui l'aimait tant.

Elle faillit ajouter : « Et elle l'aime toujours » quand son bon sens intervint. Inutile de rendre Sir Charles jaloux.

— Il est d'un égoïsme incroyable. Il l'a toujours été. Ses parents ont beaucoup souffert de sa rupture avec les traditions familiales. J'étais assez stupide pour admirer ce que je prenais pour de l'esprit d'indépendance... Quant à sa façon d'agir avec cette charmante enfant, il n'y a aucune excuse. — Souvent, la colère que Sir Charles ressentait à l'égard de son cousin renforçait les sentiments qu'il éprouvait pour Hébé — Une chose est certaine, même s'il l'avait épousée, elle aurait été très malheureuse.

— Oui, je m'en rends compte maintenant, ce n'est pas un homme à rendre une femme heureuse. A plus forte raison une petite dame au cœur si tendre; avec une si grande capacité d'affection.

— Tout ce que nous pouvons faire, Mme Paske, c'est de faire de *notre* mieux pour qu'elle soit heureuse. Et lui faciliter les choses...

Ce genre de remarque aboutissait toujours à une discussion concernant l'avenir, savoir de quelle façon prévoir au mieux la période précédant l'accouchement, celui-ci et ce que l'on ferait aussitôt après.

Mme Paske était assez avisée pour comprendre le désir qu'avait Sir Charles de garder le secret. C'était un gentilhomme soucieux de sa réputation. Et si l'espoir de Mme Paske devait jamais se matérialiser, il était indispensable que la réputation d'Hébé soit sans tache. Elle avait très vite compris que le mieux pour Hébé, qu'elle aimait à présent comme sa fille, serait qu'elle devienne Lady Overton. Elle se refusait absolument à admettre que la jeune femme regrettait son amant perdu. Son peu d'entrain, son manque d'appétit et même son regard triste pouvaient être attribués à sa condition.

Sir Charles et Mme Paske mirent sur pied un programme satisfaisant à première vue. Dès que sa grossesse commencerait à se voir, Mme Paske et Hébé, se faisant passer pour la mère et la fille, veuves toutes les deux, iraient s'installer à Margate dans une pension confortable. Dans une ville habituée à recevoir des touristes, même en hiver, puisque l'air en était supposé revigorant, elles n'attireraient pas l'attention. Elles y seraient sous des noms d'emprunt. L'enfant né, Mme Paske, retrouvant son nom et son rôle, le porterait à une femme en qui l'on pouvait faire confiance et qui gagnait sa vie comme nourrice.

— Et quand croyez-vous qu'il faudra... commencer ces vacances ? demanda Sir Charles voulant demander par là quand l'état d'Hébé serait visible.

— Probablement pas avant octobre. Elle est si jeune et tellement musclée. J'insiste pour qu'elle fasse une bonne promenade à pied chaque jour. Rester étendu sur une chaise-longue toute la journée affaiblit la musculature et provoque des ennuis par la suite.

— C'est tellement rassurant de la savoir en si bonnes mains, dit Sir Charles qui se promit de penser à faire cadeau d'un manchon et d'une étole de fourrure à Mme Paske aussitôt que le temps se rafraîchirait.

Mais, malgré la bonne tournure prise par les événements, avec l'automne il vit réapparaître sa goutte. Peut-être y avait-il du vrai dans sa conviction que la vitalité d'Hébé l'en avait guéri car la jeune femme avait perdu son exubérance. Il se pouvait également que sa goutte soit née des soucis que lui avait causés Plenrerith. Hébé les avait remplacés. Elle était jeune et saine, elle mettrait un Skelton au monde et non pas un Overton, elle bénéficierait des soins les meilleurs. Mais ces pensées rassurantes ne diminuaient en rien son horreur des accouchements et à la mi-septembre, sa goutte le frappa à nouveau.

Il se tourna tout naturellement, mais sans le moindre tact vers Mme Paske qui était infirmière. Mme Warren qui avait accepté la présence de Mme Paske pour sacrifier aux conventions — à une jeune et jolie fille, il fallait un chaperon — se sentit extrêmement offensée surtout que certaines méthodes ou théories de l'intruse ne correspondaient pas aux siennes.

— Vous n'êtes pas sans savoir, Monsieur Bridges, que je n'ai pas l'habitude de dire des gros mots, mais cette femme n'est *qu'une garce touche-à-tout*. J'ai toujours respecté les instructions du docteur Mc Gibbon et elle a eu le culot de me dire que c'était démodé ! Je ne sais pas ce que *vous* en pensez, mais parfois j'en ai franchement assez de ces nouvelles venues.

— Je n'aime pas me mêler de ce qui ne me regarde pas, répondit M. Bridges. Ce qui me déplaît souverainement c'est de servir des gens de ce milieu — Avec la fille — et juste pour des vacances — c'était peut-être compréhensible. Les amis de Sir Charles comprennent. Les messieurs ont le droit d'avoir leurs petites fantaisies. Mais faire venir la vieille et les traiter toutes les deux comme si elles étaient de la famille et les avoir à table avec d'autres invités, je trouve cela humiliant. Et je crois savoir où cela va nous mener.

— Le mariage ? Mme Warren émettait un soupçon qui la troublait depuis qu'elle s'était assurée que Daisy n'était pas la maîtresse de Sir Charles.

Le couple échangea un long regard éloquent. Dans leurs projets d'avenir, ils avaient tacitement envisagé la mort d'un homme affaibli, vieillissant qui ne pouvait faire moins que de les coucher, généreusement, sur son testament puisqu'il n'avait ni femme, ni enfants. L'année précédente, avec Sir Charles cloué chez lui et plutôt morose, le but paraissait proche. A présent, les choses avaient changé et s'il avait l'intention de se marier...

— J'ai souvent pensé, déclara M. Bridges, en pesant sur les mots, que lorsqu'on a l'intention de s'établir à son compte il ne faut pas attendre d'être *trop* décrépit.

— Je suis tout à fait d'accord avec vous. Et c'est la meilleure époque de l'année pour acquérir un immeuble.

— Inutile d'envenimer les choses. Je suis entré ici comme second valet de pied, il y a vingt-trois ans. Quant à vous, Mme Warren, si vos années de service sont moins longues que les miennes, elles ont été l'exemple du dévouement. Si nous savons nous expliquer à Sir

Charles, il ne pourra faire autrement que de nous donner un cadeau d'adieu... disons substantiel.

En temps ordinaire, il l'aurait fait, mais tracassé au sujet de Daisy et extrêmement attristé par le retour de ses vieilles douleurs il réagit de façon très inattendue. Il considéra leur demande de congé comme une sorte de désertion et déclara d'un ton que Bridges jugea fort désagréable :

— Partez demain si ça vous chante.

Quant à Mme Warren, pour elle, c'était de la pure ingratitude.

Il ne fut pas difficile de remplacer Bridges. James s'était exercé à cet effet. Par contre, il en allait autrement pour trouver une bonne gouvernante à cette époque de l'année. Mais Mme Paske déclara :

— Ne vous tracassez pas Sir Charles et ne lui cherchez pas trop vite une remplaçante. Si je ne peux pas diriger cette maison aussi bien et de façon beaucoup plus économe, je ne m'appelle pas Martha Paske.

— Mais il ne vous reste que peu de temps.

— Au moins un bon mois.

Elle ne quittait pas des yeux le tour de taille de Daisy restée d'une finesse extraordinaire. Cela lui rappelait une histoire qu'elle aurait jugée impossible si elle ne s'était pas passée sous son nez. Dans une maison où elle soignait un vieux monsieur qui s'était brisé le fémur en tombant, une fille de seize ans avait attendu et mis au monde un bébé en continuant de faire chaque jour tous les travaux que l'on attendait d'elle. Personne n'était au courant et tout le monde l'aurait ignoré si elle n'avait cherché à emporter le bébé dans un panier. La cuisinière la soupçonnant d'avoir pris des provisions dans la resserre avait fouillé le panier. L'histoire s'était bien terminée. Tout le monde avait été tellement étonné par le courage de la jeune fille qu'on l'avait autorisée à rester, avec son bébé.

Mme Paske avait pensé à l'époque que si l'on n'avait pas remarqué ce changement dans la silhouette de la fille, on aurait dû se rendre compte qu'il manquait quelque chose à la buanderie. Elle avait pris ses précautions à Wichfield. A quarante-deux ans, elle était encore soumise aux périodes lunaires et la substitution fut facile.

En ce qui concernait les deux blanchisseuses de Wichfield Mlle Waywood était parfaitement réglée et Mme Paske avait cessé de l'être.

La Fête des Morts; la Toussaint; la Saint-Hubert. Sir Charles, strict observant des anciennes coutumes, ne put cette année que gagner en boitillant le balcon le plus proche et regarder les membres de la confrérie des chasseurs locaux boire son eau-de-vie de cerise. Grâce à l'ingéniosité de Mme Paske, il put jouer la comédie en levant son verre empli d'un sirop inoffensif, mais il se sentait très déprimé. Hébé commençait à s'épaissir et l'on ne pouvait reculer davantage le départ pour Margate. Son pied gauche était très gonflé et extrêmement douloureux, le droit donnait des signes alarmants d'enflure. L'on n'avait pas encore trouvé de remplaçante adéquate pour Mme Warren et bientôt il serait tout seul, s'inquiétant pour Hébé à Margate. Attendant des nouvelles...

Et soudain il se produisit un événement l'arrachant à ses pensées.

Assis, son angle de vue était limité, mais Hébé le manteau de zibeline dissimulant ses rondeurs d'un côté, et Mme Paske — étole et manchon — de l'autre, émirent des petits cris. Des appels montèrent d'en bas d'où ressortaient distinctement un nom : « Mc Gibbon ! Mc Gibbon ! »

— Que se passe-t-il ? demanda Sir Charles, cherchant à se pencher.

— Un léger accident, répondit Mme Paske.

— Un cheval est tombé. Il se débat. Oh, je n'ai jamais pu supporter...

Des deux mains, Daisy se cacha le visage.

— Ne dites pas de sottises, fit Mme Paske. Regardez, il va très bien. Il s'est relevé. Mais le cavalier... Hébé, mon petit, aidez Sir Charles à rentrer. On peut avoir besoin de moi.

Effectivement on eut besoin d'elle et en trois endroits différents. Dans la chambre où le jeune homme qui avait tenté de monter un cheval nerveux et non dressé souffrait selon le docteur Mc Gibbon d'une légère commotion ; dans la chambre de Sir Charles dont le pied droit avait brusquement enflé au point de le torturer presque au même titre que le gauche. Et dans la chambre d'Hébé om commençait un accouchement prématuré — oui, certainement prématuré.

Mme Paske se montra à la hauteur de sa tâche et délégua ses pouvoirs. A James pour s'occuper de Sir Charles ; à Richard, passé depuis peu au rang de premier valet de pied, pour s'occuper du cavalier malheureux et de la mère de celui-ci, laquelle était arrivée dans un état proche de l'hystérie proclamant qu'elle avait mis Frank en garde une dizaine de fois et qu'elle avait eu un rêve prémonitoire la nuit précédente...

Au sein de toute cette effervescence, Mme Paske restait calme se concentrant sur la seule chose qui importait : l'accouchement sans problème de sa petite chérie. Une naissance prématurée présentait toujours des risques, surtout quand il s'agissait d'un premier enfant. Celui-ci présentant un autre désavantage, Mme Paske avait l'habitude de dire à ses parturientes : « Criez ! Ça ira mieux ! » Bien que la Suite du Parc fût relativement isolée et la maison dans un état d'agitation extrême, elle n'osait se risquer à cette recommandation. Pour ajouter à toutes ces difficultés, Hébé n'y mettait absolument pas du sien.

Mme Paske s'était proposée, dès qu'elles auraient été à Margate, de lui parler, de lui expliquer qu'il s'agissait d'un processus naturel, très douloureux mais vite passé. Qu'il fallait y collaborer, ne pas lutter. A présent, elle n'en avait plus le temps. La pauvre petite n'était ni préparée, ni résignée. L'attitude comptait beaucoup, son expérience de sage-femme le lui avait enseigné, et l'on pouvait diviser, grosso-modo, les femmes en deux catégories. Celles qui désiraient leur premier enfant ou, après avoir eu un fils, attendaient la venue d'une fille à moins que ce fût l'inverse — ou que le nouveau-né remplace un enfant mort — et prêtes à se dévouer et celles qui envisageaient cela comme quelque chose d'inéluctable : bon, puisqu'il faut en passer par là ! Dans chacun des cas dont elle avait eu à s'occuper, la grossesse, désirée ou subie, avait été admise ouvertement. La pauvre Hébé, au cours de tous ces mois, avait dû jouer la comédie et la réalité la frappait comme un soufflet en plein visage.

— Mon petit, ma chérie, il faut faire un effort. Non, lâchez-moi les mains, j'en ai besoin. Tirez là-dessus. Mme Paske lui donna à prendre une serviette qu'elle avait attachée au pied du beau lit — Tirez dessus et laissez faire votre ventre.

Huit heures, puis neuf et dix. A Wichfield, aucun moyen d'ignorer les heures qui s'égrenaient. On pouvait ne regarder ni sa montre, ni sa pendule, mais l'horloge au-dessus des écuries, implacable, sonnait chaque heure. Boum, boum. Onze heures à présent et le travail qui durait depuis douze heures ! Hébé, la pauvre chérie, s'affaiblissait. Mme Paske, commençant à désespérer, se trouva réduite à tenter l'un des expédients les plus anciens et les moins réputés.

Elle avait prévenu tout le monde que Mlle Waywood, bouleversée par l'accident, déjeunerait et dînerait dans sa chambre. On avait monté des plateaux. Hébé avait avalé une bouchée de nourriture, Mme Paske deux ou trois avant de répandre, par prudence, le reste sur le rebord de la fenêtre où des oiseaux en avaient disposé avec joie. Mais, dans le couloir, sur une desserte, restaient des objets qu'il était inutile de monter et de descendre à chaque repas. Peu après onze heures, Mme Paske, en désespoir de cause, ouvrit la porte pour prendre une poivrière. Deux minutes plus tard, Daisy émit un violent éternuement et le tour fut joué. L'enfant, une fille, très petite mais certainement pas prématurée, vint au monde reçue par les mains de Mme Paske.

Malgré toutes ses préoccupations, Mme Paske avait songé à garder un peu de vin dans l'un de ces récipients conçus avec un creux à la base dans lequel un tronçon de bougie allumée permettait de tenir au chaud le contenu pendant quelques heures. Elle en emplit une tasse.

— Buvez ça, mon petit. Et puis essayez de dormir.

Déjà, elle avait emporté le bébé dans sa chambre. Les bébés, elle le savait, restaient tranquilles pendant quelques heures, comme si, eux aussi, étaient épuisés par l'effort. Ensuite, ils avaient faim. Elle ne disposait donc que de très peu de temps.

Elle fit un paquet de tout ce qui pouvait éveiller les soupçons. Experte et précise dans son travail, il y avait fort peu de ce qu'elle appelait « saleté ». Les linges souillés seraient brûlés dans la chaudière de la buanderie. Son paquet d'une main, sa bougie de l'autre, elle était prête à sortir lorsque Hébé, d'une voix faible et pâteuse, demanda :

— Je peux la voir ?

— Il ne vaut mieux pas.

Mme Paske n'avait rien à apprendre de l'instinct maternel. Beaucoup de femmes, depuis les malheureuses filles vouées au Refuge pour filles perdues où elle avait fait ses premières armes, jusqu'aux femmes respectables enceintes encore une fois alors qu'elles pensaient avoir fait amplement leur devoir et acceptant mal cette nouvelle grossesse ; mais... neuf fois sur dix, il se passait quelque chose quand l'enfant était né. Les mères célibataires elles-mêmes tenaient à garder et à s'occuper d'un enfant qui ne leur serait qu'un fardeau. Dans les familles, le retardataire était souvent le plus gâté. Voir le bébé changeait tout et le nourrir parachevait ce changement. Hébé étant condamnée à être séparée de son enfant, autant qu'elle ne le vît pas.

— Dormez et ne pensez plus à ça.

Pour atteindre la buanderie, Mme Paske devait passer par la cuisine. Ce lui fut un choc de la trouver occupée. La mère du jeune homme qui était tombé de cheval s'activait devant le fourneau à faire cuire œufs et bacon.

— Frank s'est réveillé et m'a réclamé son petit déjeuner. Je n'ai voulu déranger personne à cette heure.

« Boum » l'horloge des écuries sonnant minuit illustra son hésitation.

— ... Est-ce que je vous ai réveillée ? — d'un geste tendre, elle arrosa un œuf du jus du bacon — Dans ce cas, je suis désolée.

Elle ne l'était nullement. A voir Frank s'éveiller de ce qui lui avait paru être son dernier sommeil, à l'entendre parler, lui avait donné le courage d'affronter bien pire que de réveiller tous les habitants d'une maison étrangère, de s'y retrouver dans une cuisine et un garde-manger inconnus où tout semblait rangé en dépit du bon sens.

— Je me demandais seulement ce qui se passait, répondit Mme Paske. Je suis contente que votre fils aille mieux.

Elle battit en retraite sans faire voir son paquet. Elle pourrait s'en défaire à un autre moment. Il en allait autrement du bébé.

Elle était absolument opposée à ce que l'on drogue un bébé. Beaucoup de gens restaient persuadés qu'un peu de gin était inoffensif, qu'il faisait seulement dormir l'enfant permettant aussi aux autres de dormir. Ce n'étaient que de pauvres ignorants, à peine moins ignorants que ceux qui achetaient des sirops calmants contenant de l'opium. Cependant, elle était là à concocter un sirop calmant de sa façon, du lait chaud très sucré et quelques gouttes du médicament analgésique de Sir Charles. Elle le tenait prêt quand le bébé émit ses premiers vagissements.

La plupart des nouveau-nés ne sont pas jolis — sauf pour leur mère — pendant un jour ou deux, mais il y a des exceptions et c'en était une. Ni rouge, ni plissé, ni chauve. Ce bébé avait des cheveux, un duvet foncé qui tomberait évidemment pour repousser. Il avait aussi les yeux bleus au regard vague du nouveau-né, mais plus grands et mieux dessinés que chez la plupart. Ce petit être promettait déjà d'être aussi beau que sa mère, à laquelle sa beauté n'avait jusque-là pas rapporté grand-chose de bon. Mais Mme Paske espérait que l'avenir remédierait à cet état de chose.

ELLE se rendit très tôt dans la chambre de Sir Charles et le sortit de son sommeil artificiel. Il ignorait ce qui se passait chez Hébé et il mit quelques secondes à comprendre le sens de ce que lui dit Mme Paske.

— Tout est terminé, Sir Charles. Hébé et l'enfant vont bien tous les deux. J'emmènerai le bébé à Londres dès qu'il fera jour. Je prétexterai une visite à un médecin spécialisé dans les attaques de goutte et susceptible de me fournir des médicaments nouveaux.

— Oh ! Oh, oui, bien sûr. Garçon ou fille ?

— Fille.

— Et Hébé va bien ?

— En parfait état. Mais *vous,* comment vous sentez-vous ce matin ?

— Je n'ai réellement pas eu le temps de... Mieux, oui, vraiment mieux.

— Il faut qu'elle garde le lit, évidemment.

— Je vais aller la voir.

— Cela serait très gentil. Je reviens aussi vite que possible.

Elle était sortie de la pièce avant qu'il soit suffisamment réveillé pour lui demander comment elle se proposait de sortir le bébé de la maison. L'inquiétude accrut les élancements de sa goutte.

CHAPITRE VIII

— LAISSEZ-MOI À L'ANGLE DE LA PROCHAINE RUE, ORDONNA Mme Paske. Et puis allez m'attendre au Cerf Blanc. Je ne devrais pas en avoir pour plus d'une heure.

Elle mit pied à terre, femme bien habillée, éminemment respectable, protégée du froid d'un matin de novembre par une pèlerine en phoque et un épais manchon. L'angle de la rue était occupé par la boutique d'un apothicaire qui disposait de deux entrées, l'une sur Piccadilly, l'autre sur Hay Lane. Mme Paske la traversa. A l'extrémité d'une légère pente, Hay lane se divisait. A gauche, une rue aux boutiques petites mais élégantes. A droite, une de ces artères d'aspect rural, faite d'un assemblage de petites maisons groupées autour d'une église dédiée au saint dont la rue tenait le nom : Saint Luke Street.

Au numéro 8, Saint Luke Street, habitait une veuve respectable, Mme Shillitoe, auprès de laquelle, si elle en avait eu le temps Mme Paske se serait assurée qu'elle pouvait se charger d'un autre bébé. Sinon, elle connaissait d'autres femmes exerçant la même profession, mais Mme Shillitoe venait en tête de sa liste. Tout en actionnant le marteau de la porte, elle forma le vœu qu'elle eût de la place.

Mme Shillitoe ouvrit et, l'espace d'une seconde, ne reconnut pas sa vieille amie. Des mois de vie luxueuse avait encore arrondi les joues de Mme Paske et ses fourrures lui donnaient un aspect opulent.

— Ma parole, c'est Mme Paske ! Ça fait un siècle que je ne vous ai pas vue. Entrez donc.

— Je me suis absentée de Londres pendant un certain temps, expliqua Mme Paske en pénétrant dans une pièce confortable où, sur un tapis devant le feu — bien protégé — jouaient deux petits enfants. Un autre enfant, beaucoup plus âgé, époussetait avec soin le buffet. C'était la propre fille de Mme Shillitoe, retardée mentalement et physiquement. A quinze ans, elle avait la taille d'un enfant de huit ans et le cerveau d'un enfant de six.

— Asseyez-vous, invita Mme Shillitoe en avançant une chaise de quelques centimètres. Il ne fait pas chaud ce matin.

« Mais couverte comme vous l'êtes, vous ne risquez rien », ajouta-t-elle pour elle-même. Mme Paske avait toujours été aussi bien habillée que le lui permettait son budget mais jamais enveloppée de fourrures comme ça.

— Hattie, Mme Shillitoe s'adressait à sa fille cette fois et parla en détachant bien les mots : — emmène Peter et Margery dans la cuisine. Tu feras du thé. N'apporte pas le plateau. Quand ce sera prêt, tu m'appeleras.

On ne prenait jamais trop de précautions avec des êtres comme Hattie. Parfois, ils comprenaient davantage qu'ils n'en donnaient l'impression, parfois moins. Et on ne pouvait être certains qu'ils ne parleraient pas.

— Voilà, dit Mme Paske et, de son énorme manchon, elle sortit l'enfant d'Hébé, enveloppée dans un petit châle.

La préparation de la layette avait posé un vrai problème aux deux femmes absorbées par les précautions à prendre. Hébé n'avait cousu ni tricoté le moindre petit vêtement et Mme Paske quelques-uns seulement, se livrant dans ce domaine à l'activité qu'on pouvait attendre d'une femme de son âge, à l'intention de petits enfants, neveux ou nièces. Le véritable travail devait commencer à Margate. Cependant, il y avait de quoi équiper l'enfant pour quelque temps et de la meilleure qualité.

— Endormi ?

— Très légèrement drogué.

Les explications n'étaient pas indispensables, mais, comme elle l'avait déjà fait à deux reprises lorsqu'elle avait eu besoin de Mme Shillitoe, Mme Paske lui conta une histoire d'autant plus plausible qu'elle était presque vraie.

— Une jeune dame de la haute société, dit-elle, qui doit épouser à Noël un monsieur très respectable et qui aurait rompu leurs fiançailles évidemment, si... Nous avons vécu en recluses toutes les deux ces derniers mois. Et je me suis chargée...

— Je comprends. Je jette un coup d'œil si vous n'y voyez pas d'objection.

— Aucune. C'est un beau bébé, en parfaite santé.

Mme Shillitoe n'acceptait jamais de s'occuper d'enfants plus ou moins anormaux. Beaucoup de gens considéraient son métier avec une suspicion parfaitement justifiée. Les bébés mis en nourrice avaient une fâcheuse propension à mourir. Pour sa part, elle n'en avait pas perdu un seul. Deux de ses pupilles avaient à présent leur propre foyer. Une mère avait légalement adopté sa fille naturelle, son mariage se révélant stérile, un père avait réclamé son fils dès la mort de sa femme. D'autres étaient partis à six ans dans des écoles relativement luxueuses. Mme Shillitoe ne gardait jamais plus de trois enfants à la fois et jamais passé six ans. Ils cessaient alors d'être des bébés, il leur fallait de l'exercice, des leçons et Dieu sait quoi.

Elle examina ce nouveau bébé, fruit d'un amour non partagé, ne lui trouva aucun défaut, au contraire.

— Bien développée. Et jolie. Née quand ?

— La nuit dernière.

— Vous n'avez pas tardé à venir.

Mme Shillitoe ne posait jamais de questions directes, mais elle aimait en savoir le plus possible.

— Je suis venue à pied, répondit Mme Paske la lançant là sur une fausse piste.

Hattie appela. Mme Shillitoe rendit le bébé à sa visiteuse pour aller chercher le plateau dans la cuisine. Elle songeait déjà à se procurer une nourrice. Comme Mme Paske, elle savait exactement où trouver ce qu'elle voulait. Les femmes pauvres étaient extrêmement prolifiques et bonnes laitières. Jamais elle n'employait une ivrognesse ou une tuberculeuse.

— Je suppose que Simon est entré en classe, dit Mme Paske faisant la conversation tout en buvant son thé.

— Oui. Il est parti à Manchester en septembre. Cette enfant a un nom ?

— Elle devra s'appeler Margaret. Margaret Walpole. La mère, Elisabeth, le père John. Commerçant aux Indes.

Mme Shillitoe comprit par là qu'il faudrait faire baptiser le bébé, comme les autres, à Saint Luke. Les gens étaient quand même bizarres. La plupart d'entre eux étaient tout disposés à se débarrasser d'un enfant, à ne jamais le voir, mais ils exigeaient que tout soit fait convenablement et ils étaient préparés à payer — c'est-à-dire ceux auxquels elle avait à faire — il y en avait d'autres, bien sûr. Payer !

— J'ai été obligée d'augmenter mes tarifs. Les prix augmentent tout le temps. Vingt-cinq shillings par semaine payables d'avance. Et les vêtements fournis.

C'était là une source de revenus. Les enfants grandissaient si vite que leurs vêtements étaient trop petits avant d'être usés. Au 8, Saint Luke Street il fallait fort peu d'affaires neuves. Mme Shillitoe n'était pas un escroc, mais il lui fallait songer à l'avenir, au sien et surtout à celui d'Hattie qui lui causait de grands soucis.

Le manchon de Mme Paske était de ceux qui dispensaient du port d'un réticule car une bourse était fixée à la doublure. Elle l'ouvrit et en sortit ce qui correspondrait à deux mois de soins attentifs.

— Je viendrai probablement moi-même de temps à autre, dit-elle. Que je le puisse ou non, vous aurez votre argent.

En regardant le bébé endormi, Mme Paske se sentit un peu émue. C'était l'enfant d'Hébé.

— J'espère que Margaret trouvera vite quelqu'un pour l'adopter comme la petite Adélaïde l'a été.

A nouveau dans la rue. Chez l'apothicaire, pour faire des achats, cette fois. A l'exception du colchique — autre nom du safran — il n'existait rien de spécifique contre la goutte, ce qui n'empêchait pas de vanter les mérites de remèdes miracles et de les vendre. Elle acheta tout ce qui était en montre et, son paquet bien en vue, elle gagna le « Cerf Blanc » d'où on la reconduisit à Wichfield. Là, ses médicaments furent inutiles. Sir Charles avait boitillé jusqu'à la chambre d'Hébé et l'y avait trouvée en forme. Languissante et pâle, bien sûr, comme il fallait s'y attendre, mais accouchée sans dommage et en bonne voie de guérison. Une vague de soulagement balaya ses douleurs, laissant place à l'exubérance et son envie de l'épouser refleurit.

CHAPITRE IX

DAISY NE PUT GARDER LE LIT AUSSI LONGTEMPS QUE LE FAISAIENT LES nouvelles accouchées, à l'exception des femmes de la classe ouvrière. Deux jours pour se remettre du choc qui l'avait forcée à se coucher ; ensuite, en bas pour le déjeuner ; une petite sieste ; une autre apparition pour le dîner ; une petite promenade par une journée d'une tiédeur surprenante soudain. Doucement, par étapes, Mme Paske s'efforçait de la ramener à la vie et parfois, avec beaucoup moins de douceur, s'efforçait de lui démontrer quel était son devoir.

— Hébé, Sir Charles a été très bon pour vous. C'est bien mal le récompenser que de faire une tête longue d'une aune.

— Je sais. Je ne me comprends pas moi-même. Je ne sais pas ce qui m'est arrivé. Je suis toute changée. Je ne voulais pas de ce bébé, maintenant je le veux. Je sais que ça a l'air bête, mais je suis sûre que ce bébé m'a aidée à vivre après... après que Jack m'a abandonnée. Je ne... je ne m'en rendais pas compte. Mais quelque chose m'a retenue de me jeter dans le lac. Et maintenant que je l'ai perdu aussi, je me sens comme une noix creuse. Il ne me reste plus qu'un visage.

Elle le savait, Martha avait horreur que l'on parle de Skelton. Elle l'avait éliminé de ses pensées, le jugeant sommairement d'un : « Je le prenais pour un monsieur, ce n'en est pas un. » Elle élimina également le bébé.

— Elle est en sécurité et bien soignée. J'y ai veillé. Et elle coûte vingt-cinq shillings par semaine à Sir Charles. Pour cela au moins, il mérite bien un sourire.

— Comme ça ?

Elle sourit, le mime qu'elle était, qui en avait fait un modèle si parfait réagissant toujours. Un beau sourire, certes, mais terriblement émouvant.

Chose curieuse, songea Mme Paske, Hébé dont la beauté avait paru parfaite avait encore embelli.

— Oui. Comme ça. Ecoutez, mon petit, il est vieux et il n'a pas eu une vie heureuse. Il est bon, aimable et généreux. Lui faire un sourire ou deux et vous intéresser à ses projets pour Noël ne vous coûtera rien et aura une grande valeur pour lui.

— Entendu. Je vais essayer. Pour vous faire plaisir aussi. Vous avez été très bonne pour moi, Martha.

Après tout, pour plaire à deux personnes qui s'étaient montrées d'une extrême gentillesse envers elle, elle pouvait prendre sur elle et paraître joyeuse, ne pas penser au Noël de l'année précédente ! Ne pas se demander où il était ou ce qu'elle avait fait, ou oublié de faire, pour qu'il la quitte avec une telle désinvolture.

AVEC Sir Charles, Mme Paske changea de ton et de manières. Il en était arrivé à discuter d'un peu n'importe quoi avec elle. Il lui dit même ce qu'elle savait déjà.

— J'aime Hébé. A y repenser, je pense que je m'en suis épris au premier coup d'œil. C'est ridicule, à mon âge.

— Qu'est-ce que c'est que soixante-cinq ans ? L'âge ce n'est pas une question d'anniversaires, Sir Charles. J'ai connu des hommes vieux à quarante ans et jeunes à près de quatre-vingts.

Lui aussi. Le cousin qui lui avait légué Plenrerith s'était senti assez jeune à plus de soixante-dix ans pour s'embarquer dans une telle aventure. Mais, à présent, l'âge lui posait un autre problème qu'il n'avait pas envisagé auparavant et quelle bévue ! Il aurait soixante-six ans en janvier. Pourrait-il encore engendrer un enfant ? Là aussi les degrés de virilité variaient autant que la santé du corps et l'acuité d'esprit. S'il prenait Hébé, comme femme ou maîtresse, mettrait-il sa vie en danger ? Irait-il au devant d'un autre deuil ?

De cela aussi, il pouvait parler à cette femme intelligente.

— C'est grotesque, répliqua Mme Paske. Si vous me permettez de m'exprimer ainsi, vous êtes morbide, Sir Charles, pour tout ce qui touche à cette question. Cela se comprend évidemment avec ce que vous avez souffert. Mais chacune de vos épouses est morte en mettant leur premier enfant au monde. Hébé a déjà eu un bébé. Un second accouchement est toujours plus facile et plus sûr.

— Je n'avais pas pensé à cela.

— Je me demande si vous avez pensé à autre chose... Elle marqua une pause pour donner plus de poids à la fin de sa phrase : — Ne serait-ce pas merveilleux que vous ayez un fils ?

— Bien sûr, Mme Paske. Mais je me suis résigné depuis si longtemps...

— Il y a des exceptions, bien sûr, poursuivit Mme Paske, mais quand une femme a d'abord eu une fille, elle a beaucoup plus de chances d'avoir un garçon ensuite.

Là-dessus, elle le laissa à ses réflexions.

L'AMOUR vrai ne réclame pas de gratitude, mais Mme Paske fut déçue de la réaction d'Hébé.

— Sans doute, c'est ce qui serait le mieux. Mais je ne veux pas l'épouser, ni personne d'autre. Vous me trouvez idiote, je le sais, mais j'aime encore Jack. Oh, je sais, je sais qu'il était égoïste, sans cœur et qu'il ne m'a jamais aimée, mais je l'aimais et je ne peux pas l'oublier.

— Avec le temps, vous y arriverez.

— C'est ce que vous dites. Mais je pense aussi au bébé maintenant. D'une autre façon — le bébé de Jack — Et je ne l'ai jamais vu. Est-ce qu'elle lui ressemble ?

— Pas du tout. Et heureusement pour elle. Les filles qui ressemblent à leur père sont généralement très laides. Margaret est tout à fait comme vous.

— Je voudrais pouvoir la voir.

— Qui sait ? Si vous savez bien mener votre barque. Donnez un fils à Sir Charles et il est très vraisemblable qu'il vous autorisera à avoir la petite ici. On pourra dire que c'est une orpheline à laquelle je m'intéresse.

Et Daisy, à sa façon languissante, joua bien son jeu. Sir Charles, libéré de sa goutte, rajeuni miraculeusement, donna son habituelle grande réception d'avant Noël et annonça ses fiançailles.

Cela suscita beaucoup de commentaires, certains malveillants mais la plupart cordiaux et tolérants car Sir Charles était populaire. Et, bien que l'on ignorât tout des origines de Daisy, le seul reproche qu'on pouvait lui faire était d'avoir été danseuse. Elle était venue la première fois à Wichfield apparemment en tant que maîtresse de Skelton, mais qui aurait pu l'affirmer ? L'attitude de Lady Fenstanton joua beaucoup en sa faveur. A l'énoncé de cette nouvelle, elle, la femme la plus importante dans un rayon de soixante kilomètres, avait serré Mlle Waywood sur son cœur et proclamé de sa voix puissante : « Ma chère, je suis enchantée ! Je vous souhaite tout le bonheur possible. » Elle avait également félicité Sir Charles avec chaleur et envoyé une bonne claque à toutes celles qui, depuis des années, s'étaient évertuées en vain à le faire tomber dans le piège.

— *Maintenant,* nous savons ce que vous attendiez : — la plus jolie fille qui puisse exister. Mais, je l'ai toujours dit, vous avez un goût infaillible.

Après cela que pouvaient dire de simples mortels ?

Lord Fenstanton, qui ne sortait plus et passait le plus clair de son temps à sommeiller, se réveilla en apprenant la nouvelle et déclara :

— Cela va faire la *troisième* fois que je devrais faire un cadeau de mariage à Charlie Overton.

— Chéri, j'ai l'impression que vous êtes jaloux, lui répondit sa femme.

DAISY, évidemment, fut une mariée ravissante. Skelton l'eût-il vue qu'il se serait cru contraint de la peindre, le tableau n'aurait pu s'appeler que la « Jeune Mariée ». Mais il n'était pas là, sauf dans les pensées de cette même jeune mariée, très amère. J'ai toujours eu l'impression que quelque chose de merveilleux m'attendait au détour du chemin. J'avais raison. Je l'ai eu. Mais cela fait partie du passé, à présent.

Elle avait connu à peu près six mois de ce qui lui semblait le bonheur parfait et avait l'impression qu'elle ne serait plus jamais heureuse.

Lorsque les marguerites envahiraient à nouveau les prairies, elle aurait dix-sept ans.

CHAPITRE X

PEU A PEU, MALGRÉ QUELQUES SOUBRESAUTS, LA RÉSIGNATION S'INSTALLA. Daisy s'employa, consciencieusement, à rendre Sir Charles heureux et comme il était extrêmement sensible à son humeur et ne pouvait être heureux que si elle semblait l'être elle-même, ses dons d'actrice étaient largement mis à contribution. Avoir l'air contente, se comporter avec légèreté, frivolité même, lui devint presque naturel. Elle se fit même capricieuse parce qu'il tirait un énorme plaisir à satisfaire ses désirs les plus fous. Au cours des trois années qui suivirent leur mariage, il ne se refusa obstinément qu'à une chose : faire venir Margaret à Wichfield.

— Vraiment, mon petit, protestait Mme Paske. Vous ne devriez pas le presser de la sorte. Ne perdez pas de vue qu'il est vieux, le seul fait de mentionner cet enfant le bouleverse et, à son âge, c'est mauvais. Je la vois une fois par mois. Je vous assure qu'on ne peut mieux la soigner.

Mme Paske aurait pu ajouter, mais elle préféra se taire, que même sans querelles épouser une jeune femme avait eu raison de beaucoup de vieux messieurs. Non qu'elle imaginât qu'Hébé était très ardente au lit, c'était plutôt l'inverse.

— J'ai ça absolument en horreur. Inutile d'avoir l'air si choqué. Après tout, vous avez été mariée, Martha. Quel effet cela vous aurait-il fait si aussitôt après que votre mari... enfin quand vous avez été veuve, un autre homme ait... enfin, vous ait tripotée ?

Le mariage de Mme Paske avait été bref, sans joie et conclu pour une seule raison qui s'était avérée sans cause. Elle avait cessé d'y penser depuis longtemps et, en lui demandant de se mettre à sa place, Daisy lui posait un problème insoluble.

— C'est bien peu de choses en échange de... tout ça, dit-elle, placide.

« Tout ça » c'était le luxe, la satisfaction de tous ses caprices à l'exception d'un seul.

Si Hébé se montrait exigeante c'était hors du lit conjugal. Elle voulait donner des réceptions ou assister aux autres aussi souvent que possible. Elle introduisit un nouvel élément de distraction dans la routine un peu empesée de la campagne. Un bal masqué ! « Mais bien sûr ! » répondit Lady Fenstanton quand elle lui demanda si elle y assisterait. « J'ai déjà choisi mon personnage. Une femme que j'admire de tout mon cœur. » Tout le monde fut tenu en haleine et Lady Fenstanton fit une merveilleuse Lady Hester Stanhope en tenue arabe.

Une autre innovation, idéale pour une soirée d'été, consista en une chasse au trésor sur les terres de Wichfield. Sir Charles, lui-même, écrivit les cartes indiquant les pistes. Il écrivait beaucoup mieux qu'Hébé ou Mme Paske et tira grand plaisir à les faire assez mystérieuses pour tenter les chercheurs, mais pas assez pour les décourager au point qu'ils abandonnent et restent à l'intérieur.

Et puis, il y eut les spectacles donnés par Daisy elle-même. Ils revirent le jour par hasard. Un jour, Lord Fenstanton sortit de sa torpeur pour demander :

— Ai-je raison en disant que Charlie Overton a épousé cette fille qui dansait ? Lui avons-nous envoyé une paire de chandeliers ?

— Oui.

— Mais alors, pourquoi ne danse-t-elle ni ne chante-t-elle pas pour nous ?

Il replongea dans sa torpeur, mais il avait donné une idée à sa femme pour sa réception extrêmement originale, centrée autour d'Hébé qui, cette fois-ci, se produisit dans la galerie construite pour les ménestrels quelques siècles auparavant. Et cela permit à Sir Charles de faire plaisir à Hébé en lui faisant installer, à Wichfield, une pièce destinée spécialement à ses représentations.

Mais l'enfant espéré ne vint pas et les années passèrent chacune plus lourde que la précédente. La goutte cependant ne se manifesta pas. Comme l'avait dit Sir Charles à Mme Paske, il s'était résigné depuis longtemps à ne pas avoir d'enfant. D'une certaine façon — accrue par son impuissance — Sir Charles considérait Daisy comme sa fille, choyée, obstinée, chérie. Et cela lui rendait d'autant plus odieuse la seule pensée de la petite fille qui grandissait à Londres.

En trois ans, Daisy avait vu Margaret deux fois. La première fois, l'enfant venait d'avoir treize mois et c'était un peu avant Noël. Mme Paske avait cédé.

— Bon, entendu. Je ne suis pas du tout d'accord, mais je suis fatiguée de passer mon temps à discuter avec vous. Nous irons faire des courses pour Noël et nous en profiterons pour la voir.

Ce qui se passa fut dramatique dans une certaine mesure. La petite fille, très avancée pour son âge, compte tenu du fait que les filles sont plus précoces que les garçons et certaines filles plus précoces que d'autres, savait marcher d'un petit pas ferme, décidé. Elle voyait Mme Shillitoe plusieurs fois par jour, Mme Paske une fois par mois. Elle n'avait jamais vu Hébé. Mais, amenée dans la pièce, elle se dirigea droit sur elle, s'accrocha à sa jupe pour se stabiliser, puis leva les bras pour être prise. Chez tous les enfants, ce geste est irrésistible et Margaret était très jolie, faite de rose et de blanc, d'or et de bleu. Exactement le genre de portrait que Jack Skelton exécrait. Daisy la prit, la couvrit de baisers, lui mit la robe de velours bleu qu'avait faite Mme Paske. Les deux autres femmes avaient l'impression de voir un enfant jouer avec une nouvelle poupée. Mais la séparation avait été très pénible et Daisy avait pleuré pendant tout le trajet du retour.

Cette visite avait été faite officiellement et, comme elles approchaient de Wichfield, Mme Paske avait dit :

— Maintenant, mon petit, essayez de vous contrôler. Si Sir Charles se rend compte que cette visite vous a bouleversée, il ne voudra pas qu'elle se renouvelle.

— C'est de sa faute aussi, avait répliqué Daisy, boudeuse. Pourquoi ne pourrait-elle pas habiter avec moi ?

— Vous le savez parfaitement, Hébé. Et, maintenant, ajoutée à toutes les autres raisons, il y a votre ressemblance. Personne, vous voyant ensemble, n'aurait plus aucun doute.

Daisy crut cependant qu'elle ferait ce qu'elle voudrait de son vieux mari. Elle s'était bien tenue pendant le dîner, mais ensuite elle avait pleuré dans la bibliothèque et Sir Charles avait réagi exactement comme l'avait prévu Mme Paske.

— Puisque le fait de voir cette enfant vous bouleverse à ce point, le mieux est que vous ne la revoyez pas, dit-il avec une froideur très inhabituelle chez lui.

Daisy était bien décidée à ne pas tenir compte de cela, mais Mme Shillitoe avait écrit à Mme Paske que Margaret avait pleuré ; refusé de manger son dîner et que son agitation avait provoqué une légère fièvre. « C'est une petite fille très obstinée dans certains cas et je préférerais qu'à l'avenir vous veniez seule pour la voir. La vue de personnes étrangères l'énerve. » Même dans une lettre, Mme Shillitoe savait se montrer discrète.

La mère et la fille ne se revirent plus jusqu'à l'été où Margaret compta deux ans et neuf mois.

Mme Paske, Sir Charles et le docteur Mc Gibbon, dans cet ordre, s'inquiétèrent de la santé de Daisy. Elle avait perdu du poids, toussait, était alternativement d'une gaieté débordante ou d'une tristesse incroyable. Le côté éthéré de sa beauté s'en trouva accru. Mme Paske qui aurait beaucoup donné pour relâcher les coutures de ses robes — et aurait dû le faire — se voyait au contraire forcée de faire des pinces. Le beau teint de lait si souvent synonyme de consomption, déplut au docteur Mc Gibbon. Un mois de vacances à Margate, pas de fatigue, pas de veilles, une sieste chaque après-midi et, bien sûr, des bains de mer, telle fut son ordonnance. En fait, ce furent des vacances extrêmement fébriles et Daisy ne fit que très rarement la sieste.

— Vous ne faites que vous rendre les choses encore plus dures, répondit Mme Paske lorsque Daisy lui parla de son projet. Et quel risque ! Sait-on qui sera à Margate à cette époque de l'année ? Que l'on vous voie avec elle une seule fois...

— C'est justement ce qui me plaît. Si l'on nous voit ensemble... avec Mme Shillitoe *et* Hattie *et* Peter *et* Margery, je dirai avoir été attirée par sa ressemblance avec moi.

Mme Paske était incapable de refuser à Hébé quelque chose qu'elle était en mesure de lui obtenir. Aussi, quand les occupants de Wichfield s'installèrent dans les plus belles chambres du meilleur hôtel, Mme Shillitoe s'installa dans une pension beaucoup plus humble, mais fort confortable. Non seulement c'était la première fois que Mme Shillitoe voyait la mer, mais c'était aussi la première fois de sa vie d'adulte qu'elle mangeait de la cuisine préparée par d'autres mains que les siennes. Elle n'était pas loin de considérer Daisy, qu'elle connaissait sous le nom de Mme Johnson, comme une bonne fée.

Il faisait beau. Daisy consacrait la matinée à Sir Charles, ne le laissant que pour prendre son bain de mer rituel. Ils se promenaient ou s'asseyaient au soleil : échangeaient des commentaires avec les autres clients de l'hôtel, buvaient du café sur les terrasses en plein air ou contemplaient les amuseurs publics sur la plage. Sir Charles continuait de proclamer que la sieste était réservée aux vieillards ou aux êtres délicats. Aussi, l'après-midi, il se rendait au salon de lecture, lisait les journaux, s'occupait de sa correspondance et, s'il piquait un peu du nez, il attribuait cela à l'air marin. Daisy montait dans sa chambre et ressortait par une porte de côté qu'avait cherchée et trouvée Mme Paske. Ensuite elle courait, dans le sens exact du terme, à son lieu de rendez-vous, dans la partie la moins cotée de la plage où l'accueillaient avec transport tous les enfants — la pauvre Hattie en était encore un — parce qu'elle leur achetait des bonbons, des gâteaux et tous les jouets proposés par les marchands ambulants. Elle jouait avec eux tous pendant quelque temps et Mme Shillitoe proposait un autre jeu, une course, destiné à occuper les plus grands pour que Mme Johnson puisse avoir la petite fille pour elle toute seule. Elle avait connu beaucoup de mères, officielles ou non, mais elle n'avait jamais vu de mère et d'enfant tellement attachées l'une à l'autre. Oui, peut-être Hattie et elle-même. Et cela excusait bien une petite tricherie...

Mme Johnson avait visiblement beaucoup d'argent et aucune idée de la façon de le manier. Ce n'était pas bien méchant que de dire qu'en allant à la plage l'un des enfants avait vu et désiré quelque chose dans une vitrine. Extrêmement heureuse elle-même, Daisy voulait voir tout le monde heureux autour d'elle. « Achetez-le, Mme Shillitoe. Achetez-leur quelque chose à chacun. » Le thème valait la peine qu'on élabore. Plus que tout, Mme Shillitoe aimait boire une tasse de thé, tôt le matin.

— J'en ai pris l'habitude, voyez-vous. Pour commencer une journée, la première des choses pour moi, c'est une bonne tasse de thé. Mais, dans notre pension, c'est compté en supplément.

— Combien ?

— Ça paraît énorme... un shilling le pot. Un shilling pour un pot de thé !

— Je suppose qu'ils profitent de la saison, dit Daisy en ouvrant son réticule.

Mme Shillitoe pouvait parfaitement se passer de son thé matinal. Elle pouvait se passer de beaucoup de choses si cela lui permettait d'ajouter quelques pièces à ce qu'elle économisait pour la pauvre Hattie.

Mais il était parfaitement exact qu'à la pension ceux qui préféraient la crème au custard ou qui étaient assez voraces pour désirer deux œufs à leur petit déjeuner devaient payer un peu plus.

— J'ai l'impression que je mange comme un ogre moi aussi, Mme Shillitoe. Je vous en prie, faites en sorte qu'ils aient tous de la crème et autant d'œufs qu'ils en désirent.

Deux heures passaient ainsi en un clin d'œil. Elle devait être rentrée à l'hôtel pour quatre heures et le thé. Ensuite, une promenade en voiture, le dîner, la soirée interminable. Elle lui semblait interminable même s'ils jouaient au whist, s'ils assistaient à un concert. Et c'est dans cette perspective que Daisy disait :

— Au revoir, ma chérie. A demain.

— Oubliez pas.

— Je n'oublierai pas. Au revoir Hattie, Peter, Margery. Au revoir Mme Shillitoe.

Souvent, il y avait une scène. Margaret s'accrochait à Daisy.

— Je veux venir avec vous.

— Je suis désolée, ma chérie. Je ne peux pas te prendre avec moi. Mais je serai là, demain.

Margaret se mettait à pleurer et se cramponnait aux jupes de Daisy.

— Allons, allons ! Pas de ça ! intervenait Mme Shillitoe.

Personne, pas même Daisy, n'aurait pu se plaindre de son ton, de la façon dont ses doigts décrochaient ceux de Margaret, mais ils étaient fermes, tous les deux. Evidemment, une femme ayant à s'occuper de quatre enfants se devait d'être ferme, mais le souvenir du petit visage trempé de larmes de Margaret, de ses cris, de ses petites mains à fossettes poursuivait Daisy pendant qu'elle se précipitait vers l'hôtel pour se donner l'aspect d'une femme qui a passé l'après-midi à se reposer. Ai-je du sable dans mes cheveux ? J'ai mouillé ma jupe en barbotant avec les enfants...

L'une des personnes avec lesquelles Daisy et Sir Charles jouaient parfois au whist était une veuve, Mme Hamilton-Hope, encore très alerte à quarante ans, bien conservée et se comportant avec tous les hommes, jeunes ou vieux, d'une façon que Sir Charles qualifiait d'évaporée. Il était assez vieux jeu pour désapprouver le fait qu'elle soit descendue seule à l'hôtel. Une femme convenable aurait dû avoir avec elle une parente, ou une dame de compagnie.

— Je pense qu'elle n'en a pas les moyens, dit Daisy. Rien de ce qu'elle porte n'est de bonne qualité.

— Alors elle aurait dû descendre — avec une dame de compagnie — dans un établissement moins cher, rétorqua Sir Charles.

Il était persuadé qu'elle se teignait les cheveux et certain qu'elle se cherchait un nouveau mari. Aucun mal à *cela,* mais, encore une fois, une femme convenable, y aurait mis des formes. Aussi apprit-il sans aucun plaisir qu'ils étaient parents, la grand-mère de Mme Hamilton-Hope, une Skelton, avait été la cousine germaine de la mère de Sir Charles. Il entretint l'espoir qu'un interrogatoire serré révélerait une faille dans cette soi-disant parenté. Mais Mme Hamilton-Hope tint parfaitement le coup lorsqu'il essaya de lui tendre un piège :

— Je me suis toujours demandé ce qu'était devenu Auguste.

Elle répéta ce nom d'un air surpris.

— Peut-être l'appelait-on autrement. A moins qu'il ait été de la branche des Shropshire ? Je n'ai connu aucun Auguste. Il y avait

Philip et Roger — qui est mort aux Indes — et Arthur qui est parti en Virginie...

Alors Sir Charles changea de cap et décida qu'il fallait faire quelque chose pour cette parente éloignée, l'inviter à partager leur table, à participer aux promenades l'après-midi. Le devoir, davantage que la sympathie, lui dicta sa conduite et il fut réellement furieux lorsqu'un jour où, sans relâche, remontant les pistes des liens familiaux, elle mentionna Jack Skelton.

— Je ne l'ai pas connu personnellement, mais la cousine Agathe a dit un jour qu'elle était navrée pour son oncle Thomas lorsqu'il abandonna l'armée pour se lancer dans... n'est-ce pas la peinture ?

— Oui. Et moins on en dira à son sujet mieux ce sera.

Il avait vu Hébé, prise par surprise, se raidir soudain et paraître accablée. Jamais il ne lui parlait de Jack et il imaginait qu'en femme intelligente Mme Paske en faisait autant. Il avait espéré qu'Hébé avait oublié. Elle aurait dû oublier ! L'expression de son visage lui apprit qu'il s'était trompé. Cela lui fit mal et, en même temps, il lui en voulut. Vraiment, il avait fait de son mieux, cédé au moindre de ses caprices, l'avait gâtée autant que faire se pouvait. Les vacances, par exemple, prises en pleine période de moisson alors qu'il aurait de beaucoup préféré chevaucher à travers ses terres. Non pas qu'il lui reprochât quoi que ce soit. Il était enchanté de constater que, déjà, elle avait bien meilleure mine.

Deux jours plus tard ils s'installèrent pour jouer aux cartes, après le dîner. Sir Charles, Hébé, Mme Hamilton-Hope — ils s'appelaient à présent par leurs prénoms du fait de leur parenté — et un certain colonel Spencer que Frances couvait d'un œil d'oiseau de proie. Mme Paske savait jouer, fort bien même, mais, pleine de tact elle se retirait toujours quand il y avait un quatrième joueur disponible.

Sir Charles battait les cartes lorsque, toute innocence, Frances demanda :

— Hébé, ma chère, qui est cette adorable enfant ?

Daisy ne fut pas prise de court comme elle l'avait été en entendant mentionner Skelton parce qu'elle ne quittait jamais l'hôtel pour rejoindre l'endroit où l'attendait Mme Shillitoe sans être consciente de courir un risque. Pas très grand peut-être, mais réel...

— Quel enfant, Frances ? J'avoue ne pas très bien...

— Mais les trois autres sont si laids, si communs et elle est si belle...

— Qui cela ?

— La petite fille avec laquelle vous jouiez cet après-midi. A l'autre bout de la plage.

— Moi ? Vous avez dû confondre, Frances. Je ne vais jamais là-bas. Et l'après-midi je me repose.

— Ordre de la faculté, appuya Sir Charles en passant les cartes au colonel Spencer qui se moquait éperdument de qui jouait avec quels enfants, du moment qu'on ne lui demandait pas de le faire.

La partie de cartes suivit son cours, mais elle fut brève. Sir Charles évoqua les effets soporifiques de l'air marin et déclara son intention de se coucher de bonne heure. Frances Hamilton-Hope accueillit cette suggestion avec plaisir car, ainsi, elle restait seule avec le colonel Spencer. Bien que celui-ci n'envisageât pas cette perspective avec le même plaisir et se proposât d'y échapper, il ne fut pas mécontent d'être débarrassée de Lady Overton. Elle jouait franchement trop mal et ce soir encore plus mal que d'habitude. Belle comme un ange cependant...

— MAINTENANT, dites-moi la vérité.

Le ton était d'une extrême sévérité.

— Vous la connaissez déjà. J'ai vu Margaret chaque après-midi. C'est mon enfant. Je l'aime et elle m'aime. Nous n'avons fait de mal à personne.

— Vous m'avez trompé.

— Il le fallait bien. C'était le seul moyen que j'avais de la connaître.

— Et vous vous êtes fait un tort terrible. Cette femme odieuse a parlé de sa beauté. Maintenant, elle va en tirer des conclusions à sa façon. Si vous, vous n'avez pas assez d'imagination pour penser à tout ce qu'elle va clabauder, moi si. Je me suis donné énormément de mal... et j'ai dépensé beaucoup d'argent pour sauvegarder votre réputation et maintenant, par votre conduite invraisemblable, vous avez peut-être tout détruit.

Jamais il ne lui avait parlé, ne l'avait regardée de cette façon. Il s'en fallut de peu qu'elle se rebelle et réplique : « Ça m'est égal. » Mais inutile de le fâcher davantage.

— Si seulement vous la voyez, Charles. Elle est adorable. Pas seulement jolie, mais tellement gentille et intelligente. Vous l'aimeriez, j'en suis sûre.

— Certainement pas ! Et je ne tenterai jamais l'expérience. Je suis réellement très mécontent de vous, Hébé. Je me demande comment vous avez pu être aussi inconséquente. Frances Hamilton-Hope n'a peut-être pas été la seule à la remarquer. Mme Paske sait-elle où vous passez vos après-midi ?

— Non. Je suis la seule coupable.

— Je me doutais bien qu'elle avait davantage de bon sens.

Cela lui déplaisait de s'imaginer que les deux femmes aient pu comploter contre lui. Cependant, il mentionna l'affaire à Mme Paske qui commit l'une de ses rares erreurs.

— C'est ridicule ! Mais j'imagine ce qui a dû se passer. Peut-être n'avez-vous pas remarqué Sir Charles, mais moi, oui. Dès les premiers jours on a *copié* Lady Overton. Ses robes, la façon dont elle se coiffe... On va même jusqu'à essayer de copier son teint ! Mme Hamilton-Hope a dû voir une de ces imitations.

Sir Charles soumit Mme Paske à un long regard froid.

— Très plausible ! Très ingénieux ! Mais il se trouve que Madame a tout avoué.

Mme Paske s'empourpra — un rouge sombre, très peu seyant.

— Il ne faut pas la juger trop sévèrement. C'est une maladresse de sa part. Mais ni vous, ni moi, ne sommes capables de comprendre les sentiments d'une mère.

Cette remarque ne fit rien pour adoucir Sir Charles. Elles avaient toutes les deux comploté contre lui ! A cette seule pensée une douleur vrilla son pied gauche. Sa satanée goutte était revenue.

— Nous partons dans une heure.

La conversation avait eu lieu à la table du petit déjeuner et Daisy n'était pas encore descendue. Mme Paske se leva.

— Je ferai bien d'aller m'occuper des bagages, dit-elle en s'éloignant vivement.

La goutte dont souffrait Sir Charles ne se faisait pas oublier mais le plaisir à la perspective de rentrer chez lui et de voir quand même un peu les moissons l'aidait à la supporter. Une phrase de Mme Paske avait atteint son but. « Non, s'avoua-t-il, je n'ai pas eu d'enfant. Je ne comprends pas. »

Et puis le comportement de Daisy le fit de nouveau changer d'attitude.

— Pas moi ! Je ne peux pas ! Je ne peux pas partir aujourd'hui. Elle m'attend. Je le lui ai promis. Ça briserait son pauvre petit cœur et je ne voudrais pas, pour tout l'or du monde. Punissez-moi si vous le voulez, mais pas elle. Je vous en supplie, Charles, je vous en supplie. Demain. Je partirai demain.

— Vous viendrez aujourd'hui.

Alors, elle perdit totalement la tête, eut une véritable crise d'hystérie.

— Je ne veux pas. Et vous ne pourrez pas me forcer. Je veux voir Margaret, lui donner la poupée que je lui ai promise et lui dire au revoir convenablement si c'est la dernière chose que je fais. J'ai été abandonnée par quelqu'un en qui j'avais confiance. Je sais ce qu'on éprouve. Partez. Rentrez chez vous si vous le voulez... Je resterai ici. Je laverai la vaisselle. Non, je chanterai et je danserai sur la plage...

Elle se livrait là à deux actes dangereux : elle démontrait à un vieil homme assez vaniteux qu'il s'était trompé, en faisant si peu de cas du rang auquel il l'avait élevée. Une Lady Overton lavant la vaisselle ! Et elle mettait au défi un vieux monsieur digne et courageux. Il ne doutait pas un instant qu'elle ne fût capable de mettre à exécution sa menace de se joindre à la troupe des bateleurs, sur la plage. Il voyait d'ici la foule !

Une centaine de petits diables armés d'épingles chauffées à blanc s'attaquèrent à son pied. D'autres, aussi malveillants, mais différemment armés, s'en prirent à son cerveau, y plantant des aiguillons douloureux. Epris comme il l'était, il n'avait pas voulu tenir compte du milieu. Il le fallait bien, à présent. Hébé si belle, aussi bien que Mme Paske, femme intelligente, appartenaient à un milieu où l'honneur ne voulait rien dire.

Des paysannes ! Agissant dans son dos, se jugeant malignes et riant probablement de la facilité avec laquelle elles l'avaient berné.

Et puis il y avait la jalousie. Hébé avait aimé — aimait encore — Jack. Elle aimait assez l'enfant pour oublier stupidement toute prudence dans le seul but de passer deux heures en sa compagnie alors que pour lui elle n'avait pas la moindre considération.

Mais plus encore. Et l'avenir ? A supposer, oui juste une supposition, qu'Hébé s'éprenne d'un autre homme. Rien d'impossible à cela.

Elle n'avait pas vingt ans ! Elle n'aurait aucun scrupule et Mme Paske l'aiderait et l'encouragerait.

Très mécontent et déçu, il fut cependant contraint de céder.

— Vous savez où Margaret habite ?

— Oui. Mais je n'y suis jamais allée. J'ai pensé que ce serait moins risqué sur la plage. Que j'attirerai moins l'attention.

— Vous savez parfaitement que vous attirez l'attention où que vous alliez ! répondit-il, mais d'un ton qui excluait toute idée de compliment. Je vais retarder notre départ d'une heure. Allez acheter cette poupée, donnez-la-lui et dites-lui au revoir.

Elle ne manifesta pas assez de reconnaissance. L'idée folle de rester à Margate, de s'installer dans la petite pension où elle verrait Margaret tous les jours, toute la journée, la tentait terriblement. Elle songea même à quitter Sir Charles. Elle retournerait à Londres... Il fallut tout le bon sens de Mme Paske pour faire échouer ce projet insensé.

— J'ai franchement parfois l'impression, Hébé, que vous ne voyez pas plus loin que le bout de votre nez. Ne tenez-vous donc pas à donner ce qu'il y a de mieux à votre fille ? Et que lui donneriez-vous, si dur que vous travaillez, en comparaison de ce que peut lui offrir Sir Charles ? C'est lui qui, en ce moment, paye de façon qu'elle soit très bien soignée. Bientôt, il faudra lui faire faire des études...

— Je pense à *maintenant.*

— C'est bien ce que je dis. Si vous êtes incapable de songer à l'avenir, réfléchissez un peu au présent. N'oubliez pas qu'il aura bientôt soixante-dix ans et que personne n'est éternel. Le jour viendra peut-être où vous pourrez avoir Margaret à Wichfield. Il suffit d'attendre.

MME Shillitoe fut heureuse que les vacances de Mme Johnson se terminent si tôt. Bien sûr elle était généreuse et traitait tous les enfants de la même façon quand il s'agissait de leur faire des cadeaux, mais quelle histoire après chaque au revoir ! On ne pouvait évidemment pas reprocher à l'enfant d'aimer sa mère — Pas une seconde Mme Shillitoe ne s'était fait d'illusions — mais quand Mme Johnson partait, Margaret piquait une crise et Hattie pleurait de voir pleurer Margaret et, souvent, Peter et Margery se joignaient au chœur. Mme Shillitoe trouvait fort embarrassant d'être sur la plage, entourée de quatre enfants visiblement malheureux. Cela attirait l'attention !

Mme Hamilton-Hope fut extrêmement déçue de voir son parent parti. Cette parenté lui avait donné du poids. Avec un peu de temps elle serait arrivée à se faire inviter à Wichfield, ce qui lui aurait rendu bien service si son séjour au Grand Hôtel restait improductif. Elle était observatrice et douée d'une certaine imagination, sans être sensible pour autant. Son flair la guidait toujours vers ce qui était curieux, étrange. Elle était certaine d'avoir vu Hébé jouer sur la plage avec une très jolie petite fille. Hébé avait nié. Ensuite, elle avait joué aux cartes encore plus mal que d'habitude et Charles avait abrégé la partie. A présent, ils étaient partis bien que leur suite, à l'hôtel, ait été retenue pour un mois. Curieux ? Curieux !

La veille, elle avait vu Hébé sur la plage alors qu'elle-même se trouvait sur ce que l'on appelait la promenade, un simple sentier à cet endroit. Elle marchait beaucoup parce qu'il lui fallait de l'exercice.

Les prix du Grand Hôtel étaient élevés et elle tenait à en avoir pour son argent aussi mangeait-elle beaucoup, mais elle craignait de grossir.

Elle retourna au même endroit dans l'après-midi. Elle y vit la femme terne — passe partout — la petite fille réellement affreuse, les deux enfants quelconques et la petite beauté. Mme Hamilton-Hope, relevant ses jupes, descendit jusqu'à Mme Shillitoe qui leva les yeux de sur son tricot.

— Bonjour. Je me demandais si je trouverais Lady Overton ici. Elle était là, hier.

La jolie petite fille, berçant une poupée de grand prix, ne pouvait être qu'une parente d'Hébé. C'était sa réplique absolue en miniature.

Hattie qui, de temps à autre, montrait une lueur d'intelligence dit :

— Maman. La jolie dame.

— Oui, ma chérie. Mais ce n'était pas Lady Overton. C'était Mme Johnson.

Mme Shillitoe leva vers Mme Hamilton-Hope un regard totalement inexpressif.

— Il s'agit d'une dame qui adore les enfants et aime leur faire des cadeaux.

Peter qui, n'eût-il pas été issu d'un mariage de la main gauche, aurait hérité un duché, intervint à son tour :

— Madame Johnson m'a donné ça.

Il s'agissait d'une locomotive qui ne fonctionnait pas très bien sur le sable. Margery montra un jouet en forme de chat qui miaulait lorsqu'on lui appuyait sur le ventre. Hattie n'entendant pas être en reste exhiba un rang de perles de corail. Ils espéraient tous recevoir des bonbons dont Daisy était très généreuse et, à leurs yeux, une dame bien habillée et sentant bon en valait une autre. Seule, l'enfant ravissante se tenait à distance. L'espace d'une seconde, en entendant le froufrou de la soie, en sentant l'eau de Cologne elle avait regardé, pleine d'espoir et puis, déçue, s'était écartée. Cette dame n'était pas sa Jolie Dame et quand même fût-elle venue chargée de chocolats et de bonbons à la menthe, Margaret n'en aurait pas voulu. Elle se concentra sur sa poupée que la Jolie Dame lui avait donnée le matin, en l'embrassant, en lui disant adieu.

— Comme c'est charmant, commenta Mme Hamilton-Hope. C'est vraiment gentil de sa part. Vous avez une petite famille heureuse, Madame...

— Je le crois, oui — Mme Shillitoe avait retrouvé son sang-froid et se souvenait que le secret faisait partie de sa profession. Elle ne donna pas son nom. Hattie, tu peux les emmener dans l'eau maintenant. Juste au bord et en vous tenant la main.

Peter et Margery partirent de bon cœur. Margaret refusa de bouger.

— ... Laisse-la faire ce qu'elle veut.

— Votre cadette est une enfant vraiment ravissante — Mme Shillitoe fit un geste invitant à la prudence.

— C'est ce que l'on dit. Mais elle est assez grande pour comprendre. Je ne veux pas qu'elle devienne vaniteuse. Son papa n'a déjà que trop tendance à la gâter.

Mme Shillitoe tenait à s'attribuer une famille normale. Elle sentait quelque chose. Ce n'était pas là le genre de femme à quitter la promenade pour manifester un tel intérêt. Il devait y avoir une raison.

— Oui, elle est... ce que vous dites. Cela paraît étrange quand on me regarde. Mais c'est pourtant de famille. J'ai une tante et une sœur très jolies. Hattie, reste au bord !

CHAPITRE XI

Mme PASKE SUT REGAGNER LES BONNES GRÂCES DE SIR CHARLES avant Daisy. Elle était bonne infirmière et tant que dura sa crise il dépendit d'elle. Elle sympathisait, ce que ne faisait pas le médecin. Celui-ci reprochait à son malade de trop boire et de trop manger. Mme Paske se faisait des reproches.

— J'ai commis une grave erreur, dit-elle avec franchise. J'ai cru que si vous saviez qu'Hébé voyait l'enfant tous les jours, cela vous déplairait et provoquerait une petite crise de goutte. Et puis, vous avez tout découvert et vous avez pris cela, si j'ose dire, beaucoup trop sérieusement. Et voilà le résultat. Je suis absolument navrée. Elle aussi.

— Rien ne le démontre.

— Ecoutez, il faut comprendre certaines choses. Pour le moment, c'est surtout elle qu'elle plaint... Et elle a un peu honte... comme une petite fille qui a été surprise à faire une bêtise.

On ne pouvait pas avoir meilleur avocat.

Avec Daisy, Mme Paske ne mâcha pas ses mots.

— Vous exagérez. Comprenez donc que ce n'est qu'un vieil homme un peu gâteux qui a besoin d'être dorloté. Et, ma petite, cet air froid et digne ne vous va absolument pas. Dites que vous regrettez, soyez caline et tout redeviendra normal.

C'était être très optimiste. Daisy, qui ne supportait pas l'atmosphère empoisonnée engendrée par la désapprobation, fit ses excuses, se montra tendre, versa quelques larmes seyantes et rentra en grâce. Mais le mal était fait. Sir Charles gardait présente à l'esprit l'idée qu'elle avait trompé sa confiance. Peu de chose, bien sûr, il le reconnaissait à présent, mais il ne pouvait s'empêcher de penser que quelqu'un, qui vous trompe si peu que ce soit, peut en arriver à vous tromper totalement. Daisy, elle, pensait qu'en l'arrachant à son enfant il se montrait méchant. Elle oubliait toutes ses gentillesses.

Ils ne renouèrent pas leurs relations conjugales. Sir Charles préoccupé par sa goutte n'éprouvait plus aucun désir sexuel et Daisy qui avait subi ses étreintes comme un devoir avec, au début, le léger espoir d'une nouvelle maternité, était à présent satisfaite d'en être quitte.

Mais elle ne voulait pas abandonner Margaret.

Et, juste avant l'anniversaire de l'enfant, elle s'adressa à son mari, d'une façon nouvelle chez elle.

— Charles, Margaret aura trois ans après-demain. Je voudrais passer son anniversaire avec elle. J'ai pensé qu'il valait mieux que je vous le dise pour que vous ne m'accusiez pas de vous tromper, encore une fois.

— Très louable de votre part. La voiture est à votre disposition. Je pense que je peux compter sur vous pour ne pas descendre devant la porte même. Watson est un garçon observateur.

TROISIÈME PARTIE

CHAPITRE PREMIER

DEUX ANNÉES S'ÉCOULÈRENT D'UNE EXISTENCE MORNE, AVEC, ÇÀ ET LÀ, quelques événements s'en détachant comme une taupinière sur une pelouse. La goutte dont souffrait Sir Charles s'installa de façon quasi chronique, les périodes de rémission étant de plus en plus courtes. Après ses deux pieds, elle s'attaqua à ses deux mains et finalement à ses yeux. Parfois, la lumière seule suffisait à augmenter la douleur et il restait assis ou allongé dans une pièce obscure. Mme Paske le soignait bien ; Daisy, éclairée par une lampe à l'abat-jour épais placé à l'extrême bout de la pièce, lui faisait la lecture des heures durant. Ses amis venaient le voir. Mais ce n'était pas une vie drôle et la souffrance ne lui améliorait pas le caractère. Pour la première fois depuis le décès de sa seconde femme, il se mit à penser à ce qui se passerait après sa mort.

Ainsi qu'il l'avait déclaré, il s'était résigné depuis longtemps à ne pas avoir d'héritier. Il savait que son titre s'éteindrait avec lui. Les Overton, macrocéphales, n'avaient jamais été prolifiques et il en était le dernier représentant. Il acceptait ce sort avec un curieux détachement, peut-être parce qu'il n'avait pas été préparé à ce rôle et que le titre ne l'avait pas tenté à une époque de sa jeunesse où il aspirait à autre chose. Une partie du domaine — quelque cinq cents acres — était dévolue à la Couronne. Mais non pas la maison. Le Wichfield d'origine avait subi de graves dommages pendant la guerre civile et il n'en restait plus que des ruines dans un pré. L'Overton de l'époque avait bâti le manoir actuel sur une terre achetée à cet effet. Les Overton, dans l'ensemble, s'étaient montrés astucieux. Ils avaient acquis des terrains quand ils étaient bon marché et les avaient conservés. Sir Charles pouvait disposer comme bon lui semblait de quatre bonnes fermes, de plusieurs lopins de terre, d'une douzaine de maisons louées, de sa demeure personnelle et d'une somme considérable sagement investie. Tout cela, Jack Skelton aurait pu l'hériter. Sir Charles avait toujours vu en lui son héritier plutôt que les autres cousins Skelton qui, par leur incapacité à Plenrerith, s'étaient rayés eux-mêmes de la liste. Il y avait d'autres Skelton, beaucoup même, car, contrairement aux Overton, ils se montraient prolifiques et il en était un, notamment, dont il ne savait rien et que, de ce fait, il ne pouvait désapprouver.

Une enquête préliminaire parut concluante. Cousin germain de Max et d'Algie, il semblait d'une autre trempe. Né dans une branche obscure et pauvre de la famille, fermier, il cultivait la pomme de terre dans le Lincolnshire, pays connu pour ses marais.

Trente-deux ans, marié, père de deux garçons, George Skelton semblait devoir convenir, selon l'expression de Sir Charles. Mais il valait tout de même mieux voir à quoi il ressemblait.

D'après la lettre qu'il envoya en réponse à une invitation à venir à Wichfield en novembre, Sir Charles le jugea bien élevé. Il remerciait pour l'offre qu'il pouvait accepter, la dernière récolte de pommes de terre étant faite. Sa femme l'accompagnerait, cela lui ferait plaisir, elle n'était jamais descendue plus bas que Cambridge.

Pour Mme Paske, tout cela avait un goût de cendre, de poussière. Si seulement Hébé qui, à la suite d'une liaison illicite, avait mis au monde un si bel enfant, avait pu fabriquer un fils ! Il y avait peu d'espoir, sinon aucun qu'elle le fît à présent. Alors pourquoi ne pas tout lui laisser ? Mme Paske connaissait les droits de la Couronne, mais elle voyait également, partout à la ronde, des veuves héritant et s'occupant de tout. Non pas qu'Hébé en fût capable — mais Mme Paske l'était. Elle avait payé son tribut à l'âge et, dès le retour de Margate, elle avait souffert de terribles migraines et, pendant quelque temps, de tremblements. Cependant, méprisés, ses maux avaient disparu et laissé une Mme Paske deux fois aussi énergique qu'elle avait été. Elle avait, à présent, suffisamment d'énergie pour servir d'infirmière, diriger la domesticité et veiller à superviser les affaires du domaine quand il le fallait.

Elle avait tenté de faire valoir son raisonnement auprès de Sir Charles, mais il était devenu difficile de raisonner avec lui. Il s'énervait très vite et cela aggravait ses crises de goutte.

— Parfait, laissons venir le planteur de pommes de terre et sa femme, dit Mme Paske, presque méchamment à Daisy. Sir Charles a encore les idées claires il verra bien que son projet ne tient pas.

— Je ne veux pas de fortune, répondit Daisy. Juste assez pour avoir une petite maison où nous pourrions vivre en paix toutes les deux avec Margaret.

— Dans ce cas, il faudrait changer vos habitudes.

C'était exact. Daisy était, peu à peu, devenue de plus en plus extravagante. Elle dépensait énormément d'argent en vêtements, en réceptions. A présent, une soirée à Wichfield incluait un spectacle et les décors qu'elle se composait étaient souvent fort coûteux. Elle avait adopté des danses beaucoup plus élaborées. Pour une danse indienne il lui fallait des palmiers — des vrais ; une danse espagnole exigeait des orangers. Des bijoux embellissaient beaucoup de ses costumes, non pas véritables au grand regret de Mme Paske, car ils auraient au moins gardé leur valeur, mais de la verroterie de couleur bonne pour une soirée et, ensuite, mise au rebut. Mais Daisy ne dépensait pas seulement pour elle. Sa famille, à Talbot Ste-Agnès, en profitait largement. Le confort à la maison, des études de médecine pour l'un des garçons, une fille en apprentissage chez une couturière, une autre chez une modiste. Et Daisy ne pouvait aller à Saint Luke Street sans acheter des cadeaux princiers à tous les enfants, ni laisser au moins deux souverains à Mme Shillitoe pour ajouter au bas de laine d'Hattie. Elle dépassait généralement le montant de sa pension et devait faire appel à Sir Charles, lui disant ce qu'elle avait dit autrefois à Jack : « Je ne comprends pas. Tout paraît augmenter chaque jour. Et l'argent me file entre les doigts. »

Il se montrait toujours généreux, en partie parce que c'était dans sa nature et aussi parce que, de temps à autre, il ne pouvait s'empêcher de se reprocher son changement d'attitude à son égard. Il ne lui avait pas donné d'enfant pour remplacer celle qu'elle aimait si tendrement et qu'il ne voulait pas accepter. Il ne lui avait pas donné, depuis Margate, l'affection aveugle, dévouée à laquelle une très jeune et très jolie femme mariée à un vieil homme était en droit de s'attendre. Ce genre de réflexions lui venaient d'habitude en pleine nuit au moment où il se réveillait, l'esprit très clair. Le docteur Mc Gibbon, assuré, à l'issue de quinze jours d'un régime draconien, que la bonne chère n'était pas responsable de la goutte de son ami, lui avait fourni avec générosité des calmants tous dérivés de l'opium. Mme Paske mesurait les doses, la dernière assurait quelques heures de sommeil et, ensuite, à trois, quatre heures — cette période interminable précédant l'aube — Sir Charles se réveillait, plus lucide qu'à n'importe quel autre moment du jour ou de la nuit. Et la douleur, l'ancienne ou une nouvelle, reprenait, elle aussi et, pour échapper à la fois au mal et à ses pensées, il tendait la main vers les pilules laissées par Mme Paske « juste au cas où ». Et il se rendormait.

GEORGE SKELTON, lent de gestes et de parole, aimable géant avec un peu du charme des Skelton et beaucoup de leur absence de mondanité, arriva à la fin d'un après-midi de novembre. Il conduisait un cheval de race indéterminée, à la robe bourrue attelé à ce genre de véhicule mis au rancart par les fermiers prospères, une charrette assez spacieuse pour recevoir plusieurs sacs de pommes de terre, ou un cochon, ou encore un jeune veau sous un filet. Elle était pourvue d'une banquette sans rembourrage, une simple planche à l'usage du cocher et des passagers. Derrière celle-ci se trouvait un sac de pommes de terre.

— Je vous ai apporté quelques pommes de terre champion, pour que vous puissiez les apprécier, annonça l'héritier putatif après avoir salué son bienfaiteur putatif. Je dis bien « champion ». C'est leur nom. C'est une espèce particulière.

Il avait également amené sa femme — champion. Lucy Skelton descendit de la charrette maculée de boue, nette et propre comme un sou neuf. Sûre d'elle, prête à affronter n'importe qui sur terre ou, au besoin Dieu ou le diable. Avant son mariage, elle avait été gouvernante et crainte non seulement de ses élèves mais de leurs parents à une époque où ses pareilles appartenaient à une espèce soumise et souvent méprisée. Elle avait du sang bohémien dans les veines, cela se voyait à son teint bistre, ses cheveux et ses yeux noirs. Dans sa façon d'être également. Si je ne vous plais pas, je m'en vais et je ne vous souhaite pas bonne chance ! Elle était souvent partie, laissant sa marque derrière elle. Aucun de ses élèves n'en avait gardé un bon souvenir, mais tous savaient lire à quatre ans. Elle avait une méthode simple et directe. P.A.P.A. veut dire papa. P.A.P.A. qu'est-ce que ça veut dire ? Celui qui se trompait recevait une bonne claque. Que veut dire P.A.P.A. ? La plupart le savait la seconde fois. Elle était entrée et sortie de quatre à cinq maisons avant de rencontrer George Skelton et avait compris que l'on pouvait en tirer quelque chose.

Par pure méchanceté et pour bien démontrer que le planteur de pommes de terre n'était qu'un cul terreux, Mme Paske avait prévu un dîner compliqué nécessitant un nombre considérable de couteaux et de fourchettes. Que Charles se rende donc compte par lui-même ! George Skelton contempla l'étalage et déclara avec simplicité :

— Là, j'ai intérêt à regarder Lucy.

Celle-ci, tout aussi à son aise expliqua :

— Nous vivons de façon très simple. Avec quatre personnes et une seule bonne, nous économisons la vaisselle. Je fais la cuisine moi-même.

— A merveille, appuya son mari.

— Pas du tout, dit-elle tranquillement. N'importe qui en possession de ses facultés et sachant lire peut faire la cuisine. Lorsque j'étais à Windlemoor, la cuisinière est tombée malade un soir où l'on recevait à dîner. Je l'ai remplacée. Sa Grâce a déclaré n'avoir jamais si bien mangé. Elle m'a donné cette broche en souvenir.

Elle indiqua sans orgueil, mais sans modestie non plus, une grosse améthyste encerclée de minuscules diamants, seul ornement de sa robe couleur prune fort laide. Robe d'après-midi et des dimanches.

Elle réussit, sans un seul mot, ou même un regard désapprobateur à faire comprendre que le dîner, pour compliqué qu'il fût, n'offrait pas l'exemple parfait de l'art culinaire.

Elle parla de ses fils. Le jeune George était déjà à Oundle et Richard l'y rejoindrait à la rentrée prochaine.

— Ils ont juste un an et une semaine de différence. Avoir des enfants c'est un tel handicap pour une femme occupée. Le mieux c'est de les avoir le plus vite possible et d'en finir avec ça.

— Je croyais que la Providence s'occupait de ces questions, fit remarquer Mme Paske.

Lucy lui lança un regard de reproche pour cette inconvenance et lui demanda si elle avait des enfants.

L'absence d'ambition du couple le rendait invulnérable. Sir Charles trouva sympathique ce parent éloigné et sentit que Wichfield serait en sécurité avec lui. Lucy lui était beaucoup moins sympathique, mais il n'était pas loin de l'admirer — elle faisait ses robes elle-même, elle savait faire la cuisine, le beurre. C'était elle, d'après son mari, le trésorier de la famille. Elle paraissait trouver le temps de lire et de jouer du piano. On n'aurait pu dire qu'elle était vaniteuse. Contente de soi, oui, et, il le sentait, dominatrice. Et si laide ! Non que ce fût sa faute, pas plus qu'il ne pouvait lui reprocher de ne pas être attiré par les brunes. C'était, de toute évidence, une bonne épouse et une bonne mère.

Le lendemain, bravant un vent d'est coupant, Sir Charles emmena George faire le tour de la propriété, dont il pourrait, un jour, hériter une partie. George parut moins impressionné par son étendue que par le fait que son cousin fût indiscutablement bon gestionnaire.

— Dans le Nord, dit-il, de sa façon laconique, les propriétaires ne s'occupent de rien, ils vivent à Londres, de l'argent qu'ils soutirent à leurs locataires. Il y a des exceptions, bien sûr... Et peut-être des excuses. Le Lincolnshire c'est la plaine, le marécage. J'ai planté quelques arbres à côté de la maison, mais ils ne veulent pas pousser. Vous pouvez faire quinze kilomètres et ne pas voir une plante plus haute qu'un pied de pomme de terre ou de céleri. Je dois dire que vous avez vraiment une belle propriété.

— C'est une terre plus ancienne. Je me suis efforcé de bien la préserver. Chaque fois qu'il faut abattre un arbre, j'en plante un autre. Chassez-vous ?

— Par-ci, par-là. Surtout de la vermine. Les faisans et les perdrix aiment nicher dans les buissons et se percher dans un arbre alors il n'y en a pas beaucoup par chez nous. Des canards sauvages pendant quelques jours, au printemps. Je les tue et Lucy ne chôme pas. Bouillis et mis en gelée avec une bonne couche de graisse de mouton ça dure jusqu'à l'année suivante.

— Je ferai en sorte de réunir quelques amis pour chasser jeudi, dit-il.

Il aurait aimé pouvoir dire qu'il les accompagnerait mais déjà, bien qu'il ait enfoncé son chapeau et choisi la voiture fermée pour cette promenade, ses yeux le brûlaient.

— Oh ! il faut que je sois rentré jeudi, répondit l'héritier putatif avec un bon sourire.

— Mais vous m'avez dit avoir récolté vos pommes de terre.

— En effet. Mais il faut les stocker. J'ai un domestique mais il n'est pas très futé et c'est un peu trop pour mon garçon tout seul.

« Voilà, songea Sir Charles, un homme qui a le sens de ses responsabilités. Difficile d'imaginer personnage plus différent de Max ou d'Algie. »

Plus tard dans la journée, l'impression que lui avait faite Lucy s'améliora un peu. Elle admit ne rien connaître à la goutte, mais elle connaissait la recette d'une bonne lotion pour les yeux.

— L'avez-vous essayée ? Il s'agit d'une solution de sel et de bicarbonate de soude.

— Sir Charles a les yeux irrités, fit remarquer Mme Paske. Le sel va le brûler encore davantage.

— Les larmes sont salées, répliqua Mme Skelton. Pleurer n'a jamais fait mal aux yeux jusqu'ici.

— Ça les rougit.

— Les miens, intervint Sir Charles, sont déjà rouges. Ça ne peut pas faire de mal.

Le remède resta sans effet, mais la sollicitude lui plut. Lucy prépara la lotion de ses propres mains.

— Je ne doute pas que vous ayez de bons domestiques, dit-elle d'un ton impliquant exactement l'opposé, mais j'ai vécu dans de grandes maisons et je sais que chacun se décharge d'un travail sur son subordonné et qu'en fin de compte il est fait par la dernière fille de cuisine.

Cette nuit-là, dans leur chambre, George et Lucy Skelton eurent une conversation qui aurait surpris Sir Charles et Mme Paske. La veille, fatiguée par leur voyage qui avait inclus une visite rapide de Londres pendant que le cheval se reposait, ils s'étaient mis au lit presque en silence. A présent, émergeant de son premier jupon de taffetas noir Lucy dit :

— Alors ?

— C'est une bonne propriété. Environ huit cents acres — sans compter ce qui revient à la Couronne. Il y a pas mal de terrain inutile évidemment, surtout autour de la grande ferme. Ça fait un peu jardin d'agrément.

— Nous aurons vite fait de mettre bon ordre à cela ! La maison est bien aussi. J'ai demandé à la fille de me faire visiter. Il y a des chambres d'amis plus belles que celle-ci.

— Celle-ci est très bien, dit George regardant, autour de lui, la pièce qui, si elle n'était pas de celles que l'on réservait aux hôtes de marque, lui semblait luxueuse.

— Le cas échéant, trois familles pourraient habiter facilement ici.

— Oui. Ça serait bien d'être tous ensemble sans dépendre les uns des autres.

George s'interrompit, le temps d'enfiler sa chemise de nuit.

— ... J'ai réfléchi à ce qui doit revenir à la Couronne. Il faudra un fermier là-dessus aussi. Pourquoi pas George, le moment venu ?

Ils restèrent debout, l'un à côté de l'autre, portés par le même rêve, comme si souvent déjà. George l'aîné et George le cadet faisant valoir les huit cents acres et Richard s'occupant du reste. Tous ensemble, mais avec une tâche bien déterminée, chacun sous le même toit. Et Lucy régentant le tout. Un petit royaume sous le régime du matriarcat.

— Mais il faut penser à cette fille. Pas encore d'enfant et je ne crois pas me tromper en disant qu'il a passé l'âge de lui en faire un. Mais...

— Mais quoi ?

— Elle est bien tranquille et ce sont les plus futées. On ne peut nier qu'elle soit jolie... Je suis sûre qu'elle veut un enfant. Tu n'as pas remarqué, moi si. Chaque fois que nous parlions des garçons, elle changeait d'expression. Comme... comme quelqu'un qui a faim et qu'on parle de nourriture.

Des années de mariage avec Lucy avaient appris à son mari qu'elle avait l'esprit beaucoup plus vif et qu'elle voyait beaucoup plus loin que lui. Souvent, il s'était dit qu'à une autre époque on l'aurait brûlée comme sorcière.

— Elle n'y peut pas grand-chose.

— Non ? Moi, je sais ce que je ferais à sa place. Je me ferais faire un enfant par un autre. Il ne pourrait pas faire de scandale sans passer pour un imbécile et un enfant dont on n'a pas renié la paternité dès le début est considéré comme légitime. *Alors* qu'est-ce qu'on deviendrait ?

— Ben... ça ne serait pas pire qu'avant, répondit George placide.

— *Moi,* ça me ferait mal, après avoir vu tout ça. Je pense aux garçons. Notre genre de culture, c'est très bien, mais c'est très dur. Et ces économies de bouts de chandelles pour installer Richard.

Elle commença de brosser ses cheveux raides et noirs.

— Elle ne m'a pas fait l'effet d'être volage, remarqua George plus préoccupé de calmer les craintes de Lucy que de défendre Daisy.

— Avec des filles jolies comme celle-là on peut s'attendre à tout, même à un meurtre. Je n'ai pas dit qu'elle était volage. Je dis seulement que je la comprends. Elle veut un bébé. Sir Charles a besoin d'un héritier. La solution est simple.

— Si je ne te connaissais pas, à t'entendre ça me donnerait à réfléchir, dit-il, taquin.

— C'est surtout que j'ai tout ce qu'il me faut dans ce *domaine.*

C'était exact. George était encore un amant attentionné et elle avait ses garçons.

Lucy Skelton et sa satisfaction *dans ce domaine* avait été en grande partie responsable de l'attitude calme, désenchantée de Daisy. Chaque fois que George regardait sa femme avec son expression de chien fidèle ou qu'il en parlait avec fierté, Daisy avait senti son cœur se serrer. Cette femme, si laide, si terre à terre, semblait avoir tout ce que l'on pouvait désirer, alors qu'elle en aurait bientôt encore moins. Car Mme Shillitoe avait décidé qu'il était temps que Margaret aille à l'école. Intelligente, précoce, plus que gâtée et très volontaire, elle n'avait plus sa place dans la maison de Saint Luke Street ou Peter et Margery avaient été remplacés par deux bébés.

Margaret, après la chance d'avoir eu Mme Shillitoe comme mère nourricière, allait être privilégiée à nouveau. Les demoiselles Reade dirigeaient une excellente école accueillant comme pensionnaires des enfants aux origines obscures et n'ayant pas de foyer où aller passer les vacances. Selon les demoiselles Reade, il n'y avait aucune raison pour que les enfants soient punis du péché de leurs parents. Au contraire, c'était faire œuvre pie que de tenter de compenser. Les prix étaient élevés, cent vingt livres par an, mais les élèves étaient bien nourries, bien logées, bien enseignées. Certaines, au moment de quitter l'école, trouvaient des places de gouvernantes ou de dames de compagnie pour vieilles dames seules. Beaucoup disposaient de dotes modestes et contractaient des mariages respectables avec des fermiers, des clergymen, des missionnaires. Lucy Skelton était une ancienne élève de cette école.

L'établissement n'avait qu'un inconvénient. Il était situé à Manchester. Impossible d'y aller en une seule journée et Sir Charles, chaque jour plus égocentrique, n'accepterait jamais une absence plus longue. Daisy avait de bonnes raisons d'envier Lucy Skelton et d'avoir l'air triste lorsque celle-ci parlait de ses enfants.

CHAPITRE II

L'AUTRE ÉVÉNEMENT D'UNE EXISTENCE DE PLUS EN PLUS GOUVERNÉE par les allées et venues des crises de goutte et la bonne ou la mauvaise humeur qu'elles engendraient, fut l'arrivée d'une lettre de Mme Hamilton-Hope. Rien d'extraordinaire en cela puisque, au cours des deux années qui avaient suivi la rencontre à Margate, elle n'avait pas perdu le contact, envoyant ses vœux pour l'anniversaire de Sir Charles ou à Noël et exprimant l'espoir de le voir bientôt. Elle n'écrivait jamais du même endroit — mais toujours très chic — Sir Charles n'envoya pas l'invitation sollicitée. Elle lui avait déplu au premier regard. Il s'était ensuite amadoué, avait agi comme un parent se devait de le faire et comment avait-il été récompensé ? Cette femme, en quelques mots, — peut-être innocents — avait été à l'origine de sa première querelle avec Hébé. C'était oublié. Mais cela avait agi comme une goutte d'encre dans une cruche d'eau. Déception et méfiance étaient restées.

Cependant impossible de résister à cette lettre : Par la faute d'une série de circonstances malheureuses, Mme Hamilton-Hope ne savait où aller pour Noël. Elle avait accepté une invitation pour le Kent, après en avoir refusé plusieurs autres, mais son hôtesse et son hôte avaient été appelés en Ecosse où leur fille était gravement malade. La grippe avait frappé une autre maison, où elle était toujours la bienvenue. Elle pouvait évidemment se rendre dans le Westmorland mais c'était un long voyage à entreprendre en hiver, surtout qu'elle se trouvait à Londres se préparant à partir pour le Kent. Alors, elle avait pensé qu'elle pourrait profiter de l'invitation si souvent répétée de Sir Charles, de venir à Wichfield, à condition, bien sûr que cela ne gêne pas. Autrement, elle se ferait une raison et passerait un Noël solitaire à Londres puisque personne ne restait en ville à cette saison.

— Je ne l'ai jamais invitée ! protesta Sir Charles. Mais nous ne pouvons faire autrement que d'accepter qu'elle vienne.

Elle n'avait évidemment pas mis la main sur un second mari et n'avait toujours pas de domicile fixe. Les femmes dans son genre et les vieilles filles avaient une certaine tendance à venir pour ne plus repartir, il en avait connu plusieurs cas. Il n'avait nullement l'intention de voir cela lui arriver. Il répondit, précisant que Frances serait la bienvenue jusqu'au Nouvel An. Mais il se trouvait dans l'obligation d'inviter un homme seul, pour son dîner du vingt-sept. Pourquoi pas Roger Stokes, un voisin assez proche dont la femme était morte à la Saint-Michel et qui, théoriquement, était encore en deuil mais qui accepterait peut-être de rendre service à un vieil ami ? Pourvu que Frances ne lui mette pas le grappin dessus aussi visiblement qu'elle l'avait fait avec le colonel Spencer.

— Installez-la dans la chambre rouge, dit-il à Mme Paske. Elle est petite, mais dans la partie la plus chaude de la maison.

Daisy n'avait pensé à rien en dehors de sa visite de Noël Saint Luke's Street. Sa dernière visite puisque Margaret devait partir pour Manchester le premier janvier. Dans certaines écoles réputées, on réclamait une sorte d'uniforme, mais les demoiselles Reade exigeaient seulement que leurs élèves aient un bon trousseau de vêtements, chauds pour l'hiver, légers pour l'été, simples pour tous les jours et quelque chose de joli pour les grandes occasions. Mme Paske et Mme Shillitoe s'étaient occupées du nécessaire. Daisy projetait un tour avec Margaret chez Hawksley, un magasin qui, après d'humbles débuts, avait atteint de telles dimensions qu'il se vantait de pouvoir tout fournir depuis une épingle jusqu'à un éléphant.

Sir Charles, généreux en tout, à une exception près, avait donné à Daisy autant d'argent qu'une femme allant faire des achats pour Noël et voulant ajouter à un trousseau d'écolière pouvait désirer. A trois heures, les jours étant courts en décembre, la voiture attendrait Lady Overton et Mme Hamilton-Hope à l'hôtel Clark dans Piccadilly, où elle était descendue.

Qu'elles se rencontrent plus tôt dans le restaurant que Hawksley — très en avance sur ses contemporains — mettait à la disposition de ses clientes fut un fait du hasard et cependant inévitable étant donné les circonstances. Deux années pénibles et d'errance avaient eu raison de la garde-robe de Mme Hamilton-Hope et elle souhaitait faire honneur au cousin Charles. Il lui fallait absolument une nouvelle robe du soir de même que certaines pièces de lingerie. Après cela, le déjeuner.

Daisy n'avait pas acheté une, mais trois jolies robes et — folle extravagance — un petit manteau de fourrure. On connaissait ses pratiques chez Hawksley et les petits manteaux de fourrure, du lapin ressemblant à de l'hermine, étaient bien en évidence, cadeau de Noël idéal pour petites filles gâtées. Après cela, le déjeuner. Le restaurant était plein et la serveuse épuisée.

— Si cela ne dérange pas Madame de partager une table, proposa-t-elle en conduisant Daisy et Margaret à la seule table n'ayant qu'une place occupée. Par exemple. Se rencontrer ici. Rien ne pouvait me faire plus plaisir. Rien ne pouvait me déplaire davantage.

— J'ai un nouveau manteau, annonça Margaret en le caressant. Mme Johnson, ma Jolie Dame, vient de me l'acheter. Il est joli n'est-ce pas ?

Margaret était d'excellente humeur et bavarde. Mme Hamilton-

Hope, tout oreille, posait une question de temps à autre. Cette rencontre due au hasard déplaisait à Daisy qui aurait voulu avoir sa fille pour elle toute seule. Elle ignorait quand elle pourrait de nouveau déjeuner avec elle. Elle ne pensait pas qu'il puisse y avoir danger. Charles savait où elle était et ne pourrait l'accuser de l'avoir trompé ou de s'être montrée imprudente. Le fait qu'elle se fasse appeler Mme Johnson démontrait sa prudence. Cela surprendrait peut-être Frances, mais elle trouverait une explication à lui donner. Elle abrégea le déjeuner.

— Il faut aller au rayon des jouets, Margaret.

— Je voudrais une poupée. Margery m'a cassé la mienne.

— Tu auras ta poupée. Dis au revoir à Mme Hamilton-Hope, ma chérie. Je vous retrouve à trois heures, ajouta-t-elle à l'intention de celle-ci. Watson est très ponctuel.

Avant de sortir du magasin, Mme Hamilton-Hope remarqua que le plus petit des manteaux de fourrure blanche coûtait douze livres et que ceux de la taille de Margaret valaient entre quinze et dix-huit livres. Hébé n'était visiblement pas à court d'argent de poche...

Watson était là à l'heure dite. Les bagages de Mme Hamilton-Hope — tout ce qu'elle possédait en ce monde — rangés dans la voiture, les deux femmes chaudement enveloppées dans une grande couverture de fourrure. Daisy avait les nerfs à vifs. Elle venait de vivre l'une des scènes que déplorait tant Mme Shillitoe. Et, cette fois-ci, elle n'avait même pas eu la pauvre consolation de pouvoir dire : « Je te reverrai bientôt, ma chérie ». L'enfant s'était accrochée à elle en pleurant, disant : « Restez ici. Il y a de la place dans mon lit » et « Pourquoi est-ce que je ne peux pas venir avec vous ? » Cela avait été extrêmement pénible et Mme Shillitoe qui comprenait et sympathisait avait été forcée de dire : « Mme Johnson, essayez de vous contrôler. Vous ne faites qu'aggraver les choses pour elle ».

Au début, les rues furent très encombrées. Personne, ayant un intérêt quelconque aux yeux de Mme Hamilton-Hope, ne passerait peut-être les fêtes à Londres, mais tous les autres, innombrables, y resteraient et tous ceux qui pouvaient se le permettre entendaient bien manger. Des voitures débordant de denrées, des animaux sur pied allaient et venaient et le bruit rendait toute conversation impossible. Puis, ils sortirent de la ville. Watson, observateur et sachant prévoir le temps qu'il ferait, sentit qu'il ne tarderait pas à geler. Dès qu'ils furent dans la campagne, il fouetta ses chevaux.

— J'ignorais, Hébé, que vous vous étiez déjà mariée.

— Je ne l'ai pas été.

— Cette petite vous appelait Madame Johnson.

— Elle m'a toujours connue sous ce nom. C'est une orpheline à laquelle Mme Paske — vous vous souvenez de Martha — s'est intéressée, pas assez à mon avis. Je ne peux le lui reprocher. Elle a suffisamment à faire, s'occuper de la maison, servir d'infirmière. Aussi, ces derniers temps je l'ai remplacée pour ses visites. Et, comme il suffit d'avoir un titre pour que l'on vous fasse payer davantage, je me suis fait appeler Mme Johnson.

Oui, et pas seulement ces derniers temps ! Ça fait plus de deux ans !

— C'est, je le répète, une enfant exquise. Sans vouloir vous flatter, elle vous ressemble énormément.

— Mais vous me flattez ! Elle est extrêmement belle. Je suis tout au plus jolie. Je la trouve ravissante et c'est peut-être l'une des raisons qui m'ont fait prendre la relève de Mme Paske. Quelques petits plaisirs, quelques petits cadeaux. Cette pauvre petite n'ayant pas de parents, je cherche à compenser.

— C'est admirable ! Vous parlez avec une telle conviction... seriez-vous orpheline vous-même ?

— Loin de là ! C'est-à-dire que j'ai eu ma mère jusqu'à l'âge de cinq ans. Elle est morte et elle m'a beaucoup manquée. Mon père vit toujours, il s'est remarié...

Et, Seigneur ! Si j'avais fait ce que je voulais quand Margaret pleurait, tout abandonner et partir pour Manchester, laver par terre si je ne pouvais trouver autre chose à faire que seraient devenus mon demi-frère et mes deux demi-sœurs ? Et même mon père qui s'est habitué à dépenser un peu plus qu'il ne gagne ?

CHAPITRE III

MME HAMILTON-HOPE COMMENÇA PAR EMPRUNTER.

« Hébé, ma chère, je n'ai pas pensé qu'il pouvait faire aussi froid dans le sud. Pourriez-vous me prêter une étole ? » « Hébé, bêtement je me suis acheté une robe rouge avec laquelle mes grenats auraient été parfaitement. Mais je ne les ai pas emportés. Avez-vous quelque chose qui ferait bien sur du rouge ?

— Les diamants vont avec tout, répondit Daisy qui prêta une broche en forme de cœur.

— Si vous voulez mon avis, dit Mme Paske, elle n'a jamais eu de grenats, ou elle les a vendus. Elle ment.

Sir Charles ne sut rien de ces prêts, mais il constata avec indignation la façon dont Frances cherchait à séduire ce pauvre Stokes, alors qu'il l'avait prévenue que le malheureux était encore en deuil. Elle avait répondu ne comprendre que trop bien et cependant elle s'était mise à minauder dans un but bien déterminé, cherchant à se faire inviter.

— J'ai entendu dire que vous aviez une merveilleuse demeure historique, M. Stokes. Ashfields Abbey, n'est-ce pas ? Les vieilles demeures me subjugent littéralement. N'allez pas croire, mon cher Charles, que je dénigre Wichfield, c'est fort beau, mais cela n'a pas la patine que seul l'âge peut conférer.

M. Stokes sachant ce qu'il aurait dû répondre, mais ne le voulant pas, ne put cacher son malaise. Lady Fenstanton vint à la rescousse. Lord Fenstanton était mort en dormant, fin très enviable. Sa femme avait porté son deuil avec dignité et, pas une seconde, n'avait été cet être entre deux chaises qu'est une femme seule. En effet, son fils, âgé de vingt-deux ans et extrêmement séduisant, avait interrompu l'un de ses voyages mal définis pour se précipiter auprès d'elle dès qu'il avait appris la nouvelle du décès de son père. Il ne s'était jamais très bien entendu avec lui étant plus ou moins amoureux de sa mère, la femme la plus compétente, directe et cependant extrêmement indulgente avec lui qu'il rencontrerait jamais. Il serait son chevalier servant, son bras droit jusqu'à ce qu'il ait une trentaine d'années, alors elle lui ferait comprendre qu'il se devait à la postérité et qu'il lui fallait épouser Daphne, Alexandra, Rosalind ou qui elle lui aurait choisie.

Entendant cette femme si mal élevée que Charles avait présentée comme une parente parler d'Ashfield Abbey, Lady Fenstanton lui dit :

— Si c'est l'âge des bâtiments qui vous attire, Madame, venez donc à Wichmore. Notre château était déjà vieux quand on a construit Ashfield Abbey. Venez prendre le thé, demain.

Toutes les deux, en femmes du monde, savaient ce que signifiait une invitation à prendre le thé : un affront. On invitait à déjeuner ceux qui vous étaient légèrement inférieur ; à dîner ses égaux.

Mme Hamilton-Hope répondit comme il convenait.

— Oh, je suis navrée. J'ai un rendez-vous demain après-midi.

Mme Paske ne s'était pas trompée en disant que si Frances Hamilton-Hope avait jamais possédé quelque objet de valeur il avait été vendu. A présent, elle n'avait plus rien à vendre et elle était désespérée. Même du vivant de son mari — mort depuis huit ans — ils avaient vécu au jour le jour ; cherchant de droite ou de gauche, élevant des chevaux, des chiens, s'aventurant dans le commerce des vins, seul commerce auquel un gentilhomme pouvait se livrer sans déchoir. Tout cela sans résultat. Cependant, devenue veuve, il lui restait assez pour vivre dans une maisonnette avec, peut-être, une petite bonne à tout faire. Impossible ! Elle avait risqué le tout pour le tout, en plusieurs mises. Wichfield était la dernière.

Sir Charles, souffrant des séquelles de sa réception, était immunisé contre toutes les allusions. Il avait fait son devoir, lui avait demandé de rester pour Noël et jusqu'au Nouvel An et expliqué sans aucun détour qu'il entendait la voir partir le deux janvier. Il fallait appuyer autrement et au bon endroit car Frances elle-même reconnaissait la fragilité de son levier.

Elle se mit au travail avec le même manque de subtilité qu'elle déployait dans ses efforts pour intéresser les hommes. Elle surprit Daisy occupée à écrire à Margaret. L'enfant, comme beaucoup des pupilles de Mme Shillitoe, connaissait son alphabet et savait un peu compter, mais lire était un art qu'elle aurait à acquérir. Cependant, un professeur lui lirait sa lettre et Margaret saurait qu'elle n'était pas oubliée.

« Ma chérie, j'espère que tu es heureuse et bien installée maintenant comment as-tu appelé ta poupée ici il fait froid. Couvre-toi bien quand tu sors...

Pour Daisy elle-même écrire était un exercice de concentration et elle leva la tête avec un léger froncement de sourcils, ennuyée d'être interrompue.

— J'écris à cette petite orpheline. Elle entre à l'école après-demain. Je ne sais pas exactement combien de temps une lettre met pour arriver à Manchester, mais je préfère prendre mes précautions.

— Vous avez amplement le temps. Je me suis demandé pourquoi vous n'aviez pas cette enfant avec vous ici pour Noël.

— Charles est trop âgé pour apprécier la compagnie d'enfants.

— J'aurais pensé que sa ressemblance avec vous la lui aurait rendue chère.

— Il ne l'a jamais vue.

Et c'était bien dommage. S'il avait consenti à voir Margaret, il aurait cédé à son charme et cette histoire lamentable se serait merveilleusement terminée.

— Il connaît son existence ?

— Bien sûr. Elle est — quel est le mot exact ? — sa protégée aussi bien que celle de Mme Paske et la mienne. Il se charge des frais de son entretien.

— Vraiment, quelle générosité ! C'est difficile à croire de sa part.

Quant à elle, elle n'en croyait pas un mot. Elle se rappelait Margate.

— Il ne faut pas que j'oublie de lui dire quelle jolie petite fille c'est et si bien élevée.

— Frances, à votre place, je n'en ferais rien. J'ai appris à ne pas parler d'elle. Cela l'énerve et même le docteur Mc Gibbon reconnaît que tout bouleversement aggrave ses grises de goutte.

Mme Hamilton-Hope eut un petit rire plus railleur qu'amusé.

— Comme c'est curieux ! Serait-il embarrassé que l'on reconnaisse sa générosité ?

— Ce n'est pas cela. Je crois que cet enfant lui rappelle... un événement passé. Quelque chose dont il n'aime pas se souvenir.

Ton passé, ma belle !

— Oh, les hommes ont leurs petites faiblesses, eux aussi. J'avoue que son humeur ne s'est pas améliorée depuis Margate.

— Il n'a pratiquement pas cessé de souffrir.

— J'avais espéré que l'on m'inviterait à rester ici. J'ai tenté de lui expliquer mes malheurs. Etre sans domicile fixe, même temporairement, est démoralisant. Surtout en hiver.

— CHARLES, Frances ne pouvait-elle rester un petit peu plus longtemps ? Je suis sûre que cela lui plairait.

— Oh, je le sais. Elle a émis quelques allusions pesantes comme des briques, mais je ne peux pas la supporter. Je ne l'ai pas prise en traître. Je l'ai invitée pour Noël et le Jour de l'An. Et ce n'est pas comme si elle ne savait pas où aller. Ce ne sont pas les Skelton qui manquent. Elle ne m'a jamais plu et, maintenant, elle me gêne. Je ne sais pas pourquoi. J'ai connu autrefois un homme qui était mal à l'aise quand un chat se trouvait dans la même pièce que lui, même s'il ne le voyait pas.

— ALORS, Hébé, ma chère, pouvez-vous m'aider ? Je ne peux tout de même pas aller dans une maison infestée par la grippe. Mais je pourrais m'installer dans un hôtel voisin et attendre. A moins que je tente l'aventure et que je me rende dans le West-Morland après tout. De toute façon, il me faut cinquante livres. A titre de prêt bien sûr. Pouvez-vous me les avancer ?

— Je le pense. Oh, oui. Du moins, je sais où les trouver.

Des années de luxe n'avaient rien changé à l'inconséquence de Daisy en ce qui touchait l'argent, installée déjà à l'époque où elle se sentait riche avec un shilling. Elle était restée totalement imprévoyante. Sir Charles se montrait généreux, mais l'argent lui coulait entre les doigts. Mme Paske, par contre, était économe, consciente qu'une période de pénurie pouvait succéder à une période de richesse.

— Martha, vous serait-il possible de me prêter trente livres ? J'ai eu mon argent de poche et celui destiné aux cadeaux de Noël, mais j'en ai envoyé beaucoup à la maison... plus quelques présents. Et j'ai acheté un manteau de fourrure à Margaret. J'ai fouillé tous mes sacs, mes fonds de poche et mes tiroirs et je n'ai trouvé que vingt livres. Elle en a besoin de cinquante.

— C'est du chantage, ni plus, ni moins ! Quelle arme a-t-elle contre vous ?

— Oh, je ne sais pas exactement. Je lui ai demandé de ne pas parler de Margaret, de ne pas dire que nous nous étions rencontrées chez Hawksley. Lui, je l'entends d'ici ! J'aurais dû emmener la petite dans un endroit plus humble où l'on ne risque pas de rencontrer des gens comme Frances. J'aurais peut-être dû, mais ça lui faisait tellement plaisir, pauvre petit trésor. Et on nous a installées à la même table. Et elle s'étend sur la ressemblance... J'ai tellement peur qu'elle aille lui dire quelque chose qui le bouleverse.

— Qu'elle essaye un peu ! Hébé, mon petit, si vous cédez pour cinquante livres aujourd'hui, ce sera cent la prochaine fois. Ecoutez-moi et ne lui donnez rien. Dites-lui de faire ce qu'elle veut et de s'en aller. Et n'oubliez pas tout ce qu'elle vous a emprunté.

— Oh, Martha, je ne peux pas... Je suis sûre que si je refuse elle bavardera, inventera n'importe quoi. Elle pense que Margaret est à moi, je le sais. Pourquoi acheterait-on un manteau de fourrure à une orpheline à laquelle on s'intéresse ? D'une façon ou d'une autre ça reviendra aux oreilles de Charles et... Oh, tout ça est tellement affreux ! Elle m'a même demandé pourquoi Margaret n'était pas là pour Noël.

— Et c'est pour la récompenser de son comportement que vous voulez lui prêter de l'argent ! Réfléchissez. Je vous ai prévenue dès le début de ne pas chercher à voir cette enfant. Vous vous seriez épargné bien des soucis. Maintenant je vous donne un autre conseil. Ne cédez pas au chantage.

— Alors elle parlera.

— Qu'est-ce qui vous garantit qu'elle ne parlera pas même si vous lui donnez de l'argent ?

Daisy réfléchit une seconde avant de répondre avec son étrange logique.

— Elle ne le fera pas si, comme vous le dites, elle se propose de recommencer à me taper. Je vous en prie, Martha, prêtez-moi cet argent.

— Vous vous attachez un boulet au pied qui restera tant qu'il vivra.

— Tant qu'il vit, je peux payer pour avoir la paix. C'est son argent, après tout. Et, mon Dieu, quand il... je veux dire le jour viendra où je pourrai prendre la petite par la main et dire : « C'est mon enfant. Elle est belle, n'est-ce pas ? » Je le ferai.

A contrecœur, car elle jugeait cela extrêmement maladroit et non pas parce qu'elle songeait à refuser quoi que ce fût à Hébé pour laquelle elle éprouvait à peu de chose près les mêmes sentiments qu'Hébé pour Margaret, Mme Paske lui prêta trente livres, somme importante à ses yeux. Il lui avait fallu du temps et de l'ingéniosité pour les réunir car il n'était jamais venu à l'idée de Sir Charles de lui donner un salaire régulier. Elle menait une existence confortable, recevait des cadeaux, faisait partie de la famille, avait tout ce qu'elle demandait, mais il la considérait comme une sorte de belle-mère. Les quelque soixante-dix livres que Mme Paske avait mises de côté provenaient en partie de cadeaux, en partie d'économies faites sur les dépenses domestiques. Elle ne savait même pas pourquoi elle faisait des économies. Elle avait toujours désiré pouvoir en faire sans jamais y parvenir, Jim et sa famille ayant besoin de tant de choses. Mais l'instinct jouait encore, même à présent où cela paraissait tellement inutile car Sir Charles laisserait sûrement Wichfield à Hébé et de l'argent pour l'entretenir.

Mme Hamilton-Hope ayant trouvé sa vache à lait s'en fut à Bath où les pensions étaient bon marché en plein hiver. Elle emporta l'écharpe d'hermine, la broche de diamants et quelques autres babioles empruntées. Et Martha Paske n'eut pas beaucoup le temps de se tracasser à ce sujet.

CHAPITRE IV

LADY FENSTANTON AVAIT SYMPATHISÉ AVEC HÉBÉ AU PREMIER REGARD et fait beaucoup pour faciliter son entrée dans le monde. A présent, les années passant, Sir Charles pratiquement cloué chez lui et de moins en moins attiré par les mondanités, la comtesse plaignait la pauvre petite, si belle, tellement pétrie de talent et menant une existence si terne, si solitaire. Les autres femmes avaient toujours envié Daisy et il leur était facile de déclarer : « Inutile d'inviter les Overton. Il ne sort plus le pauvre et si elle vient seule, il faudrait lui trouver un cavalier. » Lady Fenstanton prenait exactement le contre-pied. D'une part, il lui était très facile de trouver un homme seul à inviter ; d'autre part, elle savait d'expérience ce que c'était qu'être la femme d'un homme beaucoup plus âgé et malade. En outre, elle était assez peu conventionnelle pour ne pas faire une maladie si, à table, les femmes étaient plus nombreuses que les hommes. Elle invitait Daisy à presque toutes ses réceptions et se réjouissait de constater, quand une soirée tirait en longueur, que l'animation remplaçait la résignation. Après dîner, le plus souvent, Daisy chantait. Un jour, au cours d'une réception que Lady Fenstanton trouvait particulièrement pénible et empesée, Daisy avait galvanisé tous les invités guindés en agissant comme elle l'avait fait, parfois, chez Kitty Hammond.

— Allons ! Chantons tous ensemble ! Qu'est-ce que nous connaissons tous ? *Rule Britannia !* Allez-y !

Les hommes avaient été les premiers à réagir, et leurs épouses étroitement corsetées, aux visages sévères, voyant Lady Fenstanton chanter, l'imitèrent, faux, mais de bon cœur. Et l'on ne s'était pas contenté de l'hymne national. Par pure malice, Daisy les avait fait participer à plusieurs vieilles chansons campagnardes, presque grivoises.

Ensuite, elle s'était excusée :

— Je crois que j'avais un peu trop bu.

— Ma chère, vous avez transformé un dîner lugubre en orgie. Jamais je ne vous remercierai assez.

Parfois au château — nulle part ailleurs — Daisy jouait également. Pas trop souvent car, comme le faisait remarquer Lady Fenstanton, quand on s'attendait à quelque chose, ce n'était plus un plaisir. Par une sorte d'entente tacite ces spectacles étaient réservés à Wichfield lorsque — de plus en plus rarement — Sir Charles se sentait assez bien pour recevoir quelques personnes.

La crainte d'avoir trop bu, ce soir-là, se justifiait. Pour compenser le vide de son existence depuis le départ de Margaret pour Manchester, effacer un peu cette terrible impression de perte, elle avait pris l'habitude de boire deux ou trois verres de vin au lieu du seul verre habituel et un peu d'eau-de-vie de temps en temps. Mais elle augmentait la dose fréquemment et Mme Paske en lui disant que l'alcool faisait grossir était ridicule. La taille de Daisy était toujours d'une finesse incroyable et ses mains transparentes à contre-jour.

Son premier amour avait disparu dans le néant — à l'étranger. L'autre n'était pas plus loin que Manchester et Daisy voulait y aller. Mais Sir Charles, Mme Paske et une certaine Florence Reade, personne sans visage, s'étaient alliés pour l'en empêcher.

— Si vous y allez une seule fois, elle vous attendra une autre fois et sera profondément déçue, dit Sir Charles. Et il y a le voyage en chemin de fer. Une femme de votre rang ne peut voyager seule. Qui pourrait vous accompagner sans risque à part Martha ? Et j'aï besoin d'elle ici.

— Une rupture nette c'est encore la meilleure solution, dit Mme Paske. Je vous l'ai dit dès le début, mais vous n'avez pas voulu m'écouter. Maintenant c'est fait et il n'y a pas à y revenir.

Mlle Florence Reade, qui faisait office de secrétaire, lut les lettres truffées de fautes d'orthographe de Daisy et en arriva à la conclusion la plus logique : Mme Johnson, c/o Lady Overton, Wichfield Place. Surrey, était visiblement la mère de cette enfant d'une exceptionnelle beauté. Gouvernante ? Cuisinière ? Séduite peut-être par le maître ou le fils de la maison ? Dans une lettre remarquablement calligraphiée elle écrivit que Margaret s'était parfaitement adaptée et semblait heureuse. « Je ne saurais trop vous déconseiller d'écrire souvent. Une fois qu'un enfant est ici, moins on lui rappelle son passé, mieux cela vaut... »

— HÉBÉ, ma chère, dit Lady Fenstanton un jour d'avril, Margaret étant partie depuis quatorze mois, je projette une réception colossale pour célébrer trois événements. L'anniversaire de Freddie — son vingt-quatrième — et peut-être l'annonce de ses fiançailles... L'anniversaire de la Reine, le 24. Et je dois absolument faire quelque chose pour Hugo.

— Qui est-ce ?

— Un cousin. En fait, si je n'avais pas fabriqué Freddie il aurait hérité de tout... et tout dépensé dans une aventure invraisemblable. Il vient de rentrer de l'Antarctique, avec deux doigts en moins. Vous acceptez de jouer pour moi, n'est-ce pas ?

— Pour *vous*, je jouerais dans une grange.

Lady Fenstanton se mit à rire. Le refus de Daisy de se produire dans d'autres maisons avait irrité nombre d'hôtesses et l'excuse produite ne les avait pas radoucies. Seuls Wichfield où Sir Charles avait installé une salle de musique et le château avec son grand salon convenaient. Mme Ackroyd, piquée, avait répondu avec aigreur que c'était stupide. Quelqu'un voulant jouer, pouvait jouer n'importe où, même dans une grange.

Elles travaillèrent pour mettre en scène un spectacle vraiment remarquable. Lady Fenstanton avait entendu parler d'îles où les jeunes filles portaient des jupettes d'herbes et des guirlandes de fleurs autour du cou. Daisy, quand elle se fut un peu documentée sur l'Antarctique, se voyait en fille des neiges — compliment au capitaine Hugo Stirling et à l'expédition qui lui avait coûté une petite fortune.

Mais, ironie du sort, elle craignait de le rencontrer. Elle avait toujours eu horreur de la moindre difformité, la plus petite mutilation. L'idée de serrer une main à laquelle il manquait deux doigts l'effrayait... Et puis...

— Hébé, ma chère, voici le capitaine Stirling. Hugo, ma voisine la plus chère, sinon la plus proche, Lady Overton.

Eût-il été manchot, ou affligé d'une jambe de bois que c'eût été la même chose. Leurs mains se touchèrent, leurs regards se rencontrèrent et il y eut une explosion. Silencieuse, souterraine, dévastatrice.

Hugo Stirling avait quarante-deux ans. Fils puîné, il avait obéi à la tradition familiale en entrant dans la Marine. Aspirant à quinze ans, monté très vite en grade, il était lieutenant de vaisseau à vingt-huit ans, capitaine à trente. Et son frère aîné ayant été tué dans un accident de chasse, il avait donné sa démission et tenté, sans succès, de transformer un domaine pauvre et négligé en quelque chose de rentable. Pour finir, il en avait vendu une partie avec profit à une époque où, Birmingham prenant de l'ampleur, les terrains valaient cher. Il avait dépensé son argent et quelques legs dans ce que Lady Fenstanton appelait des aventures folles, toutes en rapport avec la mer et les héros de son enfance. Le vieux Lord Fenstanton lui avait légué mille livres qui l'avaient aidé à financer une expédition voulant égaler, sinon surpasser, celle du capitaine Cook dans l'Antarctique, en 1772. Malgré les nouvelles techniques de construction de navires, les meilleures connaissances médicales et en besoins alimentaires, les propres cartes de Cook, personne encore n'avait été aussi loin dans le Sud. Le capitaine Stirling avait espéré y parvenir, mais il venait d'échouer. Il avait amélioré la performance de Cook dans un seul domaine : celui-ci, record incroyable, n'avait perdu qu'un seul homme. Stirling n'avait perdu que deux doigts et lui appartenant.

En une période de paix relative — aucune grande bataille navale depuis Trafalgar, aucune bataille terrestre digne de ce nom depuis Waterloo — les explorateurs recueillaient toute l'attention populaire. Hugo Stirling aurait pu devenir une vedette, être prié de faire des conférences, supplié d'écrire un livre. Rien de cela ne l'intéressait. Il était retourné dans le Warwickshire, avait vendu une centaine d'acres supplémentaires, avait songé, puis renoncé à se défaire de la maison familiale engloutie à présent dans le développement de la banlieue. Il espérait pendant son séjour à Wichmore convaincre

Lady Fenstanton ou Freddie, ou les deux, de lui consentir un prêt qui pourrait être un investissement puisque sa prochaine aventure serait une chasse au trésor. Personne encore n'avait trouvé l'essentiel du magot mal acquis de Henry Morgan (1).

Le capitaine Stirling accompagna Lady Overton jusqu'à la salle à manger et fut son voisin de table, celle-ci rutilante d'or et d'argent. La jeune femme n'en vit rien. Elle aurait été dans l'incapacité, ensuite, de dire qui était assis en face d'elle ou à sa gauche. Ils auraient aussi bien pu être seuls sur une île déserte.

— Votre époux est-il ici ?

— Non. Il est assez âgé... et pas en très bonne santé.

Elle parlait d'un ton saccadé, le souffle court, sentant les pulsations de son cœur jusqu'au bout de ses doigts.

— Je vous raccompagne chez vous ? C'était une certitude sous forme de question.

— J'ai ma voiture.

— Renvoyez-la. Songez à votre cocher. Dites qu'une autre voiture fait le même chemin. Enfin, n'importe quoi.

— Watson appréciera. Lui aussi est assez vieux et il déteste veiller. Pouvez-vous... Pouvez-vous le prévenir ? J'aurai beaucoup à faire après le dîner.

— Quoi donc ?

— Attendez, vous verrez.

Le ton frivole, léger, venait tout naturellement. Mais comment pourrait-elle chanter, encore moins danser dans l'état où elle était ?

Mais elle y parvint car elle était comédienne dans l'âme. Elle avait distrait ses camarades domestiques, un public plus difficile chez Kitty Hammond. Et qu'avait donc été sa vie avec Jack Skelton, sinon une série de postures, d'attitudes adoptées et conservées pour lui plaire ? Et sa vie avec Sir Charles ? Grande dame respectable ; épouse n'ayant qu'un défaut : son amour pour son enfant.

Chose curieuse en se préparant pour cette soirée, elle s'était sentie vieille. Trop vieille pour le bleu et le blanc qui lui allaient si bien et elle avait choisi une robe de soie gorge-de-pigeon, changeant selon la lumière et passant du gris au violet pâle. Une robe de femme mûre. A présent les années envolées elle se sentait jeune à nouveau. Des flots de passion brutalement arrêtés, déviés, puis arrêtés encore pour former un lac stagnant d'où sortaient les écueils des souvenirs et des refus, emportèrent brusquement tout sur leur passage — même, momentanément, l'enfant à Manchester à laquelle il lui était interdit d'écrire trop souvent.

Tout le monde ce soir-là s'accorda pour dire que Lady Overton s'était surpassée. Lord Fenstanton, dont c'était l'anniversaire et dont on n'avait *pas* annoncé les fiançailles, profita de l'occasion pour l'embrasser, un peu trop chaleureusement au gré de sa mère et proclama bien haut qu'elle lui avait fait le plus beau des cadeaux d'anniversaire... A voix contenue, il ajouta : « Venez boire quelque chose avec moi. »

(1) Aventurier anglais, célèbre boucanier qui ravagea les colonies espagnoles des Antilles et de l'Amérique centrale. Il mourut à la Jamaïque en 1674. (N.d.T.)

— Il faut d'abord que je me change, répondit-elle.

Elle s'éclipsa et ne reparut pas. Son absence aurait peut-être troublé Lady Fenstanton, si Freddie n'avait pas été là, en pleine vue. S'il manquait quelqu'un d'autre la comtesse l'ignora et peu lui importait.

Le véhicule qui attendait devant une sortie discrète, était une version du cabriolet, à la mode autrefois. Un seul cheval, et non deux, y était attelé et il n'avait pas de siège à l'arrière qu'occupait le groom miniature. C'était le genre de voiture dans laquelle aucune femme respectable n'aurait accepté de monter à moins que le conducteur fût son mari ou un parent proche.

L'aidant à s'installer sur le siège étroit à côté de lui, Hugo poussa un soupir :

— Seigneur ! J'ai cru que vous aviez changé d'avis.

— Mon costume a été long à retirer, répondit Daisy, le souffle court à nouveau. Mais je suis là.

— Par où allons-nous ?

— Attendez que je réfléchisse. Oh, cette avenue mène à la porte sud. Ensuite, à gauche. Un bout de route et encore à gauche, par les bois.

Il menait de la main droite. De la gauche, la main mutilée dont elle n'avait plus peur, il la serrait contre lui. Elle sentait son cœur battre aussi fort que le sien. Deux cœurs qui battaient au même rythme. C'était vrai. Cela pouvait arriver. C'était arrivé. Cette chose merveilleuse qui avait toujours semblé l'attendre, qui était apparue, portant un masque avant de disparaître la laissant désemparée. Cette fois-ci, littéralement en pâmoison parmi les jacinthes des bois et leur parfum de miel, elle murmura :

— J'ai toujours su...

— Moi aussi... mais j'avais perdu espoir. Et ensuite vous êtes venue. Un rêve qui s'est réalisé.

Cela, évidemment, parmi les jacinthes, c'était la pire chose qu'une femme put faire. Commettre l'adultère. Un mot dépourvu de sens.

Il était tard quand elle rentra chez elle, où un laquais ensommeillé et un Watson inquiet l'attendaient. Les voitures avaient été ordonnées pour onze heures et Wichmore n'était qu'à huit kilomètres. Il n'y avait pas de brouillard, rien qui puisse expliquer ce retard. Watson d'abord enchanté de se coucher tôt avait commencé à se reprocher d'avoir accepté trop facilement. Il ne connaissait pas celui qui lui avait dit qu'il pouvait rentrer. Quel genre de cocher avait-il ? Et que dirait Sir Charles d'une telle désinvolture ? Watson avait allumé sa bougie et constaté qu'il était une heure passée. Evidemment, Madame devait être rentrée à présent et il se tracassait pour rien. Mais, il le savait, il serait incapable de dormir avant de s'en être assuré. Il enfila sa culotte et ses pantoufles, traversa la cour et fit le tour de la maison en direction de la porte dont se servait la famille dans des occasions de ce genre. Une lumière brillait à l'intérieur et Robert attendait.

— Madame est tard. Très tard, dit Robert.

— Je sais. Je suis un peu inquiet. On s'est peut-être trompé de route, ou on a fait un détour pour déposer quelqu'un d'abord. J'aurais peut-être dû attendre.

— Vous surveillez. Je vais faire du thé.

Ils burent du thé.

— Peut-être que je ferais bien d'atteler et d'aller voir.

— Je vois pas ce que ça donnerait. Par où aller ? La grand-route ou à travers bois.

— Faudrait être fou pour prendre à travers bois avec une voiture et de nuit. On peut à peine y passer en plein jour...

Watson eut l'air encore plus troublé.

— ... Il y a tellement de fous.

Et puis, un bruit de roues, de sabots.

— C'est pas une voiture. C'est un cabriolet !

La crainte éprouvée par Watson s'en accrut. Lady Overton en robe de grand soir, ramenée chez elle en cabriolet !

Robert se précipita pour ouvrir la porte et Daisy mit pied à terre, amenant avec elle les senteurs de la nuit, de la verdure, des fleurs. Elle s'immobilisa, momentanément aveuglée par la lumière, ses pupilles élargies rendaient ses yeux noirs, sur son visage de papier mâché.

— J'arrive tard.

— Madame, que s'est-il passé ? Pas... pas un accident ?

— Pourquoi tant d'inquiétude ! Non, il n'y a pas eu d'accident. Juste une certaine... confusion. La soirée n'en finissait pas. Mais le capitaine Stirling m'a ramenée à bon port.

Elle éprouva une véritable jouissance à dire son nom, même à deux domestiques, dont l'un était préoccupé, l'autre mécontent.

CHAPITRE V

Il avait dit :

— Il faut que je vous voie demain.

— Bien sûr. Venez déjeuner.

Elle n'eut aucun mal à expliquer cette invitation.

— Charles, j'ai demandé au capitaine Stirling de venir déjeuner. Vous serez content de le voir, j'en suis sûre. Il revient d'Antarctique.

— Stirling ? Stirling. Ah oui, bien sûr. Un cousin du vieil Hector, tout laissait à penser qu'il serait l'héritier à un certain moment... C'est gentil à vous d'y avoir pensé, ma chère enfant. Je me souviens avoir lu quelque chose à son sujet dans le *Times* et dans l'*Observer* de Salcombe. J'espère que vous n'avez pas invité un tas d'autres gens.

— Non, personne d'autre. La conversation est impossible quand on est plus de quatre à table. Il faut que je discute du menu avec Martha. J'ai cru comprendre qu'ils ont vécu pendant des mois de biscuits rassis et de trucs conservés dans le sel.

— Jusqu'à ce que Mc Gibbon change d'avis j'ai eu un régime encore plus sévère. Je persiste à penser que cela n'a fait que m'affaiblir. Il a fini par l'admettre. Il en est arrivé à déclarer que si la diète la plus stricte devait guérir la goutte la mienne aurait disparu.

La conversation en revenait toujours là !

Mme Paske moins égocentrique sentit immédiatement quelque chose. Elle avait déjà vu Hébé dans cet état. Aimer Hébé comme elle le faisait, c'était de la pure abnégation car Hébé aimait toujours ailleurs ; ce voyou de Jack Seklton, l'enfant et la mélancolie en soi, n'évoquant jamais Skelton et parlant de Margaret comme si elle était morte. Mme Paske n'entendait rien à la poésie, mais inspirée par l'amour elle avait des images de poète pour penser à Hébé. A ses yeux, c'était une lampe presque éteinte par un courant d'air cruel, la petite flamme qui restait mourait peu à peu faute de combustible et voilà que, soudain, elle se ranimait et brillait avec éclat.

— Et qui est le capitaine Stirling ? demanda Mme Paske informée qu'il viendrait déjeuner et qu'il fallait soigner particulièrement ce repas.

— Un parent des Fenstanton. Il est explorateur. J'ai pensé que Charles aimerait bavarder avec lui.

Ce ne furent pas ses paroles qui la trahirent, mais son éclat, une espèce de vibration.

Ni Sir Charles, l'esprit clair, ni Mme Paske déjà sur ses gardes, ne virent rien de paticulièrement engageant en Hugo Stirling. Il était grand, mais trop massif pour avoir une grâce quelconque. Ses cheveux blond cendré, coupés très court, étaient marqués de gris aux tempes. Ses yeux, bleu gris, semblaient étonnamment pâles dans son visage profondément hâlé. Sir Charles, cherchant une ressemblance, la trouva dans la forme du nez. Exactement celui de ce pauvre vieil Hector. Mme Paske, quant à elle, pensa que si elle n'avait pas connu sa parenté avec les Fenstanton, elle lui aurait appliqué l'étiquette la plus infamante : ce n'était pas un monsieur. Il parlait bien et avec une certaine modestie, mais Sir Charles avait dépassé le stade où il pouvait s'intéresser aux aventures si passionnantes fussent-elles. Poli cependant il suggéra : « Vous devriez écrire un livre ». Il en était arrivé au point où il aurait préféré, allongé sur un divan, écouter Hébé lui dire le récit de ces aventures pendant qu'il tiendrait clos ses yeux fatigués.

— On me l'a déjà dit. Mais je ne suis pas doué pour ce genre d'exercice. Et j'ai si peu de temps. Je me prépare en fait à tenter une nouvelle expérience qui peut sembler tenir du conte de fées mais qui sera aussi rentable que le meilleur des investissements.

Là, l'intérêt de Sir Charles s'amenuisa au point de disparaître et il commença à songer à sa sieste, avouée maintenant, et souvent aidée par une dose de calmants, de cinq à dix gouttes, selon son état et qui lui apportait sinon le sommeil, du moins une légère somnolence et un sursis de ses maux.

— ... absent pendant près de deux ans.

Le cœur, l'estomac, les poumons de Daisy effectuèrent un brusque plongeon. Fidèle à elle-même, elle n'avait pas pensé au lendemain, se concentrant sur le jour même, l'après-midi pour être précis. Sa fourchette, chargée d'une partie d'un chef d'œuvre de la cuisinière, retomba dans son assiette. Elle ne pouvait rien avaler et il ne fallait pas qu'elle parle.

Ce fut Mme Paske qui rompit le silence.

— Deux ans ! Et que pense votre famille d'une aussi longue absence, capitaine ?

— Ma famille, madame ? A part mes cousins de Wichmore, je n'en n'ai pas. J'ai une femme. Elle vit à La Jamaïque. Il y a une quinzaine d'années, elle a essayé de vivre en Angleterre, mais elle est de santé trop délicate pour ce climat. De plus, habituée à avoir des esclaves, elle a trouvé qu'en Angleterre les domestiques étaient grossiers et mal élevés.

— Vous vivez séparés ?

— Comment faire autrement ? Elle est heureuse où elle est et moi... Je suis heureux n'importe où. C'est très commode.

Tu vois, ma chérie, ma plus que fille bien-aimée, aucun espoir de ce côté, même si ce pauvre Sir Charles s'éteignait demain. Ce qui n'aurait rien d'étonnant. Et c'est moi qui ai extorqué ce renseignement.

Epuisé par l'effort nécessaire pour paraître intéressé et par le besoin d'opposer une ferme résistance à toute la séduction offerte par le trésor d'Henry Morgan et la possibilité d'en récolter les intérêts à mille pour cent ou pas du tout, Sir Charles choisit d'aller faire sa sieste.

— Bon, si vous vous décidez à participer, faites-le moi savoir, monsieur, dit le capitaine Stirling.

— Je ne le ferai pas, mais je vous souhaite bonne chasse. Ma chère, je vous confie notre invité...

Avec un invité d'espèce différente, sans doute aurait-il suggéré quelque distraction : un tour du domaine à cheval, une visite de la grande ferme, modèle en son genre, mais pour cet homme pour lequel l'Antarctique était un terrain de jeux et les océans un jardin, Wichfield n'offrait aucun agrément.

Sir Charles s'en fut, le pas traînant, vers le repos, l'oubli partiel, l'antichambre de la mort. Il était d'humeur grincheuse parce que Martha, à l'habitude si attentionnée, s'attardait à déplacer les tasses à café. Un laquais lui suffisait sur lequel s'appuyer, mais c'était Martha qui mesurait les doses. Il l'appela d'un ton un peu rogue et elle n'eut que le temps d'entendre le capitaine Stirling dire que, maintenant qu'il était là, il aimerait voir les restes du village perdu.

— Vous vous en êtes peut-être déjà rendu compte, chère Madame, mais je suis un incurable romantique. Ma tante a parlé de ruines. Celle d'une église déjà vieille à l'époque où le château a été construit. J'aimerais les voir.

— En fait, il y a fort peu de chose à voir, capitaine. J'ai éprouvé moi aussi cette impression en entendant parler d'un village disparu, à mon arrivée ici. Mais, évidemment, si vous désirez voir quelques pierres dans un pacage à moutons et un pan de mur, de l'herbe et quelques arbres... Je serais heureuse de vous les montrer. C'est un peu loin pour faire le trajet à pied par cette chaleur. Nous irons à cheval. Je vais me changer.

Daisy avait répondu avec toute la correction exigée par la bienséance.

Le village perdu appartenait presque à la légende. Il avait été abandonné, avec sa petite église saxonne, avant la conquête normande. Ce qui avait été chaumières et maisons n'était plus, comme l'avait dit Daisy, que des bosses dans le sol rendant le labourage difficile. Aussi était-ce devenu un pâturage naturel pour les moutons. Ceux-ci, contrairement aux chèvres, ne s'attaquaient pas aux arbres et, au cours des années, ils avaient repoussé d'eux-mêmes. Seul restait un pan de mur, grossier mais extrêmement épais, vestige de la partie est de l'église et, sur une colonne, une croix Celte marquée par les éléments.

L'endroit était isolé et solitaire, abandonné même par les moutons. Le prédécesseur de Sir Charles avait renoncé à en élever depuis que l'on importait la laine d'Australie et le vieil homme qui lui avait servi de berger pendant cinquante ans était mort. Personne ne s'était proposé pour le remplacer car, tout le monde le savait, le village perdu était hanté. Le vieux berger lui-même avouait avoir entendu des chants et vu des lumières bouger à l'emplacement présumé de l'autel.

La nuit précédente ils s'étaient allongés sur un lit de jacinthes sauvages et de jeunes fougères. Aujourd'hui leur couche avait des senteurs de serpolet.

A l'exception de quelques murmures amoureux, ils parlèrent à peine. Aucun mot n'était nécessaire. C'était la première fois que Daisy connaissait une passion égalant la sienne. Elle avait aimé Jack Skelton beaucoup plus qu'il ne l'avait aimée. Sir Charles s'était montré tendre, ardent même à sa façon, mais elle n'avait fait que tolérer ses étreintes. Et maintenant, ça ! Merveilleux au-delà de toute espérance et condamné à finir si vite.

— Je suppose que vous êtes *forcé* de partir, dit Daisy alors que, épuisés enfin, ils étaient étendus l'un à côté de l'autre.

Il n'était pas homme à s'encombrer de pensées compliquées ou à se préoccuper beaucoup de ses semblables. Vite fait, bien fait, telle était sa règle de conduite en amour aussi bien qu'avec l'argent. Mais, pour lui aussi, cette rencontre avait tout bouleversé.

— Je suis resté éveillé cette nuit — ce qui en restait — à réfléchir. Bon sang, j'ai gâché ma vie ! Et mon argent. Mais comment pouvais-je deviner ?

— Que nous allions nous rencontrer ?

— Que vous existiez.

— J'ai eu la même impression. Si seulement j'avais su, je n'aurais pas fait ce que j'ai fait ! Ce que la vie est compliquée !

Elle revoyait son passé, se déroulant sous ses yeux comme l'une des cartes de Charles. Elle n'avait rien projeté d'elle-même : choisie par Lady Langton comme bonne d'enfants de Mme Westcott ; renvoyée ; arrivant chez Kitty ; rencontrant Jack ; aimant Jack — mais que cet amour lui semblait fade, tiède à présent — Sir Charles. Pas à pas, chacun semblant inévitable, la menant quelque part et, maintenant, le chaos.

Hugo Stirling avait eu davantage le contrôle de son existence. Il y avait joué un rôle actif et non pas passif, mais pour en arriver au même gâchis. Marié à une ravissante et pétulante créole, il continuait de subvenir à ses besoins bien qu'elle l'eût pratiquement abandonné. Il lui avait fallu mettre huit mille livres de côté pour assurer à Eugénie les quatre cents livres qu'il lui versait chaque année et qui en faisait une femme riche, la vie étant beaucoup moins chère à La Jamaïque. Même à présent, il ne le regrettait pas. Le devoir d'un homme est de subvenir aux besoins de sa femme et il l'avait aimée — autrefois. Il avait aimé d'autres femmes. Le vieux dicton selon lequel un marin a une femme dans chaque port n'était pas totalement inexact.

Mais jamais il n'avait éprouvé ça.

Pour la centième fois en moins de vingt-quatre heures, il faisait ses comptes. *La sirène*, remise en état à Plymouth, vieille à tous les points de vue et sans valeur marchande ; une maison croûlant de partout et une centaine d'acres de terres louées à un fermier-régisseur. La terre représentant une certaine valeur, on achetait les terrains à bâtir à cinq livres l'acre, mais combien de temps cela durerait-il ? Il avait une spécialité, il était capable de diriger tout ce qui était en mesure de flotter. Mais il y en avait des tas comme lui et s'il se louait avec *La Sirène* pour transporter du charbon, du bétail, quelle existence pour Hébé ! Bien que séducteur chevronné, il n'avait encore jamais volé la femme de personne et il estimait que, s'il persuadait une femme de s'enfuir avec lui, il devait au moins être en mesure de lui offrir un confort identique à celui qu'elle abandonnait. D'autant plus qu'il ne pouvait proposer un mariage honorable. Eugénie refusait de vivre en Angleterre, mais elle était catholique et pieuse et elle ne demanderait jamais le divorce. L'idée de divorcer d'elle ne lui était pas venue jusqu'à maintenant. Avoir été abandonné depuis plus de quinze ans, avoir accepté, pardonné et continué d'entretenir la coupable constituait-il un « motif » ? Le père d'Eugénie avait été l'avocat le plus habile de la Jamaïque. Il était sans doute mort à présent, mais son frère... Oh, il n'y avait aucun moyen d'en sortir.

— Ecoutez, dit-il enfin. Il faut absolument que je fasse cette dernière tentative. Ce n'est pas courir après la lune. Je ne me base pas sur quelque vieille carte produite par un vieux marin sur son lit de mort. Non. Il s'agit de déduction froide, logique, avec évidemment un certain risque à courir. Chérie, j'ai dit deux ans. Je le ferai en un seul dussé-je me casser le cou. Si je ne me suis pas trompé et je *sais* que j'ai raison, je serai l'homme le plus riche depuis Crésus. Sinon, eh bien nous aurons quand même un toit. J'élèverai des faisans ou des cochons.

Elle posa doucement sa main sur sa bouche et, comme avec un enfant, elle dit :

— Chut ! Ne gâchons pas le présent en parlant de l'avenir. Peut-être n'en n'aurons-nous pas.

— Que voulez-vous dire ? demanda-t-il, mais il n'attendit pas sa réponse, car au contact de ses doigts le désir était revenu, bouillonnant.

— Il faut que j'aille à Londres demain, dit-il, épuisé une fois encore. Trouvez une excuse et venez. Nous aurons une nuit ensemble.

Quelle perspective étourdissante !

— Je ne peux pas. Il a horreur que je m'éloigne. Autrefois, alors que j'avais réellement une course à y faire, il en faisait toute une histoire.

— Ça vaut bien ça. Vous ne croyez pas ? demanda-t-il la voix grave, prometteuse.

— Je vais essayer, chéri. Je vais essayer.

Elle était incapable de réfléchir clairement, elle avait seulement le vague espoir que Martha l'aiderait. A dire vrai, elle n'avait pas paru beaucoup aimer Hugo, mais quand elle aurait compris... Martha ronchonnait, protestait, mais elle ne l'avait jamais laissée tomber en cas d'urgence.

De son côté, il réfléchissait. Il y avait longtemps qu'il n'avait pas mis les pieds à Londres, mais autrefois il y avait connu des hôtels plus renommés pour leur discrétion que pour toute autre qualité et il s'était servi de maisons de rendez-vous, dont celle de Kitty Hammond. Mais il ne voulait surtout pas qu'il y eut quoi que ce soit de sordide dans leur aventure.

— Où laissez-vous votre voiture quand vous allez à Londres ?

— Au Cerf Blanc, à Piccadilly.

— Pouvez-vous y être à midi ?

— Si je peux partir, oui, sans peine.

En parler, faisait paraître brusquement le tout aussi urgent que réel et impossible à réaliser.

— J'ai un rendez-vous à dix heures trente. Cela ne devrait pas prendre plus d'une heure. Je m'arrangerai. Je serai là-bas à midi.

— Il y a une petite pièce, à gauche du porche, réservée aux femmes qui attendent. J'y serai.

Elle pensa à toutes ces femmes convenables attendant leur mari ou leur voiture, alors qu'elle attendrait son amant. Si...

— ... Chéri, je ferai de mon mieux. Mais si je n'y suis pas à midi, n'attendez pas, ne perdez pas votre temps. Si je peux venir , je serai à l'heure.

Aucun accident ne l'empêcherait d'y être, qu'un cheval tombe mort, qu'une roue de la voiture se détache... Elle arrêterait n'importe qui, se ferait conduire à Londres !

Elle commença à remettre les épingles dans ses cheveux et le désespoir s'abattit sur elle.

— Chéri, disons-nous au revoir maintenant, pour le cas...

Comme tous les marins, il était superstitieux.

— Ne parlez pas ainsi. Cela porte malheur. Ecoutez, il est quatre heures. Dans seize heures, nous serons ensemble.

— Je penserai à vous chaque minute du jour et de la nuit pendant le reste de ma vie.

— Moi aussi.

Il était sincère. Il n'avait jamais rencontré, ne rencontrerait jamais, quelqu'un comme elle, si belle, si passionnée et surtout capable d'éveiller une telle passion en lui.

Daisy rentra à Wichfield, ressentiment et rebellion bouillonnant en elle. Pourquoi la maintenait-on à l'attache. Les autres femmes, des femmes mariées, se rendaient souvent à Londres... pour faire d'innocentes emplettes pauvres vieilles ! Mme Salcombe allait voir sa couturière dans Bond Street ; Mme Ackroyd un dentiste américain, Wimpole Street. Ou bien elles faisaient leurs courses, assistaient à des expositions, sans qu'on leur pose de question. Et elle, il fallait qu'elle reste sur place, en grande partie parce que Sir Charles avait l'esprit étroit et *tellement local.* Il aimait la voir accorder sa clientèle à la couturière de Barsham et si elle avait eu besoin d'un dentiste ce qui, grâce à Dieu, n'était pas le cas, il aurait insisté pour qu'elle aille voir M. Bates.

CHAPITRE VI

MARTHA SE MONTRA NON SEULEMENT INFLEXIBLE, MAIS MÊME BRUtale.

— Si vous pensez que je vais vous aider à tout démolir, vous vous trompez. Pour une fois, Hébé, réfléchissez. Supposez que vous ayez un autre bébé... avec Sir Charles dans l'état où il est, pensez au scandale... Entendu, vous êtes amoureuse ! Vous l'étiez aussi de M. Skelton, pour ce que ça vous a rapporté. Ma chérie, cette fois-ci, attendez.

— Il va partir pendant un an et tout ce que je demande c'est une nuit.

— Qu'est-ce que c'est qu'un an à votre âge ? Il n'est plus jeune bien sûr. Mais il a de l'expérience. Il est encore gaillard et vigoureux. Il tiendra l'année. Et si ses sentiments sont sérieux il fera quelque chose au sujet de sa femme. Que Dieu me pardonne, je connais un homme dont la femme a filé. Elle est retournée chez ses parents et il a divorcé. Ça a pris un peu de temps, mais il y est parvenu. Ecoutez-moi pour une fois. Attendez de voir comment les choses vont tourner. Charles ne durera pas éternellement.

— Je ne souhaite pas sa mort. Pauvre vieux. Je veux seulement aller librement passer vingt-quatre heures à Londres. Ce n'est tout de même pas trop demander.

— Tout de la chatte en chaleur ! Je ne veux pas me mêler de ça.

— Bon. Puisque c'est comme ça, j'irai quand même ! Si Charles s'en rend compte et fait des histoires, je m'en irai pour de bon !

Ils dînèrent sur une table installée dans la bibliothèque pour épargner à Sir Charles la fatigue d'aller jusqu'à la salle à manger deux fois par jour. Ce fut un repas lugubre malgré les efforts de Sir Charles d'entretenir la conversation, parlant surtout de leur invité du déjeuner pour s'en moquer :

— Il n'est pas parvenu à me taper et je doute qu'il ait réussi à Wichmore. Le jeune Fenstanton est un peu idiot mais sa mère a la tête sur les épaules.

Il resta quelques minutes plongé dans ses réflexions avant d'ajouter :

— ... Il n'y a que des jeunes gens pour se lancer dans des projets pareils. Non qu'il soit tellement jeune. Cela peut vous surprendre toutes les deux, mais j'étais un peu idiot moi aussi. Je voulais être archéologue.

Et après ?

— Charles, j'ai une question à vous poser, dit soudain Mme Paske, et, s'il vous plaît, répondez-moi franchement. De laquelle de nous deux, Hébé ou moi, pourriez-vous vous passer le plus facilement pour vingt-quatre heures ?

Quelle question !

— J'ai besoin de vous deux. De quoi parlez-vous ?

— Mon pauvre frère. C'est plutôt compliqué.

Et même très compliqué. Il s'agissait d'un accident dont Jim n'était pas responsable, mais on le menaçait de renvoi. Il perdrait non seulement son travail mais sa maison. Mais il restait une chance cependant, l'employeur de Jim n'étant qu'un locataire et le *véritable* propriétaire se laisserait convaincre si on savait lui exposer les faits.

— ... Jim est tellement maladroit quand il s'agit d'écrire. C'est encore pire quand il parle, il bredouille, il bégaye. Il a absolument besoin de quelqu'un pour le représenter.

Sir Charles, perdu comme c'était à prévoir, tenta de démêler l'écheveau par une question nette.

— Mais pourquoi Seigneur vingt-quatre heures, Martha ? Tout peut être réglé en une heure.

Si l'on considérait la maladresse de Jim, une plume à la main, il avait cependant réussi à fournir une somme considérable de renseignements. Le monsieur qui était disposé à plaider en sa faveur participait à une course et on ne pouvait le toucher que tard, le soir. Martha répéta sa question.

— Personnellement, je ne vois pas ce que vous pourriez faire l'une ou l'autre mais...

Il s'interrompit au moment de dire que Martha lui était à présent nécessaire pour le soigner alors qu'Hébé était agréable à regarder.

— ... Hébé sera peut-être meilleur avocat puisque n'étant pas parente.

— Et un titre ça compte aussi, remarqua Mme Paske avec satisfaction.

— MARTHA, vous avez été merveilleuse ! Comment pourrai-je jamais vous remercier ? Qu'est-ce qui vous a fait changer d'avis ?

— Je n'en ai pas changé. Je persiste à penser que c'est de la folie. Mais vous m'avez dit que vous iriez de toute façon. Maintenant vous allez me faire plaisir. Vous avez picoré au déjeuner et à peine touché à votre dîner. Prenez un œuf battu avec une bonne rasade d'eau-de-vie.

A présent, il fallait un certain temps à Sir Charles pour reprendre conscience, le matin. Robert apportait le plateau de thé et tirait les rideaux. Ensuite Martha venait servir le thé, en boire une tasse avec lui et écouter les plaintes par lesquelles la journée commençait. Il avait la nuque raide, mal aux yeux, au pied ; il pouvait à peine saisir sa tasse. Martha le rassurait toujours. Il avait eu une mauvaise position pour dormir ; la lumière était particulièrement crue ; peut-être lui faudrait-il une couverture plus légère ; voulait-il qu'elle lui tienne sa tasse ?

Ce matin, cependant, il retint ses gémissements. Il s'en souvenait, Hébé avait dit souhaiter se mettre en route de bonne heure pour éviter d'avoir à voyager en pleine chaleur. Elle avait parlé de huit heures trente et il en était presque neuf.

— Hébé est-elle partie à temps ?

— Elle n'est pas partie, répondit Mme Paske d'un ton très calme en regardant la porte de communication. J'ai réfléchi. Pourquoi la tracasser avec les ennuis de ma famille. Elle est fatiguée. J'espère qu'elle dormira toute la matinée.

Instantanément, un souvenir lui revint en mémoire, mal défini encore. Un souvenir lié à Hébé dormant dans la journée. Il regarda Mme Paske, soupçonneux, ce qu'il cherchait à se rappeler avait un rapport avec elle aussi. Sa mémoire lui faisait défaut, mais il se refusait à le reconnaître de même qu'autrefois il n'admettait pas faire la sieste. Souvent, pour peu qu'il attende, il retrouvait le fil de ce qui lui échappait. Voilà ! Il avait trouvé. Margate ! Hébé faisant semblant de dormir l'après-midi mais, en fait, faisant des galipettes sur la plage avec cette enfant ! Mais, alors, il lui fallait un alibi. Pas maintenant. Il avait accepté qu'elle parte.

— Cela ne veut rien dire, fit-il.

Mme Paske, habituée à une certaine incohérence le matin, se contenta de préciser :

— Aussi, ne faisons pas de bruit.

— Une fois suffit. Cette fois-ci je vais voir moi-même. Aidez-moi à aller jusqu'à la porte.

— Si vous la réveillez, Charles, je ne vous le pardonnerai pas. Pire que cela, furieuse ; pire encore, vaincue. Après avoir tout si bien préparé.

Avec d'énormes précautions, elle ouvrit la porte de la main gauche, supportant le vieillard de son bras droit. Hébé était là, comme si elle posait pour un peintre. *Jeune fille endormie.* Elle avait le bras droit relevé à côté de sa tête, le gauche sur les couvertures, la main à demi refermée comme si elle retenait quelque chose de très fragile et d'extrêmement précieux. Ses cheveux ébouriffés recouvraient l'oreiller et son visage exprimait une impression de paix totale.

— Elle dort comme un plomb, commenta Sir Charles. Je n'y comprends rien.

Mme Paske referma la porte très doucement, mais avec fermeté.

— Rien d'étonnant. Debout la moitié de la nuit au château, un déjeuner hier. Elle a besoin de repos.

— Il n'y a que les jeunes êtres pour dormir comme ça. Moi, je n'ai pas fermé l'œil de la nuit.

Il en revenait à lui, comme chaque jour.

A trois heures, Mme Paske commença à s'inquiéter. Elle n'avait voulu qu'empêcher ce dangereux rendez-vous. Peut-être avait-elle exagéré la dose de sédatif, à moins que — car elle avait de l'expérience dans ce domaine — Daisy n'y fut particulièrement sensible. Quoi qu'il en fût, il fallait la réveiller. Elle s'y employa doucement, quelques petites tapes, quelques secousses, des sels, un mouchoir imbibé d'eau de Cologne. Mais, avant même de savoir l'heure qu'il était et le tour qu'on lui avait joué, à peine eut-elle repris conscience qu'elle éclata en sanglots déchirants.

— Tout était si beau, parvint-elle à bredouiller. Pourquoi a-t-il fallu que je rentre ?

Mme Paske se mit sur la défensive.

— Ma chérie, j'ai été obligée de vous réveiller. J'ai eu peur. Savez-vous l'heure qu'il est ? Il est presque trois heures et demie. Cela fait seize heures que vous dormez.

— Quoi ?

Daisy se dressa sur son lit. Ses larmes s'arrêtèrent comme par magie. Les années de langage élégant s'effacèrent.

— ... Et pourquoi, Bon Dieu, vous ne m'avez pas réveillée ?

— N'est-ce pas ce que j'ai cherché à faire ? demanda Mme Paske, le regard et la voix fermes.

— Avec un mouchoir parfumé ! Il fallait m'enfoncer une épingle dedans ! Et vous l'auriez fait... si vous aviez été mon amie. Allez-vous-en ! Filez que je ne vous voie plus ! Vous avez gâché ma vie.

— Nous n'allons pas nous quereller maintenant. Vous étiez absolument épuisée et je doute qu'une piqure d'épingle ait suffi à vous réveiller... quoique, si j'y avais pensé, je l'aurais fait.

Daisy s'effondra totalement.

— Je sais. Je sais. Martha, je vous demande pardon. Mais si vous saviez ce que cela signifiait pour moi. Maintenant, il va croire que je m'en moquais — Ou que je n'ai pas osé courir de risque. Et je... Je ne sais même pas où il est.

— Allons ! Allons ! Nous trouverons bien quelque chose.

Elle offrit à Daisy, pour qu'elle y pleure à son aise, le sein qui n'avait jamais servi à l'usage pour lequel il avait été conçu. Elle lui caressa les cheveux, lui dit des petits riens affectueux, rassurants. Elle lui proposa de rester au lit toute la journée. Elle lui proposa du thé. Daisy accepta tout, soumise. Pour la seconde fois, quelque chose s'était brisé en elle, au même endroit et si la première guérison avait été laborieuse, celle-ci serait pratiquement impossible.

Dès qu'elle put se lever, Daisy enfourcha son cheval et se rendit au château. Seule, Lady Fenstanton était en mesure de l'aider à présent. Mais elle ne pouvait lui poser de question directe sans exposer au grand jour le plus beau secret du monde. Elle manquait absolument de subtilité — ce qui lui aurait permis de guider la conversation dans la direction souhaitée. Elle n'avait pas non plus l'effronterie de parler net. Et ce fut donc Lady Fenstanton qui, enfin, mentionna Hugo.

— J'espère, ma chère, qu'Hugo n'est pas parvenu à convaincre Charles d'investir dans l'un de ses projets ridicules ?

Vraiment, c'était horrible d'avoir si peu de contrôle sur son propre sang. Elle attendait l'occasion de parler de lui, en le nommant capitaine Stirling, bien sûr. Elle attendait, priait presque, que Veronica dise : « Hugo ». Et quand elle le fit, un flot de sang venu directement de son cœur, l'empourpra jusqu'à la racine de ses cheveux.

— Oh non, réussit-elle à dire. En fait, il en a à peine parlé. Il a distrait Charles avec des récits d'exploits anciens.

Lady Fenstanton nota la rougeur et pensa « Ah ! » mais poursuivit avec animation :

— Je craignais qu'ayant échoué avec Freddie et moi il tente sa chance auprès de Charles. C'est une crapule très persuasive.

— C'est une crapule ? répéta Daisy succombant au besoin de parler du bien-aimé, mais elle s'efforça de le faire d'un ton léger, de bavardage.

— Indiscutablement, répondit la comtesse qui avait employé le terme sciemment. Je ne veux pas dire qu'il est délibérément malhonnête. Je suis persuadée qu'il croie à tous ses projets ridicules et je sais qu'il n'hésite pas à y perdre son argent — aussi bien que celui des autres. En employant ce mot, je pensais surtout à son manque général de conscience. Surtout quand il s'agit de femmes. Il s'est très mal conduit avec cette pauvre fille qu'il a épousée.

— En tout cas, il l'a laissée vivre où cela lui plaît.

Lady Fenstanton qui pensait avoir mené la conversation avec habileté, comme mise en garde, eut l'air légèrement surprise.

— Il vous a parlé d'elle ? Cela ne lui ressemble pas ! En général, il ne se souvient de son existence que lorsque cela lui rend service. Je ne sais pas exactement comment les choses se sont passées, mais ce que je sais c'est que le vieux duc de Sudbury aurait volontiers accordé le divorce à sa femme si Hugo avait pu l'épouser. Il l'adorait à tel point qu'il voulait la voir heureuse. Mais, bien sûr, Hugo avait ses arguments.

Ces révélations auraient ôté leurs illusions à la plupart des femmes, mais Daisy se dit seulement : « Nous faisons tous des erreurs. Nous changeons tous. Il n'y a qu'à voir comme j'aimais Jack Skelton. Nous passons tous notre temps à fouiller partout pour trouver ce que nous cherchons et jusqu'à ce qu'on l'obtienne on ignore que tout le reste était faux. J'ai compris, dès que j'ai vu Hugo. Il a compris, dès qu'il m'a vue. Et, maintenant, seulement parce que j'ai dormi trop longtemps et que Martha ne m'a pas réveillée — ou qu'elle n'a pas voulu le faire — il est parti, persuadé que ça m'était égal, que je n'étais qu'une jeune femme mariée à un vieillard, facile, prête à flirter et même plus que ça avec le premier venu, mais pas décidée à venir à un rendez-vous un peu difficile. De toutes les choses intolérables qu'elle avait eu à subir — et à y réfléchir, elles n'avaient fait que se succéder sans interruption — c'était bien là la plus intolérable. C'était la fin de tout. A moins que... Parmi les dons que lui avait fait la nature, à part la beauté, figurait ses dons de comédienne.

— Tout cela c'est très intéressant, dit-elle, mais en dehors de la question. Peut-être avez-vous remarqué que je suis devenue rouge comme une betterave quand vous avez parlé de projets insensés ? Veronica, j'ai rougi de honte. J'ai agi en cachette de Charles. Tout le monde ignore à présent que, dans sa jeunesse, Charles adorait les antiquités. Il collectionnait notamment les vieilles cartes. Tout cela est rangé à part dans un coin de la bibliothèque. Ça ne lui sert plus à rien, mais j'ai pensé qu'elles pourraient être utiles au capitaine Stirling. J'y ai songé un peu tard et, bien sûr, il m'était difficile d'en parler à Charles — personne n'aime qu'on lui rappelle de vieux rêves qui se sont terminés sur une étagère poussiéreuse. Mais j'ai pensé... que je pourrais au moins les expédier. N'est-ce pas. Si je savais où. Charles ne s'en rendra pas compte. C'est bête de laisser se perdre tout cela.

Histoire plausible et d'autant plus acceptable pour Lady Fenstanton qu'elle avait toujours jugé Hébé simple — dans le sens le plus aimable du terme : ouverte, franche, sans prétentions. Elle ne pensa pas qu'il y avait une autre Hébé, celle qui jouait si bien la comédie. En effet, elle avait remarqué sa rougeur et en allant fouiller sur des étagères poussiéreuses elle avouait son intérêt pour Hugo, mais toute femme qu'il distinguait si peu que ce soit réagissait de façon extravagante.

— Son bateau s'appelle « *La sirène* » et se trouve quelque part à Plymouth. Un paquet l'y rejoindra. N'attendez aucun remerciement, ma chère. Hugo n'écrit jamais à moins qu'il ne *veuille* quelque chose. Voulez-vous rester à déjeuner ?

— Avec joie. Mais je devrai me sauver aussitôt après. Charles n'aime pas que je m'absente trop longtemps.

Pendant tout le repas, elle se montra gaie et parut s'intéresser à la principale préoccupation de Veronica : marier Freddie à Geraldine Bruce, parti remarquable sous tous les rapports.

— Malheureusement, il a été marqué par ces nouvelles conceptions romanesques. Il déclare n'être pas *amoureux*. Je ne peux pas arriver à lui faire comprendre que l'amour ne dure pas toujours, remplacé souvent par l'amertume car il a poussé au mariage deux êtres totalement incompatibles.

Elle dit bien d'autres choses encore de la même veine s'adressant à une femme qui se préparait à un acte désespéré, par amour.

CHAPITRE VII

TOUT ÉTAIT TRÈS CALME À WICHFIELD. LE MAÎTRE DE MAISON FAISAIT SA sieste et Mme Paske, quoique en état d'alerte, se reposait, les pieds un peu surélevés. La porte entre sa chambre et celle de Sir Charles était ouverte, celle de Daisy fermée pour éviter un courant d'air. La jeune femme entra dans sa chambre comme une voleuse, mit quelques vêtements dans un sac et tous les bijoux qu'elle put trouver. Les objets de grande valeur étaient dans un coffre. Elle ressortit sans bruit, laissant un mot pour Martha sur la coiffeuse.

Le cabriolet qu'elle avait ordonné de faire atteler en revenant du château l'attendait dans la cour. L'homme tenant le cheval fut stupéfait de voir Lady Overton avec une valise, mais son rôle n'était pas de dire quoi que ce soit, seulement de se précipiter pour la lui porter. Ensuite, de rappeler à Madame que ce cheval, choisi par elle, avait peur des rouleaux compresseurs. C'était l'époque de l'année où l'on réparait les chaussées.

— Merci, Harry. Je ferai attention.

Elle lui adressa l'un de ses merveilleux sourires et il se retint de lui dire :

— Laissez-moi vous accompagner, je conduirai.

Mais si elle avait voulu qu'il l'accompagne, elle le lui aurait demandé.

SIR Charles émergeait de sa sieste, comme le matin, souffrant et se plaignant. Et Mme Paske, de son ton habituel, déclara :

— Vous vous sentirez mieux quand vous aurez bu une tasse de thé.

A présent, le rite voulait qu'ils prennent le thé tous les trois, vers quatre heures, dans la chambre de Sir Charles. Il faisait très beau et, après le thé, Mme Paske se proposait d'aller faire une promenade, laissant Hébé faire la lecture à Sir Charles ou lui raconter sa visite au château. Ensuite, on discuterait pour savoir si Sir Charles se sentait disposé à descendre pour dîner ou si celui-ci devait être servi chez lui.

On apporta le plateau du thé. Mme Paske alla à la porte de la chambre d'Hébé et appela. Puis, elle ouvrit la porte et vit un papier plié, posé contre un flacon de parfum à bouchon d'argent.

Pendant deux jours elle avait été contente d'elle. Elle avait sauvé Hébé. Faire quelques pas jusqu'à la coiffeuse, arracher le papier, lire le message bref, net : « Chère Martha. Il fallait que je parte. Je suis désolée. Faites ce que vous pouvez. » Brusquement tout tourna autour d'elle et elle dut se retenir à la table luttant contre la nausée, une impression d'intense défaite. Enfin, elle se redressa, mit le papier — une sorte de condamnation à mort — dans sa poche et retourna servir le thé.

Gagner du temps, c'était la seule chose à faire.

— Elle n'est pas encore rentrée, dit-elle. Lady Fenstanton a dû la retenir.

Combien de temps tiendrait cette excuse ridicule ? Oh, mon Dieu, pourquoi me suis-je laissée mêler à tout cela ? Que dire ? Que faire ? Si je ne garde pas mon calme, je vais avoir une attaque ! Et que deviendrons-nous alors ?

Et, à la façon irritante des personnes âgées qui se répètent, Sir Charles commença à faire remarquer qu'en admettant qu'Hébé ait déjeuné au château elle devrait être là, à présent. Où était-elle ? Que pouvait-elle bien faire ? Même si elle avait déjeuné...

Finalement, puisque c'était devenu inévitable, Mme Paske se décida :

— Charles, j'ai à vous dire quelque chose. Cela va peut-être vous mettre en colère, mais, pour votre propre bien, je vous en prie, contrôlez-vous. Hébé est partie pour Manchester. Pour voir Margaret. L'enfant est malade et Hébé était terriblement inquiète...

— Elle n'a même pas dit au revoir.

— Evidemment pas ! répondit Mme Paske, cachant son anxiété sous les reproches. Et, vous me pardonnerez, mais c'est de votre faute. Jamais vous n'avez tenu compte de ses sentiments maternels — elle parlait avec force car elle savait ce qu'était l'amour maternel ; elle en éprouvait pour Hébé ! Et si mécontente qu'elle fût, elle l'aimait. Mon enfant ! Qu'elle ait tort ou raison, il fallait la protéger.

— Comment êtes-vous au courant ?

— Au sujet de la maladie de Margaret ? Oh, Hébé s'est confiée à moi. Je savais qu'elle voulait aller la voir et que vous le lui auriez refusé si elle vous l'avait demandé. Alors, elle est partie tout simplement. Voilà le mot qu'elle a laissé.

Heureusement, il était assez vague.

Mais combien de temps cet alibi tiendrait-il ? Quelques jours ? Une semaine ? Quinze jours ?

Mme Paske se sentait comme l'enfant de l'histoire qui avait voulu creuser un trou dans un mur avec son doigt pour y enfoncer sa main puis son bras, tout son corps enfin. Pour rien.

— J'espère que la petite ne souffre ni du choléra, ni de la typhoïde, dit-elle. C'est très contagieux.

Cela détourna son attention pour quelques minutes.

— Seigneur ! J'espère que non !

Mais il en revint très vite au mobile de sa rancune. Hébé lui avait désobéi. Elle était partie sans lui dire au revoir. Elle avait toujours fait passer cette enfant avant tout. Il n'y avait qu'à se souvenir de Margate.

Et en pensant à Margate, Sir Charles se souvint aussi que cette femme aimable, compétente sur laquelle il comptait tellement avait également conspiré contre lui. Alors il se montra particulièrement hargneux, difficile à satisfaire, beaucoup moins reconnaissant qu'à l'accoutumée.

Mme Paske attendit. Hébé avait supplié qu'on lui accorde la liberté pour une nuit et, empêchée, avait crié que sa vie était perdue parce qu'elle ignorait où l'autre se trouvait. On avait dû le lui dire. Où cela ? Evidemment au château. Impossible d'aller le demander. Les grandes dames étaient aussi bavardes que les filles de cuisine. Mais on pouvait poser une question aux écuries.

— Sir Charles ne sait pas exactement quelle voiture a pris Madame.

— Elle a pris le cabriolet et Dodger, madame.

— Madame a été appelée brusquement... auprès d'une parente malade.

Ça semblait plausible, mais un peu curieux quand même. D'abord, quel parent Madame pouvait-elle avoir ? On n'en avait jamais vu un seul à Wichfield. Et pourquoi Dodger, le moins docile de tous les chevaux et qu'elle n'avait jamais conduit ? Ce n'était là que peu de chose en comparaison avec l'enquête menée à la maison.

— Et l'argent ? demanda Sir Charles. Elle n'en n'avait jamais plus quand le mois tirait à sa fin. Je suppose que vous lui en avez *prêté.*

— Pas du tout ! Je comprenais ses sentiments. N'importe quelle femme l'aurait fait. Mais j'étais tout à fait opposée à son départ... s'exposer aux risques d'une contagion possible.

— Depuis quand cette enfant est-elle malade ?

— Je ne sais pas exactement. Il n'y a que quatre ou cinq jours qu'Hébé l'a appris.

— J'ai souvent pensé qu'Hébé manquait de bon sens. Cela le prouve. Partir sur un coup de tête, comme ça. Elle n'a pas pu atteindre Manchester en une journée. Où aura-t-elle passé la nuit ? Imaginer un peu, Lady Overton arrivant dans une auberge, seule. Sans même une femme de chambre ! A-t-elle pris beaucoup de bagages ?

— Je ne sais pas. Vous parlez comme si j'avais combiné ça avec elle.

— Ce ne serait pas la première fois !

Sans relever le coup de patte Mme Paske répondit :

— Je peux aller regarder, en ce qui concerne les bagages.

Elle se rendit dans la chambre d'Hébé et en passa l'inspection. Seuls, manquaient une petite valise, quelques pièces de lingerie — et tous ses bijoux — jolis mais de peu de valeur.

— Elle a emporté si peu de chose, qu'elle n'a pu envisager qu'un séjour très court, rapporta-t-elle.

C'était le seul, l'unique espoir. Hébé avait supplié pour *une* nuit.

Mais alors, pourquoi *tous* ses bijoux ? Mme Paske, comme Sir Charles, déplorait le manque de bon sens d'Hébé, mais même elle, si amoureuse qu'elle fût, ne pouvait songer à s'enfuir. Et avec un homme marié !

Sir Charles, calmé par ses gouttes, dormit. Mais Mme Paske ne put fermer l'œil, torturée par l'inquiétude.

Le matin venu, Sir Charles posa une question qui se transforma en litanie avec les jours.

— Y a-t-il une lettre ?

— Ce serait étonnant. Elle n'est partie qu'hier.

— Elle aurait pu écrire de l'endroit où elle a passé la nuit. Cela démontre un manque total de considération. Elle doit savoir à quel point nous sommes inquiets.

Aucune lettre au second courrier, ce jour-là. Aucune le lendemain.

— Sans doute est-elle très occupée, dit Mme Paske, loyale jusqu'au bout. Un enfant malade a besoin de beaucoup de soins.

Elle le savait à présent, il ne s'agissait pas d'une simple nuit. L'anxiété l'empêchait de dormir et agissait directement sur ses intestins, les transformant en conduite d'eau.

Le courrier arrivant à Wichfield n'était jamais important. D'habitude, on le déposait sur une table, dans le hall et Mme Paske, toujours consciente qu'il pouvait y avoir une lettre adressée à Mme Johnson c/o Lady Overton, était la première à le prendre. Mais Sir Charles, torturé par l'inquiétude, donna l'ordre qu'on lui montât directement tout. Le troisième jour, il y eut une lettre adressée à Hébé, et Sir Charles défiant la règle selon laquelle les lettres qui ne vous sont pas destinées sont sacro-saintes déclara :

— Je l'ouvre !

Les intestins de Mme Paske la trahirent, lui faisant comprendre pourquoi on désignait parfois la diarrhée sous l'euphémisme de « courante ». Lorsqu'elle revint, épuisée et très pâle, Sir Charles attaqua :

— Qu'est-ce que vous dites de ça ?

C'était une lettre de Frances Hamilton-Hope. Elle variait fort peu, quant au fond, de celles que Daisy avait déjà reçues, pas régulièrement mais assez souvent, pour expliquer qu'elle soit toujours à court d'argent. Mme Hamilton-Hope parlait de ce qu'elle pourrait faire, d'un endroit où elle pourrait aller si seulement elle avait dix, vingt, cinquante livres, et elle glissait toujours une menace voilée sous forme de référence à l'enfant. Celle-ci était du même style. On l'avait invitée à se joindre à des amis qui avaient loué une maison en Bretagne pour l'été. Mais il fallait songer au prix du voyage, des vêtements, des pourboires et il lui faudrait au moins cinquante livres et ensuite. « J'espère pour elle que cette exquise petite fille ressemble davantage à sa mère chaque jour ».

Comparé avec ce qui arrivait à présent, c'était trivial. Oh, s'il n'y avait eu que cela ! Facile de dire, d'un ton accusateur :

— Eh bien voilà, Charles, le seul coupable c'est vous. Cette femme a tout découvert en ce qui concernait Margaret et, puisque vous teniez tant au secret, elle a fait chanter cette pauvre Hébé depuis. Purement et simplement parce qu'elle ne voulait pas *vous* tracasser.

Je lui avais bien recommandé de ne pas céder surtout, mais elle tenait tant à vous épargner.

— Mais, sacrebleu, ne comprenez-vous pas que le secret était indispensable en ce qui *la concernait ?* C'est *sa* réputation que j'ai tenté de protéger. Pas la mienne. Si j'avais fabriqué un bâtard il aurait pu gambader partout ici et hériter tout ce qui m'appartient. Avec une femme ce n'est pas la même chose. Je l'ai protégée. Et comment me remercie-t-elle ? Elle s'en va, sans même dire au revoir... et avec un cheval ombrageux ! C'est une conduite impardonnable. Ça ce n'est rien. Cette garce peut se les accrocher ses cinquante livres.

Il déchira la lettre en morceaux, non sans peine car il avait les doigts enflés et il se savait incapable d'écrire ce qu'il aurait voulu.

— Ecoutez, Martha, il faut que nous sachions. Est-elle bien arrivée à Manchester ? Va-t-elle bien ? Je ne peux plus supporter l'inquiétude qui me ronge.

— Moi non plus, répondit Mme Paske qui sortit vivement de la pièce, le ventre tordu par une autre colique.

Elle était littéralement à bout. Elle souhaitait toujours ardemment sauver Hébé du résultat de sa folie, mais elle ne voyait pas comment. Ecrire, sous la dictée de Sir Charles, une lettre qu'Hébé ne recevrait jamais avait quelque chose de presque surnaturel, une missive exprimant l'inquiétude, mais surtout des reproches geignards. Elle ne manquerait pas d'étonner à Manchester et sans doute la réexpédirait-on d'où elle venait.

Nuit et jour, Mme Paske se torturait pour trouver une explication à offrir.

Le docteur Mc Gibbon, passant pour une visite de routine, fut stupéfait par l'aspect de Mme Paske. Tellement qu'il en oublia son habitude de ne jamais encourager les malades à s'écouter.

— Vous n'avez pas bonne mine, Mme Paske. Vous devez en faire trop. Je n'en dirai rien à Sir Charles car je ne veux pas l'inquiéter, je préfère en toucher un mot à Lady Overton.

— Elle n'est pas là. Elle a été appelée auprès d'un parent malade.

Brusquement, de la façon la plus inattendue, les yeux de Mme Paske s'emplirent de larmes. Le docteur Mc Gibbon s'en était douté, elle était sur le point de craquer. Mais à quel point et pour quelle raison, il l'ignorait. Tout ce qu'il put faire, fut de lui prescrire un tonique et de suggérer d'engager une infirmière pour Sir Charles dont la santé laissait de plus en plus à désirer.

Cinq jours.

Six jours.

Une semaine.

A présent tout espoir était perdu. Hébé n'était pas revenue après quelques nuits passées à courir. L'alibi de Manchester ne pourrait tenir longtemps. Le moment approchait, plus proche à chaque battement du balancier de la pendule où elle devrait avouer et dire : « je ne sais pas où elle est ».

Un vieux remède recommandé pour les gens dans son état consistait à un mélange à part égale de porto et d'eau-de-vie. Même les non-buveurs, souffrant ce dont elle souffrait, s'en accommodaient. Cela n'eut aucun effet sur ses ennuis intestinaux, mais suffit à lui donner du courage. A certains moments il lui arrivait de penser : « Quand je devrai lui dire, je le ferai. Ensuite, je serai libre. Ce qui se passera ensuite ne me regarde pas... Je suis capable de gagner ma vie. »

CHAPITRE VIII

DAISY ATTEIGNIT PLYMOUTH À LA FIN DE L'APRÈS-MIDI DU LENDEMAIN du jour où elle avait quitté Wichfield. Elle avait bien choisi son cheval et, à Yeovil, où ils s'étaient arrêtés pour une courte nuit, Dodger avait mieux mangé qu'elle et se trouvait prêt, à six heures du matin, à partir, tirant derrière lui comme un jouet le cabriolet haut sur roues. A la fin de l'après-midi, le soleil encore haut, Plymouth apparut, en bas d'une côte, comme encastrée dans l'eau. La ville était plutôt décevante. Au fur et à mesure qu'elle approchait de la mer, Plymouth lui rappela le marché de Soho à ceci près qu'il n'y avait pas de clients. Tout le monde livrait des marchandises. Partout des charrettes, des voitures à cheval ou à bras, chargées de ballots, de tonneaux, en flot continu, de la terre à la mer.

Reconnaissante à ce qu'elle devait à Dodger, Daisy trouva une auberge indiquant « bonne écurie » et entra dans la cour. Le palefrenier éprouva un respect immédiat pour elle parce qu'elle s'y connaissait évidemment en chevaux.

— Bouchonnez-le bien d'abord. Ensuite, donnez-lui à boire. Après, de l'avoine. Je reviens.

Elle lui donna une demi-couronne alors que six pence étaient considérés comme un bon pourboire. Connaisseur, généreuse et tellement jolie, elle conquit le palefrenier malgré sa naïveté. Sa valise à la main, elle demanda, à Plymouth :

— Je cherche un bateau qui s'appelle *La Sirène*. Pouvez-vous me dire où le trouver ?

C'était comme si, arrivé à Londres — il y avait été une fois — il avait demandé à la première personne rencontrée de lui indiquer une maison dont il n'aurait su que le nom, mais ni la rue, ni le quartier. Les quais de Plymouth étaient aussi nombreux que compliqués. Avec n'importe quel autre client, le garçon d'écurie n'aurait pas caché son impatience, mais, avec Daisy, il se montra aimable et aussi serviable qu'il le put. S'agissait-il d'un navire de sa Majesté ? Non, c'était un bâtiment privé appartenant au capitaine Stirling. Bon, ça séparait au moins les brebis d'avec les boucs et il était en mesure de lui dire quelle direction prendre au bout de la rue.

« Ensuite, faudra demander ». Tout le monde, il en était sûr, serait prêt à lui rendre service.

En effet. Elle s'approcha de son objectif, comme portée de main en main et elle se trouva au pied d'une passerelle sur laquelle on hissait des barils.

— Vous y voilà, madame, lui annonça son dernier guide. C'est lui, le capitaine Stirling. — Du doigt il indiqua un groupe d'hommes qui paraissaient introduire quelque chose dans un trou : — Celui qui a un chapeau.

Effectivement, l'un des hommes portait une espèce de panama déformé. Autrement, rien ne le différenciait des autres : manches de chemise roulées, jambes de pantalon relevées, chaussures de toile.

Daisy monta à bord de *La Sirène* et traversa le pont encombré, courant presque. Il régnait une telle agitation, tant à bord de ce bateau que des autres, que son premier appel « Capitaine Stirling ! » passa inaperçu. Avant qu'elle ait pu retrouver son souffle pour appeler encore, tant son cœur battait, l'un des hommes se redressa, se frotta les mains, se tourna, la vit et tapa sur l'épaule de Hugo. Alors, Hugo se tourna à son tour et la vit lui aussi.

Toute sa vie, elle se souvint de cet instant. Cette expression de consternation totale ; d'étonnement sans joie aucune. Cela ne dura pas et, comme il venait vers elle à grandes enjambées, il réussit à sourire. Mais, même ce sourire était faux.

— Hébé ! Que faites-vous ici, mon Dieu ?

— Il fallait que je vienne.

Elle lâcha sa valise et tendit les bras, mais il se contenta de lui prendre un poignet et l'entraîna à travers ballots et barils, au bas d'un petit escalier fort raide jusqu'à une petite pièce qui sentait le goudron et le poisson. Là quelque chose de la magie revint et il la serra contre lui, l'embrassa à lui couper le souffle, la laissant molle comme une poupée de chiffon. Ensuite, elle eut l'impression de tomber de ses bras et se retrouva assise, étourdie sur une sorte d'étagère accrochée à l'une des parois de la cabine et couverte d'une couverture grise. Son lit ?

— Je n'ai pas pu aller à Londres, expliqua-t-elle dès qu'elle eut retrouvé son souffle. Tout était arrangé... Je pensais que Martha était mon amie, mais je crois qu'elle a mis quelque chose dans ce qu'elle m'a fait boire... J'ai dormi toute la journée et je savais que vous étiez parti... Hugo, je n'ai pas pu le supporter. J'ai pensé que vous alliez croire que ça m'était égal. Oh ! chéri, pourtant je t'aime. Je t'aime. Je t'aime tellement. Je ne pourrais pas vivre sans toi.

Il ne tint aucun compte des derniers mots. Tant de femmes les lui avaient déjà dits. Et elles avaient vécu.

— Alors vous vous êtes dit qu'il fallait venir et m'expliquer. C'est adorable, ma chérie. Mais j'avais compris que ce ne serait peut-être pas facile. Vous aviez dit midi. J'ai attendu jusqu'à une heure. Ensuite, il a fallu que je parte. J'avais tant à faire.

— Je sais. Heureusement. J'avais tellement peur que vous soyez parti avant que j'aie pu vous trouver.

— Comment avez-vous fait ?

— Oh ! dès que j'en ai eu la force, hier matin, j'ai été au château.

Veronica a dit *La sirène,* Plymouth. J'ai pris le meilleur cheval, un cabriolet, et je suis venue. Chéri, c'est merveilleux.

C'était la femme la plus jolie, la plus séduisante, la plus attrayante qu'il ait jamais rencontrée et elle était parvenue à faire ce qu'aucune autre n'avait encore jamais réussi : le faire songer à l'avenir. Il avait réellement pensé au cours de leur brève rencontre à s'installer, à faire de ce qui restait d'Amblebury et de la pauvre vieille *Sirène* quelque chose de viable commercialement. Mais, alors même, au moment du premier grand impact du désir — ou de l'amour — qu'on appelle cela comme on voudra, il en avait compris l'impossibilité. En partant pour Plymouth le jour du rendez-vous manqué, il avait éprouvé autant de soulagement que de déception. A présent, elle était là, et bien que le désir fût aussi vivace, la précaution s'y mêlait.

— Etes-vous seule ?

— Bien sûr. Je n'allais tout de même pas amener quelqu'un ?

Elle repoussa le souvenir de l'expression de surprise sans joie avec laquelle il l'avait accueillie.

— ... Je suis là. Seule et libre.

Le dernier mot résonna dans l'espace réduit. Elle se souvint du jour où Mme Westcott l'avait mise à la porte et qu'elle s'était sentie libre, heureuse car quelque chose de merveilleux l'attendait au coin de la rue. Il y avait neuf ans de cela. A présent, cette chose merveilleuse était là, à sa portée. Elle lui prit la main, la serra contre son visage.

— Où êtes-vous descendue ? demanda-t-il.

La surprise l'avait empêché de remarquer qu'elle avait une valise à la main.

— Descendue ? Nulle part. Je suis venue tout droit vous voir... le temps de mettre mon cheval à l'écurie.

— Où cela ?

— Oh ! — ses yeux s'agrandirent — Je n'ai pas fait attention. J'ai vu seulement « bonne écurie » et Dodger a été si brave. Quoique peureux... et pas seulement des rouleaux compresseurs... Mais il a couru comme le vent. Oh, je retrouverai l'auberge. C'est indispensable car il faudra que je vende Dodger et la voiture. Ils doivent avoir une certaine valeur. Et j'ai apporté tous mes bijoux. Veronica m'a dit que vous cherchiez quelqu'un disposé à participer à vos projets insensés. Moi, je le peux. Chéri, n'est-ce pas merveilleux ? Juste vous et moi ensemble pour toujours, toujours !

— Sortons d'ici, décida-t-il en la faisant se lever.

En haut du petit escalier si raide il lui dit : « Attendez-moi ici » et il alla parler aux autres hommes. Puis il revint vers elle, remarqua sa valise à côté de la coursive et la ramassa. Daisy s'accrocha à son bras.

— Où allons-nous ?

— Dans un endroit que je connais. Ce n'est pas loin.

En envisageant une nuit d'amour à Londres, il avait voulu en exclure tout sordide. Son désir restait le même et, chose curieuse, c'était plus facile à trouver à Plymouth qu'au cœur de Londres. Tout homme, en mer depuis longtemps, avait envie d'une femme. Il existait des maisons qui fournissaient celles-ci à ceux qui en étaient dépourvus et il y avait des établissements qui fournissaient tout sauf les femmes. Dans un décor propre et net. Du beau linge fraîchement repassé au lit, du chintz sur les sièges et même un vase de roses sur la table. Un service discret et calme. Tout parfaitement au point, comme à Wichfield, à ceci près que Daisy s'y trouvait avec l'homme qu'elle aimait. C'était le Paradis, quelque chose à quoi vous aviez droit après votre mort si vous aviez été sage, disait sa mère.

Il ne l'avait pas contredite quand elle avait dit : « Pour toujours ! » Il l'aimait encore, elle en était certaine. Une telle extase dans l'acte d'amour ne pouvait être atteinte que par deux êtres brûlant de la même passion. Elle avait momentanément oublié son expression atterrée. Le choc arriva alors qu'ils terminaient leur dîner.

— Comment vous êtes-vous arrangée pour partir ?

— Je suis partie, c'est tout.

— Vous n'avez donné aucune explication ?

— Non. J'ai juste laissé un petit mot à Martha disant que je devais partir. Elle aura compris.

— Alors que direz-vous quand vous rentrerez ?

Sous le choc ses yeux se dilatèrent et changèrent de couleur.

— Mais, chéri, je ne rentrerai jamais. Je suis venue pour être avec vous... toujours.

Il y eut un petit silence.

— Chérie, c'est impossible, dit-il enfin. Là où je vais, aucune femme...

Le reste ne fut qu'un mélange sans suite. Il parla de dangers, de maladies effrayantes, de tempêtes, de marécages...

— Ça m'est égal, Hugo. *Ça m'est égal.* Si je pouvais mourir dans tes bras, je mourrais maintenant et contente.

C'était là le genre de déclarations que les femmes ont tendance à faire au plus fort de la passion. En général cela ne voulait rien dire.

— Ecoute, il faut être raisonnable. *Evidemment* je voudrais te garder avec moi. Mais une femme au milieu des hommes que j'ai réussi à recruter — tous des desperados — c'est aller au-devant de la catastrophe. Il n'y en a pas un seul qui hésiterait à me trancher la gorge pour... quelques minutes de plaisir.

— Je pourrais me couper les cheveux et faire partie de ton équipage.

— Oh, pour l'amour de Dieu, Hébé, ne dis pas de bêtises romanesques. Et ne pleure pas, je ne peux pas supporter ça. Il faut réfléchir et bien réfléchir.

Voir au-delà de l'immédiat lui avait toujours été impossible. Elle s'était enfuie, obéissant à une impulsion et il n'y avait pas à revenir en arrière.

Il était persuadé que son mari lui pardonnerait. Un vieil homme infirme marié à une fille aussi jolie comprendrait sûrement et ne se montrerait pas sévère. Il serait trop content de la voir revenir.

— Non, ce n'est pas le genre de Charles. Un jour, j'ai fait quelque chose, oh une toute petite bêtise comparée à ça et il a boudé pendant une éternité. En fait, je crois qu'il n'a plus jamais été le même avec moi. Je ne peux pas rentrer. Et, d'ailleurs, je ne le veux pas. Je ne veux pas rentrer, faire des excuses et être en disgrâce alors que je n'ai fait que suivre mon cœur.

Dites avec une émotion réelle, les phrases les plus éculées semblaient toutes neuves. Et cette scène, familière par son essence, nouvelle par les circonstances, toucha son objectif et lorsque Daisy déclara :

— Jamais je n'aurais pensé vous ennuyer. J'ai cru que vous seriez content.

Il éprouva un sentiment qu'il n'avait pas ressenti depuis que, âgé de quinze ans et luttant de toutes ses forces pour se montrer brave, il avait vu le cercueil de sa mère descendre dans sa fosse.

— Ecoutez, dit-il, enfin. Il n'y en a que pour un an, Hébé. Moins si nous avons de la chance. Et si vous êtes absolument décidée à ne pas retourner à Wichfield, allez m'attendre à Amblebury.

— Où est-ce ?

— La propriété de ma famille, enfin ce qui en reste. Dans la banlieue de Birmingham.

A peine eut-il terminé sa phrase qu'il la regretta, se souvenant combien sa maison, à Wichfield, était confortable et même luxueuse. Seigneur, quel tour lui avait-il joué ? Elle, la femme qui, de toutes celles qu'il avait connues, avait réussi à faire naître l'amour — et non pas seulement le désir — en lui. Plus tard, à y repenser, il accusa son âge. On devient sentimental en vieillissant.

CHAPITRE IX

A WICHFIELD, SI CONFORTABLE, SI LUXUEUX, LA SITUATION EMPIRAIT avec chaque heure. La nervosité aggravait la goutte de Sir Charles et l'endurance de Mme Paske craqua lorsque la lettre qu'il l'avait contrainte à écrire revint, non ouverte, de Manchester. Mlle Florence Reade s'était souvenue du lien existant entre Lady Overton et la dame qui se faisait appeler Mme Johnson.

La lettre à la main, ses yeux réduits à l'état de fentes entre ses paupières gonflées, mais brillants de soupçon et de malice, Sir Charles déclara :

— Alors, si nous avions la vérité maintenant.

Cela durait depuis neuf jours. La confession lui fut un soulagement. Après cela, plus de soucis à se faire. Une bonne dose de porto et d'eau-de-vie et elle pourrait aller se coucher et dormir pendant vingt-quatre heures.

Il n'y avait pas moyen d'annoncer ce genre de nouvelles avec ménagement. Elle ne put que le supplier de faire montre d'un peu de compréhension.

— Elle est encore si jeune, Sir Charles — ils s'appelaient par leurs prénoms depuis des années, mais le moment n'était pas aux familiarités. Elle est de nature tellement impulsive. Elle sait si peu de choses du monde. Elle ne comprend pas le sérieux d'une telle action.

Il était assis là, vieil homme sculpté dans la pierre, sans dire un mot. Mme Paske continua, loyale jusqu'au bout, au point d'en dire trop.

— ... Elle n'a pas eu une vie très gaie, vous savez. Même pas son enfant à aimer. Elle qui a tant de cœur. Elle a agi sur un coup de tête. Maintenant, elle regrette, j'en suis certaine...

C'était là ce que craignaient le plus les vieillards, surtout ceux mariés à une très jolie femme beaucoup plus jeune. N'importe qui ricanerait : « A quoi s'attendait-il d'autre ? » Et quand il pensait à tout ce qu'il avait fait pour Hébé ! Non, il ne fallait pas penser à cela. La colère empêche de raisonner.

Lorsqu'il parla, Mme Paske crut que son plaidoyer l'avait touché.

— Il faut absolument la ramener. Et c'est à *vous* de le faire.

— Mais... Mais je ne sais pas où elle est. Elle reviendra d'elle-même, j'en suis sûre. Elle est sotte, mais elle aura vite fait de faire le tour de *l'autre.*

— Sonnez ! ordonna-t-il.

Elle obéit.

— Dites à Watson de préparer immédiatement la voiture, dit-il au domestique accouru.

Un instant, Mme Paske pensa que ce qu'elle lui avait dit lui avait dérangé l'esprit. Cela faisait plusieurs mois qu'il n'avait pas passé la porte. Mais, en quelques mots, il démontra qu'il avait tout son bon sens.

— ... Vous, dit-il, vous essayez de vous calmer et vous vous habillez pour faire une visite. Vous vous rendrez au château et direz ceci : Sir Charles a été très intéressé par quelque chose qu'a raconté le capitaine Stirling, l'autre jour. Il a bien réfléchi et il désire le joindre au plus vite. Si Lady Fenstanton demande des nouvelles d'Hébé, dites-lui qu'elle est à Manchester au chevet d'une parente malade. Recueillez tous les renseignements que vous pourrez et revenez au plus vite. Nous n'avons pas de temps à perdre.

Mme Paske pensa qu'il avait pris cela très bien, qu'il partageait son inquiétude pour Hébé et voulait qu'elle revienne. Il serait désagréable — comme il l'avait été après l'histoire de Margate — mais, à la fin, il pardonnerait. Elle ne s'était pas trop mal débrouillée. Sa mission au château était remarquablement facile, normale.

Sans doute aurait-elle changé d'avis si elle avait entendu la brève conversation de Sir Charles avec Mme Salcombe, femme du propriétaire du *Morning Observer* venue lui rendre visite.

— Je suis très inquiet, déclara Sir Charles après avoir offert madère et gâteau de Savoie, ma femme a été appelée brusquement auprès d'une parente malade, à Manchester. Une espèce de fièvre récurrente. Et le docteur Mc Gibbon m'a dit un jour, tout à fait par hasard, qu'une fièvre de ce genre peut endommager le cerveau.

C'était la vengeance qu'il préparait, immobile comme une statue pendant que Martha plaidait la cause d'Hébé. Le sort avait voulu et cela semblait merveilleux actuellement qu'il en sache beaucoup plus que ses semblables sur un certain asile privé, non loin de Tenterden. L'une de ses arrière-grand-tantes, totalement folle, y avait passé vingt ans d'une existence végétative de morte vivante. L'endroit était fort bien tenu, très différent des services publics réservés aux idiots ou aux fous sans argent. Et, s'il pouvait remettre la main sur Hébé, elle serait expédiée là-bas. Elle pourrait toujours protester, déclarer qu'elle était Lady Overton et parfaitement saine d'esprit, personne ne la croirait jamais. Car cette maison abritait des pensionnaires proclamant être Napoléon, Moïse ou Jésus-Christ ou avoir inventé une machine volante ou encore l'élixir de jouvence éternelle. Une fois à l'intérieur, ce qu'ils disaient n'avait plus de valeur.

LADY Fenstanton songea, un instant, qu'Hugo avait dû faire impression à Wichfield. D'abord, il y avait eu Hébé souhaitant l'aider avec des cartes et des documents, à présent c'était Sir Charles qui s'intéressait à lui. Mais elle ne chercha pas à approfondir car elle était sur le point de partir pour sa maison de ville, Portman Square, et elle fut heureuse que Mme Paske ne s'attarde pas. Elle donna le nom du bateau et du port, comme elle l'avait fait pour Hébé. Elle ne songea pas à mentionner Amblebury. Il y avait si longtemps qu'Hugo n'y avait pas séjourné qu'elle n'y pensait jamais comme sa maison.

Sir Charles avait agi, persuadé que Mme Paske reviendrait avec le renseignement désiré. Il avait fait appeler Harry et lui avait dit de se préparer à conduire Mme Paske où elle le désirerait, dans le dogcart. Ils seraient peut-être absents une nuit ou deux.

— Pour Manchester, monsieur ?

La nouvelle s'était propagée que Madame était partie là-bas et Harry, toujours à l'affut d'une nouvelle expérience, était ravi à cette perspective. Dommage que Dodger ne soit plus là. Il n'y avait pas un cheval aux écuries pour le battre à la course.

— Mme Paske vous dira où aller, répondit Sir Charles.

Ensuite, il donna ordre à la femme de chambre de Daisy de préparer une petite trousse de nuit pour Mme Paske. La jeune fille, qui aimait Daisy, porta la main à sa bouche.

— C'est Madame, monsieur... ?

— Nous ne savons pas encore grand-chose.

En attendant le retour de Mme Paske, Sir Charles chercha un argument qui pèserait dans la balance si Hébé se montrait peu désireuse de revenir. Il le lui servit dès qu'elle arriva.

— Dites-lui de penser à l'enfant. Si elle n'entend pas raison, je supprime immédiatement mon soutien. Et, à moins que le capitaine Stirling veuille en endosser la responsabilité — ce dont je doute énormément — ce sera l'orphelinat.

Mme Paske souffrait encore des effets de l'insomnie, mais l'autre symptôme de son anxiété avait complètement disparu. Et, bien que l'expression de Sir Charles restât sévère et sa voix glacée, son visible désir de revoir Hébé aussi vite que possible avait un effet réconfortant. Pas ce : « Qu'elle ne repasse jamais mon seuil ! » dont elle avait eu si peur. Poussée par l'espoir, sentant que le pire était passé, Mme Paske accepta la terrible tâche de trouver Hébé et de la persuader.

Mais, quand elle arriva à Plymouth, *La sirène* avait déjà pris la mer depuis quatre jours et Daisy avait atteint Amblebury.

QUATRIÈME PARTIE

CHAPITRE PREMIER

AUTREFOIS, LA VIEILLE MAISON SE TENAIT À L'ÉCART DU MONDE, ENTOURée de son parc et précédée d'une longue allée d'ormes par laquelle on y accédait. Quelques-uns des arbres subsistaient, justifiant le nom d'Avenue des Ormes à la rue bordée de maisons légèrement séparées les unes des autres. L'entrepreneur, qui les avait bâties au voisinage immédiat de la vaste demeure, les avait destinées à des gens d'une certaine classe, pas de ceux roulant carrosse, mais bien supérieurs à la moyenne. Ceux-ci n'avaient pas particulièrement apprécié le fait que d'autres maisons beaucoup moins bien aient poussé un peu partout sur le domaine. De ces maisons assises deux par deux sur une unique terrasse et divisées par un mur commun ce qui réduisait de beaucoup les frais de construction. Mais les gens du quartier protestaient surtout de voir tout le terrain encerclant la grande maison transformé en ferme. Quand le vent soufflait du sud, en été, alors que les gens bien aimaient s'installer dans leur jardin, il leur amenait une odeur de porcherie, de fumier, de feuilles de navets et de choux que M. Wheeler avait coupées et laissées pourrir sur place avant d'emporter ces légumes au marché. Ainsi que l'avait exprimé l'un des propriétaires de l'Avenue des Ormes, tout cela était parfaitement incongru. L'élevage et la culture cela se faisait en pleine campagne. Il n'y avait pas seulement les odeurs, mais aussi les bruits. Les vaches de M. Wheeler beuglaient et ses coqs chantaient, ses cinq ou six brebis bêlaient. Et chaque matin, sans exception, quelques-uns de ses nombreux enfants passaient poussant des brouettes pleines, réveillant tous les bons citoyens beaucoup trop tôt. Ensuite, venait la charrette aux roues cerclées de fer, tirée par un puissant cheval aux sabots pesants, conduite par M. Wheeler lui-même, emportant sa marchandise au marché. Et l'on n'y pouvait rien car M. Wheeler, en plus de ses autres activités, était l'agent accrédité du capitaine Stirling. A Amblebury, en dépit de tous les changements, Stirling restait un nom tout puissant et il y avait ce fameux et si injuste droit de passage que s'était réservé le capitaine Stirling. « Vous me faites des histoires, avait dit un jour M. Wheeler à quelqu'un qui se plaignait, et je ferme la grille. Alors, réfléchissez ! » Une enquête avait démontré que l'homme était dans son droit. Le capitaine Stirling avait vendu des terres de chaque côté de l'avenue, mais non pas l'avenue elle-même et les grilles étaient encore là, entre deux piliers massifs surmontés de hiboux sculptés. Elles étaient grandes ouvertes, enfoncées dans l'herbe et les orties pour un tiers, mais on pouvait les fermer et elles le seraient pour peu que l'on ennuie M. Wheeler ou qu'on ne lui parle pas avec politesse.

Daisy arriva à la fin d'une très belle journée et pensa aussitôt qu'on l'avait mal renseignée pour la septième ou huitième fois. Hugo avait parlé d'une vieille maison en assez mauvais état et elle se trouvait entre deux rangées de maisons reluisantes de propreté. Elle n'avait pas eu beaucoup de mal à arriver à Birmingham, mais la ville était pleine de gens qui n'avaient jamais entendu parler d'Amblebury. Ils semblaient même un peu hostiles, très différents des habitants de Londres ou de Plymouth — presque comme des étrangers. Elle ne se rendait pas compte en fait qu'elle avait changé, elle-même. La jolie fille à laquelle tout le monde voulait faire plaisir, à Londres ; la jolie jeune femme qui, si peu de temps auparavant, avait demandé la direction de Plymouth, avait changé.

Mais elle avait fini par trouver quelqu'un qui savait où situer Amblebury. C'était, lui dit-on, un village et c'en avait été un, en effet, il n'y avait pas si longtemps. A présent, les rues succédaient aux rues et quand elle eut trouvé, par miracle, les piliers surmontés de hiboux, ce fut pour se trouver dans une autre rue, mieux que beaucoup, mais une rue cependant. Une femme coupait des fleurs — des lupins — dans un petit jardin. Daisy tira sur les guides et, une fois de plus, demanda son chemin.

— Oh, la maison de M. Wheeler ? répondit la femme. Tout droit. Vous ne pouvez pas la manquer.

En effet, on ne pouvait pas la manquer parce qu'elle se trouvait au bout de la rue. Une grande maison et, comme l'avait dit Hugo, délabrée, regardant d'un air sombre un monde dans lequel elle n'avait plus sa place. Même la surface de la route n'était plus la même et le sol lisse de la rue cédait le pas à un sentier creusé d'ornières et contournant la maison. On ne pouvait plus entrer par la porte principale de celle-ci. Tout ce qui, autrefois, avait été le prolongement de la belle allée d'ormes, un jardin d'agrément, une pergola couverte de rosiers, arbres et massifs centenaires ainsi qu'une élégante petite maison de thé de style soi-disant chinois, tout avait disparu sous la pelle, la pioche, la houe de M. Wheeler. Des laitues et des carottes poussaient jusqu'aux murs même de la maison, jusqu'aux marches du perron. Amblebury, autrefois célèbre pour son hospitalité, ne pouvait être approchée que par derrière.

Daisy suivit les traces de la charrette. Dodger, autrefois si vif, porté à s'effrayer non seulement d'un rouleau compresseur comme l'avait dit Henry, mais aussi d'une feuille de papier, d'une voiture d'enfant, d'une brouette ou de linge mis à sécher sur une corde, s'était beaucoup calmé. En choisissant son écurie à Plymouth, Daisy avait recommandé qu'on lui donne de l'avoine. Mais Dodger en avait mangé fort peu depuis son départ de Wichfield et sa fougue s'en ressentait.

Mme Wheeler vit cheval et voiture s'arrêter à la porte de la cuisine.

— Tiens, voilà la femme, dit-elle.

Son mari, préoccupé de son seul dîner, entouré par ses six enfants qui avalaient le leur comme si quelqu'un attendait pour le leur prendre, déclara :

— Tu te rappelles ce que j'ai dit, hein Bella. On la loge et on la nourrit, mais on n'est pas payés pour la servir. Bert, va mettre le cheval à l'écurie. Betsy et Elsie poussez-vous. Faites de la place sur ce banc pour la dame. Ted amène une autre assiette et touille un peu le ragoût.

Dès que Daisy avait accepté d'aller à Amblebury — elle ne voyait pas d'alternative — Hugo avait écrit à Wheeler, lui annonçant qu'une dame allait venir s'installer à Amblebury et qu'il tenait à ce qu'on s'occupe bien d'elle. Cette dame devait avoir tout ce qu'elle désirait. Wheeler n'aurait qu'à noter toutes ses dépenses, il les lui rembourserait à son retour, avant un an, il l'espérait. Jusque-là, tous les accords passés entre le capitaine Stirling et Wheeler l'avaient été à l'avantage de ce dernier et s'il en allait autrement cette fois-ci ce ne serait pas de sa faute.

Daisy pénétra dans la cuisine, trop épuisée par l'émotion et la fatigue pour remarquer autre chose que l'odeur. Toutes les puanteurs dont se plaignaient les habitants de l'avenue y étaient concentrées, renforcées par celles de la sueur, de la crasse des vêtements et de la nourriture avariée. Le seul fait de dire : « Bonsoir » et ébaucher un semblant de sourire exigeait un effort trop grand. Les enfants regardèrent et continuèrent leur repas, moins intéressés que des pourceaux dans une porcherie dans laquelle on aurait introduit un nouveau venu.

— 'Soir, se contenta de dire Wheeler sans bouger. — Mme Wheeler, un peu mieux élevée se leva avec peine.

— Asseyez-vous là, dit-elle en indiquant une place sur le banc.

Elle s'approcha du fourneau et pêcha une portion du ragoût : un petit cube de viande, beaucoup de choux, d'oignons et de pommes de terre, flottant dans un liquide pâle et ponctué de graisse. Daisy Holt avant d'entrer en service aurait jugé cela normal, mais dans cette pièce puante et fatiguée comme elle l'était, elle le trouva écœurant.

— Je suis désolée, dit-elle s'efforçant de sourire encore une fois. Je suis trop fatiguée pour manger. Si je pouvais aller dans ma chambre et avoir un peu de thé peut-être ?

Inconsciemment, elle était affectée par l'atmosphère indifférente, pour ne pas dire hostile et elle présenta sa phrase comme une requête plutôt qu'un ordre. Mme Wheeler regarda son mari qui acquiesça d'un signe imperceptible. Le thé était encore une marchandise chère et dans le foyer des Wheeler un luxe rare. Daisy n'allait pas tarder à apprendre que les services abondants et aimables auxquels elle s'était habituée étaient également un luxe inexistant ici. Personne ne bougea pour lui montrer sa chambre. Mme Wheeler fit un pot de thé et prépara trois bols.

— Elsie, va chercher un peu de lait.

Elle servit son mari en premier, Daisy ensuite et elle-même en dernier. Le thé, bien que faible, était âpre au goût, le lait écrémé.

Mais au moins était-il chaud et, dans une certaine mesure, réconfortant. Daisy retrouva assez de forces pour regarder les gens auxquels Hugo l'avait confiée.

Cela avait paru très bien alors.

— Wheeler, avait dit Hugo, sert de gardien pour la maison en échange de l'usage d'un peu de terrain que je n'ai pas voulu vendre. C'est une bonne formule qui nous arrange tous les deux. Je n'ai pas à payer de gardien et il n'a pas à payer de loyer. Il est marié... sa femme était cuisinière... Ils s'occuperont tous les deux très bien de toi. La maison est en assez mauvais état. Ni mon père, ni mon frère n'ont jamais eu assez d'argent pour la faire rénover... Mais le jour viendra...

Même lui, si vagabond qu'il fût de caractère, savait qu'il arrivait un moment où un homme doit s'installer. Et, pour lui, le moment approchait. Il avait dilapidé tout ce qu'il possédait en aventures, mais, en parlant à Hébé, il se sentait pratiquement certain que cette dernière aventure — la plus romanesque de toutes — serait rentable. Et il ne s'y était jamais attardé, mais il avait toujours présent à l'esprit l'idée de faire restaurer Amblebury. Il y avait très longtemps qu'il n'y avait pas été et il ne soupçonnait pas l'ampleur de l'envahissement de Wheeler. Il était loin de se douter aussi des ambitions de celui-ci et qui n'avaient rien de romanesques. Wheeler se disait qu'avec le temps, le travail d'esclave qu'il menait et faisait mener à sa famille, les économies sordides qu'il pratiquait dans tous les domaines, il pourrait devenir propriétaire. Et la propriété qu'il convoitait était, bien évidemment, celle pour laquelle il avait sué pendant si longtemps. Déjà, il avait décidé que le séjour de la dame à Amblebury coûterait très cher au capitaine Stirling, sans pour autant donner le moindre travail supplémentaire à sa famille.

Daisy trouva Wheeler fort antipathique. Ses sourcils broussailleux et noirs étaient perpétuellement froncés et sa bouche tellement serrée qu'il paraissait ne pas avoir de lèvres. Sa femme semblait rongée par les soucis et apeurée. Quant aux enfants, ils ne ressemblaient pas à des enfants. Elle ne resterait pas ici plus longtemps que nécessaire. Hugo, elle en était certaine, ne se doutait pas de l'état de cette bâtisse. Il avait parlé d'un jardin... Mais, réellement, elle était trop fatiguée pour réfléchir. Des nuits d'amour passionné avant le départ de Hugo ; des nuits de larmes depuis ; un long voyage et la sensation — ridicule si l'on y pensait bien — que tout allait mal, ou irait mal, tout cela l'avait affaiblie. « Tu emportes mon cœur avec toi ! » avait-elle dit à Hugo. Et ce n'était pas une simple image. Elle le sentait, physiquement.

— Maintenant, je dois aller me coucher, dit-elle.

Mme Wheeler qui s'était assise pour boire son thé, se releva avec la même expression épuisée. Elle alluma une chandelle à une autre.

— Par ici, dit-elle.

Elle ouvrit une porte donnant sur un escalier aux marches de bois nu. Un escalier de service. En haut, il débouchait sur un couloir. Mme Wheeler tourna à gauche, passa une porte ouvrant sur un autre couloir plus large, ouvrit encore une porte, celle d'une chambre, vaste et qui sentait bon.

Quelque chose, le thé peut-être, ou le fait de ne plus subir la présence de son mari avait délié la langue de Mme Wheeler.

— Je vous ai installée là, Mme Johnson. C'est un peu moins isolé. J'espère que vous serez confortable.

Daisy avait presque oublié qu'en discutant avec Hugo dc sa venue à Amblebury, il lui avait déconseillé de se faire appeler Lady Overton. Charles chercherait certainement à retrouver sa trace. Et elle avait songé à Margaret, au faux nom déjà utilisé et à la possibilité de reprendre contact avec l'enfant. Elle serait donc Mme Johnson.

Et voilà. Mme Johnson dans un endroit peu ordinaire. Mais elle n'était pas forcée de rester là parce que, dans sa valise... Seigneur ! Où était-elle ?

Elle s'immobilisa dans la grande chambre si mal éclairée par une seule bougie.

— Je suis désolée, Mme Wheeler. J'ai laissé ma valise en bas.

Mme Wheeler alluma la bougie posée sur la table de nuit et, l'espace d'une seconde, deux petites flammes éclairèrent la pièce. Puis elle sortit et, du haut de l'escalier, elle appela :

— Elsie ! Elsie ! Mme Johnson a laissé sa valise en bas. Monte-la.

Le lit était bon et les draps, ainsi que la taie d'oreiller de lin sentaient la lavande. Mais ils étaient froids et même humides. Wheeler ne s'était pas encore emparé de la lingerie et s'il avait remarqué qu'une des nombreuses lézardes de la vieille maison se situait dans un angle de cette pièce, il aurait jugé le fait sans importance.

Daisy grelotta pendant quelque temps, puis s'endormit. Elle dormit huit heures d'affilée et se réveilla partiellement ressuscitée. Les rideaux n'avaient pas été tirés la veille et le soleil passant par la grande fenêtre inondait le lit. Après quelques secondes de confusion : « Où suis-je ? », elle constata qu'elle se trouvait dans une chambre agréable, confortablement meublée et, à première vue, propre. Le bleu en était la couleur dominante. Les rideaux du grand lit et de la fenêtre, tapis et tapisserie étaient fanés. Les meubles n'avaient pas été cirés depuis longtemps, mais la pièce, dans son ensemble, offrait un contraste réconfortant avec la saleté repoussante de la cuisine.

Elle entendait des bruits d'allées et venues, mais personne ne vint. A huit heures, elle sonna. Pas de réponse. Au bout d'une demi-heure, elle enfila son mince peignoir de soie et descendit.

Mme Wheeler était seule dans la cuisine, travaillant une masse de pâte grisâtre à un bout de la table. Elle avait relevé ses manches et Daisy remarqua la maigreur de ses bras entre ses coudes osseux et ses grosses mains. C'était, d'ailleurs, une femme toute en contraste : une tête trop grosse piquée sur un cou grêle, une poitrine creuse et, sous le tablier de toile grossière, une protubérance.

— Bonjour, dit-elle, aimable. J'espère que vous avez bien dormi. — formule de pure courtoisie, car sans attendre la réponse, elle continua : — Le porridge est sur le fourneau et tout le reste est là.

D'un signe de tête, elle désigna le buffet : — Je pense que vous aimez le thé.

Laissant Daisy se débrouiller, Mme Wheeler s'empara d'un couteau et s'attaquant à la pâte comme elle l'aurait fait de son pire ennemi, elle la divisa en morceaux, les roula prestement, poignarda chacun d'eux et, s'approchant du four de briques installé dans le mur à côté du fourneau, balaya les cendres d'un fagot qui y brûlait depuis une heure et enfourna les pains.

Le garçon qui s'était occupé de Dodger, la veille, entra, un seau de lait écumant dans chaque main. Il entra dans la laiterie.

A Wichfield, en hiver, le porridge, avec de la crème et du sucre, était un plat de petit déjeuner acceptable. Mais ici, lorsque Daisy fit remarquer :

— Je ne peux pas trouver le sucre.

Mme Wheeler lui répondit :

— On s'en sert pas. Il y a du sel, quelque part.

Daisy avait commencé par faire le thé, comprenant pourquoi le breuvage de la veille avait été si mauvais. Ce qui restait dans la boîte n'était que de la poussière.

Cela semblait un peu étrange d'offrir à Mme Wheeler une tasse de son propre thé, dans sa propre cuisine, mais Daisy le fit.

— J'aimerais bien, répondit Mme Wheeler plus épuisée que jamais, mais je ne peux pas m'arrêter. J'ai trop à faire. Il y a les fromages à retourner et...

La fin de la phrase se perdit, Mme Wheeler disparaissant dans la laiterie. Daisy goûta le porridge sans assaisonnement, puis avec du sel, ce qui l'améliorait. Inconsciemment, un petit mécanisme se réglait en elle, comme il l'avait fait, si souvent déjà ; pour l'aider à vivre sans sa mère ; avec les domestiques au château ; chez Mme Westcott ; chez Kitty Hammond ; à Wichfield. Elle revint sur sa décision de quitter Amblebury immédiatement. Elle devait rester au moins jusqu'à ce qu'elle ait une lettre de Hugo. Il lui avait solennellement promis d'écrire de Funchal à Madère, des Iles Canaries. Ces deux endroits se trouvaient au bord de l'inconnu dans lequel il allait disparaître. Mais, lui avait-il dit, n'importe quel navire à destination de l'Angleterre se chargerait d'une lettre et, naturellement, il l'adresserait ici. Pauvre chéri, impossible qu'il se soit douté de l'état dans lequel était sa maison, sans quoi il ne l'y aurait pas envoyée. Cependant c'était là qu'elle devait attendre jusqu'à l'arrivée de la ou des lettres. Et, en attendant, elle ferait en sorte de s'installer confortablement. Pour cela, il lui fallait de l'argent et bien qu'elle n'eût plus un sou vaillant, il lui restait ses bijoux. A cette idée, l'image de Jack Skelton, depuis longtemps estompée et presque oblitérée depuis sa rencontre avec Hugo, se détacha devant ses yeux. Il avait contribué à sa connaissance si superficielle de la vie en parlant de boutiques de prêteurs sur gages. Voilà ce qu'il lui fallait faire à présent, non pas vendre, mais mettre quelque chose en gage. Pour cela, il lui fallait aller au centre de la ville. Là, en possession d'argent — cet argent auquel elle n'avait jamais attaché d'importance — elle pourrait acheter beaucoup de choses. Il lui fallait des vêtements. Elle était partie sans presque rien emporter. Il lui fallait également du bon thé de Chine, du café, des biscuits et du vin. Tout cela, elle pourrait se le procurer quand elle aurait de l'argent. Une autre idée la frappa soudain. A présent, elle pourrait avoir Margaret !

CHAPITRE II

Mme PASKE SANS AUCUNE EXPÉRIENCE DE LIMIER, MAIS AVEC SA conscience habituelle, avait passé Plymouth au peigne fin, commençant par les auberges, pour terminer par les pensions. Personne n'avait entendu parler de Lady Overton, ni de Mme Johnson. Personne non plus n'avait vu le capitaine Stirling dans les endroits où elle posa la question, ceux où l'on pouvait louer un lit. Elle en arriva à la seule conclusion : il avait dormi à bord de *La Sirène*. Hébé l'y avait rejoint et ils avaient disparu, sans laisser de traces. Et peu à peu, une déception s'ajoutant à une autre déception, un certain changement s'opéra dans son cœur et son esprit. Dès qu'elle l'avait vue, elle avait aimé Hébé. Elle l'avait servie, bien et fidèlement. Et comment Hébé l'avait-elle traitée ? De façon honteuse ! Elle lui avait fait confiance... Le bébé qu'elle était parvenue à confier discrètement à Mme Shillitoe... Margate... et maintenant, ça. Ce qu'Hébé avait fait pour Mme Paske ne comptait pas et, quant à l'issue d'une longue recherche infructueuse, elle retrouva Harry et lui déclara : « Nous pouvons rentrer, maintenant », c'était presque comme si la jeune femme n'avait jamais existé. Il était temps qu'elle pense un peu à elle.

Harry, Dieu merci, n'était pas curieux. Son séjour à Plymouth lui avait plu énormément. Il avait vu la mer pour la première fois, parlé avec des marins, des palefreniers, des garçons d'écurie, mangé du homard que l'on venait de sortir de l'eau. Tout comme un cheval muni d'œillères, Harry voyait fort peu de choses et s'en satisfaisait.

— Vous ne l'avez pas trouvée, dit Sir Charles et c'était beaucoup plus une affirmation qu'une question.

— Non. — Il n'y avait pas d'autre réponse à faire — J'ai fait de mon mieux, Charles. Le capitaine Stirling avait pris la mer avant que j'atteigne Plymouth et je crains qu'Hébé soit partie avec lui.

Il ne lui faisait toujours pas confiance bien qu'il ne vît pas quel intérêt elle aurait à le tromper. Au contraire, Hébé partie, elle aurait avantage à être en bons termes avec lui. Non pas, songea-t-il rancunier, que cela puisse lui rapporter quelque chose.

Il en revint au problème qui l'avait torturé nuit et jour depuis que Mme Paske lui avait avoué — trop tard — la vérité.

— Que diable allons-nous dire aux gens ?

Si vieux, si infirme qu'il fût, il avait encore sa fierté et ce qu'il appelait sa réputation à protéger.

— Je me suis moi-même posé la question, répondit Mme Paske. Elle nous a laissés dans une telle situation... Jusqu'ici, nous sommes les seuls à connaître la vérité. Elle s'est enfuie nous ne savons pas où ni pour combien de temps. Mais dire qu'elle est morte — bien que pour être franche, elle le soit pour moi à présent, son comportement a tué l'affection que j'avais pour elle — pourrait nous attirer des difficultés, plus tard. Cet homme est déjà marié. Quand cette aventure prendra fin... elle... reviendra.

Ils se regardèrent, en silence, quelques instants et Sir Charles prit la parole :

— Etes-vous d'accord pour reconnaître que laisser un foyer où elle avait tout ce que l'on peut désirer pour s'enfuir avec un homme marié qui ne possède même pas un toit est une réaction de folle ?

— Absolument. Elle était... toujours... si gentille... si aimable. Avoir fait cela... oui, il fallait qu'elle soit folle.

— Et ce genre de folie peut résulter de certaines fièvres récurrentes.

— C'est bien connu.

— Parfait. Ce sera notre histoire. Elle s'est rendue au chevet d'une parente malade ; elle est tombée malade elle-même. Elle est guérie physiquement mais pas mentalement et elle se trouve actuellement dans un établissement spécialisé... Martha — c'était la première fois qu'il l'appelait par son prénom depuis qu'elle s'était confessée — toute cette histoire a été épuisante pour moi, surtout dans mon état de santé. Aidez-moi à me mettre au lit.

Le lit lui était un refuge et il le quittait rarement sauf pour aller s'asseoir pendant une heure ou deux à côté de la fenêtre d'où il regardait l'été passer par ses différentes phases florales. La nouvelle de ce qui était arrivé à la pauvre Lady Overton, la pauvre Hébé, la pauvre chérie, se propageait lentement. Ce n'était pas de ces nouvelles que l'on fait passer dans la presse et même les amis fidèles qui, mis au courant, venaient offrir leur sympathie étaient accueillis par Mme Paske qui, toujours, répétait : « Je vous en prie ne parlez pas de Lady Overton. Cela ne ferait que bouleverser le pauvre homme. Demandez-lui comment il se sent, soyez gais. »

Il lui fut difficile de dire la même chose à Me Copeland, le notaire de Sir Charles qui vint le dernier jour de juin et ne douta pas un instant que son client fût sain d'esprit et en état d'établir un nouveau testament, si clair et tellement précis qu'il couvrit à peine une demi-page. Sir Charles laissait tous ses biens à George Skelton, fermier dans le Lincolnshire...

— A présent, ajouta-t-il, il y a Mme Paske. Elle m'a fort bien soigné, mais elle a été récompensée en conséquence... Un legs, peut-être, à titre de remerciement, disons cent livres...

Sir Charles avait ceci de commun avec beaucoup de ses semblables quand ils entreprenaient de rédiger leur testament à savoir que ce dernier ne concernait qu'un avenir fort lointain et que, si d'aventure il devenait réalité, ils participeraient en quelque sorte à sa lecture. Il verrait le plaisir et l'énorme surprise de George Skelton ; il assisterait à la déception de Mme Paske qui comprendrait qu'elle avait été punie. L'idée qu'à l'ouverture du testament il serait ailleurs, ou nulle part, lui était pratiquement inconcevable. Qu'il cesserait totalement d'être, dépassait l'entendement humain normal.

CHAPITRE III

DAISY IGNORAIT QUE, DANS LE SURREY, ELLE PASSAIT POUR FOLLE ET qu'elle était déshéritée. Des problèmes plus immédiats la préoccupaient. Fortifiée par du porridge et du mauvais thé, elle avait monté ce qui restait d'eau chaude dans la bouilloire et avait fait sa toilette. Ensuite, elle s'était habillée, remarquant que même les vêtements de la meilleure qualité, portés jour après jour perdaient de leur allure. Elle plongea dans sa valise et en sortit un collier d'améthystes, une jolie chose, une triple chaîne en or, une pierre violette, trois anneaux et un pendentif triangulaire, ou en forme de cœur, fait de pierres sombres et de quelques petites perles. Elle enfouit le tout dans son réticule et descendit jusqu'à l'écurie. Dodger avait peut-être eu à manger et à boire, mais on ne l'avait pas bouchonné. La sueur et la poussière de la veille formaient une pellicule sur sa robe d'habitude si brillante. Sa réaction fut immédiate :

— Pauvre vieux ! On va arranger ça...

Et puis, elle regarda autour d'elle, cherchant quelqu'un capable de l'aider à harnacher le cheval et à l'atteler au cabriolet. Une petite charrette se trouvait déjà dans la cour et Wheeler sortit d'une autre écurie menant un cheval efflanqué qui avait la même expression d'épuisement désespéré que Mme Wheeler.

— Bonjour, Monsieur Wheeler. Pourriez-vous m'aider s'il vous plaît ? Je n'ai jamais harnaché un cheval.

— Vous allez en ville ? Alors vous pouvez m'y emmener avec ma marchandise. J'nai pas un vrai chargement ce matin.

Il sortit le cabriolet du hangar sans porte où il se trouvait et commença le transfert de ses produits : poulets vidés et plumés, œufs, paniers d'asperges, de carottes nouvelles, de laitues, d'oignons ; un panier plein de fromages. Il y en avait plus que n'en pouvait contenir le coffre du cabriolet. Un panier trouva sa place sur le garde-boue et une boîte sur le siège. Ensuite, Wheeler attela Dodger et il s'installa à la place du conducteur. Il avait toujours l'air d'aussi mauvaise humeur, mais au fond il était très satisfait. Il gagnait du temps en prenant possession d'un véhicule plus rapide que le sien qu'il n'usait pas pendant ce temps-là.

— Où c'est-y que vous voulez aller? demanda-t-il quand les faubourgs se transformèrent en rues.

— Quelque part où je puisse faire des courses.

— Ça m'convient. La moitié de tout ça c'est pour le Central, l'autre pour le Regency. J'vous laisse au Central et j'vous y reprends. Vous en aurez pour combien de temps ?

De sa part, c'était un long discours et une marque de considération.

— Je ne sais pas. J'ai plusieurs achats à faire.

Soudain, elle songea que, puisqu'il connaissait la ville, il pourrait l'aider. En fait, avant d'acheter quoi que ce soit il faut que je mette quelque chose en gage. »

L'opinion de Wheeler lui étant absolument indifférente, elle n'éprouva aucune gêne. Mais elle fut surprise de sa réaction.

— En gage ? répéta-t-il d'un air choqué.

— Oui, parfaitement. Le capitaine Stirling...

C'était tout de même extraordinaire que le seul fait de dire son nom à cet individu désagréable et malodorant puisse lui procurer un tel plaisir.

— ... Le capitaine Stirling a dû faire énormément de dépenses... en prévision d'un long voyage... et j'étais à court d'argent. Mais j'ai des objets de valeur.

— Des trucs à mettre au clou ?

L'idée d'engager quoi que ce fût ne serait jamais venue à Wheeler pour la simple raison que c'était une façon d'enrichir quelqu'un d'autre. Les prêteurs sur gages ne travaillaient pas pour faire gagner de l'argent à leurs clients.

— ... Qu'est-ce que c'est ?

Daisy lui montra le bijou, dans le creux de sa main. Ni l'un, ni l'autre n'avait la moindre idée de sa valeur. La jeune femme cependant savait que les améthystes étaient des pierres semi-précieuses, ayant moins de valeur que les diamants ou les émeraudes. Charles lui avait acheté cette jolie babiole pour accompagner une robe lilas. Autrefois, dans une autre vie.

— Vaudrait mieux le vendre, déclara Wheeler. Mettre en gage c'est la même chose que de payer des intérêts.

Il savait ce dont il parlait étant issu d'un quartier misérable de Birmingham où les femmes — les plus respectables d'entre elles — mettaient en gages tous les vêtements de fête de la famille le lundi et les redégageaient le samedi — jour de la paie — à environ cent pour cent. Il avait connu une femme, méthodiste fidèle observante du Sabbath. Régulièrement, chaque samedi après-midi, elle mettait en gages son fer et sa planche à repasser pour six pences ; elle dépensait quatre pences en nourriture et mettait deux pences dans le plateau de la quête du dimanche et, le lundi, elle réclamait moyennant dix pences ses outils de travail quand le premier client l'avait payée pour ses travaux de la semaine précédente. Wheeler n'avait jamais entendu parler de la loi du rendement non proportionnel, mais il l'avait vu appliquer. Il avait eu de la chance en partant travailler pour un oncle qui louait une pièce de terre appartenant à Amblebury. Il avait succédé à son oncle à la mort de celui-ci et, depuis, n'avait pas eu à le regretter.

— Je n'avais pas l'intention de le vendre, répondit Daisy. Je voulais seulement en tirer un peu d'argent pour me tenir à flot... pour environ un an.

Contrairement à la plupart des gens, elle était convaincue qu'Hugo Stirling serait revenu d'ici un an et très riche.

Sir Charles et Mme Paske n'avaient peut-être pas tout à fait tort en disant qu'elle était folle.

— Un an ! s'écria Wheeler. Les prêteurs attendent jamais aussi longtemps ! Je sais pas comment ils font au juste, mais quand on vient pas reprendre son truc, ils le vendent.

— J'ignorais.

Elle contempla le joli bijou et se rendit compte qu'il n'avait pas de valeur particulière à ses yeux. Il appartenait au passé. Il lui rappelait seulement certaine robe lilas, à peine portée, accrochée dans la penderie, à Wichfield.

— ... Entendu. Je vais le vendre. Où cela ?

— Vous feriez mieux de me laisser m'en occuper. Je sais où aller.

Wheeler eut été profondément offensé que quelqu'un le traite de voleur, mais s'il savait à qui s'adresser c'est que dans n'importe quelle vieille maison restée dans la même famille pendant des générations et délaissée par ses derniers propriétaires, il y avait des placards, des greniers et des caves bondés et, parmi toutes les vieilleries, de véritables trésors. A peine avait-il été nommé gardien et avait-il installé ses pénates dans la maison que Wheeler avait mis la main sur nombre d'objets dont le capitaine Stirling ignorait certainement l'existence et dont il ne constaterait donc pas la disparition. Un éventail brisé, une louche en argent légèrement déformée, une drôle de boucle d'oreille oubliée au fond d'un tiroir de coiffeuse, une vieille ceinture avec une boucle en argent. Son aspect taciturne ajoutait à son sens du marchandage. Lui proposait-on un prix qu'il estimait ridicule, il se contentait de tourner le dos et, neuf fois sur dix, l'homme auquel il cherchait à vendre quelque menu objet le rappelait : « Attendez ! » et montait son offre.

Ce matin, il entra dans la cour, à l'arrière de l'hôtel Central, livra sa marchandise, revint au cabriolet et trouva Daisy assise là où il l'avait laissée.

— Faut sortir de là. Faire vos commissions.

— Je ne le peux pas tant que je n'ai pas d'argent.

— D'accord.

Il plongea la main dans la poche de sa culotte crasseuse et en retira un souverain luisant.

— ... Voilà, en acompte.

Ils étaient issus de la même souche de paysans pauvres, mais ils avaient suivi des voies différentes. Pour Wheeler, cette pièce représentait beaucoup de choses et, autrefois, Daisy aurait eu la même réaction. Mais l'abondance l'avait changée et, en regardant le souverain, elle ne songea pas à tout ce que cela lui permettrait d'acheter, mais à tout ce qu'elle ne pourrait pas acheter.

Elle pourrait s'offrir certaines de ces choses dont elle avait tant besoin. Le vin, ou mieux encore, l'eau-de-vie l'avait aidée à supporter certaines tragédies : la perte de son premier amour ; la séparation d'avec son enfant. Et elle avait vécu plus d'un tiers de son existence dans des conditions où les boissons alcooliques étaient aussi communes que l'eau. Le petit verre — ou deux selon l'envie — de Xérès ou de Madère avant le déjeuner ; du vin blanc avec le poisson et les volailles ; du vin rouge avec de la viande rôtie ou du gibier. La même chose pour le dîner. Un peu de Porto pour clore le repas. Un grog quand la soirée était fraîche ou que menaçait un rhume de cerveau. De l'eau-de-vie pour lutter contre une menace d'évanouissement ; du champagne quand l'occasion l'exigeait.

Elle avait bu du vin à Plymouth, dans la joie. Et puis, après le départ de Hugo, de l'eau-de-vie en quantité suffisante pour noyer son chagrin. Mais pendant le voyage jusqu'à Birmingham, elle était restée d'une sobriété absolue pour la simple raison qu'elle ne pouvait se permettre de payer de l'alcool. Ainsi que l'avait fait remarquer Sir Charles, il ne lui restait jamais d'argent à la fin du mois et elle avait refusé ce que lui avait offert Hugo.

— Tu ne peux pas te permettre de sacrifier un sou de ce que tu as, lui avait-elle répondu, et j'ai assez pour aller jusqu'à Birmingham.

Assez, mais tout juste et, au dernier arrêt, Dodger avait eu à manger, mais pas elle, ce qui n'était que justice puisque c'était lui qui trottait.

L'hôtel Central recevait les gens les plus divers, y compris des dames de la ville, convenablement habillées et instruites des rudiments des bonnes manières. La matinée n'était pas encore très avancée et Daisy n'attira pas l'attention en se dirigeant vers un canapé de velours, sous un palmier en pot et en commandant de l'eau-de-vie. Elle n'avait pas faim quoique ayant fort peu mangé et deux verres d'alcool dans un estomac pratiquement vide eurent un effet immédiat. Sa vitalité habituelle ne renaquit pas, mais les choses prirent un aspect moins déprimant. Il lui fallait rester à Amblebury jusqu'à l'arrivée de la lettre de Hugo, mais elle éviterait cette horrible cuisine. Il n'y avait que trois cent soixante-cinq jours dans une année — et Hugo avait dit, qu'avec un peu de chance, il reviendrait peut-être plus tôt. Elle en vint même à songer au plaisir qu'éprouverait Mme Wheeler à recevoir une livre de thé !

Ce fut d'humeur presque joyeuse qu'elle sortit et trouva une épicerie. Thé, biscuit, café, cake aux fruits confits, tout se vendait au poids. Elle ne cessa d'acheter que lorsque ce qui lui restait de son souverain fut épuisé. Evidemment, on n'allait pas attendre d'une dame dépensant ainsi sans compter qu'elle porte elle-même ses achats. L'épicier demanda où livrer la marchandise et Daisy, entraînée par l'habitude, répondit :

— A l'hôtel Central. La voiture de Lady Ov... de Mme Johnson.

Ensuite de quoi, elle marcha un peu, regardant les vitrines et établissant, mentalement, une liste de ce qu'elle achèterait quand Wheeler lui aurait donné son argent.

A son retour, elle le trouva qui attendait dans la cour de l'hôtel, ses sourcils plus froncés que jamais.

— Venez. Montez. Je vous ai attendue.

— J'ai encore des courses à faire.

— Ce sera pour une autre fois. Faut que j'rentre.

— Monsieur Wheeler, c'est *ma* voiture.

— Et mon temps.

Ne voyant pas d'alternative, elle céda.

— Laissez-moi prendre ce que j'ai acheté.

Cela prit quelques minutes de plus du temps précieux de M. Wheeler. L'hôtel disposait d'une petite pièce où les marchandises livrées attendaient qu'on vienne les y chercher. Daisy, nouvelle venue, l'ignorait et alla se renseigner. Wheeler, parfaitement illogique, par bien des côtés, ne songea pas une seconde que, même compte tenu du temps perdu par Mme Johnson, il pourrait reprendre son travail beaucoup plus tôt que s'il avait conduit sa propre voiture. Mécontent, à peine furent-ils dégagés du gros de la circulation, il sortit le fouet de son étui et en appliqua un coup cinglant à Dodger.

— Hue !

Dans le monde dont Daisy avait fait si longtemps partie le fouet jouait surtout un rôle d'ornement. Les chevaux bien nourris avaient moins besoin d'être encouragés que contrôlés. Certains fouets arboraient des nœuds de ruban et les bons cochers se vantaient de pouvoir chasser une mouche de l'oreille d'un cheval sans gêner celui-ci.

— Pas de ça ! protesta Daisy. Dodger est déjà assez nerveux.

— Trop bien nourri.

En disant cela, Wheeler ne donnait pas une nouvelle preuve de son avarice, mais exprimait une théorie démontrée par la pratique. Les vaches maigres étaient meilleures laitières et mettaient bas plus facilement ; les porcs maigres donnaient un bacon moins gras et tout le monde préférait ça. La théorie s'appliquait aussi bien aux gens. Dix-huit ans plus tôt quand il avait épousé Bella, elle était grasse et elle avait une certaine tendance à protester. Il n'y avait qu'à la voir, à présent !

Juste pour démontrer à Mme Johnson qu'il n'entendait pas recevoir d'ordres d'elle, il s'apprêta à fouetter de nouveau le cheval. Mais comme Kitty Hammond l'avait dit autrefois de Daisy Holt : « Elle a un corps *fluide.* » L'amour de la marche à pied et de l'équitation et surtout la danse lui avaient gardé sa souplesse. Vive comme l'éclair, elle se pencha, lui arracha le fouet et l'expédia par-dessus la haie.

Wheeler fut ennuyé, mais modérément. Le fouet était un objet luxueux, à la poignée d'argent et il avait remarqué l'endroit où il était tombé. Personne d'autre ne pourrait le trouver. Le lendemain, il viendrait le ramasser et le vendrait, au moins deux livres, à l'un des hommes qu'il connaissait et qui achetait tout sans poser de questions. Cela lui rappela le collier. Cependant il savait la valeur du silence et celui-ci dura entre eux jusqu'au moment où ils s'engagèrent avenue des Ormes.

— Combien avez-vous touché pour mon collier ? demanda alors Daisy.

— Dix livres.

Cela avait été le premier prix proposé par le commerçant et le fait qu'il soit monté jusqu'à quatorze n'était dû qu'au sens du marchandage de Wheeler. Aussi pouvait-il, en toute conscience, considérer les quatre livres comme bien gagnées. Du coin de l'œil, il guetta un signe de mécontentement, d'approbation ou de surprise. Cela lui servirait de guide pour une occasion similaire à l'avenir. Daisy ne changea pas d'expression, mais elle dit :

— Cela vaut beaucoup plus cher.

— Neuf.

Mme Wheeler qui avait travaillé dans la laiterie pendant l'absence de Daisy, était revenue dans la cuisine pour préparer le dîner. Elle regarda les provisions apportées avec davantage d'ennui que de plaisir.

— C'est M. Wheeler qui a acheté *tout ça ?*

— Non. C'est moi.

— Ce n'est pas juste. Il a été entendu qu'on s'occuperait de vous. Hier soir, c'était un peu court, c'est vrai, mais on ne savait pas quand vous arriveriez. J'irai acheter quelques provisions quand la voiture passera, cet après-midi. Toute une livre de thé !

Même en parlant, Mme Wheeler ne restait pas inactive. Elle épluchait et coupait oignons et carottes — des vieux.

— En voudriez-vous une tasse *maintenant ?* Ou de café ? Et un morceau de cake ?

— Ça me plairait, répondit la pauvre femme sans hésiter, mais le regard incertain. Mais je n'ai pas encore terminé dans la laiterie.

Elle abandonna son ragoût pour prendre un récipient dans lequel se trouvaient neuf grosses pommes de terre grattées, mais non pelées. Puis elle s'en fut ouvrir la lourde porte en fonte du four de briques. L'espace d'un instant, la bonne odeur du pain chaud eut raison de toutes les autres odeurs désagréables de la cuisine. Mme Wheeler posa les pommes de terre entre les pains.

— ... Et puis, il y a le lait, dit-elle sans raison apparente.

— Quel lait ? demanda Daisy en prenant la théière.

— Avec du thé, je le dis toujours, il faut du lait entier. Nous n'en avons jamais que de l'écrémé. Et même avec, faut que je fasse attention — les cochons en ont besoin.

Jamais Daisy n'avait vu ça, même sous le règne de sa belle-mère qui, si mauvaise ménagère qu'elle ait été, savait parfois se montrer extravagante.

— Excusez ma question, mais vous êtes donc si pauvres que ça ?

— Non. Economes, c'est tout. M. Wheeler... Elle s'interrompit net au moment de se laisser aller à une dangereuse confidence. Il est très économe, dit-elle. Je vais chercher du lait.

— Ne vaudrait-il pas mieux qu'on boive notre thé dans la laiterie ?

— Oh, oui !

Impossible d'imaginer plus grand contraste entre deux endroits situés dans la même maison et livrés à la même femme. Autant la cuisine était encombrée et puante, autant la laiterie était d'une propreté immaculée. C'était essentiel, les produits laitiers sont fragiles. Un grand tablier à bavette était accroché à la porte, Mme Wheeler l'enfila sur ses vêtements misérables avant d'entreprendre de nettoyer les ustensiles et instruments qu'elle avait utilisés dans la matinée. Le lait frais entier reposait dans des sortes de cuvettes posées sur une étagère d'ardoise. La crème attendant d'être à point pour le barattage se trouvait dans des jarres plus hautes. Le beurre fabriqué du matin, doré, reposait en une masse informe. Mme Wheeler n'avait pas encore terminé son travail. Jamais elle n'aurait terminé ! Elle aurait encore quelque chose à faire jusqu'à ce qu'elle tombe, morte. Et parfois, quand elle perdait courage, elle pensait que ce ne serait jamais trop tôt. Que ce soit donc en août, époque à laquelle devait naître son nouvel enfant. Parce que s'il vivait et elle aussi, comment, mon Dieu, s'en sortirait-elle ?

M. Wheeler — impossible de penser qu'autrefois il avait été Edouard pour elle et qu'elle l'avait même, dans l'intimité, appelé Ted — avait bien accepté, à sa façon tranquille, Bert, Betsie, Ted et Alfred. Il avait fort mal accueilli Lily et Elsie. Et lorsqu'en novembre, à moins que c'eut été en décembre et en janvier — elle avait reculé le moment autant qu'elle l'avait pu — elle avait dit : « Je crois que je vais avoir un autre bébé. » Il n'avait pas caché son ennui : « Encore une bouche à nourrir ! Et toi qui ne serviras à rien pendant quinze jours ! » Depuis, il n'avait fait aucune allusion à sa condition, ni ne lui avait épargné le moindre travail.

Elle but vivement son thé et engouffra une tranche de cake.

— Je mange pour deux, en ce moment, dit-elle comme si elle s'excusait. Je pense que vous avez remarqué.

— Je me posais la question.

Daisy pensa à l'époque de sa propre grossesse, le secret, les soins dont on l'avait entourée. Pauvre femme ! Elle décida de s'efforcer de lui faire des petits plaisirs, de lui faciliter la tâche, tant que durerait son séjour qu'elle considérait toujours comme temporaire. Mais il fallait attendre l'arrivée de la lettre de Hugo. Pendant qu'elle était là, elle ferait ce qu'elle pourrait. A commencer par laver les tasses, dans la cuisine.

En général, ceux qui pouvaient s'y soustraire évitaient de faire la vaisselle. Dans la cuisine, au château à Talbot Ste Agnès, Daisy avait passé des heures devant l'évier. Chez Mme Westcott, il lui était arrivé d'aider Emily, le soir, quand les enfants dormaient. Dans ces deux maisons, faire la vaisselle avait été considéré comme une tâche ménagère normale et on disposait de lavettes, de torchons et de cristaux de soude pour dissoudre la graisse. Ici, bien que tous les objets posés sur le buffet ou la table aient l'air d'avoir besoin d'être lavés, presque rien ne semblait prévu pour ce travail. Seulement plusieurs chiffons malodorants, de diverses dimensions et qui avaient été destinés à d'autres fonctions — une serviette de table chiffrée mais en loques, quelque chose rappelant une manche de chemise. Et pas de cristaux de soude.

Mme Wheeler pesant et moulant le beurre avec adresse et rapidité, se souvint du pain et reparut dans la cuisine avec son expression de bête aux abois.

— Oh, vous auriez pas dû vous donner cette peine, Mme Johnson, dit-elle sans s'arrêter.

— Je n'ai pas trouvé de cristaux.

— On n'en utilise pas. C'est mauvais pour les cochons. L'eau de vaisselle arrive dans leur mangeoire, juste de l'autre côté de la porte.

Elle souleva les pains et s'assura du degré de cuisson des pommes de terre en en roulant une entre ses paumes insensibles, à première vue, à la chaleur. Ce faisant, elle jeta un coup d'œil au réveil, sur le buffet, et parut satisfaite.

Une pomme de terre cuite au four, dans sa peau, largement beurrée était un accompagnement très acceptable pour un rôti. Mais Daisy se souvenait de pommes de terre rôties, mangées sans cérémonie et sans beurre et parfois insuffisamment cuites si elles avaient fait partie d'un feu de joie. Chaque fois, elles étaient liées à un événement joyeux. Ici, ni beurre, ni amusement. La mauvaise humeur émanant du chef de famille affectait tout et tout le monde. Deux des garçons et l'aînée des filles ne s'assirent même pas. Ils mangèrent debout. De nouveau, Daisy les compara à des animaux. Des petites vagues de surface clapotèrent émergeant sur le fond de son propre chagrin — les effets de l'alcool s'étaient évaporés, une année c'était long et qui savait ce qui se passerait ? — Pauvres gosses ! Le moment semblait venu de produire la boîte de biscuits. Mme Wheeler en premier, son mari. Il en prit un mais déclara :

— N'allez pas leur donner des goûts de luxe, hein ! Quand elle fit passer la boîte à la ronde. La petite tache dansa dans son œil et toujours prompte à la riposte elle allait réagir. Elle s'apprêtait à riposter, comme elle l'avait fait pour son cabriolet que les biscuits lui appartenaient et qu'elle pouvait en faire ce qu'elle voulait. Mais elle surprit l'expression de Mme Wheeler, implorante : « Je vous en prie, put-elle y lire, ne le mettez pas en colère. On en souffrirait tous. »

Au cours de l'après-midi, elle s'amusa à explorer la maison. Elle était plus vieille que celle dans laquelle elle avait été domestique, plus grande que celle dont elle avait été la maîtresse, et elle comprit la remarque de Mme Wheeler précisant qu'elle l'avait installée dans une chambre moins isolée que les autres. Il y avait énormément de pièces, toutes envahies par la poussière, sentant l'humidité et imprégnées de cette pénible atmosphère des endroits abandonnés. Mais les araignées s'en étaient donné à cœur joie. Elles avaient tissé leurs toiles, comme de la mousseline tendue, entre les rideaux de brocart poussiéreux et les vitres sales, de même qu'entre les barreaux de la rampe d'un bel escalier. Un peu partout la preuve que la toiture était en mauvais état : taches sombres sur les plafonds et les murs, à certains endroits les lambris étaient gonflés ; ailleurs, l'emplacement décoloré de tableaux décrochés ne laissant que leur fantôme. Elle avait un peu l'impression d'être un fantôme elle-même, mais elle la chassa. Hugo avait promis qu'il reviendrait plus riche que Crésus. Elle ignorait de qui il s'agissait, mais il avait indiscutablement voulu dire qu'il serait très riche et tout ce qu'il fallait à cette pauvre maison c'était un peu d'argent, beaucoup de travail et d'amour. Se forçant à combattre cette chape de tristesse, elle tomba brusquement sur quelque chose qui lui réchauffa le cœur, un portrait de Hugo en uniforme d'officier de marine. Jeune ! A l'âge qu'elle avait quand Jack Skelton l'avait peinte en Hébé et qu'il y avait eu toute cette histoire. Mais elle le reconnut immédiatement. L'âge et l'expérience agissent sur le visage des gens, mais de façon superficielle seulement. Rien, à part un accident, ou cette maladie dont avait parlé Mme Bell : « Et on finit sans nez ! » ne peut transformer la structure de base.

On meurt avec les os avec lesquels on est venu au monde.

Quelle idée, à un moment où elle se sentait tellement déprimée et où elle venait de trouver quelque chose qui lui plaisait ! Il ne faut pas que je me décourage ou je ne durerai pas l'année !

Dans cette pièce, l'on n'avait pas protégé chaque meuble par une housse, on s'était contenté de les rassembler au milieu et de les recouvrir d'un drap. Daisy fouilla dessous et en dégagea une petite chaise dorée. Perchée dessus, elle put atteindre et décrocher le portrait qu'elle emporta dans sa chambre et l'accrocha sur le mur, face à son lit. De la sorte elle pourrait le voir en s'endormant et en ouvrant les yeux, le matin. Et puis, songeant aux autels, dans les églises, elle sortit chercher des fleurs.

En transformant le jardin d'agrément en terrain maraîcher, Wheeler avait agi de façon systématique. Pas un pouce n'avait échappé à sa houe et, pour lui, scabieuses, marguerites, coquelicots et bleuets n'étaient que des mauvaises herbes. Daisy trouva ce qu'elle voulait dans le potager où l'on pénétrait par une grille percée dans un mur. A l'exception de quelques plants qu'il avait arrachés, parce qu'il n'en voyait pas l'usage, que sa clientèle ne réclamait pas et pour rendre le terrain deux fois plus productif que lorsque deux jardiniers s'en occupaient, Wheeler avait laissé le potager à peu près comme il avait été. Il y avait des arbres fruitiers en espaliers le long des murs ainsi que des serres et des châssis. L'une des serres était chauffée, autrefois, mais pesant le pour et le contre, Wheeler avait jugé cela inutile également. Une fantaisie de richard de faire cultiver pour ses seuls besoins des melons et des ananas et des fleurs, incapables de survivre sans chaleur. Ce que les gens voulaient, et Wheeler connaissait sa clientèle, c'était les légumes et les fruits de tout le monde, mais un peu plus tôt. En cela les serres lui étaient utiles en abritant du vent, et les plantes poussaient mieux avec du soleil, de l'eau et beaucoup d'engrais. Juste avant l'arrivée de Daisy, il avait cueilli ses premières fraises et la semaine prochaine il pourrait commencer la récolte de ses pommes de terre nouvelles, trois bonnes semaines avant qu'apparaissent sur le marché celles cultivées en plein air. Dans un petit coin, juste à l'angle où le mur rencontrait la serre, quelque chose avait échappé à l'attention destructive de Wheeler : un rosier grimpant qui, laissé à lui-même, retournait à l'état sauvage. Ce n'était pas encore une aubépine. La fleur en était moins ouverte, moins plate et les pétales au lieu d'être roses étaient tachetés de rouge et de blanc. Il s'agissait en fait de la véritable rose Tudor, aussi vieille que la partie la plus vieille de la maison. C'était une survivante car, contrairement à la plupart des rosiers, il ne produit pas de surgeons mais multiplie de solides racines. C'était ravissant, cela embaumait, mais une redoutable armure d'épines le protégeait. Daisy, comprenant qu'il lui fallait des ciseaux ou un couteau, retourna vers la maison.

A la porte de la cuisine était arrêtée la voiture à laquelle Mme Wheeler avait fait allusion. C'était celle d'un épicier ambulant. L'homme qui la possédait et la conduisait était autant au courant des besoins de sa clientèle que Wheeler de la sienne. Il vendait tout ce qu'une femme clouée chez elle et disposant de faibles moyens pouvait désirer : des bas morceaux de viande, du poisson séché, de la farine, du sel, des bougies, de la vaisselle, du calicot et de la flanelle, des aiguilles et des épingles, du fil, de la laine à tricoter, des rubans. Et ce que ne pouvait fournir sa voiture méticuleusement rangée, vous le lui demandiez, il vous l'apportait à son prochain passage. Bottes, chaussures, pantoufles pendaient en grappes du tendelet de sa voiture et, le long de ses flancs, s'alignaient pelles, pioches, faux, faucilles.

Pendant un certain temps, les nouveaux habitants du quartier avaient hésité à lui accorder leur clientèle, mais ils en étaient revenus car il leur en donnait pour leur argent et s'était fait une réputation non seulement de bon fournisseur, mais de personnage. Il se montrait toujours aimable et — détail important quand on a à faire à certaines femmes — il aimait les animaux. Son cheval gris pommelé, croisement entre un cheval de trait et un trotteur, valait le spectacle à lui tout seul alors que tant de chevaux n'étaient que des carcasses ambulantes. Quant à son chien, un bâtard, il aurait pu appartenir à un cirque. Naturellement, il ne lui confiait jamais quelque chose de comestible — ce n'eut pas été hygiénique — mais qu'une femme demande un paquet de bougies ou quelque article de ce genre, l'épicier disait : « Va donner ça à la dame ! » Le chien, prenant part au jeu, prenait délicatement le paquet dans sa gueule et allait le déposer aux pieds de la cliente. « Personne n'a jamais eu mieux comme commis ! » commentait son maître.

Mme Wheeler, la pauvre, passait sa commande habituelle, misérable. Un kilo de jarret de bœuf — autant dire deux sous d'os, de l'orge perlé, quatre harengs bouffis... Le marchand s'étonnait chaque fois : comment une si nombreuse famille pouvait-elle subsister avec si peu et pourquoi étaient-ils aussi avares. Quatre harengs séchés pour huit ! Et puis, il s'aperçut de la présence de Daisy.

— J'ai besoin de beaucoup de choses, dit-elle.

Quelque part, entre Plymouth et Birmingham, ou plutôt à Plymouth où elle avait bu jusqu'à l'inconscience, elle avait perdu quelque chose, la fleur de sa jeunesse. Et ses cheveux avaient besoin d'être lavés. L'éclatant mélange de jeunesse, de beauté et de vitalité avait pâli. Cependant elle était encore jolie et même très jolie comparée à Mme Wheeler. Et quelle bonne cliente en perspective ! Des bougies de cire, pas de chandelles pour elle ; de l'encaustique ; du produit pour entretenir l'argenterie ; une livre de bœuf cuit salé ; du papier à lettres, de l'encre, une plume. Après un échange de murmures avec Mme Wheeler, cinq harengs supplémentaires. Ensuite, à la fin d'une longue liste, elle dit :

— Je voudrais une bouteille d'eau-de-vie.

La loi n'autorisait pas la vente de spiritueux, mais elle n'interdisait pas d'en transporter. Il pouvait transporter tout ce qu'il plaisait à un client de commander. Et sous le siège de sa voiture se trouvait une bouteille de whisky commandée par un fermier dont la femme désapprouvait la boisson. Chaque semaine, il déposait une bouteille sous un buisson où son argent l'attendait. Il pourrait toujours la vendre à la dame et en acheter une autre au village.

— Si ça peut vous rendre service, je vous donne du whisky, dit-il. Je vous apporterai de l'eau-de-vie la semaine prochaine si vous m'en commandez. Comme ça, je ne vends pas, je rends service. Vous comprenez ?

Consciente de la présence de Mme Wheeler, bien qu'elle n'aurait su dire pourquoi cela pouvait la gêner, Daisy répondit :

— Je n'ai jamais bu de whisky. L'eau-de-vie, c'est médicinal.

— Le whisky aussi... en petite quantité.

Il se dirigea vers l'avant de sa voiture et le chien sauta à côté de lui.

— Non, Rough pas ça. Mais tu peux porter ça à la dame — il lui confia l'encaustique. Il n'y a pas mieux comme commis, hein ?

Il s'éloigna et Daisy ajouta ses cinq harengs aux quatre de la famille.

— Maintenant, on en aura chacun un.

— Je me demande ce que va dire M. Wheeler, dit sa femme qui paraissait très nerveuse. Déjà qu'il trouvait que les biscuits c'était gâter les enfants.

— Ça n'a jamais fait de mal à personne.

— Je n'en suis pas si sûre. On s'habitue à certaines choses et après c'est dur. Moi, par exemple...

— Le capitaine Stirling m'a dit que vous étiez cuisinière.

— Oui, je l'ai été, avec tout ce qu'on peut désirer et même plus. Rien que de la table des domestiques on jetait davantage en une journée que ce que j'ai pour la semaine. Je n'étais pas bien préparée.

Là-dessus, elle reprit le travail interrompu par ce marchand, lavant des œufs avec soin. Daisy emprunta un couteau et sortit pour cueillir ses roses.

A l'heure du dîner, elle avait installé son petit autel. Sous le portrait de Hugo, se dressait une table bien cirée, supportant les roses dans un vase de porcelaine tenu par des chérubins. Le vase était flanqué de bougeoirs, décorés eux aussi de chérubins soutenant des gerbes de fleurs. Lorsque Daisy avait demandé à Mme Wheeler quelque chose pour mettre ses roses, elle lui avait montré la pièce où se trouvait la porcelaine et lui avait dit de se servir. Des rayons et des vitrines étaient pleins de merveilles. M. Wheeler avait fait main basse sur quelques objets disparates dont on ne remarquerait pas la disparition, mais l'essentiel de la porcelaine et de l'argenterie se trouvait là. La vue d'un service à thé, peint à la main, donna à Daisy l'idée de faire du thé dans sa chambre. Pour cela, il ne lui manquait qu'une lampe à alcool, elle pourrait l'acheter le lendemain. Elle commençait à s'installer et puisqu'elle pouvait vivre en dehors de la famille, pourquoi ne pas avoir Margaret avec elle ?

Wheeler ne fit aucune objection à ce que Daisy ajoute au menu de la famille — au contraire —, mais son amour de l'économie l'emporta devant l'extravagance de la suggestion de Bella : ne voulait-elle pas servir le ragoût de légumes à l'eau *et* le bœuf salé ! Non, dit-il, le ragoût sera pour demain. Il se montra également intraitable pour les harengs. Ils feraient deux repas. Il lui avait fallu beaucoup de temps pour faire perdre ses mauvaises habitudes à Bella, il ne voulait pas de récidives. Si Mme Johnson voulait gaspiller son argent c'était son affaire. Mais qu'elle ne vienne pas changer son mode de vie qui avait fait ses preuves.

CHAPITRE IV

C'EST VRAIMENT CURIEUX. UNE AUTRE LETTRE CONCERNANT MARGARET Walpole, fit remarquer Mlle Florence Reade à sa sœur Edith, directrice indiscutée de l'école.

La journée de la veille avait été très désagréable. Mesdemoiselles Reade avaient appris, qu'à l'avenir Charles Overton déclinait toute responsabilité en ce qui concernait l'enfant, qu'il ne paierait plus ni sa pension, ni les frais accessoires.

En dépit de sa colère à l'égard d'Hébé et de sa déception, Mme Paske avait écrit — sous la dictée de Sir Charles — à contrecœur. Elle avait tenté de le convaincre qu'il ne fallait pas punir cette enfant pour la faute de sa mère : « Que va-t-il advenir de cette pauvre petite ? »

En vain. Sir Charles avait été blessé, cruellement, et il éprouvait le besoin de faire du mal à son tour. Puisque Hébé était hors d'atteinte, le premier venu ferait l'affaire.

Cette lettre avait beaucoup troublé les demoiselles Reade car elle les mettait dans une situation toute nouvelle pour elles. Jusque-là les gens qui prenaient la responsabilité d'enfants aux origines obscures s'étaient montrés très scrupuleux quant aux règlements du prix de pension et autres frais annexes, comme l'achat de nouveaux vêtements, ou les visites médicales. Ils avaient conscience que la discrétion était une marchandise pour laquelle il fallait payer. Et, dans une certaine mesure, l'entretien d'un bâtard était une dette d'honneur.

La journée durant, les trois sœurs s'étaient tracassées au sujet de Margaret Walpole et, le soir, s'étaient réunies pour parler d'elle. Le cas de n'importe quelle enfant si brutalement abandonnée les aurait tourmentées. Mais Margaret était très spéciale, si belle, ce qu'admirait Mlle Florence ; si intelligente, ce qui la rendait chère à Mlle Edith et si bien élevée ce qu'appréciait particulièrement Mlle Constance laquelle trouvait en général les petites filles bruyantes et difficiles à contrôler. Et maintenant qu'allait donc devenir cette enfant si belle, si intelligente, si docile ?

Mlle Edith suggéra d'écrire à Sir Charles une lettre très ferme — à la troisième personne comme l'avait été la sienne — lui demandant quels étaient ses projets, Mesdemoiselles Reade ne pouvant assumer ses responsabilités à sa place.

Mlle Constance proposa une solution, venue du cœur mais impraticable, à savoir augmenter légèrement tous les tarifs et employer le résultat à l'entretien de Margaret. Mlle Florence, chargée de la comptabilité et du règlement des factures, fit remarquer que leurs tarifs étaient déjà fort élevés et qu'une augmentation risquait de leur faire perdre des élèves. Ses sœurs avaient-elles remarqué le nombre de soi-disant écoles pour jeunes filles ouvertes récemment ? Et elle se souvint qu'une autre personne, en dehors de Sir Charles Overton, avait manifesté un certain intérêt pour Margaret Walpole. Une femme que l'on avait priée de ne plus écrire. Une certaine Mme... Mme... Johnson, qui avait vécu sous le toit de Sir Charles et devait sans doute être la mère de l'enfant... mais d'une classe très inférieure à en juger par ses lettres.

— Après tout, elle a une certaine responsabilité également. Je pense que je devrais lui écrire en même temps. Les gouvernantes et leurs pareilles reçoivent de bons gages et n'ont aucune dépense...

Les deux autres sœurs, désireuses de reculer le moment de la décision, se mirent d'accord pour que Florence écrive, dès le lendemain, à Sir Charles Overton et à Mme Johnson.

Et voilà que le lendemain matin arriva une lettre de Mme Johnson elle-même. Ecrite avec soin, mais de la façon dont peuvent écrire les gens qui ne savent que leur alphabet. Peu importait. Le fait que Mme Johnson souhaite avoir sa filleule avec elle, pour passer quelques semaines à la campagne, et qu'elle viendrait la chercher le surlendemain matin, leur fut un profond soulagement. Quelqu'un s'intéressait à l'enfant, s'en occupait. Mlle Florence étudia la lettre.

— Si j'en juge par le cachet de la poste, dit-elle, cette Mme Johnson n'est plus dans le Surrey, mais à Birmingham.

Vieilles filles et vierges, les trois sœurs en arrivèrent à la même conclusion : une femme légère qui avait changé de protecteur ou avait été chassée. Cependant, on ne pouvait rien reprocher au premier coup d'œil à la jeune femme bien habillée qui vint chercher Margaret le jour convenu. La mystérieuse Mme Johnson conduisait un beau cheval — Daisy avait passé des heures à lui faire une toilette bien méritée et s'était assurée qu'il avait de l'avoine. Le cabriolet lui aussi était de première qualité. Les femmes de mœurs légères, se dit Mlle Florence, recevaient ce qu'il y avait de mieux en ce bas monde. C'était toujours elle qui s'occupait des formalités d'arrivées et de départs et elle se garda de mentionner à Edith et à Constance, tellement soulagées de la façon dont le problème posé par Margaret Walpole s'était résolu — fût-ce momentanément — que l'haleine de Mme Johnson avait de fortes exhalaisons d'alcool. Cela n'aurait fait que les bouleverser. Mlle Florence oublia également autre chose, à savoir demander sa nouvelle adresse à Mme Johnson. Elle lui avait écrit sur papier sans en-tête et n'y avait fait figurer ni l'adresse, ni la date.

La mère et la fille s'étudièrent en cachette. Margaret se souvenait de la jolie femme parfumée qui était venue quelquefois la voir chez Mme Shillitoe, lui apportant toujours des cadeaux, l'emmenant parfois pour une promenade, mais qui n'était jamais venue à Manchester et qui avait cessé d'écrire. C'était la même femme mais différente cependant d'une façon qu'elle n'était pas en mesure d'analyser. Son odeur avait changé. Disparu le parfum de fleurs. Daisy voyait, à côté d'elle, ce qui avait été une petite fille ravissante que l'on avait envie de câliner, transformée en une enfant très grande pour son âge, toujours jolie, solennelle, raide, réservée et n'attirant plus les caresses. Les demoiselles Reade n'exprimaient pas leurs impressions de façon concrète et n'employaient aucune expression tendre. Elles aimaient voir leurs élèves se comporter comme des femmes en miniature et ce que Mlle Constance qualifiait de turbulence était la tendance qu'avaient les plus petites à se conduire en enfant.

— Où allons-nous, Mme Johnson ?

Daisy aurait voulu pouvoir dire : « A la maison », mais Amblebury n'était pas encore cela, pour elle.

— A un endroit que j'habite pour le moment, ma chérie. J'espère que cela te plaira et que tu y seras heureuse.

— Je ferai de mon mieux.

Comme tout aurait été différent si Charles avait cédé et l'avait autorisée à avoir Margaret à Wichfield. Là, elle aurait été chez elle.

— C'est une maison un peu bizarre, mais j'ai une jolie chambre et tu en auras une, plus petite, communiquant avec la mienne. Il y a d'autres habitants, mais nous n'aurons pas besoin de les voir beaucoup.

Elle ne pouvait pas ajouter, comme elle l'aurait fait si elles avaient été en route pour Wichfield, qu'il y avait un beau jardin dans lequel elle pourrait jouer, qu'elle pourrait avoir un poney, un piano. Amblebury n'était qu'une étape. Daisy gardait l'intention de partir dès qu'elle recevrait la lettre de Hugo, et celle-ci arriverait bientôt. Il le fallait. Cela faisait près d'un mois qu'il avait pris la mer.

Wheeler n'avait élevé aucune objection quand Daisy avait annoncé que sa filleule de huit ans viendrait vivre avec elle. Il possédait l'assurance écrite du capitaine Stirling que tout l'argent dépensé par Mme Johnson lui serait remboursé. Il avait commencé par noter sur un livre de comptes chaque penny que lui coûtait Mme Johnson, mais cela ne s'élevait pas à une somme très impressionnante. Alors, il avait décidé de compter un prix de pension global de deux livres par semaine. Il en ferait de même pour l'enfant.

Daisy s'arrêta pour déjeuner dans une auberge. Elle commanda de l'eau-de-vie pour elle-même et de la limonade pour Margaret. L'endroit était relativement humble, mais il proposait un choix assez important de plats principaux : poulets rôtis, steak, rognons ou jambonneau.

— Qu'est-ce qui te ferait plaisir, ma chérie ?

L'enfant parut désorientée.

— C'est bon le poulet rôti ?

Elle avait toujours été bien nourrie, mais elle avait vécu en ville où les volailles étaient un luxe.

— Très bon. Goûtes-en. Si cela ne te plaît pas, tu pourras avoir autre chose.

— Oh ! non, répondit la petite fille, presque réprobatrice. Il faut toujours manger ce que l'on a dans son assiette.

On était également tenu à ne rien y laisser, mais il y avait tellement dans cette assiette : du poulet et sa farce, une tranche de bacon, une saucisse, de la sauce, de la purée de pommes de terre.

— Alors, cela te plaît ?

— Beaucoup, merci. Mais... j'ai peur de ne pas pouvoir tout manger.

— Aucune importance. Il faut garder un peu de place pour le dessert.

C'était la seconde fois de sa courte existence que Margaret avait dû s'adapter à un changement soudain. A l'école, tout avait été différent de chez Mme Shillitoe et, maintenant, tout semblait très différent de l'école. Plus agréable — peut-être... Mais, inconsciemment, elle associait Daisy avec un plaisir bref, suivi d'un chagrin. Même les rencontres sur la plage de Margate, rangées à présent au fond de sa mémoire, avaient laissé une cicatrice et Margaret se sentait incapable de trouver, auprès de cette dame gentille et indulgente, le sens de la sécurité trouvé à l'école. Une fois qu'elle s'y était habituée, la vie à l'école avait été facile. Il ne fallait pas faire ça ? Désireuse de plaire, elle ne le faisait pas. Alors tout allait bien. Réussir un calcul et Mlle Edith disait : « Exact ». Exécuter des points réguliers ou écrire nettement dans son cahier, Mlle Florence disait : « Très bien ». Faire son lit avec soin, tenir son tiroir en ordre, marcher d'un pas posé en se rendant à l'église ou pendant l'ennuyeuse promenade journalière et Mlle Constance disait : « Brave petite ». C'était là un monde petit et étriqué dans lequel Margaret avait vécu pendant trois ans, mais il était rangé et sûr. Et heureux, en partie du fait de Phyllis qui était l'une de celles, comme Margaret, qui n'allait jamais chez elle pendant les vacances. Elle n'avait ni parents, ni tuteur, ne réussissait jamais une opération d'arithmétique, faisait son lit de telle façon que Mlle Constance avait déclaré un jour avoir vu une botte de paille mieux faite. Phyllis avait, au moins pour Margaret, l'énorme avantage d'être amusante. Un jour, au cours de la promenade, elles étaient passées devant une vitrine pleine de casseroles. Une pancarte indiquait : « Casseroles garanties en cuivre ». Phyllis avait interrompu le rythme des pas, regardé l'espace d'une seconde et commenté : « Je n'aurais jamais pris ça pour autre chose. Et toi ? » C'était ce don qu'elle avait de transformer les détails les plus ordinaires qui l'avait rendue chère à Margaret, d'autant que ce genre de réflexion donnait envie de rire, mais pas au point de s'attirer une observation. Maintenant elle se demandait si, ou quand, elle reverrait Phyllis.

Phyllis était également une conteuse-née et une mine de renseignements, mais pas de ceux que l'on trouve dans les livres. Elle avait un an de plus que Margaret et, avant d'être envoyée chez les demoiselles Reade, avait passé tout son temps avec des domestiques. Elle connaissait la différence existant entre un bâtard et un orphelin et elle était toute disposée à faire partager son savoir avec celles qui, selon elle, partageaient son sort. Quant à cela, Margaret ne pouvait encore se prononcer lorsque, dans l'après-midi du second jour, elles arrivèrent à Amblebury. Elles traversèrent la cuisine, inoccupée à cette heure, et montèrent dans la chambre de Daisy où son premier soin fut de disposer des fleurs, des pivoines achetées dans une petite ville où elles s'étaient arrêtées pour déjeuner et faire quelques emplettes, sous le portrait d'un homme. Deux petits souvenirs revinrent à l'esprit de l'enfant : elle avait aidé Mlle Constance à mettre des fleurs sur l'autel, juste avant Pâques, et elle l'avait accompagnée pendant ces vacances, ou d'autres, pour fleurir une tombe.

— C'était Monsieur Johnson ?

— Non, ma chérie. C'est le capitaine Stirling. Hugo Stirling.

— Il est mort ?

— A Dieu ne plaise !... Non, ma chérie. Comme tu le vois, c'est un marin et il est en voyage.

Quelque chose dans la façon d'être de Mme Johnson lui rappela une règle enseignée à l'école : il était mal élevé de poser des questions personnelles. Non pas que Mme Johnson eût l'air fâché, mais plutôt agité. Et cette façon de dire Dieu !

— Je vous prie de m'excuser, dit Margaret, de vous avoir posé une question indiscrète.

— Ce n'est rien, ma chérie.

Daisy alluma la petite flamme de la lampe à alcool.

— ... Je descends chercher du lait. Nous prendrons le thé et l'on défera les bagages.

En préparant la venue de Margaret, Daisy avait passé un accord avec Wheeler selon lequel elle aurait, chaque jour, un litre de lait à sa disposition dans un pot brun, dans la laiterie.

— Trois pence le demi-litre et payable en fin de semaine, avait décrété Wheeler sautant sur l'occasion de se faire un petit extra.

Daisy avait pensé que c'était bien cher car, au cœur de Londres, au Clos du Puits, le lait avait coûté deux pence le demi-litre et livré à la porte. Mais elle n'était pas du genre à marchander pour un penny...

Mme Wheeler était dans la cuisine quand Daisy descendit, travaillant comme une machine, essuyant les queues d'une grosse pile d'asperges avec un linge humide et les assemblant régulièrement, par douzaine, prêtes à être ficelées. Elle avait passé la plus grande partie de l'après-midi courbée, coupant des asperges, triant des carottes. Elle avait mal au dos, dans les jambes, à la tête, mais à la vue de Daisy elle réussit à sourire.

— Ah ! vous êtes revenue. La petite fille va bien ?

— Très bien, merci.

Il était difficile de dire à cette femme accablée de travail, épuisée : « Venez la voir » puisqu'il faudrait qu'elle monte l'escalier. Aussi, Daisy appela-t-elle : « Margaret ! Viens ici une minute.

Margaret dressée à obéir immédiatement descendit et resta à côté de Daisy, au pied de l'escalier.

— Voici ma filleule, Margaret Walpole. Margaret, voici Mme Wheeler.

Daisy avait appris à faire des présentations. Margaret était bien dressée elle aussi. Elle fit une petite révérence et salua.

— Bonjour Madame.

Le regard de cette femme — bête de somme — s'éclaira l'espace d'une seconde. Elle avait eu la réaction tellement redoutée par Sir Charles. Personne, non personne, même pas Mme Wheeler, à les voir toutes les deux ensemble ne pouvait pas ne pas remarquer leur ressemblance bien qu'elles aient changé toutes les deux, depuis Margate. Cependant, dans le cas de Mme Wheeler si elle constatait l'incontestable, cela ne la concernait pas. Elle n'en tint pas compte et déclara avec une absolue sincérité :

— Je suis contente que vous soyez revenue Mme Johnson. Vous m'avez manqué.

Elle n'avait rien fait d'autre qu'un peu de vaisselle, bu une tasse de thé et se montrer aimable, cependant tout semblait plus facile à Mme Wheeler quand elle était là... Son charme agissait toujours. En haut, dans la petite pièce préparée à l'intention de Margaret, elles défirent les bagages et Margaret constatant que l'on y avait mis également ses vêtements d'été s'étonna. Elle n'était jamais partie en vacances. Mais certaines de ses camarades allaient chez elles en été, pour Pâques ou les fêtes de Noël, emportant les vêtements correspondant à la saison et laissant les autres à l'école.

— Je ne retournerai pas en classe, madame ?

— Cela dépend, ma chérie.

Mlle Florence avait expliqué clairement la situation, allant jusqu'à lui montrer la lettre de Sir Charles. Si, avait-elle dit, Margaret devait revenir à Stonebridge House en septembre *quelqu'un* devait assumer les responsabilités auxquelles Sir Charles avait renoncé. Le prix de pension s'élevait à quarante livres pour un trimestre, payables d'avance. L'insouciance de Daisy à l'égard de l'argent l'avait fait traiter cela comme un détail mineur. Une seule chose importait : le bonheur de l'enfant. Aussi s'était-elle contentée de donner une réponse évasive et Mlle Florence lui avait précisé qu'il lui faudrait être tenue au courant à la fin de juin parce qu'à cette époque elle procédait aux inscriptions pour la rentrée.

Jusqu'ici, Margaret n'avait pas manifesté de joie débordante au fait de quitter l'école. Elle avait même accepté avec gravité des plats qui auraient ravi nombre d'enfants et auraient tellement compté pour Daisy, à huit ans. Elle n'avait fait aucun commentaire, se contentant de répondre, sans enthousiasme : « Oui, merci ». Quand elle lui avait demandé : « Tu aimes ça ? » « Cela te plaît ? ».

Peut-être était-elle timide. Daisy qui elle-même n'avait jamais souffert de timidité pensa qu'un peu moins de formalité faciliterait peut-être les choses.

— Tu n'as pas besoin de me dire, Madame, ma chérie. Appelle-moi Hébé. Ou mieux, cousine Hébé, précisa-t-elle se souvenant du regard de Mme Wheeler.

Les valises vidées, elle proposa à l'enfant d'explorer la maison. Margaret ignorait ce qu'était une grande demeure et la façon dont on y vivait. Elle expliqua, mima. L'enfant écouta, regarda, mais ne participa pas. Elle frissonna même à un moment. La soirée était chaude, mais ces pièces désertes semblaient glacées.

— As-tu froid, ma chérie ?

— Non, Ma... cousine Hébé.

Un frisson peut précéder une maladie.

— Tu te sens bien ?

— Oui, merci.

— Ne trouves-tu pas que cela ferait un endroit idéal pour jouer à cache-cache ?

Daisy songeait qu'il y avait des enfants dans l'avenue. Les pauvres petits Wheeler ne pourraient tenir compagnie à Margaret, ils avaient déjà beaucoup trop à faire et ce n'étaient pas des enfants, au sens strict du terme.

— Je ne voudrais pas vous contredire, commença Margaret comme une petite fille bien élevée et puis elle céda à une émotion plus forte que la bonne éducation : — Non, ce serait *horrible !* Cela ressemble à un endroit où tout le monde est mort !

— Oh ! non. Cela ne fait qu'attendre, répondit Daisy.

Attendre quoi ? Le retour de Hugo avec beaucoup d'argent ? Peut-être n'attachait-elle pas de valeur à l'argent pour les besoins journaliers, elle savait cependant qu'il en faudrait énormément pour faire marcher une maison comme Amblebury dans un style digne de celle-ci. Mais Hugo en aurait et il y aurait des domestiques, des lumières, des feux dans toutes les cheminées. Elle n'ignorait pas que tant que vivraient Sir Charles et cette femme à La Jamaïque, ils ne pourraient se marier Hugo et elle. Mais qu'importait ? Une liaison irrégulière, comme celle qu'elle avait eue avec Jack Skelton, pouvait être très heureuse. La leur avait mal fini mais par la faute de Jack. Il ne l'avait jamais vraiment aimée. Et maintenant, des années après, tout en disant : « Viens, retournons dans nos chambres », elle songea brusquement que cette petite fille d'apparence docile était autant l'enfant de Jack que le sien. Peut-être avait-elle hérité son caractère si peu aimant. On ne pouvait pas davantage le lui reprocher que la couleur de ses cheveux ! Il fallait faire montre de patience et de compréhension. Et sans doute était-elle fatiguée.

— A quelle heure te couches-tu... à l'école, ma chérie ?

— Les petites à six heures et demie. Ensuite, Phyllis, moi, et quelques autres — entre sept et douze ans — nous nous couchons à huit heures. Les grandes à neuf.

Elles avaient donc le temps.

— Et qu'aurais-tu fait en ce moment — à l'école ?

— Joué, avec Phyllis, ou une ou deux autres.

— Joué à quoi ?

— Phyllis et moi, on jouait aux dames. On ne peut y jouer qu'à deux. Il faut être plusieurs pour le ludo, ou les vingt questions, ou les bouts-rimés. Et, quelquefois, Mademoiselle Constance nous faisait la lecture. Robinson Crusoe venait juste de trouver la marque d'un pied...

Margaret était trop bien élevée pour achever sa phrase par les mots qui lui étaient soudain venus à l'esprit : et *maintenant je ne saurai jamais.*

Si incroyable que cela aurait pu paraître à tous ceux qui avaient détesté — et parfois avec de bonnes raisons — leur école, Margaret n'avait pas le mal de la maison, mais le mal de l'école. Après quelques jours de surprise, elle s'était intégrée à la routine établie : jamais une minute d'inaction, des règles de conduite strictes mais justes, une hiérarchie bien précise. Et, bien sûr, la compagnie de ses contemporaines — surtout Phyllis.

Et Daisy, malgré sa bonne volonté, ne pouvait donner toute son attention au problème auquel elle était confrontée. Elle attendait la lettre qui devait venir, mais qui n'arrivait pas. Jour après jour. Parfois elle se rappelait avec un affreux serrement de cœur l'époque où elle avait attendu une lettre de Plenrerith. Et Jack Skelton qui se préparait à la trahir pendant ce temps-là... Cela ne pouvait tout de même pas se répéter ? La foudre ne frappe jamais deux fois au même endroit.

Elle était préoccupée par la pensée d'Hugo et, pour la troisième fois de sa vie, par des considérations terre à terre. Elle avait dépensé l'argent de la vente du collier d'améthystes pour quelques denrées courantes comme le thé, le cake, les bougies de cire et, bien sûr, l'eau-de-vie, ainsi qu'une nouvelle robe qui, elle, lui était absolument indispensable. A présent, d'autres dépenses s'imposaient. Wheeler prétendait avoir accepté de loger et de nourrir une dame, mais il n'avait pas été question d'un cheval. Si Mme Johnson voulait de l'avoine pour son cheval, alors qu'elle se prépare à payer le prix réclamé dans les écuries où l'on prenait des chevaux en pension — quinze pence par jour.

Il était parfaitement inutile de rétorquer :

— Mais Monsieur Wheeler, j'achète mes provisions et celles de ma filleule. Cela ne pourrait-il pas compenser ?

— Ça a pas été arrangé comme ça. Le capitaine Stirling a dit que...

Vendre, par l'intermédiaire de Wheeler un autre bijou. Un bel objet, des camées sertis dans un bracelet d'or. Acheter des jeux, des crayons, de la peinture et, Margaret grandissait tellement vite, quelques robes nouvelles pour elle. Payer Wheeler pour l'avoine de Dodger et pour le lait.

C'est pendant l'essayage des robes de Margaret qu'un petit signal d'alarme retentit.

— Elle lui va très bien, n'est-ce pas ? dit la vendeuse. Il faut seulement la reprendre ici, et là.

Elle sortit une épingle d'un petit coussin qu'elle portait comme un bracelet sur son poignet gauche.

— Est-ce que je retourne à l'école, cousine Hébé ? demanda Margaret en rougissant un peu.

— Cela dépend... Pourquoi cette question ?

— Mademoiselle Constance n'approuvera pas cette robe. Elle n'aime pas les volants.

Daisy se mordit les lèvres pour ne pas répondre : « Au diable, Mlle Constance ! » Elle avait les nerfs à vif. Pas de lettre de Hugo, beaucoup moins qu'elle n'avait espéré de la vente du bracelet de camées et chaque fois que Margaret prononçait une phrase, elle évoquait l'une des demoiselles Reade ou Phyllis. Daisy ne comprenait pas que Margaret passait par une phase naturelle et nécessaire, d'autant plus marquée dans son cas que, pendant trois ans, toute son existence avait eu l'école pour cadre.

— Peu importe. Elle servira pour aller en visite.

Une enfant moins disciplinée aurait demandé : « Quelles visites ? » Margaret ne répondit pas, se contentant de se regarder dans la glace et de souhaiter que Phyllis — mais pas Mlle Constance — puisse voir cette jolie robe avec des volants et des rubans passés dans des petites fentes au col, aux manches et à l'ourlet.

Daisy s'employa ensuite à trouver des camarades de son âge à sa fille.

Les femmes de l'avenue s'étaient rendu compte qu'une dame de grande allure habitait avec les Wheeler dans la grande maison. Impossible qu'elle leur soit apparentée. Une pensionnaire peut-être ? Mais qui donc à moins d'être fou accepterait de vivre *là ?* Cette femme semblait posséder cheval et voiture — possession enviable qui la situait un peu à part. Quelques maris l'ayant aperçue l'avaient trouvée jolie. Alors, attention ! Et, maintenant, depuis quelques jours, où qu'elle aille, elle était accompagnée d'une petite fille. Mais, encore une fois, qui donc imaginerait de faire vivre un enfant dans ce trou puant ? Un mystère qu'il valait mieux ne pas approfondir.

Daisy entreprit de faire des avances avec son absence de timidité habituelle. Elle connaissait les règles : c'était aux gens établis dans le voisinage de rendre visite aux nouveaux venus s'ils souhaitaient entrer en relation. Personne ne l'ayant fait, c'était à elle de faire le premier mouvement. Une promenade le long de l'avenue, notant soigneusement au passage les maisons où habitaient des petites filles de l'âge de Margaret. Une rencontre paraissant due au hasard avec la femme qui l'avait renseignée le soir de son arrivée. La floraison des lupins était terminée à présent et la femme coupait des roses.

— Bonsoir. Je crois que c'est vous qui avez eu l'amabilité de m'indiquer ma route.

— Oui. Je me souviens.

— J'admire toujours votre jardin. Oh ! je suis Mme Johnson et voici ma jeune cousine, Margaret Walpole.

Margaret fit une petite révérence et son petit sourire guindé.

— Je suis Mme Yates. Evidemment vous n'avez plus de jardin à présent à la grande maison. Quel dommage. Je ne devrais pas protester, M. Wheeler vend tout ce que l'on peut acheter...

Elle indiqua quelques-unes de ses emplettes. Il ne fut pas difficile, au cours de la conversation, de mentionner les camarades qu'il fallait à Margaret et, là encore, Mme Yates se montra précieuse. Elle n'avait, elle-même, que des garçons, au collège en ce moment, mais

Mme Choat avait deux filles, Mme Tunbridge, une et Mme Wakefield, trois.

— J'ai une idée, dit-elle. Venez prendre le thé demain. Je vous présenterai.

C'était là un début prometteur et qui amena au but recherché ; de jeunes amies pour Margaret. Mais elle se heurta elle-même à quelque chose de nouveau et pour quoi elle n'était pas préparée : la curiosité des gens pour ce qui se passait chez leurs voisins. Elle avait existé Park Drive, mais elle n'y avait été que domestique. Elle avait existé, sous une forme un peu différente, au Clos du Puits, mais elle y vivait à part. Ici, la curiosité était à l'état endémique et Daisy ne s'attendait pas aux questions directes et indiscrètes qu'auraient fort réprouvées Mlles Reade. Il lui fallait inventer une histoire plausible. Si elle était Mme Johnson, alors où était M. Johnson ? Mort ? Vivant ? Que faisait-il ? Où cela ? Elle avait adopté, puis abandonné tant d'identités ; Daisy Holt ; Hébé Waywood ; Lady Overton. Mme Johnson avait été acceptée sans question par Mme Shillitoe. Jamais encore Daisy n'avait été soumise à l'indiscrétion de femmes dévorées de curiosité et s'accrochant à un mystère possible avec la ténacité d'un inquisiteur poursuivant l'hérésie. Et, dans l'état d'esprit où elle se trouvait, la moindre allusion à la famille Stirling la rendait malade. Tous les habitants de l'avenue n'étaient pas des nouveaux venus. Mme Wakefield et Mme Tunbridge étaient nées et avaient été élevées dans le village absorbé par les nouvelles constructions, à présent. De bons mariages leur avaient permis d'avoir accès à l'avenue et elles en savaient davantage sur Hugo que Daisy elle-même. Mais elles voulaient surtout savoir où la situer.

— Quand nous avons entendu dire que vous habitiez là, dit Mme Wakefield, nous nous sommes demandé si vous étiez une parente. Une Grey ou une Spanton. Autrefois, la maison était toujours pleine.

On ne pouvait demander plus clairement : « Allez-y, racontez-nous. Dites-nous qui vous êtes ? Pourquoi habitez-vous un endroit aussi invraisemblable ?

Daisy choisit son rôle.

— Le capitaine Stirling était un ami de mon défunt mari.

Quelques murmures apitoyés, tribut à la douleur de son veuvage. Récent ? Aucun signe de deuil ! La plupart des veuves proclamaient leur état, d'une façon ou d'une autre, pendant des années ; portaient du gris ou du mauve, quand elles abandonnaient le noir et toujours de grands médaillons contenant des photographies.

— Après la mort de mon mari, j'ai habité chez l'une de mes tantes, mais elle est morte au début de cette année. Alors, chez des amis communs, j'ai revu le capitaine Stirling. Je lui ai dit être sans toit, il m'a répondu avoir une grande maison, pratiquement abandonnée et...

Un geste compléta la phrase.

— Il ne l'a pas vue depuis quelque temps ! dit Mme Yates.

— Ni sentie ! ajouta quelqu'un d'autre.

— La partie que j'occupe est très agréable. Il faut bien s'attendre à sentir certaines odeurs dans une ferme.

— Je vous l'accorde. Mais ce à quoi on ne s'attend pas c'est à voir cette ferme envahir l'avenue. Mon mari se demandait l'autre jour si le capitaine Stirling se doutait à quel point ce Wheeler a empiété partout.

— *Monsieur* Wheeler, reprit la plus gaie et elle se mit à rire.

— Mme Johnson sera en mesure de le renseigner, dit Mme Yates. Ce que je déplore le plus c'est ce qu'il a fait du jardin.

— Malheureusement, ce ne sera pas avant longtemps. La dernière fois que je l'ai vu, il partait pour un voyage qui devait durer au moins un an.

La plus vive, Mme Choat, fit remarquer :

— D'ici là, les cochons seront installés dans le salon.

Malgré son antipathie pour Wheeler, Daisy se sentit poussée à répondre, un peu par auto-défense :

— Cela me paraît improbable. M. Wheeler prend ses devoirs de gardien très au sérieux.

ELLE devait se rendre compte, quelques jours plus tard, jusqu'à quel point il prenait effectivement sa charge au sérieux. Elle se proposait, ayant pris le thé avec ces dames, de leur rendre la politesse, sous une forme simple et sans danger. Une double invitation, pour les mères qui joueraient au whist et les six petites filles qui pourraient jouer à cache-cache ou à la course au trésor dans les nombreuses pièces inoccupées. Mais, pour cela, il lui fallait l'usage du salon. Usurpateur avisé, Wheeler en reconnaissait un autre quand il le rencontrait. A sa façon sournoise et renfrognée, il supportait mal la présence de Daisy — inévitable — et surtout sa façon de faire, à savoir donner des biscuits et du cake à ses enfants, de dire à sa femme — en sa présence — qu'elle devrait se reposer un peu, dans son état. Quant aux habitants de l'avenue, il les haïssait avec leurs grands airs parce qu'il avait de la boue sur ses bottes. Il ne voulait les avoir, ni eux ni leurs gosses dans la maison qu'il considérait comme la sienne. Il parlait peu, d'ordinaire, sa femme et ses enfants étaient si bien entraînés qu'un seul mot, parfois un regard, suffisait, mais il savait être mordant s'il le fallait.

— Vous ne savez pas ce que vous dites. Mettre les housses, couvrir le tapis, emballer les lustres ça a demandé le travail de deux hommes pendant deux jours. Vous les enlevez, qui les remettra ? Moi ? En pleine fenaison ? Et à supposer qu'on casse quelque chose ? Quand on s'est installé ici, j'ai dit à ma famille : passage interdit. Ils ont tous obéi. Pas un seul qui a passé la porte de service, en bas ou celle du couloir, en haut. Dans sa lettre, le capitaine Stirling a dit : logement et nourriture. Il a pas parlé de cheval, de gosses, de réceptions. Aussi je dis Non et il y a pas à discuter.

La petite tache dansa dans l'œil de Daisy et elle se prépara à livrer bataille. Mais Wheeler détenait l'artillerie lourde.

— ... C'est moi qu'ai les clefs. S'il le faut je ferme tout.

Il avançait en terrain sûr, à présent. Cette Mme Johnson passait son temps à demander s'il y avait une lettre. Le facteur était-il passé ? Il n'y avait pas eu une seule lettre pour elle et Wheeler en était arrivé à une conclusion facile. Un homme sans attache comme le capitaine Stirling prenait les femmes quand il les trouvait et les oubliait très vite. A celle-là, il avait assuré un toit, de quoi manger et quelques babioles faciles à vendre — plus que n'en faisaient la plupart des hommes pour leurs maîtresses.

Une image passa soudain devant les yeux de Daisy. A Wichfield, si elle avait voulu recevoir des infirmes, les idiots des villages, des romanichels, les marchands d'oignons d'Espagne... personne ne s'y serait opposé. La seule personne au monde qui n'était pas acceptée à Wichfield c'était Margaret. Ici, elle n'était pas exactement la bienvenue, mais acceptée.

Et, hélas, il fallait bien le reconnaître, Margaret ne s'était entendue avec aucune des petites filles de l'avenue. Elle n'avait rien de précis à leur reprocher, sauf qu'elles n'étaient pas Phyllis.

Devant l'incapacité où elle était, par la faute de Wheeler, de rendre ses invitations, Daisy prit une décision :

— Margaret, aimerais-tu retourner à l'école ?

Et alors l'étincelle que rien, ni cajoleries, ni gâteries n'avait pu faire briller, éclata en un feu d'artifice.

— Oh oui, cousine Hébé, *j'aimerais !* Phyllis y est et je dois lui manquer autant qu'elle me manque. Et les jours de congé Mlle Constance...

Elle s'interrompit se souvenant soudain que les comparaisons étaient très désagréables, qu'il fallait dire ce qui plaisait mais non pas mentir ; la vérité, mais non pas ce qui pouvait déplaire. Elle se rappelait aussi les pique-niques, les spectacles de marionnettes, les visites au zoo, tout ce que Mlle Constance, ou Mlle Edith, ou Mlle Florence avaient organisé pour remplacer les vacances de ces enfants qui n'avaient ni maisons, ni parents.

— Très bien, dit Daisy, tu y retourneras demain. Si tu es *sûre* que tu le désires.

Seigneur que quelqu'un au moins soit heureux dans cette lamentable pagaille.

Margaret en était sûre. Et Daisy avait besoin de quarante livres pour le trimestre, ainsi que pour le prochain et le suivant. Pour la première fois de sa vie elle songea à l'avenir et à l'argent dont elle aurait besoin et cette perspective la découragea complètement. Et puis, elle se souvint que Hugo devait revenir au bout d'un an. Tout irait bien, alors.

— CINQUANTE livres ! fit Wheeler. C'est une somme. Y m' faut quelque chose en garantie.

— Je l'ai. Ce sont des diamants et ils valent bien davantage.

Il s'agissait de sa bague de fiançailles, un solitaire de la taille d'un petit pois, entouré d'un demi-cercle de pierres plus petites. C'était le bijou le plus cher de tous ceux qu'elle avait apportés.

— Peut-être bien que oui, peut-être bien que non. On verra. Si non, c'est vous qui me devrez de l'argent. Je peux peut-être m'arranger pour le moment.

Comme la plupart des avares incultes, il se méfiait des banques et préférait garder ses épargnes à portée de main, en un lieu sûr et secret. Dans le temps, Amblebury avait été entouré de douves. On en avait comblé une partie pour dessiner un jardin. Le reste était transformé en pièce d'eau où flottaient des nénuphars, qu'ombrageaient des saules pleureurs. Plus récemment, c'était devenu une mare à canards entourée de boue et de fumier mais ornée à une extrémité par une vieille sculpture en pierre. Il ne viendrait à l'idée d'aucun voleur, si cupide qu'il soit, de songer qu'un bout de mur à demi submergé servait de cachette à un trésor et le feu ne pouvait s'y attaquer. Le chêne ne pourrit pas facilement et l'or ça ne rouille pas.

Persuadé que Mme Johnson était une maîtresse abandonnée, Wheeler savait qu'elle aimait boire. Cela lui brouillerait peut-être les idées. Il se sentit sûr de lui en ajoutant sur la page des dépenses inscrites à son compte : « Prêt 50 livres ». Le jour du règlement, si elle était encore là, il lui clouerait le bec.

Avec la cruauté de l'enfance, Margaret fut beaucoup plus joyeuse et expansive sur le chemin de l'école. Elle avait emporté tous ses jeux, ses crayons et ses peintures — même la fameuse robe à volants.

— Je voudrais seulement que Phyllis la voie, cousine Hébé.

— Pourquoi préfères-tu tellement Phyllis à toutes les petites filles de l'avenue ?

Margaret réfléchit à la question avant de répondre, blessante sans le vouloir.

— Elles ont toutes des pères et des mères. Phyllis est différente. Elle est comme moi. Phyllis dit que nous sommes bâtardes toutes les deux. Elle sait beaucoup de choses et elle est très drôle. Elle me fait rire.

CHAPITRE V

QUARANTE LIVRES AVANCÉES JUSQU'À NOËL. L'ENFANT RENTRA À l'école ayant bonne mine, avec davantage de bagages qu'à sa sortie et visiblement heureuse de revenir. Mlle Florence fut contente de la voir, contente qu'une marraine fasse son devoir. Un trimestre d'avance, cinq livres pour des frais imprévisibles.

Et ce devoir accompli, Daisy retourna à Amblebury totalement désemparée. Partout elle avait échoué, comme maîtresse de Jack Skelton, comme mère de Margaret, comme femme de Charles et même comme amie de Martha et toujours sans le vouloir. C'était comme ça. Jamais elle n'avait joué un mauvais tour à quelqu'un ou agi méchamment. Et cette situation actuelle aurait pu être évitée si seulement Charles l'avait autorisée à avoir Margaret à Wichfield et si seulement elle avait pu passer cette seule nuit à Londres avec Hugo. Une nuit, ce n'était tout de même pas trop demander. On l'en avait empêchée, elle avait été obligée d'aller à Plymouth pour s'expliquer et voilà le résultat. En fin de compte, elle avait été forcée de tromper tout le monde — mais elle avait été trompée la première — A présent, elle doutait même de Hugo. La lettre promise n'était pas arrivée. Et à moins de se coucher et de se laisser mourir de désespoir, il fallait boire.

Elle était juste assez ivre pour garder son calme pendant le violent orage qui éclata à la fin de son voyage. Dodger détestait beaucoup de choses, mais surtout les orages. A chaque éclair, à chaque grondement de tonnerre, il se cabrait et se mettait en travers de la route. Daisy abandonna son siège et, penchée sur le garde-boue, les guides raccourcies, tapota la croupe du cheval.

— C'est bon, Dodger. Du calme, mon vieux ! Tu es gentil, Dodger.

Elle échoua avec lui aussi et un homme, conduisant un cheval placide, en la croisant se sentit assez inquiet pour crier au passage :

— Redressez-vous, madame ! Servez-vous de votre fouet !

L'orage se termina par une violente averse. L'eau-de-vie ingurgitée à midi n'agissait plus et Daisy était trempée et découragée quand elle entra dans la cuisine, à Amblebury. Cela n'avait jamais été une pièce gaie et agréable, mais ce soir c'était pire que jamais. Mme Wheeler et la fille aînée n'étaient pas à table, la plus jeune des filles pleurait sans toucher à ce qu'il y avait dans son assiette. Wheeler et les autres enfants mangeaient mais avec moins d'appétit que d'habitude.

— Où est Mme Wheeler ?

— Elle accouche. Plus tôt que prévu.

— Qui est avec elle ?

— Betsy. La femme qu'on avait retenue pour août a un autre accouchement.

— Je vois.

Daisy gravit l'escalier et, en haut, hésita. Elle ne devait rien à Mme Wheeler, mais la pauvre femme, hors de la présence de son mari, s'était montrée polie et reconnaissante pour le moindre geste aimable. Daisy avait mis Margaret au monde, mais cela ne lui avait pas donné d'idées précises sur le mécanisme de l'opération. Elle ne se souvenait que des douleurs éprouvées et de la nécessité de garder le secret. Cependant, Martha, surtout au début, avait souvent parlé de ses expériences, appuyant sur des détails d'obstétrique et Daisy se dit qu'elle en savait sans doute davantage qu'une gamine. Quel âge pouvait-elle avoir ? Quatorze ans ? Tout à fait à contrecœur, mais poussée par le sens du devoir et par un instinct vieux comme le monde, en haut de l'escalier, Daisy tourna à droite et non à gauche.

— Oh, merci mon Dieu ! parvint à dire Mme Wheeler avant que la douleur ne la fît taire.

— Sais-tu quoi faire, Betsy ?

Pourvu qu'elle réponde : « Oui ». Mais Betsy, petit animal ne sachant que travailler et manger, était, à présent, un animal terrifié.

— Non, répondit-elle. M'man comptait sur la mère Saunders, mais elle était pas là quand Bert il a été la chercher.

Jusque-là, aucun des enfants Wheeler n'avait fait l'effet d'être des êtres humains à Daisy. Mais Betsy semblait s'être humanisée soudain et la jeune femme se sentit obligée de la rassurer, elle aussi.

— Cela ira bien, Betsy. Fais simplement ce que je te dis.

Et me voilà, à bout de forces, obligée de jouer un nouveau rôle auquel rien ne m'a préparée. Celui de sage-femme calme, compétente.

Entre les douleurs dont la cadence, au lieu d'augmenter, semblait décroître, Mme Wheeler raconta ce qui s'était passé. Elle était occupée à retourner les fromages sur la claie la plus haute, dans la laiterie, lorsque les premières douleurs l'avaient frappée. Elle avait cru avoir fait un faux mouvement. Mais, au milieu de l'après-midi, elle avait compris et avait envoyé Bert chercher Mme Saunders.

— Et elle n'était pas là... Ah ! C'est une bonne sage-femme. Ça ne devrait plus être long maintenant... J'en ai mis six au monde et... avec le dernier... ça n'a pas été plus difficile que de tordre un torchon... Ah ! Et moi qui pensais que c'était terminé... que j'étais tirée d'affaires maintenant. Avec le dernier qui a onze ans. Mais... on dit... que... c'est un retour de flamme... Ah ! Oh, mon Dieu !

Mettre au monde un enfant mort était beaucoup plus long et difficile que d'accoucher d'un enfant vivant, le bébé n'offrant aucune aide. Mais Daisy en savait trop peu pour se rendre compte du problème. Elle se souvenait d'une des règles observées par Martha :

laisser la nature agir dans la mesure du possible sauf nécessité absolue. Autre chose : il fallait réconforter et rassurer la mère. La jeune femme envoya Betsy faire du thé et prendre la bouteille d'eau-de-vie dans sa chambre. Elle en versa deux mesures généreuses dans deux tasses de thé et persuada Mme Wheeler de boire :

— Essayez, ça vous donnera des forces. Betsy bois ton thé et va te coucher. Je t'appellerai quand j'aurai besoin de toi.

Wheeler était venu jeter un coup d'œil, plus mécontent qu'inquiet :

— Ce serait déjà terminé si on avait pu avoir Mme Saunders. Malgré son état Mme Wheeler sentit l'ingratitude de cette remarque et dès qu'il eut tourné le dos pour trouver un autre lit où se coucher, elle réagit :

— *Moi,* je vous remercie. Jamais je ne l'oublierai.

Lorsqu'elle reprit la parole ce fut pour déclarer :

— Ça m'est égal de mourir. Il y a trop longtemps que je suis fatiguée.

— Il ne faut pas dire des choses comme ça. Pensez à vos enfants, répondit Daisy, incapable de trouver mieux à lui dire.

Mme Wheeler qui se voyait enfin autorisée à se reposer dans sa tombe avait pensé à ses enfants, mais sous un angle plus pratique que sentimental.

— Betsy sait faire la cuisine, dit-elle. J'ai pu lui apprendre un peu avant que commence tout ce travail de maraîchage et ces économies. C'est difficile à croire maintenant, mais, autrefois, on était presque comme les autres gens — une nouvelle crampe la tordit — Je me demande comment je vais faire avec un autre bébé. Je suis tellement plus fatiguée que pour les autres.

— Ne vous tracassez pas maintenant au sujet de l'avenir.

Daisy aurait beaucoup donné pour être en mesure de lui dire quelque chose de réellement réconfortant. Mais elle avait assez vu ce qu'était la vie de Mme Wheeler, épuisée et submergée de travail, pour partager la détresse de la pauvre femme à l'idée d'une charge supplémentaire.

— Je ferai ce que je pourrai pour vous aider... tant que je serai ici. Mais cela ne durera pas longtemps.

— Je vous comprends. Et c'est encore pire en hiver. J'aurais voulu vous rendre l'existence plus confortable, mais j'ai jamais eu le temps.

— Je sais. Ne vous tracassez pas pour ça. J'ai été très bien. Et je suis contente d'être ici en ce moment.

— Oh, moi aussi. Je ne peux pas vous dire comment...

Mme Wheeler tendit sa main maigre, déformée par le travail et prit Daisy par le poignet.

— Quand il viendra, n'appelez pas Betsy... Vous et moi... on peut s'arranger... Elle est un peu jeune...

De fait, aucune aide sage-femme ne fut nécessaire. Il était inutile de s'occuper du bébé pendant que quelqu'un d'autre s'occupait de la mère. Il était mort, violacé et jaunâtre comme les séquelles d'un coup qui s'effacent.

— Mme Wheeler... je suis désolée, mais le bébé est mort.

— Tant mieux, répondit-elle. Oui, tant mieux.

Et elle sombra dans un sommeil épuisé.

A ce moment-là, la famille se réveilla et Wheeler, qui avait bien dormi dans le lit de Bert pendant que celui-ci couchait par terre, entra dans la chambre, morose, réagissant comme s'il n'était pour rien dans cette longue nuit de supplice.

— Alors ?

— Mort-né.

— C't'encore c'qu'ya d'mieux. Et elle, ça va ?

— J'espère.

— Alors j' vais enterrer ça.

Ça ! Pauvre petit déchet d'humanité non désiré auquel on n'attribuait même pas de pronom « il » ou « elle ». L'ancienne Daisy Holt, cette créature presque oubliée qui s'était montrée insolente avec Mme Westcott et avait décontenancé Kitty Hammond, connut une brève résurrection.

— Et c'est votre faute ! Si elle n'avait pas été tellement épuisée, debout sur un tabouret à retourner des fromages, il... c'était un garçon... ne serait pas mort. Et...

Elle ne put achever. Une brusque nausée la submergea, l'obligeant à courir à la fenêtre, à l'ouvrir pour vomir.

C'était humiliant, mais cela ne voulait rien dire. N'importe quelle femme ignorant tout du sujet, forcée de procéder à un accouchement, aurait eu mal au cœur, elle aussi. Et cette humiliation n'était rien comparée à celle qu'elle avait subie, des années plus tôt, à la Maison du Clos du Puits, quand elle avait été tellement malade. Et c'est une chose à laquelle on peut s'attendre quand on n'a pratiquement rien mangé depuis vingt-quatre heures, mais bu énormément d'alcool.

Cependant, il y avait autre chose. La date. Mais là encore on pouvait, il *fallait* penser à toutes les épreuves des dernières semaines. Trouver Hugo, le perdre. Perdre Wichfield. Trouver Margaret, la perdre. S'efforcer de s'adapter à Amblebury, même prévoir une réception. Mon Dieu, rien d'étonnant à ce que j'aie du retard.

La lettre de Hugo attendue si longtemps et avec une telle ferveur arriva juste au moment où les doutes s'étaient transformés en certitude. C'était, par bien des côtés, une bonne lettre satisfaisante, écrite en plusieurs épisodes, preuve qu'il avait souvent pensé à elle.

« En mer », commençait-elle. « A deux journées de Plymouth. Chérie, je ne sais pas comment te dire l'effet que cela m'a fait de te laisser et à quel point je voudrais t'avoir avec moi. Au cours de mon existence, j'ai eu l'occasion de dire au revoir à des tas de gens mais c'est la première fois que ça me fait cet effet. Mais je n'ai jamais rencontré quelqu'un comme toi et je doute que cela m'arrive encore une fois. »

Daisy qui n'avait jamais reçu de lettre d'amour, lut et relut ces phrases avec un plaisir intense et ne s'attarda pas sur le passage suivant ne concernant que le mauvais temps, imprévisible en cette saison, et les coups de boutoir essuyés par la pauvre vieille « *Sirène* ». Et puis : « Mon amour, j'espère que tu t'es installée à Amblebury et que les Wheeler s'occupent bien de toi. J'aime à songer que tu es là-bas. Le plus drôle c'est que j'ai souvent pensé à me débarrasser de cette maison et que je n'ai jamais pu m'y résoudre. Maintenant, je sais pourquoi. Je suis navré d'avoir vendu les plus beaux tableaux. Peu importe, si je réussis dans ma chasse au trésor, nous en achèterons d'autres. »

Cette perspective d'un avenir commun était réconfortante. Ensuite venait un autre commentaire concernant le mauvais temps : « Aussi, ma chérie, tout en souhaitant que tu sois là, je suis heureux que tu n'y sois pas.

« J'ai réfléchi à l'avenir. Sans doute pourrais-je divorcer d'avec Eugénie. Elle m'a quitté. Aux yeux de la loi, elle a déserté le domicile conjugal. D'autre part, je l'ai autorisée à le faire, j'ai placé de l'argent à son nom et je ne lui ai jamais demandé de revenir. Cela peut compliquer l'affaire après tant d'années. Je vais essayer de régler tout cela quand j'aurai atteint La Jamaïque. Je sais que même si Eugénie... » Il avait barré les six derniers mots pour recommencer. « Il reste Sir Charles, voudra-t-il t'accorder le divorce ? Evidemment, il peut mourir. Cela te paraît-il trop brutal ? Après tout, il ne rajeunit pas et il a eu ta compagnie et la joie de te voir, à défaut d'autre chose. C'est un sort enviable ! Bonne nuit, ma bien-aimée. »

Puis venait un feuillet à en-tête de Las Palmas et dont l'écriture donnait tous les signes de la hâte. « Ma chérie, je suis à terre et j'ai juste le temps de t'écrire et de confier ma lettre au *Pélican* qui prend la mer demain. Les Romains ont appelé les Canaries, les Iles Fortunées, et elles me l'ont prouvé. Les dommages dont a souffert la pauvre vieille « *Sirène* » sont superficiels et nous devrions reprendre la mer après-demain. Et tu ne me croiras pas, mais l'une des premières personnes sur lesquelles je suis tombé est un type auquel, il y a des années, en revenant à la maison pour toucher mon héritage, j'ai prêté dix livres. Il est Espagnol, bien qu'il parle anglais, et les Espagnols ont un grand sens de l'honneur. Il m'a dit avoir toujours considéré ce prêt comme un investissement. Il fabrique de l'indigo maintenant et il est riche. Il a insisté pour me donner deux cents livres — il appelle cela des intérêts composés. Il m'en faut cent pour les réparations et remettre en état la cargaison de vivres. Les cent autres, dis-le à Wheeler, seront expédiées à la Banque Selby et placées à son crédit, pour la maison et pour toi. Je lui ai écrit si vite, de Plymouth, de façon qu'il soit prêt à t'attendre. Maintenant, au moins, il aura de quoi acheter du charbon et, ma chérie, tout ce dont tu peux avoir besoin. Tu n'auras qu'à demander. Ce n'est pas grand-chose, je le sais, mais Wheeler n'est pas dépensier... »

Daisy relut ce qu'elle appelait les passages tendres de sa lettre, s'efforçant à la joie, la légèreté. Elle ne pouvait rien lui reprocher, beaucoup de mots tendres, de projets d'avenir. C'était une lettre merveilleuse, mais elle ne parvint pas à dissiper sa tristesse. Le fait que Hugo la croyait bien installée et choyée lui causait au contraire une amertume à laquelle elle n'était pas habituée. Il ne se rendait pas compte ! « Tout ce dont tu peux avoir besoin, ma chérie »... « Tu n'as qu'à demander ! »... « pas dépensier ! »

Elle pensa aux luttes du mois passé — le deuxième, elle le savait à présent, de sa grossesse.

Wheeler était persuadé que sa femme pouvait être debout et à l'œuvre au bout de quelques jours. Elle l'avait toujours fait et, cette fois-ci, il n'y avait pas de bébé à nourrir.

— Elle doit rester couchée une semaine au moins, dit Daisy. Je ferai son travail.

Alors, pour la seule et unique fois depuis qu'elle le connaissait, Wheeler rit. Un rire très désagréable.

— Vous avez quelquefois plumé et vidé un poulet ?

— Non. Mais ça peut sûrement attendre une semaine.

Il reprit son air rogue pour répliquer :

— Parlez pas de ce que vous savez pas ! Un client c'est un client !

Et ce fut par respect pour ses clients qu'il ne fit ni plumer ni vider ses volailles par Daisy. Tout le reste de ce qu'avait fait Mme Wheeler, elle était supposée le faire et c'était beaucoup trop, bien qu'elle fût plus jeune et plus vigoureuse, comme elle s'en était vantée, autrefois. Suivant les instructions de la pauvre femme alitée et qui se sentait coupable, elle réussit à s'occuper de la laiterie et même à faire le beurre. Elle cueillit haricots et framboises, ramassa et lava les œufs. Elle fit la cuisine et peut-être était-ce le plus difficile avec si peu de marchandise et de si mauvaise qualité.

— Ce morceau de bacon est tout vert, M. Wheeler.

— Je vais enterrer ça, répondit-il exactement comme il avait fait pour le petit cadavre.

Avec tant de cochons et de volailles aux alentours cela semblait extravagant et Daisy qui ne s'était, jusqu'à présent, jamais montrée sarcastique répliqua :

— Les cochons ne pourraient pas le manger ?

— C'est nous qui le mangerons. Deux jours en terre et ça fondra comme du beurre.

Puis vint la question du régime de la malade. Daisy se souvenait de toutes les bonnes choses dont on l'avait gâtée après la naissance de Margaret. Impossible ici mais au moins Mme Wheeler pouvait-elle avoir du bouillon de poule, du concentré de bœuf et du vin rouge. Elle avait du bon lait à sa disposition, Daisy n'ayant pas renoncé à celui qu'elle avait commandé pendant le séjour de Margaret. Wheeler consentit, non sans peine, à sacrifier un vieux coq. Daisy consacra l'argent qui lui restait à l'achat du concentré de bœuf, du vin rouge et de l'eau-de-vie dont elle avait besoin plus que jamais. Elle travaillait comme une brute, attendait une nouvelle lettre de Hugo et comprenait peu à peu qu'à présent qu'elle était enceinte, elle était clouée à Amblebury. C'était là une perspective démoralisante.

Elle avait toujours eu l'intention d'y rester jusqu'à l'arrivée de la lettre de Hugo, puis de trouver à se loger ailleurs. Au début, elle avait cru que la vente de ses bijoux suffirait à la faire vivre. Elle n'avait pas surestimé leur valeur, mais ce que l'on en tirerait. Parfait, eh bien elle travaillerait. Comme toujours, quand elle cherchait à dresser des plans pour l'avenir ils restaient vagues. Elle ne savait pas exactement où et ce qu'elle ferait, mais elle trouverait quelque chose. Et puis, l'année prochaine, en mai, à l'époque où Hugo devait revenir, elle retournerait à Amblebury. Le fait d'attendre un enfant changeait tout. Il lui fallait rester où elle était assurée d'être logée et à peu près nourrie, conserver ce qui lui restait et faire preuve de patience. Et elle devait cesser de boire. A présent qu'elle avait reçu la lettre de Hugo, il n'y avait aucune raison de se consoler dans l'alcool. C'était mauvais disait-on pour les femmes enceintes. Et elle ne pouvait plus se permettre d'en acheter.

Quand la lettre arriva, la moisson battait son plein. Mme Wheeler était levée, avait repris son travail et Daisy lui répétait : « Asseyez-vous, je vais faire ça ». A moins que Wheeler fût dans les parages, sa femme acceptait généralement qu'elle l'aide, mais toujours à contrecœur et parfois fondait en larmes.

— Je sais pas pourquoi je me remets pas comme il le faudrait. J'ai plus aucune force.

— Voyons. Ça ne fait qu'un mois. Et vous vous êtes levée trop tôt.

— C'est pas l'avis de M. Wheeler. Il dit que je suis restée couchée trop longtemps. Ça vous affaiblit peut-être, mais ça peut pas vous faire mal dans le dos tout le temps... pas comme quand on est fatigué. Et il n'y a pas de raison que...

Là-dessus, elle mentionna un symptôme alarmant.

— Mme Wheeler, il faut voir un médecin.

— Oh non !

Daisy lui aurait suggéré de caresser un chien enragé qu'elle n'aurait pas eu l'air plus effrayée.

— ... Songez à ce que ça coûte.

— Je paierai, déclara Daisy, inflexible.

— Je pense pas que ça plaira à M. Wheeler.

Au bout de tant d'années, elle connaissait encore mal son mari. Du moment qu'il n'aurait pas à payer il ne voyait aucune objection à consulter un médecin qui redonnerait peut-être des forces à Bella. Et les femmes étant les faibles créatures que l'on sait, la mention : « docteur 2 livres » — n'attirerait pas d'attention particulière dans les comptes qu'il se proposait de présenter. Mais avant que Daisy puisse se permettre de payer un médecin six ou sept pence pour une visite à domicile, il lui fallait de l'argent. Et un peu pour elle.

— M. Wheeler, j'ai besoin de cinq livres. Prises sur l'argent du capitaine Stirling.

— Quel argent ?

— Je vous ai montré le passage de sa lettre où il disait vous envoyer cent livres pour que j'ai tout ce que je désire.

— L'argent ça vole pas, répondit Wheeler qui ne prit pas la peine d'ajouter : « Sauf avec des femmes incapables comme celle-là ».

— ...Ça peut prendre des mois. Je vous l'ai dit, à l'époque. Si vous voulez cinq livres, je vous les prête. Ça fera cinquante cinq.

— Je ne vous comprends pas. Vous m'avez prêté cinquante livres, mais en échange de ma bague en diamants. Elle vaut bien davantage.

— Je dis pas le contraire. Mais faut trouver un acheteur. Des choses comme ça... la bonne époque pour vendre, c'est *après* les moissons.

— Si vous n'avez pas pu la vendre, où est-elle ? Rendez-la moi. J'essaierai moi-même.

— Pas possible. L'homme que je croyais qui l'achèterait il l'a emportée à Londres voir s'il pouvait faire mieux. J'ai pas de nouvelles depuis. Alors vous me devez cinquante livres. Compris ?

— Entendu. Prêtez m'en cinq pour le moment.

Et allez au diable ! Attendez un peu que le capitaine Stirling soit revenu !

Wheeler s'était préparé depuis longtemps au retour de Stirling. Depuis l'époque où il avait été nommé gardien. Le terrain qu'il avait en fermage à raison de vingt livres par an était séparé de la vaste demeure par deux prairies qui servaient autrefois aux chevaux des Stirling et, à présent, de pâturage à ses vaches. Cela comprenait une petite maison, celle où tous les enfants Wheeler avaient vu le jour et les bâtiments entourant habituellement une ferme, granges, étables, soue à cochons, écurie et abri pour les charrettes. De tout cela, Wheeler avait gardé l'usage de sorte qu'il faisait valoir deux exploitations relativement éloignées l'une de l'autre. Il avait installé un locataire à la semaine dans la petite ferme ainsi, quoi qu'il arrivât, les Wheeler ne serait jamais sans toit. Mais il espérait bien ne pas devoir retourner là-bas. Il avait son histoire toute prête pour Stirling. Les vingt livres par an qu'il avait gagnées à ne pas payer de loyer avaient été parfaitement insuffisantes pour maintenir la grande maison en,bon état, aussi il avait fallu transformer le jardin, en tirer parti. Et seules les réparations les plus urgentes avaient pu être effectuées, bien qu'il ait naturellement fait de son mieux, il s'était même sacrifié, ainsi que sa famille. Face à une maison en ruine, sans jardin, ne convenant absolument plus pour qu'un gentilhomme songe à en faire sa résidence, Wheeler était persuadé que le capitaine Stirling accepterait l'offre qu'il était prêt à lui faire... Et alors un rêve fou, conçu à un âge où les garçons sont portés à en faire, prendrait corps. Wheeler serait propriétaire de Amblebury.

VINGT ans plus tôt n'importe où, et maintenant dans une région plus rurale, ou entre les mains d'un médecin plus conservateur, Mme Wheeler aurait été condamnée à la vie de semi-invalidité qui, trop souvent, suivait un accouchement difficile ou des naissances trop nombreuses, trop rapprochées. On appelait cela une maladie de femme. Mais le siècle en était à sa sixième décade, l'endroit Birmingham et le médecin que Daisy avait choisi à l'aveuglette était jeune, prêt à toutes les expériences et libre des vieux préjugés tenaces touchant à l'obstétrique.

Il examina Mme Wheeler installée dans la chambre de Daisy, dans le lit de Daisy et portant une chemise de nuit de Daisy car elle avait dit des siennes :

— J'aurais un peu honte qu'un étranger les voie...

Cela n'aurait du reste eu aucune importance, car le Dr Acey ne vit que sa malade. Une femme très faible physiquement, mère de six enfants — il avait posé la question — qui avait accouché de ce qu'il appelait un enfant de la ménopause, mort-né — il s'était également informé à ce sujet — et qui en payait les conséquences. Qu'un enfant se fasse une entorse et il pouvait trotter comme un lapin au bout de huit jours ; la même entorse pouvait immobiliser quelqu'un de plus vieux pendant des semaines et laisser une faiblesse permanente.

Mais on pouvait intervenir en ce qui concernait le mal dont souffrait Mme Wheeler et le jeune médecin était préparé à le faire. Cependant, il faudrait, pour cela, que la malade entre à l'hôpital et y reste probablement quinze jours.

— Pensez donc que vous pourrez vous reposer complètement, dit Daisy.

— Oui. Mais vous ?

— Cela ira très bien. Et je m'occuperai de la famille parfaitement.

Elle avait fait exprès d'insister, car pendant la période où Mme Wheeler était restée couchée et que Daisy l'avait remplacée, elle avait hésité à faire ou à dire quelque chose pouvant irriter Wheeler. Elle le savait, il se vengerait sur sa femme. La soumission totale de celle-ci, son air de chien battu, sa peur d'être surprise assise à boire une tasse de thé, ou même à bavarder, témoignaient d'une longue période d'intimidation. Le comportement des enfants également. Jamais Daisy n'avait vu Wheeler agir avec brutalité, il élevait rarement la voix, mais tout le monde dans la maison avait peur de lui. Sauf moi se disait Daisy.

Mme Wheeler n'était pas à l'hôpital depuis plus de vingt-quatre heures que Daisy, elle aussi, eut peur.

Elle avait fait le pain, comme d'habitude, mais dans l'après-midi, car elle avait conduit la malade à l'hôpital. Et voilà qu'à la place des pommes de terre cuites au four en même temps que le pain, elle servait huit pâtés au mouton. Bien que se sentant démoralisée, elle avait retrouvé son appétit et, sans raison aucune, elle avait eu envie de pâté au mouton. Sa mère les réussissait à merveille et même les gens disposant de tout les appréciaient — bien que dans les maisons normales la pâte fût meilleure parce que faite avec de la farine blanche.

— Qu'eq' c'est qu' ça ? demanda Wheeler qui, chef de famille, fut servi en premier.

— Un pâté au mouton. Nous en avons chacun un.

— Du mouton !

Il avait donc fallu acheter de la viande ! Wheeler élevait quelques moutons, mais ils n'étaient jamais tués sur place ; ils étaient vendus au boucher du village et Wheeler recevait, en prime, la partie la moins noble, le collet. Mais il n'avait pas vendu de mouton ces temps derniers, donc cette viande avait été achetée. Songeur, il coupa son pâté en deux, une bonne odeur mêlée d'un peu d'oignon monta jusqu'à ses narines et un peu de sauce se répandit dans son assiette.

— La moitié chacun, décréta-t-il. Le reste servira de casse-croûte demain.

Cela voulait dire que ce serait mangé dehors, pendant une pause dans les champs, évitant ainsi de rentrer à la maison pour le déjeuner.

Soumis, les enfants divisèrent leur part et, furieuse, Daisy accepta la moitié de celle de Wheeler. Mais il ne s'en tint pas là. « Allez vous coucher ! » ordonna-t-il aux siens et ils ne demandèrent pas leur reste. « J'ai un mot à vous dire », ajouta-t-il s'adressant à Daisy. Mais le mot en question ne concernait pas seulement l'achat de la viande.

— Maintenant, écoutez, on met les choses au point. J'aime pas qu'on s' mêle de mes affaires et vous avez fait que ça depuis que vous êtes ici. Vous vous êtes mêlée de l'accouchement de ma femme et vous pouvez vous vanter d'avoir fait du beau travail. Discutez pas ! Le bébé est mort et maintenant elle est à l'hôpital. Pas vrai ? Maintenant faut que vous vous mêliez du manger. Faire des frais chez le boucher et mettre des idées dans la tête de mes gosses. Je vous le dis, pas d' ça chez moi ! Le capitaine Stirling il m'a écrit et il m'a dit de loger et de nourrir une dame. C'est ce que j'ai fait. Ça vous convient pas. D'accord, allez ailleurs. Mais d'abord vous me payez ce que vous me devez.

— Je ne vous dois rien, Monsieur Wheeler.

— Ah. Eh bien on va voir ça.

N'étant pas absolument certain qu'elle fût matée, il n'ajouta pas : « Donnez-moi mon livre de compte. Il est dans le tiroir du buffet. » Il se leva et, d'un pas pesant, traversa la pièce. Il ouvrit le tiroir, sortit son livre et, après s'être humecté le pouce, tourna les feuillets et commença l'énumération d'une liste très précise — exacte à certains endroits —, en effet elle avait commandé du lait et une nourriture convenable pour Dodger — mais fausse dans sa plus grande partie.

— M. Wheeler, vous savez aussi bien que moi... pour chaque sou... vous avez eu le collier et le bracelet, et la bague.

— Alors ce sera votre parole contre la mienne ?

Brusquement, Daisy se rendit compte de l'étendue de l'âpreté impitoyable de Wheeler et de sa propre faiblesse et elle eut peur. Pas un ami au monde. Juste Hugo, très loin, hors d'atteinte et qui ne serait pas revenu avant le mois de mai alors que le bébé, lui, devait naître en février.

CHAPITRE VI

Mme PASKE N'AVAIT PAS BEAUCOUP D'AMIS, MAIS ÉNORMÉMENT D'EMployeurs en puissance quand Sir Charles mourut et que tout le monde apprit la façon mesquine dont il l'avait traitée. Après tant de services dévoués, seulement cent livres ! Mais tout le monde avait quelque parent âgé ayant besoin de quelqu'un capable de donner des soins dévoués et de diriger une grande maison comme elle l'avait fait à Wichfield. Un tel choix était même gênant. Mais elle avait gardé son respect professionnel pour les médecins et accepta de s'occuper de la sœur du docteur Mc Gibbon seulement un peu handicapée par des rhumatismes.

Les George Skelton vinrent s'installer et, sous le commandement de Lucy, tout se passa comme elle l'avait prévu. Après avoir fait un aussi bel héritage il leur était difficile de refuser de payer pour l'entretien de la pauvre Lady Overton dans un endroit du nom de Petwick.

— Evidemment, dit Lucy, nous ignorons encore à combien s'élèveront ces frais. S'ils sont exorbitants, nous trouverons quelque chose de meilleur marché, ailleurs.

— Non. Nous devons nous en tenir aux termes du testament, répondit George.

Ils s'attendaient à recevoir une facture à la fin du trimestre. Rien. Ni au bout de six mois. George, qui même quand il tirait le diable par la queue n'avait jamais dû un sou à personne, se tracassa. Venu voir Me Copeland à un autre sujet, il lui mentionna cette affaire.

— J'ignore tout, répondit le notaire. A part les dispositions prises pour pourvoir aux besoins de Lady Overton, Sir Charles n'a jamais parlé de ce qui devait être un grand chagrin pour lui. Et ce n'était pas à moi de le faire.

— Où se trouve ce Petwick ?

— Je ne sais pas exactement. Quelque part dans le Kent, je crois. Désirez-vous que je m'informe ?

— Ma femme s'en chargera. Elle sait très bien comment s'y prendre.

Lucy, après quelques tâtonnements, écrivit une lettre froide demandant des renseignements et reçut une réponse rapide. Aucune

Lady Overton ne résidait, pour le moment, dans l'établissement de Petwick et, d'après les registres, n'y avait jamais été. Cette réponse satisfit entièrement Lucy, mais tracassa George.

— Après tout, ma chérie, je ne peux pas oublier que c'est son malheur qui a fait notre bonheur.

Il ne pouvait deviner à quel point il était près de la vérité. Il aurait été extrêmement troublé si, en parlant d'Hébé : « Je me demande ce qui s'est passé. Charles l'a-t-il fait inscrire sous un autre nom ? Est-elle morte ? Est-elle guérie et est-elle partie ? » Il avait pu se rendre compte par quelque moyen magique de ce qui était arrivé à Lady Overton.

CHAPITRE VII

PERSONNE, AVEC LA MEILLEURE VOLONTÉ DU MONDE, DE L'ÉNERGIE, DE la vigueur, de la détermination ne pouvait faire grand-chose pour la cuisine d'Amblebury. Elle répandait la même odeur que lorsque Daisy y était entrée pour la première fois. Le sol venait-il d'être lavé et tout le monde rentrait dans la pièce les semelles couvertes de boue et de fumier. La table et le buffet étaient-ils fraîchement cirés et quelques minutes suffisaient à les salir à nouveau car on y posait les volailles destinées aux sacro-saints clients, un lapin ou quelques pigeons pour la famille, à plumer, à dépouiller, à vider. L'odeur permanente et tenace des oignons et des pelures de pommes de terre cuites qui mélangées à de la farine servaient à engraisser les poulets réputés pour leur chair tendre et dodue.

Personne, avec la meilleure volonté du monde et, au début, déterminé à lutter contre la ladrerie de Wheeler, ne pouvait améliorer la qualité des repas. Wheeler comptait sou par sou et entendait continuer jusqu'au jour où il pourrait faire ce qu'il pensait être une offre irrésistible. Le fait que l'échéance fût retardée lui convenait parfaitement, cela lui donnait davantage de temps pour économiser et augmentait ses chances de victoire. Le cours des étoiles avait joué et continuait de jouer pour lui.

Mme Wheeler était morte sur la table d'opération. L'emploi du chloroforme se faisait encore au petit bonheur et le jeune médecin bouillant, seul à y connaître quelque chose, s'était peut-être trompé dans ses calculs. A moins que Mme Wheeler voyant enfin l'espoir de se reposer à jamais s'y soit accrochée.

— Maintenant, vous voyez c' que vous avez réussi à vous mêler de c' qui vous r'garde pas ? dit Wheeler.

Son orgueil l'obligea à accorder à sa femme des funérailles décentes, mais chaque sou déboursé lui fit mal, bien qu'il les fît entrer dans son livre de comptes sous la rubrique de : « Mme Johnson, dépenses diverses. »

Son emprise sur Daisy s'affirma comme celle qu'il exerçait sur Amblebury. En septembre, sa grossesse commença à se voir et, dès qu'il la remarqua, il décida que quelqu'un pouvant se servir de ses yeux et de ses mains pouvait plumer un poulet et quand on pouvait en plumer un on pouvait en plumer une douzaine. Le fait que la jeune femme fût enceinte le confirma dans ses soupçons : ce n'était qu'une maîtresse abandonnée à laquelle personne ne s'intéressait. C'était d'autant plus évident que l'argent promis n'arriva pas. Semaine après semaine, Wheeler pénétrait de son pas pesant dans la banque Selby, endroit déplaisant à ses yeux, et demandait des nouvelles des cent livres que le capitaine Stirling avait promis de mettre à son crédit. Au début on lui expliqua poliment que de l'argent déposé dans une banque étrangère mettait un certain temps avant d'arriver à Birmingham converti en monnaie anglaise. Ensuite, les semaines passant, la politesse s'estompa et ce fut simplement : « Non, M. Wheeler. »

Evidemment, pensa celui-ci, amer, ces cent livres n'existaient pas et n'avaient jamais existées ! Là non plus, il ne se trompait pas tout à fait. Les Espagnols, comme l'avait fait remarquer Hugo Stirling, tenaient beaucoup à leur dignité et cet Espagnol anonyme de Las Palmas tout soudain mis face à face comme avec un fantôme, avec un homme qui, autrefois, lui avait prêté dix livres avait été sauvé par une promesse. Deux cents livres. Intérêts composés. Indigo. Tout cela avait sonné parfaitement au cours de cette rencontre due au hasard, mais ce n'était que des mots et Hugo s'en était rendu compte, une fois sa lettre partie.

— Vous voyez, dit Wheeler, ça sert toujours de prendre ses précautions ? Et si j'avais commandé du charbon, hein ?...

Daisy, après être passée par l'inévitable période de démoralisation d'un début de grossesse, en était arrivée à la phase euphorique. Cet enfant était celui de Hugo, conçu dans l'extase au milieu des fleurs, de l'herbe parfumée ou dans un lit à Plymouth. Il — elle pensait toujours au bébé comme à un Hugo en miniature — ne devait manquer de rien, ni avant, ni au moment, ni après sa naissance.

Elle n'avait jamais été habile aux travaux d'aiguille, mais, après tout, n'importe qui capable de plumer et préparer une volaille à la satisfaction de Wheeler, devait être en mesure de faire n'importe quoi d'autre... avec le matériel nécessaire...

— M. Wheeler, il me faut absolument un peu d'argent. La bague a-t-elle été vendue ?

— C'est mon affaire. Vous en avez touché la valeur.

C'était exact, d'une certaine façon. Mais, à présent, elle ne lui accordait plus confiance et elle décida de tenter de vendre elle-même ce qui lui restait : une paire de boucles d'oreilles, à la dernière mode quatre ou cinq ans plus tôt : cinq petites chaînes d'or en spirales, chacune ornée d'une perle; une broche, cadeau d'anniversaire spécial à une époque où Charles était encore amoureux d'elle : un « H » très bouclé, pour Hébé, « Dessiné spécialement pour vous », avait-il dit alors. Et comme à l'intérieur de l'initiale en or, il y en avait une autre, faite de petits saphirs, la valeur en était moindre.

— Voyez-vous, madame, cela ne conviendrait qu'à une dame dont le nom commence par la même lettre...

Dans l'ensemble, les transactions de Daisy ne lui rapportèrent pas davantage que celles de Wheeler. Mais elle reçut suffisamment d'argent pour acheter flanelle, mousseline et toile, tout ce dont un bébé pouvait avoir besoin au cours des premiers mois de son existence.

Mais, au fur et à mesure que l'année avançait, une autre dépense s'imposait, beaucoup plus importante. Les quarante livres de frais scolaires pour Margaret.

— C'est un bon cabriolet, déclara Wheeler. Pourrait atteindre dans les quinze livres. *Bien* vendu.

Il appuya juste ce qu'il fallait sur le mot pour lui faire comprendre qu'il était au courant de sa tentative d'indépendance et de la façon dont elle avait été dupée. « Et, ajouta-t-il dans ce qui pouvait passer pour un geste de générosité, je vous donnerai quinze livres pour le cheval.

— Et vous le garderez ici ?

Désespérée comme elle l'était, cela lui semblait de la plus haute importance. Elle ne voulait pas voir Dodger réduit à l'esclavage. Ici, au moins, elle pourrait, de temps en temps, lui donner en cachette une poignée de foin ou une pomme, le caresser, l'appeler par son nom. Il ne recevait aucune avoine bien que la mention, « Nourriture pour le cheval » apparût régulièrement dans le livre de comptes de Wheeler. Mais il travaillait fort peu.

— Pourquoi pas ? Mon vieux bourrin a fait son temps.

Ce n'était pas une pespective d'avenir réjouissante pour Dodger, mais Daisy n'avait pas le choix.

— Très bien.

Alors, bien sûr, Wheeler annonça qu'il déduirait les quinze livres de ce qu'elle lui devait. Là, alors, elle réagit.

— Non. Cela ne me servirait à rien. Il me faut au moins quarante livres à Noël. Et je suis sûre que si je vendais Dodger et mon cabriolet ensemble je les obtiendrai.

Cela ne faisait aucun doute — et Wheeler perdrait l'occasion d'avoir un bon cheval à bas prix.

— Entendu, alors. En liquide. Je vous donne trente. Les dix autres, je vous les prête.

Cela assurerait l'avenir de Margaret jusqu'à Pâques. Daisy se refusa à envisager quoi que ce fût au-delà du mois de mai, sauf qu'alors Hugo serait revenu et que tout irait bien. Mais, dans l'immédiat, il lui fallait songer à la nécessité de retenir Mme Saunders qui, bien sûr, devrait être payée.

Pas encore totalement soumise, Daisy aborda la question de gages avec Wheeler. Lui dont l'expression renfrognée changeait rarement, devint l'image de la stupéfaction.

— Vous gagnez votre pension.

— Je gagne bien davantage et vous le savez. Vous ne trouveriez nulle part au monde une femme qui ferait tout ce que je fais pour un lit et une nourriture infecte ! D'autre part, le capitaine Stirling a promis de vous payer.

— Comme il m'a promis cent livres. Et puis, est-ce qu'on sait quand il reviendra, ou s'il reviendra.

Non seulement cela la réduisit au silence, mais la fit fondre en larmes. Après avoir bien chialé, les femmes mettaient les pouces, il en avait fait l'expérience avec Bella. Aussi laissa-t-il Daisy pleurer un peu avant de demander brutalement :

— Pour quand c'est que vous l'aurez le gosse ?

— Février. Vers la fin du mois.

— Alors, je vais retenir Mme Saunders. Inutile d'avoir un autre accident.

Elle l'en aurait presque remercié.

CHAPITRE VIII

LE CAPITAINE HUGO STIRLING AURAIT-IL ÉTÉ CAPABLE DE PENSER COMME il se mourait d'hématurie aux environs de Maracaibo qu'il se serait dit : « Quelle ironie ! Me voilà sur une piste vieille de près de trois siècles, pratiquement certain de toucher à un but que j'ai à portée de main et je suis incapable de me tenir debout ».

Mais, à en juger par ce qu'il parvint à murmurer au seul membre de son équipage qui lui soit resté fidèle, il n'y pensa pas ; pas plus que sa dernière pensée n'alla à sa maison, ou à son amour. Son esprit n'était occupé que de frégates. « Il nous faut davantage de frégates. Où sont les frégates ? » Et puis il cessa de s'en préoccuper et s'éteignit.

C'était là un sort trop commun pour attirer l'attention de qui que ce fût dans une région primitive et sans organisation. En outre, depuis qu'il avait quitté la marine, il avait mené une existence si errante, ne rendant de compte à personne que sa mort ne provoqua pas davantage de remous, ne laissa pas de plus grand vide que lorsqu'une feuille tombe d'un arbre. Même ce qu'il laissait en Angleterre, une maison décrépite et un peu moins de cent acres n'intéressait personne, sauf Wheeler. Son seul héritier était le jeune Lord Fenstanton qui avait toutes les terres et tout l'argent dont il avait besoin et qui aurait eu du mal à situer Birmingham sur une carte.

Seule Daisy, comptant semaines mois et années, chérit un souvenir qui survécut à l'espoir, et l'espoir eût bien du mal à mourir.

Son bébé, un garçon, naquit en février et Wheeler, d'une générosité inhabituelle de sa part, engagea Mme Saunders pour quinze jours inscrivant dans son livre de comptes : bébé etc. : 10 livres.

Jamais Daisy n'aurait cru que la cuisine pût être pire qu'elle ne la connaissait. Mais elle le devint pendant le règne de Mme Saunders et la jeune femme reprit pied dans un monde misérable et crasseux et dut faire face à ce qui avait été un cauchemar pour Bella Wheeler : tout le travail, plus la charge du bébé. Mais à cette différence près que, pour elle, le bébé n'était pas un fardeau. Il lui fut une joie, une inépuisable source de plaisir au cours d'une période particulièrement difficile qui commença un peu avant Pâques. Timidement, elle demanda un nouveau prêt de quarante livres pour la pension de Margaret à Wheeler. La réponse de celui-ci fut catégorique : « Non ». D'après ses comptes, elle était déjà fortement endettée.

— Mais nous sommes en avril, M. Wheeler. Le mois prochain le capitaine Stirling sera rentré. Il a dit un an, ou moins s'il le pouvait.

— Alors on peut attendre, hein ? répondit l'autre avec ce qui ressemblait à une grimace.

— Mais vous ne comprenez donc pas. J'ai promis de payer d'avance. Si je ne le fais pas, on ne la gardera pas. Il faudra qu'elle revienne ici.

— Et où sera le mal ? Elle pourra se rendre utile.

Une autre enfant — esclave ! Tout, mais pas ça !

Daisy écrivit à Mlle Florence, demandant qu'on l'excuse pour le retard. Elle n'avait pas encore touché certaine somme qu'on lui devait, mais elle paierait la pension à la fin de mai au plus tard. Les sœurs tinrent conseil et se montrèrent d'accord pour attendre.

Mai arriva. Ce mois, dont le nom seul avait brillé comme une lumière au fond d'un long tunnel. En dépit de sa vie épuisante, Daisy commença à prendre soin de son apparence. Un shampoing hebdomadaire aux œufs — des œufs chapardés — et chaque soir un long brossage alors que son corps harassé réclamait le sommeil — rendirent lustre et beauté à ses cheveux. Mais, du moins le croyait-elle, son visage et son corps s'étaient abîmés. Elle était beaucoup plus mince et quand, anxieuse, elle se regardait dans une glace, elle pensait y voir une ressemblance troublante avec Mme Wheeler. Tout cela, pensait-elle, c'est parce que j'ai l'air inquiet. Elle se lissait le front avec le doigt, forçait sa bouche à sourire. Il ne fallait pas non plus qu'elle se voûte. De temps à autre, au cours des journées interminables, elle se redressait, corrigeant cette impression de chercher un autre travail à exécuter avant d'avoir terminé celui qui était en route.

Elle tirait une grande joie de son bébé et se consolait avec l'idée que même si Hugo la trouvait moins jolie, elle aurait son fils à lui montrer, un bel enfant potelé et sage. L'imagination lui était un réconfort aussi. Hugo reviendrait. Sir Charles était mort, ou ne tarderait pas à mourir et Eugénie accepterait le divorce. Alors, Hugo l'épouserait et ils seraient heureux pour toujours.

Les trente et un jours du mois de mai s'en furent et juin commença. Daisy fut déçue, mais non pas désespérée. Sur des distances aussi longues, un retard n'était pas forcément inquiétant. Elle aurait beaucoup donné pour avoir quelqu'un à qui se confier, partager ses réflexions, ses espoirs et, le temps passant, ses craintes. Mais Wheeler se contentait de remarquer : « On saura bientôt » ou « Il est peut-être arrivé quelque chose ».

Mais quant à consentir un autre prêt, il se montra intraitable et presque disert.

— On dirait que vous croyez que j' le fabrique, l'argent. Eh bien non. J' peux pas continuer à prêter comme ça. Presque tout c' que j'ai fait c'était pas prévu. Et rien ne m' prouve que j' serai jamais remboursé. Ça fait plusieurs semaines de retard, hein ? C' qui faut, c'est faire venir la fille ici.

L'année précédente, elle avait eu sa voiture et Dodger. A présent, elle n'avait rien.

— Il y aura le billet de chemin de fer, dit-elle, humblement.

— J' peux l'avancer, mais c'est tout.

Et ce fut le début d'un tel cauchemar que les journées les plus tristes de l'année passée parurent heureuses en comparaison. La lueur au bout du tunnel s'éteignit. L'espoir d'être sauvée s'éteignit. Daisy était à présent aussi isolée du monde extérieur que si elle avait été abandonnée dans une île déserte. Le marchand ambulant lui-même avait cessé de s'arrêter. Les prix avaient augmenté, peu à peu, mais avec régularité. Wheeler refusa d'en tenir compte préférant accuser Daisy de gaspillage. Il était parfaitement inutile de lui faire remarquer :

— Mais regardez, j'ai acheté exactement la même chose que la semaine dernière, mais cela m'a coûté quatre pence de plus.

Ensuite six pence, puis sept.

— Il nous vole, parce qu'il sait qu'il n'y a pas de commerçant sur place. Dorénavant je ferai le marché moi-même en portant mes marchandises. Ça me fera perdre du temps, mais économiser de l'argent.

Et Margaret posait un problème. Elle avait détesté Amblebury quand elle y était invitée. A présent tout avait changé, en pire. L'enfant était grande et plutôt délicate. Mais Wheeler, cet homme horrible, déclara que rester assise à un bureau ne servait à personne. Le travail en plein air lui ferait du bien.

— Elle n'est pas habituée ? Elle s'y fera !

Sous sa férule, les gens maladroits apprenaient vite, sans quoi ils n'avaient pas à manger. Il le démontra clairement un soir que Daisy servait les parts de pâté de lapin — plaisir rare.

— Non, dit-il étendant le bras et enlevant l'assiette de Margaret. Elle n'a pas gagné son pain aujourd'hui, encore moins de la viande.

— Elle peut avoir ma part.

— Vous avez besoin de vos forces. Asseyez-vous. Pas de discussions.

La nouvelle cousine Hébé, tellement changée, obéit.

— Qu'on lui donne un morceau de pain.

Margaret le prit, avec apathie, mais dignité. Daisy, à la regarder, se souvint de Jack Skelton, presque oublié à présent mais qui avait tendance à reparaître dans ses rêves de temps à autre. Elle évitait d'y penser dans la journée car il évoquait des jours heureux qui ne reviendraient jamais. Jack n'avait jamais pris garde à ce qu'il mangeait, quand et s'il mangeait. Sa fille souffrait peut-être moins de cette privation mesquine qu'elle-même.

En vérité, Margaret avait pire à supporter que le manque de dîner. Et c'était le comportement des enfants Wheeler à présent qu'elle était réduite à leur niveau. Pour Daisy et pour sa fille ils n'avaient jamais donné l'impression d'être des enfants. Vieillis avant l'âge, c'étaient des adultes en miniature travaillant comme des fourmis. Mais c'était bien des enfants, malheureux et désireux de rendre la nouvelle venue malheureuse elle aussi. Au cours de sa première visite, Margaret avait eu fort peu à faire à eux. A présent, elle travaillait avec eux et, bien que manquant de temps et d'énergie pour la maltraiter, ils trouvaient le moyen de se moquer d'elle, appuyaient sur la moindre de ses erreurs, imitaient sa façon de parler et de se tenir à table. Mais jamais, bien sûr, en présence de leur père.

Margaret supporta beaucoup de choses sans se plaindre à cousine Hébé en laquelle elle avait, à présent, beaucoup moins confiance. Mais aux bousculades et aux brimades s'ajouta un nouvel élément inquiétant. Bert Wheeler allait avoir dix-sept ans. Il lui était interdit de tripoter ses sœurs, il le savait, mais Margaret n'était pas sa sœur et elle était très jolie... Un jour, celle-ci se précipita dans la cuisine, en larmes, fait assez rare pour retenir toute l'attention de Daisy malgré son travail.

— Que se passe-t-il, ma chérie ?

— Bert Wheeler. J'ai peur de lui.

Morte de honte, elle expliqua pourquoi. C'était là une situation assez fréquente dans certaines communautés rurales ou dans les taudis citadins, mais Daisy elle-même n'avait jamais eu à y faire face. On lui avait enseigné à tenir à distance hommes et jeunes gens, mais elle était la fille du menuisier et l'on respectait et craignait Benjamin Holt. De la protection de son père elle était passée à celle de Sir Alfred Langton donc pratiquement intouchable... Elle écouta, compréhensive et horrifiée, l'histoire haletante racontée par la petite fille. Au début, tous les jeunes Wheeler avaient été horribles. Lorsqu'elle avait été chargée d'aider à charger une des voitures à bras que Betsy et Elsie transportaient dans le quartier, elles la poussaient de façon à écraser Margaret contre le mur ; ou bien la lui faisaient rouler sur les pieds. Et quand elles ramassaient des pommes de terre, elles prenaient les siennes pour les mettre dans leurs sacs. Toute une série de persécutions minables infligées à quelqu'un n'appartenant pas à la tribu. Et Bert était devenu aimable... en apparence du moins, jusqu'au moment où il l'avait emmenée dans l'étable...

— Il a dit qu'il avait quelque chose à me montrer. Mais ce n'était pas ça. Cousine Hébé, il a dit... il a dit...

— A-t-il *fait* quelque chose ?

Non il n'en avait pas eu le temps. En fait, la première et maladroite tentative amoureuse de Bert n'avait pas été au-delà de : « Montre-moi ta culotte » lorsque Wheeler, après avoir vendu ses produits avec bénéfices et fait des achats avec parcimonie était entré dans la cour.

— N'aie pas peur, Margaret. Cela ne se reproduira pas. Je te promets que j'en parlerai à M. Wheeler.

La petite fille avala sa salive avec peine.

— Si vous pouviez le faire... sans parler de la culotte... — C'est un mot que nous n'avons pas le droit d'employer.

Daisy parla à Wheeler, lequel parla à Bert et le menaça de la cravache.

— Tu la pelotes, elle ou quelqu'un d'autre et tu as droit à la cravache, mon garçon.

Cet instrument était rarement employé, rarement mentionné,

mais il était toujours là, symbole de l'ultime sanction. Un seul mot suffit à éteindre ce qui avait inspiré chez Bert Wheeler son assez lamentable tentative de séduction. Cependant l'incident n'en resta pas là.

Le sexe n'avait jamais joué un grand rôle dans la vie de Wheeler. Il avait épousé Bella parce qu'un homme a besoin d'une femme et d'un fils pour continuer la tâche entreprise. Bella avait, de plus, une réputation de bonne cuisinière, elle n'était pas vilaine à regarder et ne discutait pas. Au bout de quelques mois de mariage les relations sexuelles qu'il avait eues avec elle ne signifiaient pas davantage qu'une évacuation des intestins.

De temps à autre, l'idée l'avait effleuré d'épouser Mme Johnson mais, tout d'abord, il lui fallait se rendre compte de la façon dont elle s'adaptait — assez bien ma foi — et, bien sûr, si les choses se passaient comme il l'espérait et qu'il entre en possession d'Amblebury il pourrait se permettre de viser plus haut que la première fois. Mais, à part une ou deux évocations lubriques, il ne s'était pas attardé sur le sujet. Mais, après la tentative de Bert de lutiner la fille de Daisy — pas une seconde il n'avait douté de leurs liens, Wheeler se mit à penser à la mère.

— Alors, dit-il, un soir, Noël revient et on n'a toujours pas de nouvelles.

— Non, répondit Daisy, morne.

Elle cousait et de ce fait était restée dans la cuisine qui présentait au moins l'avantage d'être chaude. Wheeler s'attardait rarement après le dîner et, à moins d'avoir quelque observation désagréable à faire, parlait peu. Ce soir, il se montra loquace.

— Vous ne m'avez jamais dit grand-chose. Juste qu'il voulait que vous veniez ici. Je ne sais même pas si vous êtes veuve ou pas.

— Quelle importance cela a-t-il ?

— Ça peut en avoir. J'ai remarqué que vous avez baptisé le garçon comme *lui.*

Cela n'appelait pas de réponse et elle se tut, continuant d'aligner les points et voyant s'allonger devant elle un tunnel interminable, sans aucune lueur au bout.

— ... Au fond, déclara Wheeler brutalement, il vous a mis dans de beaux draps. Et vous saviez peut-être pas qu'il était marié.

— Naturellement, je le savais, répondit Daisy. Mme Stirling n'a pu supporter le climat anglais et elle a préféré retourner à La Jamaïque.

Wheeler fut surpris qu'elle fût au courant, vexé et en même temps étrangement satisfait par sa façon d'être.

— Ce que je voulais dire c'est que... Il ne pourrait pas vous épouser, même s'il le voulait. Ça f'rait trop d'histoires. Et comme ça s' trouve, il est retourné à La Jamaïque pour y rester. Ça vous est jamais venu à l'idée ?

C'était la dernière hypothèse que lui aurait suggéré son imagination après sept mois d'attente torturante. Elle avait pensé, naufrage, maladie et même ces derniers temps, au cours de ces longues journées d'hiver où tout espoir s'effritait, à la mort. Mais l'idée que Hugo, allant à La Jamaïque pour discuter de son divorce, ait pu, au contraire, consolider son union, ne lui était jamais venue à l'esprit.

Un instant, elle resta immobile, privée de souffle, ne voyant plus rien. Et puis une sensation nouvelle faite de roublardise et d'intérêt naquit en elle.

— C'est possible. Ne vous l'aurait-il pas fait savoir ?

— Pourquoi ? C'est pas mon affaire.

L'affaire de qui ? Qui pouvait savoir ? Qui pouvait nous dire quoi que ce soit ?

— J'aurais pourtant cru le contraire, M. Wheeler. Et l'argent que vous avez dépensé pour *moi ?* Peut-être que le notaire du capitaine Stirling...

— Il en a plus. Il en avait un quand il a vendu des terres. Mais ils ont eu des mots. Non. J'en serai de ma poche avec vous *et* le bébé et maintenant la gamine, mais...

Wheeler connaissait la valeur de la pause dramatique.

— ... Ça ne regarde personne que vous et moi. Et peut-être qu'on pourrait s'arranger. Hein ?

Impossible de s'y méprendre.

CHAPITRE IX

SANS LE SAVOIR, ELLE AVAIT EU DE LA CHANCE, POUR UNE FOIS. L'IDÉE que Hugo l'ait abandonnée aurait pu la briser complètement si elle avait eu le temps de s'asseoir et d'y songer. Or, non seulement elle était surchargée de besogne, mais préoccupée à l'extrême. Elle devait absolument partir avec Margaret et Hugo. Mais pour ce faire, il lui fallait de l'argent.

Elle commença à penser au magot de Wheeler. C'était là le seul argent auquel elle avait quelque espoir d'accès et si elle pouvait mettre la main dessus, elle le ferait sans aucun scrupule.

Il entrait beaucoup d'argent dans la maison, il en sortait fort peu et Wheeler ne faisait pas confiance aux banques. Où le mettait-il ? Elle entreprit une recherche systématique, chaque fois qu'il s'absentait. Le fantôme de Mme Wheeler l'accompagna dans sa quête, car Bella avait parfois songé que l'on ne remarquerait pas immédiatement la disparition d'un demi-souverain soustrait à un magot, si seulement elle le trouvait. La vaste demeure inhabitée offrait d'innombrables cachettes, mais ce ne fut qu'à la fin de février que Daisy fut certaine que l'argent n'était pas *dans* la maison. Alors, où ? Elle commença à noter, pour la première fois, les habitudes nocturnes de Wheeler.

Il fallait, routine habituelle dans toutes les fermes, faire le soir une tournée d'inspection, s'assurer que tout allait bien pour la nuit. En règle générale cette dernière tâche incombait à Bert et à Ted, mais, de temps à autre, Wheeler annonçait : « Je passe l'inspection. » Il prenait sa lanterne et sortait. Dans ces cas-là, il restait toujours absent plus longtemps que les garçons. Il pouvait se charger de ce travail n'importe quel jour de la semaine, mais *toujours* les jours de marché.

Au début du mois de mars, la lune était claire mais souvent cachée par des nuages rapides. La lanterne était facile à suivre. Wheeler n'accorda même pas un regard aux bâtiments qui abritaient les animaux. Il se dirigea directement au bout de la mare. Daisy se dissimula derrière l'étable et regarda. Il posa sa lanterne par terre, s'agenouilla et parut fouiller dans l'eau. Un nuage ayant oblitéré la lune, elle ne put voir distinctement, le rayon de la lanterne était faible et l'homme ne fut pas éclairé pendant quelques instants. Quand il fut de nouveau visible, il ouvrait ce qui ressemblait à une grande boîte. Il plaça quelque chose à l'intérieur, referma le couvercle et disparut à nouveau. Puis il se releva, reprit sa lanterne et entreprit de rentrer. Daisy s'enfuit, revint à la maison.

A présent, elle savait !

Au cours des premiers jours de son emprisonnement, elle s'était intéressée à la maison parce que c'était celle de Hugo et, poussée par ce qu'elle considérait à présent comme de la sentimentalité bête, elle avait été à la recherche de fleurs et avait découvert le potager. Cela mis à part, elle n'avait rien exploré et, pour elle, la mare n'était qu'un endroit où vivaient et se reproduisaient des canards. Et s'il y avait plus dégoûtant que vider un poulet, c'était bien vider un canard !

Maintenant, il lui fallait attendre avant de pouvoir examiner la mare, parce que Wheeler se proposait de planter ses pommes de terre. L'époque traditionnelle pour ce genre de plantation était le Vendredi Saint, mais il n'était pas esclave des traditions et il avait acquis la preuve qu'une livre de pommes de terre venues trois semaines ou quinze jours plus tôt que la plupart valaient deux fois plus cher...

Elle fut obligée d'attendre le marché suivant avant d'inspecter la cachette. Le pan de mur tombait droit dans l'eau et paraissait extrêmement solide. Mais elle s'agenouilla, approximativement à l'endroit où Wheeler s'était agenouillé, se pencha, tâtonnant à la recherche d'une pierre descellée. Quand elle l'eut trouvée, elle céda avec facilité, mais elle était si lourde qu'elle manqua piquer une tête dans l'eau. Elle la posa à côté d'elle avec précaution et tendant le bras dans la cavité en sortit la boîte massive, cerclée de cuivre ; le genre de boîtes dans lesquelles on range l'argenterie dans des compartiments séparés. Ceux-ci avaient disparu et le coffre contenait plusieurs petits sacs de toile, fermés, à l'exception d'un seul, par un lacet. Celui restant ouvert attendait sa part. Wheeler avait rangé ses économies avec méthode, chaque sachet plein contenait exactement cent souverains.

Elle replaça la boîte sans mal, la pierre plus difficilement. Mais elle y parvint et se redressa, haletante comme si elle venait de courir. Le problème avait changé. Ce n'était plus : où ? mais : quand ? Et comment s'assurer qu'elle ait suffisamment d'avance. Elle était à peu près certaine que si elle pouvait atteindre Londres, elle arriverait sans peine à se mêler à la foule. Un quartier comme celui où Jack Skelton avait eu son atelier. Tous les gens, dans des endroits pareils, sont tellement préoccupés par la nécessité de gagner de quoi vivre qu'ils ne prêtent pas attention aux autres. Il ne faudrait pas qu'elle commette l'erreur de dépenser trop au début, les voleurs se font souvent prendre de cette façon et, évidemment, Wheeler mettrait tous les policiers du pays à ses trousses.

Le faubourg était desservi par un omnibus à cheval passant à des heures régulières. Le premier s'arrêtait au bout de l'Avenue des Ormes à huit heures et quart et emmenait les hommes à leurs bureaux ou leurs affaires ; le suivant passait à dix heures trente et transportait les femmes en ville, pour leurs courses. Pour le prendre sans attirer l'attention de Wheeler, il fallait qu'elle attende le prochain jour de marché pour être sûre qu'il n'était pas à la maison... Non, cela ne marcherait pas, car c'était toujours en revenant du marché qu'il allait ajouter de l'argent à son magot, il découvrirait donc aussitôt la disparition de celui-ci, ferait le rapprochement avec son absence et mettrait un terme à sa fuite. D'autre part, elle ne voulait pas attendre encore une semaine. Cela faisait quelque temps maintenant que Wheeler avait suggéré « qu'ils pourraient s'arranger » et, depuis, bien qu'il n'ait dit, ni fait quoi que ce soit, il avait eu des regards parlants. A tel point que, délibérément, elle s'était enlaidie, se montrant aussi mal habillée et peu soignée que possible, de la même façon que, tant qu'il restait un petit espoir, elle avait fait de son mieux, avec si peu de ressources matérielles pour préserver sa fraîcheur.

Elle n'avait jamais su prévoir, mais à présent c'était indispensable.

Elle n'avait jamais été inventive, à présent, elle devait l'être. Et, pour une novice, son plan n'était pas mauvais.

Wheeler était rentré après avoir travaillé dans son champ de pommes de terre aussi longtemps que la lumière le lui avait permis. Il avait avalé l'inévitable ragoût, n'avait fait qu'un seul commentaire qui se voulait flatteur : « Vous faites bien les boulettes. » Et il s'était tu jusqu'au moment d'annoncer : « Je vais faire la tournée d'inspection. » Les enfants s'étaient dispersés et ils étaient restés seuls, à l'exception du bébé sagement endormi dans ce qui, autrefois, avait été un berceau et n'était guère plus qu'un panier en très mauvais état.

— J'ai reçu une lettre ce matin, de l'école de Margaret, annonça Daisy... Ils veulent bien la reprendre. Il n'y aura rien à payer.

— Comment ça ?

— Oh, une espèce de bourse pour les bonnes écolières. Je suis tellement contente pour elle.

— Oui, peut-être que c'est aussi bien comme ça, convint Wheeler. Elle s'adapte pas ici. Quand ?

— Demain. J'ai pensé que le plus tôt serait le mieux. Il n'y a pas grand-chose à emballer. Je l'accompagnerai seulement jusqu'à l'arrêt du bus. Pourriez-vous, voudriez-vous, me prêter six pence ? La demoiselle Reade qui m'a écrit m'a dit qu'on paierait son billet de chemin de fer à l'arrivée.

— C'est pas c' qu'on a dit la dernière fois. Il a fallu que j' paye son retour.

— Je sais. Mais ce n'est pas la même chose.

— Entendu. Voilà vos six pence.

Il les posa sur la table.

— Merci, dit Daisy qui parut accorder toute son attention à la marmite noire où le porridge du petit déjeuner cuirait doucement sur le poêle qui lentement s'éteignait. Wheeler alluma sa lanterne et sortit.

Maintenant, songea la jeune femme, triomphante, j'ai une excuse pour quitter la maison avec Margaret et le bébé. Mais il faut que je laisse une fausse piste. Elle monta dans sa chambre, emportant le pauvre berceau.

Il n'y avait plus ni bougies de cire, ni fleurs, ni autel à présent. Un jour, elle avait regardé bien en face le portrait de Hugo et lui avait dit : « Tu aurais pu me prévenir ! » et elle avait éclaté en sanglots. Mais tout cela c'était fini. Maintenant, il ne lui restait plus qu'à détourner les soupçons de Wheeler.

« Cher M. Wheeler, je suis été à manchester avec Margaret. il y a du travail la et j'aime mieux travaillé pour de l'argen que pour rien. »

Sous l'emprise de la tension nerveuse tout ce qu'elle avait appris à Wichfield s'était effacé ne lui laissant que ce que la cuisinière pratiquement analphabète de Talbot Ste Agnès avait cherché à lui enseigner. Mais peu importait. Il comprendrait et serait furieux, mais, qu'à Dieu ne plaise, il ne soupçonnerait pas immédiatement que son argent était parti avec elle. Elle se proposait de laisser ce billet sur la table de la cuisine.

Elle se servit du fourre-tout en osier acheté par Margaret à Manchester pour emballer le stricte nécessaire pour Hugo, elle-même et sa fille. Sa propre valise, article plus robuste, servirait à transporter l'or. Elle entendit Wheeler gravir l'escalier et ensuite, après une brève hésitation, gagner sa chambre. Elle n'aurait su dire l'heure qu'il était, sa jolie petite montre ayant suivi le même chemin que ses autres objets de valeur. Aussi se mit-elle à compter. Soixante secondes par minute. Elle lui accordait dix minutes pour ôter ses vêtements puants et s'enfoncer dans son sommeil de bête de somme.

Les nuages de la nuit précédente avaient libéré leur pluie au cours de l'après-midi de ce jour mémorable et, ce soir, la lune brillait haute et claire. Elle n'avait pas besoin de lanterne. La maison était devenue si calme que le craquement d'une marche résonna comme un coup de pistolet. La cuisine à traverser. Le verrou de la porte grinça, elle aurait dû penser à le huiler. La cour, l'étrange lumière blanche lunaire. Le sol boueux était glissant autour de la mare, mais elle marchait avec précaution. Elle atteignit le pan de mur, s'agenouilla, plongea le bras dans l'eau. La pierre céda plus facilement que la première fois et le coffre, parce qu'elle en connaissait la forme, le poids et la taille, fut extrait plus rapidement. Ses mains, bien que vibrant des coups violents de son cœur, prestes et sûres vidaient, transféraient... Et, soudain, dans le décor blanc et noir lunaire, une ombre plus noire encore.

— Alors c'était ça ! dit Wheeler : Vous en avez encore à apprendre. Et vous pensiez me couillonner *moi !*

Il n'avait pas cru un mot de l'histoire du retour de Margaret à sa pension. Pour rien, à l'exception de six pence de trajet en omnibus. Etre primitif, il en avait l'instinct.

Il s'attendait à un tour quelconque en rapport avec le retour de la gamine à Manchester. Mais à rien de comparable à ça évidemment, même pas quand il avait entendu craquer la marche et grincer le verrou. Il avait gagné sa fenêtre qui donnait sur la cour et vu Daisy disparaître derrière l'étable. La mare ! Immédiatement, il avait pensé à un suicide. Il s'était précipité sans prendre la peine d'enfiler son pantalon ou de lacer ses souliers.

A présent, il était partagé entre la stupeur — qu'une femme stupide ait découvert sa cachette si habilement ménagée — et un sentiment aussi proche de l'humour que sa nature le lui permettait.

— Eh bien ! Eh bien ! A c' qui paraît c'est *vous* qui allez l'avoir la cravache !

Il ébaucha un mouvement maladroit, presque badin, vers elle et Daisy, complètement brisée, incapable de penser, eut un geste de recul instinctif. Wheeler ne trouvant que le vide, là où s'était tenue la jeune femme, perdit l'équilibre et le bord gluant de la mare fit le reste. Il tomba à l'eau.

Même là, la mare n'excédait pas un mètre cinquante de profondeur. Mais, en dessous, la couche de vase, faite de boue et de feuilles mortes accumulées depuis des siècles, était aussi profonde. Elle l'aspira. Il se débattit, lutta pour rester en vie, parvint, un instant, à agripper le rebord de la cavité laissé par la pierre enlevée. Mais, gluante elle aussi, elle n'offrit aucune prise, la succion de la vase eut raison de lui.

Daisy aurait pu le sauver. Mais elle ne fit aucun geste. Elle, autrefois si sensible qu'elle ne pouvait entendre parler des petits chats que l'on noyait, contempla le spectacle avec un détachement parfait. Et le fantôme de Bella Wheeler n'agit pas non plus. Lorsque le dernier gargouillis s'éteignit, que Wheeler cessa de se débattre et se noya, Daisy termina ce qu'elle était venue faire, transféra le magot dans sa valise. Elle replaça le coffre dans la cavité, remit la pierre à sa place. Personne ne saurait jamais que, derrière cette pierre, il y avait eu, transformés en argent, l'ambition d'un homme, la vie d'une femme et l'enfance de six enfants.

DAISY donna sa dernière représentation en public devant la cour du coroner où chaque mort soudaine, accidentelle, doit être étudiée.

Vêtue de façon sobre, propre et soignée, jolie et s'exprimant avec élégance, du charme et des bonnes manières, elle donnait l'image même de ce qu'elle disait être. Pas une parente du défunt. Seulement une pensionnaire restée après la mort de Mme Wheeler pour tenter de faire ce qu'elle pouvait pour la famille.

M. Wheeler, dit-elle, s'était montré très déprimé depuis la mort de sa femme et, sans aller jusqu'à le soupçonner de vouloir mettre fin à ses jours, elle l'avait plus ou moins surveillé. Au cours de la nuit en question, en l'entendant sortir plus tard qu'à l'accoutumée et ne l'entendant pas revenir, elle était sortie pour se rendre compte. Quand elle avait trouvé M. Wheeler dans la mare, elle avait appelé Bert et, tous les deux, ils l'avaient sorti de l'eau.

En ce qui concernait Bert Wheeler, c'était exactement ce qui s'était passé. En guise de réponse aux questions posées, il se contenta de : « Oui, monsieur » « Non, monsieur » et n'offrit qu'un commentaire nourri de vieilles rancunes :

— Ça n'allait plus dans sa tête depuis longtemps, monsieur.

La thèse d'un accident ne fut pas retenue du fait que M. Wheeler ne portait que sa chemise et ses chaussures.

CHAPITRE X

L'AFFAIRE SUSCITA LOCALEMENT QUELQUES REMOUS. ELLE PROVOQUA de l'intérêt et de la curiosité, mais pas de nature à embarrasser Daisy. Wheeler ne devait un sou à personne et personne ne lui devait un sou. Les gens avec lesquels il avait été en contact, pour affaires — et l'avaient jugé hargneux et déplaisant — trouvèrent étrange qu'il ait pu agir de façon aussi émotive. Mais on se demandait surtout : que va-t-il se passer maintenant ?

Ce fut Bert Wheeler qui posa la question. Il le fit, pendant le dîner où, luxe inconnu du temps de son père, on venait de servir des saucisses frites — deux par personne.

— Qu'est-ce qui va se passer maint'nant. Mme Johnson ?

— Cela dépend surtout de toi, Bert.

— Qu'est-ce que ça veut dire ?

Bert avait conscience de la place qui lui revenait ; fils aîné, dix-sept ans et se prenant pour un homme. Mais rien, dans son existence d'être opprimé, ne l'avait préparé à endosser des responsabilités ou à faire des projets.

— Je veux dire que je ne vois pas de raison pour opérer de grands changements — à condition que nous travaillions tous comme avant.

Non pas qu'elle eût l'intention de plumer et de vider encore un seul poulet ! Il y en aurait des changements, beaucoup même, mais peu à peu et sans rapport évident avec l'argent mis en sécurité à présent dans sa propre chambre.

— Le travail, ça me connaît, répondit Bert. Il mastiqua, songeur, une bouchée de saucisse.

— Mais, j'ai réfléchi. Mon vieux a dû laisser de l'argent. Il faisait des économies.

— J'ignore tout de la question.

— P' têtre la banque ? suggéra Bert, s'aventurant en territoire inconnu.

— Peut-être. Tu pourrais aller demander. Il faudra que tu te charges des commandes maintenant, tu sais.

— Vous pourriez pas le faire ? demanda le jeune homme battant en retraite, passant les pouvoirs.

— Faire les livraisons ? Et comment le pourrais-je, avec tout ce que j'ai à faire ici ?

— J' veux dire, aller à la banque.

De toute sa vie, il n'avait été que deux fois en ville. Il pourrait faire les livraisons, se rendre au marché, mais la seule idée de la banque l'intimidait.

— En effet, peut-être le pourrai-je, dit Daisy, complaisante.

CHAPITRE XI

AINSI S'INSTALLA-T-ELLE DOUCEMENT A LA PLACE DU CHEF DE FAMILLE, gouvernant avec l'accord total de ses sujets qui, délivrés de la sinistre présence de Wheeler, se transformaient timidement, non pas en enfants normaux, c'était déjà trop tard, mais en individus doués de personnalité. Personne ne discuta la nouvelle façon de vivre, la nourriture plus abondante, les petits conforts que, graduellement, Daisy introduisait. Il semblait naturel qu'à présent que papa n'était plus là pour prendre, par exemple, chaque sou rapporté par Lily et Elsie de leurs rondes, il y eût de l'argent pour de la bonne viande, du sucre pour mettre sur le porridge et des objets tels que de nouvelles chaussures quand le besoin s'en faisait sentir.

Daisy ne perdait jamais de vue qu'une bonne partie des économies de Wheeler — un peu moins de quinze cents livres — était le résultat du travail et des privations de ces enfants. Elle avait bien l'intention d'agir équitablement avec eux, le moment venu. Mais le problème le plus urgent était le retour de Margaret à l'école.

— Aimerais-tu retourner à Stonebridge, ma chérie ?

— Pas beaucoup. Non, je ne crois pas.

— Pourquoi cela ?

— Phyllis est partie. C'était triste sans elle.

— Bon. Peut-être pourrons-nous trouver une autre école, moins éloignée. Tu pourras trouver une autre Phyllis.

A en juger d'après l'expression de Margaret cette perspective était bien invraisemblable. D'autre part, tout valait mieux que de rester ici. Les choses s'étaient améliorées depuis la mort de cet horrible bonhomme, mais elle continuait à craindre et à détester les enfants Wheeler. Et Daisy était consciente de la menace constituée par Bert. Elle pouvait difficilement le cravacher et ses projets à longue échéance dépendaient dans une certaine mesure de sa collaboration qu'une querelle pouvait réduire à néant.

— Nous irons en ville demain, annonça Daisy à Margaret, pour acheter quelques vêtements et nous renseigner au sujet des écoles. Betsy pourra s'occuper de Hugo une journée.

Cette remarque décida de l'avenir de Betsy.

— C'est c' que j'ai toujours voulu faire, dit-elle. Travailler à l'intérieur, pas dans les champs, comme un homme... Lily, elle...

Elle s'interrompit, une confidence suffisait pour une journée.

— Que veux-tu dire au sujet de Lily ?

— Dans une maison, au village, où elle va... porter des œufs et des trucs comme ça... il y a une couturière... Mlle Bramble. Lily, elle a toujours dit que ça lui plairait bien de travailler là. Mais on gagne rien pendant trois ans.

— Je pense que cela peut s'arranger. Ne dis rien à Lily avant que je me sois renseignée.

En s'occupant de l'avenir de Lily, Daisy rencontra un obstacle.

— Oh ! oui, bien sûr, je connais Lily Wheeler. Ces pauvres petites m'ont toujours fait pitié... dehors par n'importe quel temps et si pauvrement vêtues. Mais franchement, Mme Johnson, ce n'est réellement pas le *genre* de jeune fille...

— Elle a beaucoup à apprendre, je vous l'accorde. Mais je suis certaine que, voyant son vœu se réaliser, elle s'améliorera très vite.

— Peut-être. Et je n'oublie pas qu'elle est orpheline...

Mlle Bramble pesa le pour et le contre avant de déclarer enfin :

— Non. Je suis navrée, mais il me faut penser à mes clientes.

— Est-il nécessaire qu'elle soit en contact avec elles avant d'être devenue plus présentable ?

Soudain Daisy se souvint de la couturière de Barsham à laquelle Charles aimait lui voir accorder sa clientèle.

— ... Et, bien sûr, il n'y aura aucun problème quant au montant de l'indemnité.

— Je n'en ai jamais accepté, protesta Mlle Bramble d'un air de vertu outragée. Et je n'ai pas d'apprentie à demeure.

— Oh, Lily continuera d'habiter à la maison. Je pensais surtout au matériel gaspillé — et bien sûr à la nécessité de corriger la façon de s'exprimer de Lily aussi bien que sa façon de coudre. J'ai pensé à vingt livres pour une période d'essai.

Il y eut un petit silence. Mlle Bramble parut calculer combien il fallait faire de coutures et d'essayages pour gagner vingt livres. Enfin, elle se décida :

— Je serais bien la dernière à refuser sa chance à cette pauvre petite, dit-elle, comme si c'était une grande concession de sa part.

BERT tenait beaucoup de son père et dès qu'il fut plus sûr de lui-même, qu'il eut pris conscience de son aptitude innée au marchandage, qu'il eut vendu une vieille vache, un jeune taureau et plusieurs porcs au marché aux bestiaux où, chose curieuse, il était à l'aise, il se sentit moins disposé à se soumettre sans rien dire aux règles aimables quoique presque révolutionnaires qui avaient remplacé l'autorité de fer de son père.

— J'ai à vous causer, Mme Johnson, dit-il, un soir après le dîner, d'un ton rappelant celui de Wheeler. Ça va être les foins et y m' anque trois aides. D'abord Margaret qu'est rentrée à l'école ; pis Betsy qu'est toujours à la maison et maintenant Lily qu'est partie chez la couturière. Sans parler de P'pa qu'est mort. Comment j' suis supposer m'en sortir ?

— Comme les autres gens... en louant des ouvriers.

— Ça veut dire qu'y faudra les payer.

— Evidemment. Tu ne peux tout de même pas espérer faire marcher une ferme éternellement avec de la main-d'œuvre gratuite et forcée. Au fait, dès que les foins seront terminés, Ted entrera comme apprenti chez un charpentier.

— C'est vous qu'avez fait ça ! Vous cherchez à me ruiner.

— Betsy, Lily et Ted font ce qu'ils souhaitaient. Pour le moment Elsie et Alfie paraissent satisfaits, mais ils peuvent changer d'avis plus tard.

— Et vous les encouragez, dit-il, amer.

— Bien sûr. J'aime que les gens soient aussi heureux qu'ils le peuvent.

Il la regarda, le sourcil froncé.

— Il y a autre chose aussi ! On dit que Mlle Bramble elle a été payée pour prendre Lily.

— C'est exact. Vingt livres.

— D'où elles venaient ?

— Je les ai payées de ma propre bourse — c'était là un terrain dangereux mais elle s'y maintint avec fermeté —. J'imagine que tu doutes que j'aie de l'argent à moi. Juste parce que j'ai choisi de vivre ici — et par bonté pure d'aider ta mère et, après sa mort, de faire de mon mieux pour toute la famille. Tu te trompes. J'ai tout ce qu'il me faut et, parfois, je me demande pourquoi je reste ici et je me donne la peine d'apprendre à Betsy à tenir la maison et à s'occuper de la laiterie. Si tu préfères te montrer désagréable, je peux partir dès demain.

— Non, non, répondit-il en hâte. Je voudrais pas ça. C'était seulement pour dire... que je s'rais à court de personnel, quoi. Mais vous dites, il faut engager quelqu'un, j' suppose que c'est c' qui faut faire. Mais c' qui me dépasse, ajouta-t-il revenant au sujet qui le tracassait depuis la mort de son père, qu'est-ce qu'il a fait de son argent ? P'pa, y pensait qu'à économiser. *Vous* avez demandé aux banques... — Et lui aussi, après avoir maîtrisé sa timidité à l'égard de ce genre d'édifice. — J'ai cherché *partout*. Pas un sou. C'est pas un mystère ça ? J' veux dire, toutes les semaines, des clients réguliers ; tous les jours, Lily et Elsie qui faisaient la tournée avec la voiture à bras ; et la vente du bétail et du blé. Où tout ça s'est passé ?

— Inutile de me le demander, mon cher garçon. Les avares, dit-on, enterrent leurs trésors.

Et le moment lui parut bien choisi pour mentionner Dodger.

— ... Puisque nous parlons argent, Bert, je veux que l'on me rende mon cheval.

— Votre cheval ?

— Bert Wheeler, si tu tiens absolument à jouer les paysans stupides, tu te feras avoir par tout le monde. Tu sais parfaitement bien de quel cheval il s'agit. Celui avec lequel je suis arrivée et que j'ai *prêté* à ton père quand sa malheureuse bête a été à bout de souffle. Il faut que tu t'en achètes un autre, plus robuste. En même temps, tu m'achèteras un cabriolet... Pour cela, je te donnerai de l'argent.

Elle avait probablement raison. Il se souvenait de son arrivée. Elle semblait avoir de l'argent... elle achetait du cake, des biscuits, du thé. Mais il y avait un bout de temps de cela. A la fin elle avait paru obéir à son père, comme tous les autres. C'était bien déconcertant.

— Alors, maintenant, faut que j'achète un cheval, que je prenne un ouvrier. Comment je vais faire pour économiser ?

— Tu y tiens *réellement ?* J'aurais pensé que tu étais guéri. Souviens-toi de ton père ! Aucun plaisir dans la vie, aucun confort. Se tuant et tuant les autres au travail et pour quoi ? A la fin, il se sentait si malheureux qu'il s'est noyé. Au cours de l'enquête, tu as dis toi-même qu'il avait perdu la tête. Veux-tu faire comme lui... et laisser ton argent caché dans un trou quelque part, ou sous une meule de foin ?

— Non, pas exactement ! Mais faut penser à l'avenir, Mme Johnson.

— Dans une certaine mesure, certainement, mais pas au point de se rendre malheureux et tous les autres avec. Et je te préviens que si tu t'engages sur cette voie-là, je m'en vais et il te faudra prendre soit une cuisinière, soit une fille pour la laiterie. Betsy ne peut pas *encore* se débrouiller toute seule.

— Non. Bien sûr que non. Je voudrais pas... je voudrais rien faire pour vous offenser Mme Johnson.

— Non ? Alors, je vais te confier une chose qui me déplaît profondément : voir tout le monde avec les pieds pleins de fumier ou de boue. Impossible de tenir la cuisine propre. Si j'achète pour chacun une paire de pantoufles, *payées de ma poche,* veilleras-tu à ce que tes frères et sœurs les mettent ? demanda-t-elle, fine mouche.

Il ne put résister à cette occasion d'exercer son autorité.

— Avant d'entrer dans la maison ?

Et sur ces modestes débuts commença la civilisation d'Amblebury. On prit l'habitude de se laver les mains avant de se mettre à table et de changer régulièrement de linge. Il y eut de nouveaux vêtements. Daisy disait souvent — mais pas trop souvent : « Si je paye moi-même... » ou : « Si j'utilise mon argent personnel... » Une introduction de ce genre lui assurait l'accord de Bert à la moindre dépense. Après tout, songeait-elle avec un léger cynisme, il s'agissait de leur argent et cela leur rendait beaucoup plus de services que s'il était resté caché, destiné à quelque projet mystérieux. Mystérieux, car Wheeler n'avait jamais partagé ses rêves avec personne. Cet argent servait non seulement à l'achat d'objets concrets, mais de bonheur. Dans cette maison, jamais l'on n'avait célébré un seul anniversaire. Noël n'avait jamais été fêté et ne signifiait qu'une période de travail encore plus intense à cause des volailles à préparer. A présent tout était différent.

Un jour, Daisy proposa une innovation qui suscita une protestation de Bert.

— Je ne comprends pas pourquoi nous nous servons de cette vieille vaisselle ébréchée alors qu'il y a une pièce pleine de porcelaine.

— Mais on n'a pas le droit d'y toucher, Mme Johnson !

Il était le seul à se souvenir du capitaine Stirling, ou bien était-il assez vieux à l'époque pour comprendre, assez vaguement, l'entente passée avec son père : le gardiennage à la place du fermage

— ... Tout ça c'est au capitaine Stirling et P'pa il était payé pour le surveiller. Vous savez peut-être pas. J' veux dire, si le capitaine Stirling il revient et qu'il voit qu'on se sert de ses affaires, y' aura du boucan.

— J'en prends la responsabilité, Bert. Et rassure-toi, personne ne protestera.

D'ailleurs, qui était Hugo Stirling ? Remonte un peu en arrière et réfléchis. Pour commencer, le partenaire merveilleux de joies ineffables ; l'incitateur des pires folies, suffisantes pour démolir une vie entière ; l'objet du désir, du rêve, de l'espoir. Une lettre et puis le silence. Pire que la mort, oui... une tombe on peut au moins l'entretenir. Les deux dames de l'Avenue, « Evidemment, je n'étais qu'une enfant à l'époque », avaient déclaré que Mme Stirling était très jolie. Et puis Wheeler qui avait annoncé qu'il était parti rejoindre sa femme à La Jamaïque. Ainsi, pour la seconde fois — non la troisième — l'amour l'avait trompée. Jack Skelton, Margaret, Hugo Stirling. Tous perdus. Margaret avait écrit récemment disant qu'elle désirait accepter une invitation à passer les vacances avec sa nouvelle meilleure amie, Stephanie Oakes.

Aucune de mes amours ne dure.

Mais il existe d'autres choses. J'ai mon bébé et bien que quatorze cent soixante-dix livres ne dureront pas éternellement, la maison est bourrée de trésors.

C'était tout de même étrange. Hugo est parti à la chasse au trésor me condamnant à la misère, ici. C'est moi qui ai trouvé un trésor, juste sous mon nez.

Pendant que Daisy songeait, Bert Wheeler réfléchissait lui aussi. Il n'était pas stupide, il avait seulement été mis sous le joug, épuisé de travail et son père le terrifiait. A présent son cerveau s'activait, tirant des conclusions, quelques-unes exactes, d'autres fausses. Elle avait appelé son bébé Hugo... Et elle entendait se servir de la porcelaine.

— Est-ce qu'il est mort et qu'il vous a tout laissé, Mme Johnson ? Je veux dire, le capitaine Stirling.

— C'est une façon de présenter les choses. Oui.

Bert parut songeur et plissa le front d'une façon rappelant beaucoup son père. Et puis, très lentement :

— Est-ce que ça signifie que c'est *vous* qu'êtes ma propriétaire, maintenant ? Et, en habitant ici, vous avez pas besoin de gardien ? Vous voulez... — il faillit s'étrangler en finissant sa phrase — que je *paye* un fermage ?

Elle attendit juste assez longtemps pour lui faire un peu peur. Pour lui permettre de réfléchir à la nécessité d'employer un ouvrier, d'acheter un autre cheval, de payer un loyer ! Durant cette attente, il changea d'expression et prit celle de chien battu de sa pauvre mère.

— Bien sûr que non, Bert. Cela ne me viendrait pas à l'idée. Nous continuerons comme nous avons fait jusqu'ici — en procédant à certaines améliorations. J'aimerais que l'on enlève les cochons de la maison ; que l'on remette en état une partie du jardin. J'aime les fleurs. Tout ce que je demande est que tout marche bien et que tout le monde soit content.

Elle entendit les derniers mots comme s'ils avaient été prononcés par quelqu'un d'autre. Et ils avaient la résonance de ces phrases que l'on dit après la mort de quelqu'un — ou que l'on inscrit sur une pierre tombale. A cette idée, la vitalité qui l'avait aidée au cours de tant d'épreuves surgit à nouveau, d'autant plus forte qu'elle avait été soumise à son désir de plaire, d'être aimée, son besoin de survivre. Je ne suis pas morte, se dit-elle. Je ne suis même pas vieille ! J'ai encore longtemps à vivre ! Elle s'imagina alors Amblebury transformé, redevenu un endroit où Hugo pourrait grandir heureux ; où Margaret reviendrait un jour et où elle souhaiterait inviter ses amies.

En même temps que ces pensées d'ordre pratique quelque chose d'autre se frayait un passage et, comme un papillon sortant de sa chrysalide, déployait ses ailes : l'assurance qu'une aventure merveilleuse l'attendait. Juste là, au coin de la rue...

Achevé d'imprimer en janvier 1981
sur presse CAMERON,
dans les ateliers de la S.E.P.C.
à Saint-Amand-Montrond (Cher)
pour le compte des éditions de Trévise
34, rue de Trévise - 75009 Paris

Dépôt légal : 1er trimestre 1981.
N° d'Édition : 458. N° d'Impression : 1762-798

Imprimé en France